MARANIS

LUCY MOORE

MARANIS

Tradução de
RICARDO QUINTANA

Revisão técnica de
MIRIAN S. R. DE OLIVEIRA

EDITORA RECORD
RIO DE JANEIRO • SÃO PAULO
2012

CIP-BRASIL. CATALOGAÇÃO-NA-FONTE
SINDICATO NACIONAL DOS EDITORES DE LIVROS, RJ

M813m Moore, Lucy, 1970-
Maranis / Lucy Moore; tradução Ricardo Quintana; [revisão técnica Mirian S. R. de Oliveira]. – Rio de Janeiro: Record, 2012.

Tradução de: Maharanis
ISBN 978-85-01-08143-8

1. Rainhas – Índia – Biografia. 2. Índia – História – Século XX. 3. Índia – Usos e costumes. I. Título.

09-5601

CDD: 954.035
CDU: 94(540)

Título original em inglês:
MAHARANIS

Copyright © 2004 by Lucy Moore

Todos os direitos reservados. Proibida a reprodução, armazenamento ou transmissão de partes deste livro, através de quaisquer meios, sem prévia autorização por escrito. Proibida a venda desta edição em Portugal e resto da Europa.

Texto revisado segundo o novo Acordo Ortográfico da Língua Portuguesa.

Direitos exclusivos de publicação em língua portuguesa para o Brasil adquiridos pela EDITORA RECORD LTDA.
Rua Argentina, 171 – 20921-380 – Rio de Janeiro, RJ – Tel.: 2585-2000 que se reserva a propriedade literária desta tradução.

Impresso no Brasil.

ISBN 978-85-01-08143-8

Seja um leitor preferencial Record.
Cadastre-se e receba informações sobre nossos lançamentos e nossas promoções.

Atendimento direto ao leitor:
mdireto@record.com.br ou (21) 2585-2002.

ABDR
ASSOCIAÇÃO BRASILEIRA DE DIREITOS REPROGRÁFICOS
CÓPIA NÃO AUTORIZADA É CRIME
RESPEITE O DIREITO AUTORAL
EDITORA AFILIADA

Sumário

Mapas	6
Árvores genealógicas	8
Capítulo 1	13
Capítulo 2	38
Capítulo 3	68
Capítulo 4	89
Capítulo 5	122
Capítulo 6	150
Capítulo 7	166
Capítulo 8	195
Capítulo 9	223
Capítulo 10	249
Capítulo 11	265
Capítulo 12	284
Capítulo 13	307
Conclusão	323
Agradecimentos	331
Apêndice: *A situação de uma princesa indiana.*	
Uma história de pesar	333
Glossário	337
Notas	343
Bibliografia	355
Índice	361

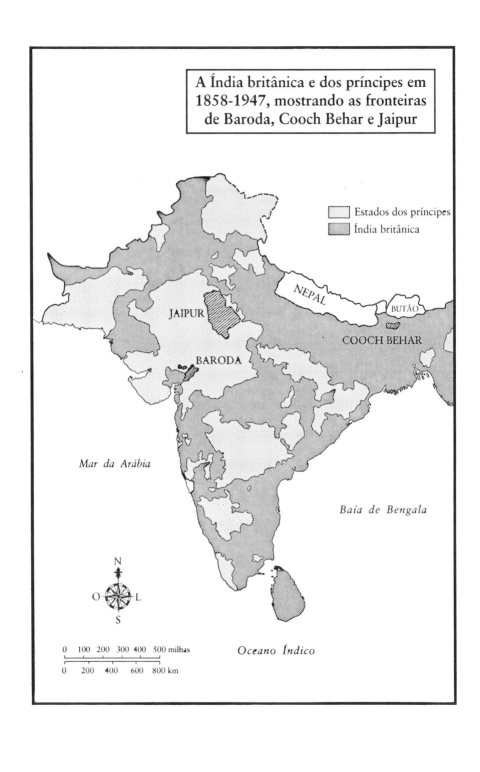

ÁRVORES GENEALÓGICAS

A família Gaekwad

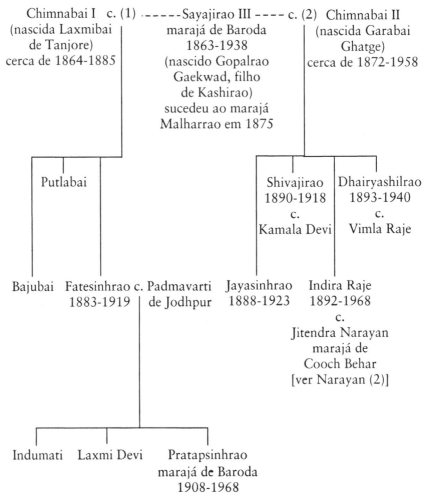

c. = casou-se com

Todos os esforços foram feitos para garantir que esses nomes e datas estejam corretos, mas em alguns casos a verificação foi difícil.

A família Narayan (1)

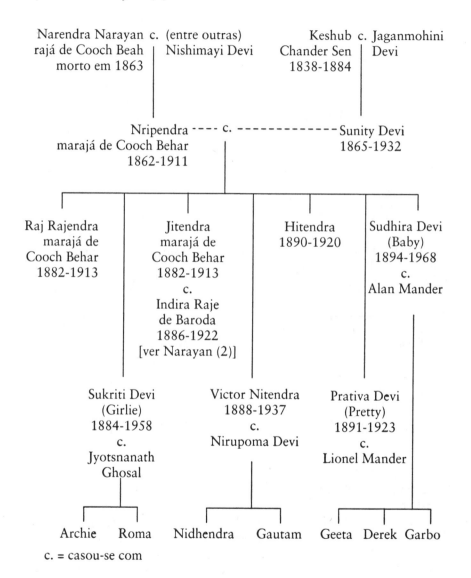

c. = casou-se com

A família Narayan (2)

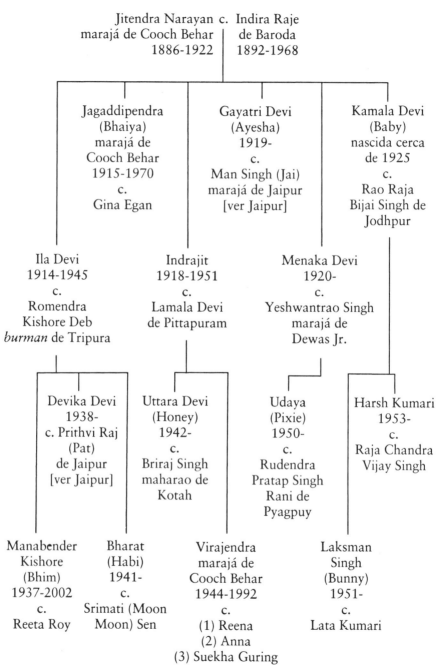

c. = casou-se com

A família Jaipur

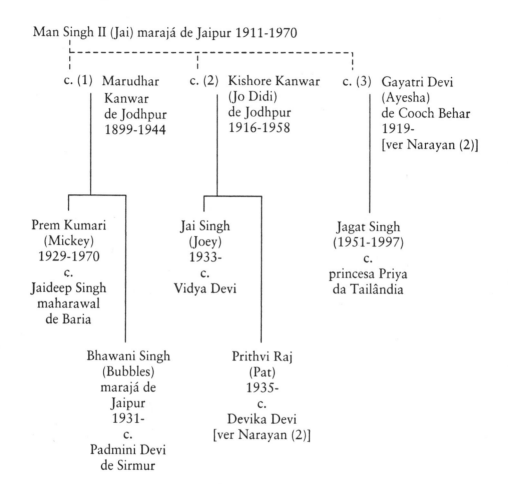

c. = casou-se com

1

Em novembro de 1911, parecia que quase todos os 300 milhões de habitantes da Índia estavam se dirigindo a Délhi. As estradas empoeiradas do vasto subcontinente se encontravam abarrotadas de caravanas com carroças puxadas por bois e camelos, charretes com pôneis, palanquins, modestas bicicletas e elefantes com as caras pintadas, carregando pilhas de pessoas, baús e pacotes, todos rumando para a majestosa antiga capital mogol em arenito vermelho, nas planícies do norte da Índia. De tempos em tempos, um automóvel — moderno e exótico — passava em velocidade, buzinando. Um cheiro de gasolina e estrume seco pairava no ar. Uma poeira vermelha aveludada acumulava-se sobre tudo, empanando os tons de arco-íris dos sáris usados pelas mulheres. Marajás adornados de joias, acompanhados por maranis cobertas de véus e seus vastíssimos séquitos; soldados barbudos de saia *kilt* e turbante; brâmanes vestidos de branco; e arrogantes administradores britânicos com suas esposas de batom; iam todos a caminho do grande Durbar de Coroação, planejado para celebrar a ascensão ao trono do novo rei da Grã-Bretanha, e novo imperador da Índia, Jorge V, e para demonstrar a todo o mundo que os britânicos comandavam o maior império da história.

A palavra *durbar* era tradicionalmente usada na Índia para designar um governante ou a corte de um rajá, sua administração ou encontros oficiais, mas o uso mais comum era para grandes recepções, realizadas em um *durbar* ou em tendas de acampamento, quando ele se deslocava por suas terras. Era uma forma de o povo ver o rei, mostrar-lhe respeito e receber suas ordens em primeira mão. A suntuosidade das roupas do rajá, os criados, os elefantes e as dançarinas, tudo atestava sua riqueza e poder. Ele se sentava de pernas cruzadas no *gaddi*, um banco-trono acolchoado que simbolizava seu domínio, recebendo homenagem dos súditos. Era o único a possuir o direito de usar no turbante um adorno de penas, preso por uma joia, chamado *kalgi*. Atrás dele ficavam os atendentes em uniformes de veludo escuro e brocado de ouro. Alguns seguravam sobre sua cabeça um *chatri*, amplo guarda-sol franjado; outros abanavam-no com um grande leque de penas de pavão; e outros ficavam encarregados dos *chamars* reais, ou espanta-moscas, feitos com pelos da cauda de iaques, presos a cabos de prata trabalhada. Ali, cercado de provas de sua majestade, o rajá recebia o tributo dos súditos.

No outono de 1911, a Índia estava se reunindo para prestar homenagem a seus senhores estrangeiros na pessoa do vice-rei, lorde Hardinge, o representante do rei-imperador no país e governante supremo das possessões britânicas ali. Ele ordenara a construção de uma imensa cidade de tendas, o Parque da Coroação, na planície ao norte de Délhi, uma tranquila cidade de província. Longe de ser uma escolha ao acaso, aquele era um local pleno de significado imperial. Durante a rebelião do verão de 1857 (conhecida pelos vitorianos como o Motim Indiano ou Revolta dos Cipaios), Délhi, como sede do último imperador mogol vivo, fora o centro simbólico do levante. Os britânicos tinham acampado no local do futuro Parque da Coroação antes de recapturarem a cidade e imporem controle absoluto sobre o norte do país. O primeiro *durbar* britânico, em 1887, durante o qual a rainha Vitória foi declarada imperatriz da Índia, e o *durbar* de lorde Curzon, em 1903, celebrando a ascensão do filho dela, Eduardo VII, haviam ambos acontecido ali.

O que no ano anterior havia sido um ondulante "milharal"[1] era, no começo de dezembro de 1911, uma cidade de lona, cujas tendas com seus cimos brancos se assemelhavam a milhares de velas em um oceano de poeira. O Parque da Coroação estendia-se por mais de 72 quilômetros quadrados e continha 233 áreas separadas de acampamento. Uma pequena e serpenteante estrada de ferro cruzava a distância entre 16 miniestações, apesar de aquele ser o primeiro *durbar* no qual os automóveis foram o modo favorito de transporte. Todo estado importante possuía sua própria frota a motor; os carros oficiais do mais rico deles, Hyderabad, eram todos em amarelo cromado. Dentro do acampamento, aproximadamente 65 quilômetros de estrada de terra haviam sido cobertos com uma espessa camada de petróleo negro para impedir que a poeira cobrisse tudo. A ultramoderna eletricidade instalada no local poderia iluminar as cidades inglesas de Portsmouth e Brighton juntas. Padarias, leiterias, açougues, mercados de frutas e legumes supriam a população de 250 mil pessoas do acampamento com alimentos frescos. Cada área individual para acampar era provida com água encanada. Trinta agências de correio temporárias haviam sido construídas e 116 caixas postais despachavam cartas endereçadas nas vinte línguas mais importantes da Índia; no alto, os fios de telégrafo se esticavam, estalando.

Só o acampamento do rei se espalhava por quase 35 hectares. Uma ampla entrada para carros em cascalho vermelho conduzia à tenda principal de recepção, entre gramados muito bem-aparados, circundados por vasos com samambaias, palmeiras e canteiros de flores. As roseiras haviam sido importadas da Inglaterra. A *shamiana* principal, ou tenda, era sustentada por finas colunas em branco e dourado; as paredes, pintadas de um azul pálido. Lustres de cristal, com lâmpadas elétricas, derramavam brilho sobre as cerimônias protocolares. Tapetes persas cobriam o chão de tábuas corridas. A tenda vizinha para jantares oficiais, decorada de forma semelhante, abrigou 145 convivas britânicos e trinta indianos na noite do banquete de governo.

Os 120 convidados do rei, predominantemente ingleses, ficaram em seu acampamento. Suas tendas eram aquecidas durante as frias noites de inverno pelo fogo que crepitava em lareiras de mármore ou, apenas no acampamento real, pela eletricidade. Eles comiam em três tendas de jantar, menores e menos formais que a de banquetes, forradas com suntuosas cortinas vermelhas, e passavam as horas de lazer em tendas de estar azul-claras e cor-de-rosa, ou (no caso dos homens) nas tendas de fumar e de bilhar. Cozinhas, garagens e alojamentos para criados se aglomeravam atrás das tendas principais. Nas tendas estábulo, cada cavalo tinha o próprio palafreneiro ou cavalariço, que dormia ao lado do animal.

Todos os Estados Nativos importantes — como os britânicos insistiam em se referir às centenas de principados cuja administração doméstica era controlada por um marajá, em vez de pelo Governo Britânico da Índia — foram solicitados a comparecer ao *durbar* e cada um deles tinha sua área própria de acampamento. Eles foram agrupados por região, em um vasto semicírculo, a alguma distância dos acampamentos principais do rei, do vice-rei e dos governadores britânicos das 11 províncias controladas pelos britânicos. Essas áreas de acampamento estavam dispostas em ordem de *status* e precedência; não seria bom para um poderoso marajá *rajput* se ver ao lado de um mero rajá das montanhas do leste, próximas a Assam. O acampamento do marajá de Baroda tinha até um pavilhão de madeira, condizente com sua posição de terceiro príncipe da Índia (depois de Hydebarad e Mysore). A entrada verde-esmeralda era circundada de palmeiras, e caminhos de cascalho vermelho levavam às tendas de dormir, jantar, estar, bilhar e banho. Girassóis, o símbolo oficial de Baroda, cresciam ao longo das balaustradas do acampamento. No alto, bandeirolas cor de açafrão tremulavam ao vento.

Chovera por dois dias antes de 12 de dezembro, quando ocorreria a cerimônia principal. "Isso supera uma piada",[2] observou um jornalista, aparentemente preocupado que Deus estivesse provocando o rei, ao negar bom tempo para o seu *durbar*. Contudo, na manhã do dia 12, o sol logo brilhou através da fina neblina do alvorecer. Antes do meio-dia, o rei-imperador, Jorge V, e sua rainha-imperatriz, Maria, saíram de suas tendas de vestir, paramentados de arminho e cetim púrpura; as cintilantes coroas lhes pesando sobre a cabeça. Escoltados por guarda-costas de casaco vermelho e pelo Corpo de Cadetes Imperiais, montados em corcéis negros com selas forradas de peles de leopardo branco, o casal real se dirigiu em carruagem aberta, puxada por quatro cavalos, para a arena do *durbar*, na qual receberiam as homenagens dos súditos indianos.

Cinquenta mil espectadores estavam de pé sob o sol para assistir à cerimônia.[3] Muitos tinham sido trazidos do Punjab, ao norte de Délhi, para o local do *durbar* a fim de engrossar a multidão. O pavilhão real estava no centro de um anfiteatro semicircular com quase 500 metros de largura. Quando o rei e a rainha chegaram à cúpula vermelha e dourada e subiram no estrado sobre o qual se encontravam seus tronos em mármore e ouro, uma salva de 101 tiros soou, o estandarte real foi erguido no mastro, os guardas fizeram continência e "God Save the King" ecoou através da planície arregimentada. Com um rufar de tambores, o *durbar* foi declarado aberto.

O uso do antigo ritual do *durbar* era apenas um exemplo de como os ingleses manipulavam a iconografia nativa indiana para reforçar sua posição de domínio — ou, como preferiam chamar, sua supremacia. Como haviam feito os mogóis antes deles, adotaram o *durbar* como meio de exibir sua força para o povo e os príncipes indianos. Outra demonstração da forma pela qual os britânicos impuseram seu domínio através de cerimônias era a estrita hierarquia na qual ordenaram os principados, manifestada publicamente por salvas de tiro. Os principados foram divididos em 118 "estados com salvas", governados por marajás, 117 estados sem salvas, cujos rajás (significando reis, em oposição a marajá, que indicava grande rei) se assemelhavam mais a líderes de clã e 327 estados menores governados por *thakurs*, ou senhores, sem poder jurisdicional. Alguns deles administravam "reinos" de menos de 2,5 quilômetros quadrados. As salvas para os 118 estados principais variavam de 9 a 21 tiros para os cinco primeiros príncipes. O vice-rei, chefe de governo da Índia, recebia salva de 31 tiros.

Originalmente, as salvas de tiro eram uma maneira de conferir distinção aos rajás e nababos, ou príncipes muçulmanos, da região, cujas terras e riquezas variavam muito. Entretanto, como as salvas não eram distribuídas de forma estrita, foram usadas pela administração britânica para solicitar apoio e recompensar obediência. Logo se tornaram marcas altamente disputadas de favor imperial.

"Se você fosse um príncipe sem salva de tiros, então qualquer agente político [funcionário do Governo Britânico da Índia destacado para cada estado; também chamado, nos estados maiores, de residente] sem importância poderia vir lhe visitar a cada três meses e pedir para ver suas contas",[4] lembrava-se um membro de uma antiga família de príncipes. "Ao passo que se você dispusesse de uma salva suficientemente grande, o agente político só poderia chegar até você como *chaprassi* [mensageiro], e se você tivesse uma salva de 19 tiros era deixado em paz, porque apenas o vice-rei poderia vir incomodá-lo. Assim, quanto maior a salva, menos problemas você tinha — e esse era o atrativo."

Essa era uma concepção errônea entre os estados menores a respeito dos maiores. A verdade é que os britânicos gostavam de interferir em todos os principados, independentemente de riqueza ou posição, embora essa interferência quase nunca fosse apreciada. Eles governavam uma terra que jamais compreenderam de verdade, mesmo com todo o seu conhecimento especializado sobre os canais de Bengala ou a poesia sânscrita, e os principados eram as áreas mais evasivas de todas.

Rituais imperiais, como o Durbar de Coroação, ilustravam o abismo que existia entre o que os britânicos pensavam sobre a Índia dos principados e o que os príncipes indianos pensavam sobre os britânicos na Índia. Os vice-reis adoravam a extravagância e o exotismo dos *durbars*. Menos de uma década antes, a rainha Vitória mal tinha sido sepultada quando lorde Curzon implorou permissão para representar seu herdeiro, Eduardo VII, em uma recepção magnífica que ocorreria em homenagem a sua coroação. Por outro lado, muitos marajás aturavam-nos apenas, conscientes de que estavam sendo forçados publicamente a demonstrar submissão a uma potência estrangeira. Sua deferência nunca foi algo descomplicado, ou desqualificado, como os britânicos gostavam de acreditar.

Antes do *durbar* de 1911, quatro dos cinco príncipes mais importantes da Índia (Hyderabad, Mysore, Baroda e Gwalior; o quinto era Kashmir), todos com direito a salvas de 21 tiros, requisitaram dispensa de prestar homenagem a Jorge. Eles não queriam se curvar perante ele como vassalos, mas encontrá-lo como aliados e iguais. O apelo foi recusado. Um dos quatro, o marajá de Baroda, havia sugerido "algumas alterações na maneira como os pobres príncipes nativos deviam ser recebidos pelo rei".[5] Com isso, pleiteava uma acolhida menos humilhante. O pedido foi ignorado.

Sayajirao* Gaekwad, marajá de Baroda, era um homem de 48 anos, reservado e gentil. De estatura mediana e com propensão à corpulência, possuía cabelos negros mesclados de fios brancos e sempre bem-penteados, bigode aparado e olhos castanhos bondosos e inteligentes. Governava um dos mais ricos e bem-administrados estados da Índia, situado no Gujarat moderno, no meio da costa oeste do subcontinente. Sob sua direção, Baroda se orgulhava de sua educação compulsória (não instituída ainda na Índia britânica), de hospitais modernos, universidades, museus, bibliotecas e estradas de ferro. A política do marajá era liberal e progressista, e ele foi o único "governante nativo" que ousou declarar abertamente seu anseio pelo dia em que a Índia se livraria do jugo britânico.

Nos anos que antecederam 1911, ressentimento e frustração haviam-se acumulado de ambos os lados, enquanto o Gaekwar (como era chamado pelos britânicos, que pronunciavam errado Gaekwad, nome honorífico e de família) lutava para reter sua autonomia diante da impertinência e interferência britânicas. Em 1904, Baroda fora forçado a pedir permissão a lorde Curzon, que ele abominava, para viajar à Europa por motivos de saúde; tendo obtido-a, recusou-se propositalmente a retornar a tempo de receber o príncipe e a princesa de Gales em Baroda, quando fizeram uma viagem pela Índia em 1905. Coroando esse desdém, diante da intensa desaprovação dos britânicos, Baroda continuou a contratar funcionários indianos jovens e brilhantes abertamente a favor da independência; a esposa e os filhos também não escondiam ser antibritânicos. Apesar de Sayajirao já ter sido chamado ao Departamento da Índia para discutir a "deslealdade" de suas atitudes, como uma criança faltosa, até 1911 nenhum incidente que pudesse cristalizar a hostilidade que se acumulava entre os britânicos e Baroda fora evitado.

---

*"-rao" é o sufixo marata masculino honorífico; a versão feminina é "-raje" (ou "-devi" em bengalês).

O marajá chegou ao anfiteatro na manhã de 12 de dezembro usando as roupas de corte de Baroda, um casaco longo, com peitilho duplo, de fina musselina estampada, amarrado nos lados, sobre uma túnica de brocado dourada e cor-de-rosa, e calças brancas lisas, justas na panturrilha e largas do joelho para cima. Uma grande pluma presa por diamantes destacava-se no seu impecável *pugree* (um tipo de turbante; ver Glossário) cor de tijolo, e ele usava uma gargantilha de pérolas e diamantes. De propósito, nesta ocasião, descartara a espada cerimonial cravada de joias, adotando em vez disso uma bengala com castão de ouro. Também negligenciara o uso da faixa de cetim azul pálido e da Estrela da Índia, a mais alta ordem imperial. Quando se sentou na primeira fila do recinto dos marajás, entregou o colar ao filho caçula, Dhairyashil, que não trazia adornos, sentado atrás dele. Foi um começo pouco auspicioso.

Os britânicos gostavam de ver seus marajás faiscando. O traje de corte do filho do marajá de Patiala, por exemplo, era um turbante de seda decorado com voltas de pérolas e preso por um diadema. Em torno do pescoço, ostentava uma gargantilha de diamantes e quatro ou cinco outros colares de diamantes e esmeraldas. O casaco era fechado por botões de diamante, os pulsos cingidos por braceletes também de diamantes, a cintura atada por um cinto de diamantes e um lenço de lamê de ouro trespassado numa única esmeralda, do tamanho de um punho. Aparecer sem essa exibição brilhante no dia do *durbar*, como quando vestia roupas europeias em vez das indianas nas funções oficiais, era uma afirmação do gosto pessoal de Baroda: ao contrário da maioria dos marajás, raramente usava joias e se ressentia de fazê-lo só para agradar os britânicos. Isso era também planejado para ser, e era visto como, uma afronta calculada.

Durante a cerimônia, cada príncipe devia jurar individualmente obediência ao rei-imperador, aproximando-se do trono de mármore, curvando-se três vezes, e voltando ao seu assento. Ninguém tinha permissão de dar as costas ao rei-imperador. Baroda era o terceiro na ordem de precedência após Hydebarad e Mysore. Quando chegou sua hora, aproximou-se do estrado garbosamente, balançando a bengala, e se curvou apenas uma vez, de forma superficial, antes de se virar e retornar a seu lugar. O registro de um repórter cinematográfico mostra-o parecendo confuso enquanto voltava, talvez porque não tivesse se dado ao trabalho de comparecer ao ensaio. Alguns relatos dão conta de que ele brandiu a bengala em direção ao rei e à rainha, mas isso não foi verdade. Sua aproximação não foi tão diferente da dos homens que o precederam e o seguiram. Entretanto, houve uma intenção clara em seu desafio às convenções da cerimônia, e isso não passou despercebido.

Mais tarde, à noite, quando passeava pelas cintilantes e festivas áreas de acampamento do Parque da Coroação, o marajá parou diante dos portões ameados do acampamento onde se encontrava seu amigo, o governador de Bombaim, *sir* George Clarke. Intencionalmente, foi-lhe dito que este não estava "em casa" para ele. Na manhã seguinte, um amigo indiano, Gopal Krishna Gokhale — um dos fundadores do Congresso Nacional Indiano (mais tarde, o partido político do Congresso) e antigo mentor de Mohandas Gandhi — correu até o acampamento de Baroda, sob as bandeirolas cor de laranja que tremulavam ao vento, e contou-lhe que sua reverência, ou a falta dela, fora tomada como um insulto por Suas Majestades. O marajá, ciente de que o dano já fora causado, pediu conselho a seu residente e escreveu imediatamente ao vice-rei para se desculpar. Hardinge, um defensor da etiqueta (em especial, no que dizia respeito a ele; neste caso, viu um insulto ao rei como um insulto a ele próprio) e já furioso porque o marajá não se levantara quando ele (Hardinge) entrou no recinto em uma ocasião anterior, recusou-se de início a aceitar a carta. Houve clamores pela deposição de Baroda e até por sua deportação; no mínimo, disseram muitos, sua salva de tiros deveria ser reduzida.

Enquanto o marajá ponderava sobre o preço de sua deslealdade, nem todo mundo no acampamento de Baroda estava preocupado com minúcias políticas. Indira, sua bela e voluntariosa filha, mostrava-se tranquila em relação ao furor que a demonstração do pai causara. Em um mês, ela iria se tornar a segunda esposa de um marajá imensamente rico.

A planejada união, aliando dois reinos poderosos, era fonte de grande satisfação para seus pais. O enxoval estava pronto, embalado em pilhas de seda em seus aposentos do amplo palácio de Baroda. Contudo, Indira não passava o tempo no *durbar* com a família e o noivo, mas no acampamento de suas colegas de escola, as princesas Prativa e Sudhira de Cooch Behar, apelidadas de Pretty e Baby.

Cooch Behar, no distante nordeste da Índia, era um suntuoso e remoto estado cuja glamorosa família reinante era imensamente popular entre os britânicos. Como família, "possuíam os dons da beleza e do grande estilo".[6] O elegante marajá Nripendra Narayan, que falecera dois meses antes, servira como ajudante de campo do rei Eduardo VII; seu terceiro filho, Victor, recebera o nome em homenagem à madrinha, a rainha Vitória.

O grau de integração dos Cooch Behar na sociedade e nos modos britânicos era único entre as dinastias de príncipes indianos. Embora alguns marajás tivessem, no começo do século XX, decidido que o verniz europeu era essencial para que fossem bem tratados pelos britânicos (e outros tantos percebessem que gostavam da liberdade, do álcool farto e das mulheres livres disponíveis no exterior), a maioria conservava hábitos familiares em casa e nunca perdia a reserva em relação às classes dominantes britânicas. Os Cooch Behar, apesar de seu estado ser geograficamente remoto, tradicional nos costumes e de pouca importância política, eram na Inglaterra membros bem conhecidos da alta sociedade eduardiana.

Os Cooch Behar eram heterodoxos em questões religiosas e bem relacionados na Grã-Bretanha. Apesar de sua proeminência na cena social de Calcutá, Darjeling e Londres, a marani de Cooch Behar, Sunity Devi, era membro dedicada do Bramo Samaj, um movimento reformista hindu que buscava fundir as culturas oriental e ocidental, participação essa que a transformou, assim como sua família, literalmente em párias aos olhos dos hindus tradicionais, como os Baroda.

Pretty e Baby haviam estudado em um internato em Eastbourne, costa sul da Inglaterra, com Indira de Baroda. Era muito natural que, ao vê-la em Délhi, as princesas de Cooch Behar convidassem-na a visitar seu acampamento. Lá ela encontrou o alto e belo príncipe Jitendra, o segundo irmão, "uma espécie de príncipe de contos de fada, esplêndido e extraordinariamente charmoso, impulsivo, generoso; uma companhia muito divertida".[7]

Jit (como era chamado) tinha 25 anos e era o mais atraente dos sete filhos de Cooch Behar, com suas gírias de Eton, seu sorriso fácil e "uma elegância surpreendente em tudo que fazia".[8] Membro do Corpo de Cadetes Imperiais, grupo de elite que havia escoltado o rei e a rainha até seus tronos no dia do *durbar*, ele vestia o casaco cor de marfim bordado a ouro, até o joelho, a faixa azul-celeste e o turbante com penacho de seu regimento.

Enquanto dançavam juntos — um escândalo em si, já que apenas os indianos muito sofisticados dançavam no estilo europeu, que era considerado indecente —, Jit perguntou a Indira por que ela parecia tão triste. Se estava para se casar, disse ele, "deveria estar nas nuvens".[9] "Estou infeliz *porque* vou me casar", respondeu ela.

"Bem, por que não se casa comigo?", foi a reação de Jit. O que começou como um comentário casual se transformou rapidamente em um romance intempestivo, que escandalizaria a comunidade na qual nasceram e marcaria o início de mudanças sociais que a alterariam por completo. Durante a confusão e agitação do *durbar*, no frescor das manhãs desertas ou à noite, quando as luzes elétricas convertiam aos poucos a área do acampamento em um mundo mágico iluminado, Indira e Jit tiravam proveito de sua proximidade a fim de se ausentarem para algumas poucas horas juntos, desafiando o desejo dos pais e as convenções. Muitas vezes, Indira ignorava as advertências para se distanciar de "certas pessoas" e retornava em segredo ao acampamento de Cooch Behar para encontrar o amado e planejar o futuro.

Cinco dias depois que a "obediência inadequada"[10] de Baroda causara tanto escândalo, Madhavrao Scindia, marajá de Gwalior, robusto e presunçoso, veio visitar o futuro sogro no acampamento de Baroda. Sem saber que a noiva se apaixonara por outro homem, apareceu informalmente para oferecer apoio e dizer adeus à família; ele os veria a todos em poucas semanas, quando iria a Baroda para se casar com Indira. Mais tarde, naquele mesmo dia, os Baroda e seus servidores embarcaram em seu trem particular para o sul. Após algumas horas de viagem, Sayajirao recebeu um telegrama urgente do marajá de Gwalior, que ainda estava em Délhi, dizendo: "O QUE A PRINCESA QUER DIZER COM SUA CARTA?"

Indira deixara uma carta para o suposto futuro marido antes de partir do Parque da Coroação. Sem consultar os pais, informara Gwalior que não poderia desposá-lo e que o casamento, planejado havia anos e marcado para acontecer dali a pouco mais de um mês, estava cancelado. Quando interrogada, Indira respondeu com tranquilidade que escrevera realmente a Scindia, desistindo da união, e explicou que aquilo acontecera porque estava apaixonada, e noiva, de Jit Cooch Behar.

Os pais ficaram horrorizados. O irmão mais velho de Jit acabara de ascender ao *gaddi* de Cooch Behar, de forma que era improvável ele se tornar marajá um dia, e sua linda e inteligente filha nunca seria marani. Pior ainda do que aquele desapontamento, para os orgulhosos Baroda, era a desonra de uma ligação com os Cooch Behar. Embora a família fosse *kshatriya*, a casta guerreira à qual todos os governantes indianos pertenciam, Cooch Behar era apenas um estado pequeno, com salva de 13 tiros. Sua descendência, admitidamente muito mais antiga que a dos Gaekwad, era tida (pelas famílias de príncipes mais puras da Índia) como maculada por séculos de casamentos com princesas de reinos tribais, que faziam fronteira com eles no sopé das montanhas do Himalaia.[11] Por fim, e o mais importante, Sayajirao e Chimnabai consideravam os Cooch Behar anglicizados demais — como os membros do Brahmo Samaj, não eram propriamente hindus.

Os casamentos na Índia principesca não eram uma questão do coração, mas assuntos de Estado, combinados em nome dos noivos pelos pais e governos. Dois anos antes, após conhecer Indira, então com 17 anos, em Londres, o marajá Madhavrao Scindia, de Gwalior, pedira ao marajá de

Baroda a mão dela em casamento. Após negociações extensas, consultas e comparações completas de horóscopos, Sayajirao, altamente gratificado, aceitou a proposta de Scindia em nome da filha.

O casamento seria a união entre dois dos estados mais importantes da Índia. Baroda e Gwalior estavam entre os cinco estados aos quais se concediam as mais altas honras cerimoniais do império britânico, em reconhecimento a sua proeminente riqueza e influência política. Eles ficavam relativamente próximos um do outro: Baroda em Gujarat, no lado oeste da Índia, e Gwalior, no centro-norte. Ambas as famílias descendiam de generais do século XVIII, que haviam ajudado os maratas a conquistar a Índia central. Que esses dois estados poderosos fossem se unir pelo casamento era uma fonte de prazer e orgulho para ambos os marajás. Madhavrao Scindia idolatrava a bela e espirituosa noiva; Sayajirao de Baroda estava encantado por ter assegurado que sua única e favorita filha fosse se casar com um dos primeiros príncipes da Índia, garantindo sua segurança e posição futura.

Gwalior, aos 34 anos, era muito respeitado pelos britânicos. Um antigo vice-rei, lorde Curzon, contara à rainha Vitória, em 1900, que ele era o mais inteligente e promissor entre os príncipes mais jovens. Em contraste, E. M. Forster, secretário por um tempo do marajá de Dewas Senior, achava Scindia, "na vida privada, um bufão insolente e ríspido, e, na pública, um militarista e obscurantista",[12] e observou sua bem conhecida inclinação para cansativas piadas de mau gosto. Certa vez, em um 1º de abril, recordava-se outro visitante britânico com aprovação: "Nossos ovos quentes eram feitos de pedra; os fósforos, falsos; os cigarros explodiam; os sanduíches de presunto estavam recheados com flanela cor-de-rosa; as cadeiras oscilavam; e quando fomos jogar *bridge* à noite, os lápis tinham pontas de borracha!"[13]

O tenente-coronel Dunlop Smith foi mais positivo. Considerava Scindia "capaz, ambicioso e muito enérgico, totalmente leal, mas se ressentia de qualquer interferência, fosse do governo ou do residente de Gwalior".[14] Quando a "interferência" tomava forma de reprimenda oficial, por tirar o *pugree* após o vice-rei ter saído de uma recepção, não é de espantar que o marajá permitisse ocasionalmente que sua frustração se manifestasse. A princípio, Gwalior empenhou todos os esforços para cooperar com os britânicos, a fim de obter sua aprovação e amizade. Todavia, os britânicos, com "sua arrogância e preconceito, conseguiram indispô-los [os príncipes]. Mesmo o mais liberal deles tendia a ser excessivamente sensível, e a linha entre subserviência e um nível aceitável de familiaridade era muito tênue".[15]

Scindia, mais tarde, batizou os filhos de Jorge e Maria em homenagem ao rei e à rainha, mas sua nora disse que aquilo era apenas um sinal exterior da suposta estima pelo rei-imperador. "Ninguém ousava chamá-los por esses nomes na sua frente";[16] eram sempre chamados pelos nomes indianos. Jorge — ou Jivajirao — "nunca pôs os pés na Inglaterra enquanto os ingleses governaram a Índia".[17] A política de Scindia em relação à Grã-Bretanha era, como sempre fora a da família, de intensa desconfiança, mascarada por uma cortesia extravagante. Só os britânicos pareciam achar que sua *politesse* era sincera. Certamente, o nacionalista Sayajirao não teria desejado que a filha casasse com um príncipe que o Governo Britânico da Índia trazia no bolso.

Outro ponto a seu favor era o fato de Scindia ser imensamente rico — quase tão rico quanto o próprio Baroda. O vasto palácio em Gwalior, Jai Vilas, ou Casa da Vitória, fora construído para a visita do príncipe de Gales à Índia em 1876. Os dois lustres de cristal do salão, o maior ostentando 248 velas, eram tão pesados que 12 elefantes foram levados até o telhado, enquanto este estava sendo construído, a fim de se ter certeza de que era forte o bastante para suportar aquele peso. Eles iluminavam um salão de *durbar*, com espelhos, em um raio de 15 metros de largura por 27 de comprimento. Um pequeno trem elétrico de prata corria em torno da imensa mesa de jantar, parando em frente aos comensais para oferecer vinho do porto, chocolates e cigarros. Nas duas extremidades do aposento, viam-se bustos do rei Jorge e da rainha Maria, enfeitados, nos dias de festa, com tagetes douradas.

Apesar daquele apoio "só da boca para fora" ao império, Gwalior era administrado de forma decididamente tradicional. "Parece haver muito mais servilismo aqui do que em qualquer outro estado que já estive",[18] comentou um dos hóspedes britânicos do marajá em 1918. "As pessoas passam o tempo todo curvadas para o chão em nossa presença." Uma deferência que se assemelhava à adoração era a atitude normal em relação ao príncipe e sua família em todos os estados indianos; a saudação para um membro de família real indiana era o profundamente respeitoso *mujira*, uma mesura até o chão e tocando nos pés da realeza. Gwalior não era diferente ao receber essa homenagem de seu povo.

No verão de 1911, após seu noivado com Gwalior ter sido anunciado, Indira visitou Londres com os pais. Sua beleza exótica e posição tornaram-na a favorita das colunas de fofoca. Scindia deu uma festa suntuosa em Ranelagh Gardens para celebrar o noivado. Indira passava os dias nas lojas da cidade, adquirindo peças para o enxoval, parte do qual incluía mobília e pesados lençóis de linho irlandês, bordados com as iniciais I S, de Indira Scindia, sob uma pequena coroa.* Porém, seu humor estava muito inquieto e taciturno para uma jovem noiva. Ela voltou para casa naquele outono distraída e pensativa.

Apesar de ter dado consentimento à união, Indira não viu em Scindia um pretendente desejável quando o pai o apresentou, mas um homem corpulento e fanfarrão com o dobro de sua idade. Ela era singularmente bem-educada para uma mulher, indiana ou britânica, nascida no fim do período vitoriano, e herdara a curiosidade intelectual que caracterizava seus pais; Scindia, entretanto, não fazia segredo de seu desdém pela atividade mental. Por fim, e de forma decisiva, ele fracassou em conquistá-la pelo sentimento.

O fato de Gwalior já ter uma esposa poderia não ter dissuadido Indira, se a situação tivesse sido tratada com sensibilidade. Embora o pai se opusesse à poligamia por princípio e fosse comprometidamente monogâmico na prática, a maioria dos príncipes indianos, na virada do século XX, tinha várias esposas, além de um harém de concubinas

---

*Ver página 97. Essa era uma afirmação decorativa e também política: os príncipes indianos eram proibidos pelo governo britânico de portarem ou usarem coroas.

vivendo na *zenana*, ou residência para mulheres, do palácio. Apesar de muitas vezes atribuída à influência muçulmana, a poligamia fora parte da vida dos príncipes indianos por muitos séculos, garantindo um amplo suprimento de herdeiros do sexo masculino e atuando como alianças vinculantes entre estados. Por deferência aos hábitos locais, os britânicos nunca fizeram esforços para legislar contra esse costume. Indira poderia ter esperança de ser a marani mais importante da *zenana*, mas não de se tornar a única, com qualquer príncipe que se casasse.

A primeira esposa de Scindia, Chinku Raje, não lhe dera filhos, e assim ele procurou outra. Indira preenchia os requisitos perfeitamente: era jovem (portanto, fértil) e não só da casta e do clã certos, mas da única família marata que os Scindia consideravam como igual. Ela era também uma futura rainha até a raiz dos cabelos: bonita, charmosa e segura. Do ponto de vista de seu pai, o fato de a esposa atual de Scindia não ter lhe dado herdeiros significava que, se Indira o fizesse, teria precedência sobre a outra. Filhos eram muito mais importantes que sentimentos de esposas ou afeto de maridos. Por sua vez, Gwalior acreditava que estava apaixonado por Indira, jurando que não conseguiria desposá-la se ela não o amasse; declarando que já tinha um casamento de conveniência e não desejava outro; mas nunca lhe prometeu a lua.

Do ponto de vista de Gwalior, o casamento tinha de ser um acordo de negócios, além de um romance. Independentemente de se ele amava ou não Indira, havia convenções a serem obedecidas e obrigações a cumprir. O primeiro dever dela como marani seria gerar um herdeiro, e, para este fim, ele visitaria seus aposentos regularmente. Contudo, também não podia negligenciar a primeira esposa — sua família, com a qual estava ligado pelo casamento e que lhe havia pago um vasto dote, faria objeções — e não queria descuidar das amantes tampouco, um dos prazeres aceitos entre os de sua classe. Durante as negociações para o casamento, Scindia enviou seu ajudante de campo para discutir com a família de Indira o regime diário sob o qual ela viveria como sua esposa, quando seria chamada de Sua Segunda Alteza.[19] Eles cavalgariam juntos ao amanhecer nas segundas — ela foi informada — e ele passaria a noite com ela nas quintas. As outras noites estavam reservadas para a primeira esposa e as amantes.

Vivendo em *purdah*, Indira não veria o marido — ou qualquer outro homem, incluindo seus amados irmãos — em outras ocasiões. Ela teria os próprios aposentos na ala feminina do palácio e uma mesada generosa, mas nenhuma liberdade. Em urdu, a palavra *purdah* significa cortina, atrás da qual a mulher deve estar sempre oculta. A reclusão das mulheres de alta posição era um traço da sociedade indiana já antes das primeiras invasões muçulmanas do século XII, mas sob o governo mogol, do século XV ao XVIII, ficara mais rígida.

No fim do século XIX, *purdah* significava a segregação doméstica de homens e mulheres, e a proibição de elas serem vistas em público ou, às vezes, inclusive de sair de casa. Após o casamento, a esposa se mudava para a casa da família do noivo, onde era com frequência desencorajada a manter contato com os próprios familiares, e não tinha permissão de se encontrar com ninguém, exceto as outras mulheres da *zenana*. O único homem que via era o marido, e só quando ele queria. De sua parte, este vivia com total liberdade. A fidelidade não estava incluída em seu contrato de casamento. Entretanto, a castidade da mulher estava intimamente ligada à honra de sua família e era protegida como um tesouro. Os homens eram considerados incapazes de se controlar na presença do sexo feminino; o *purdah* era a defesa da mulher contra predadores sexuais e seus instintos baixos.

Para a princesa nascida em *purdah*, casar-se com um príncipe e mudar-se para sua *zenana* era apenas o estágio seguinte, o início de sua vida adulta enclausurada. Para Indira, isso seria a prisão. Ela era independente e voluntariosa, e não tinha o menor desejo de ser enterrada viva no harém de um homem que não amava ou respeitava. A primeira reação ao noivado foi tentar estabelecer seu poder dentro do relacionamento e um certo controle sobre sua vida futura. Ela "se recusa a manter o *purdah*, faz questão de seis meses [a cada ano] na Europa e até, dizem, exige a chave do Tesouro, além de uma garantia por escrito que um de seus filhos ascenderá ao trono",[20] notou um observador.

Enquanto seus sentimentos não estivessem envolvidos de outra forma, Indira estava disposta a seguir adiante com o casamento, independentemente de sua opinião em relação a Gwalior. Era um dever, e os pais, apesar de seu liberalismo, haviam sempre insuflado nela a importância de cumpri-lo. Todavia, o dever passaria para segundo plano quando o amor entrasse na equação.

As bodas de Indira e Gwalior estavam marcadas para acontecer seis semanas após o *durbar*, em 25 de janeiro de 1912. Os astrólogos reais haviam sido consultados para encontrarem a data mais auspiciosa; as rotas cerimoniais para o cortejo em Baroda foram mapeadas; as casas ao longo do caminho, caiadas; e arcos feitos com folhas para saudar o noivo já se erguiam pelas ruas. Centenas de pessoas tinham sido convidadas. Os convites eram por si só obras de arte: quando uma princesa de Jaipur se casou em 1910, o convite, impresso como uma iluminura de manuscrito, chegou "dentro de um longo saco de seda vermelha bordado a ouro, com a boca fechada por um pesado lacre de cera".[21] Decoração colorida das ruas e festejos tradicionais, como lutas de elefantes, exibições de ginástica, caça ao leopardo e fogos de artifício também estavam planejados.

Contudo, 25 de janeiro chegou e se passou sem qualquer evento. Ventilou-se que o casamento fora adiado "por razões inteiramente pessoais",[22] um sinal de que os pais de Indira ainda esperavam conseguir evitar o escândalo de um noivado desfeito e, o que seria pior, uma fuga da noiva com outro homem. Sem suspeitar da verdade, os jornais especulavam que, chocado com a conduta de Sayajirao no *durbar*, Scindia voltara atrás na aliança. A portas fechadas, os Baroda fizeram o possível para persuadir Indira a mudar de ideia, mas sem sucesso. Seu coração pertencia a Jit, e o dele a ela. Cupido, escreveria ele mais tarde, "deve ter feito uma seta especial, que mergulhou em uma poção de amor especial, e puxou a corda do arco com um pouco mais de força, quando acertou aquela parte de mim que fica no lado noroeste do corpo".[23]

A portas fechadas, Indira ficava ora zangada, ora enraivecida, declarando "que iria desistir de Jit, casar-se com alguém da própria casta, abandoná-lo no dia do casamento e seguir imediatamente para Londres ou Paris a fim de viver como divorciada".[24] A mãe, a marani Chimnabai, "em severos e aterrorizantes sermões", fê-la se sentir "tão pequena, desprezível e pérfida por ter desgraçado a própria família e, por assim dizer, decepcionado todos os seus ancestrais, que apenas o apoio e o afeto dos irmãos lhe deram um sentido de proporção em relação ao caso e coragem para manter sua decisão".[25]

Em agosto de 1912, a princesa devolveu o anel de noivado e outros presentes de Scindia, expressando seu pesar pelo desenrolar dos acontecimentos e enfatizando a própria culpa. A resposta de Gwalior a seu pai foi digna e generosa. Agradeceu a Sayajirao e Chimnabai por toda a gentileza e consideração por ele e desejou a Indira felicidade e prosperidade com o "amigo Jit Cooch Behar". No fim, assinou como "seu filho".

"Se uma coisa dessas tivesse acontecido no passado, Gwalior teria invadido Baroda com um exército!",[26] exclamou Chimnabai encolerizada ao ler a carta, acrescentando que a filha jamais se casaria com Jit Cooch Behar. "Exteriormente, o marajá de Gwalior aceitou a decepção com bravura, mas interiormente ficou muito desolado",[27] observou o amigo de Sayaji, o Aga Khan. Ainda precisando de uma segunda esposa (e de um filho), Scindia casou-se nove meses depois.

Naquele outono e inverno, ao menos nas aparências, a vida no palácio de Baroda, Laxmi Vilas, continuou como sempre. Chimnabai prestou a homenagem anual a Cobra, O Grande Protetor das Mulheres, no festival de Nag Panchmi. Embora a marani vivesse em *purdah*, ela era um elemento importante na estrutura social e religiosa de Baroda. Tradicionalmente, as mulheres conduziam muitas cerimônias hindus essenciais, que variavam do *puja* (culto) diário para o bem-estar da família até rituais de iniciação das crianças quando cresciam, e jejuns para que os maridos tivessem vida longa, além de eventos anuais como esse, no qual Chimnabai, como representante das mulheres de Baroda, fazia uma oferenda ao deus-serpente. Somado a isso, em muitos estados, as maranis (e marajás) conduziam cerimônias islâmicas, além das hindus, como demonstração de inclusão dos súditos muçulmanos.

Com as forças armadas completas de Baroda conduzindo a procissão, todas as mulheres do palácio eram levadas até uma tenda em elefantes, ocultas atrás de cortinas em suas *howdahs*, ou selas para elefantes. Desmontavam descendo escadas cuidadosamente acortinadas e entravam na tenda por um túnel também protegido. Lá, cercada por sacerdotes, uma pele de cobra era esticada sobre um galho de louro. Chimnabai se curvava diante do altar enquanto os pânditas cantavam mantras e ofereciam ao deus flores, doces e *ghee*. Depois, ela retrocedia, dava a mão a Indira, que usava uma grande argola de pérola no nariz, e às outras mulheres, e formavam todas um círculo, cantando, em volta do altar.

Quando o tempo esquentava, uma Chimnabai carregada de joias desempenhava outra de suas funções oficiais, presidindo um *durbar* feminino, durante o qual as mulheres de Baroda lhe apresentavam petições, exatamente como os homens faziam com seu marido. A marani ficava reclinada sobre uma pilha de almofadas de veludo vermelho e dourado em uma das extremidades do vasto salão dourado. Vestia um brilhante sári cor-de-rosa de seda de Benares; tornozeleiras de diamantes e anéis faiscavam em seus pés nus. A maleável figura prateada de uma dançarina acompanhava o ritmo de cítaras, vinas e tablas, tocadas por um grupo de mulheres, enquanto as visitantes de Chimnabai se aproximavam dela, fazendo salamaleques até o chão e com as mãos colocadas à altura da testa. Cada uma delas lhe oferecia um pouco de *tilgul*, um doce feito de canela e melaço habitualmente distribuído na primavera; em troca, recebiam *paan*, arroz e cana-de-açúcar, que simbolizavam os bons pedidos. Outras vezes, uma criada despejava sementes de gergelim sobre as mãos abertas das peticionárias.

Indira participava também do *durbar*, mas desta vez sua cabeça estava a milhares de quilômetros de distância. Ela se recusava a contemplar outras propostas de casamento, rejeitando um rajá do sul, "muito devotado, com o dobro de sua idade e merecedor de sorrisos das autoridades", que ela sabia "poderia lhe proporcionar diversão, já que gostava mais da Europa que da Índia",[28] mas que não podia aceitar porque amava Jit. Sua desobediência persistente chocava até observadores britânicos, mas Indira permanecia firme.

A sedução de Jit era esmagadora e inebriante. Para Indira, criada em um ambiente onde o dever estava sempre em primeiro lugar, Jit, "o mais bajulado de todos porque possuía modos tão fascinantes",[29] representava um glamoroso mundo novo, uma mistura eletrizante de exotismo e modernidade ocidental, com seus coquetéis fortes e danças desinibidas. Um bafejo de escândalos prazerosos pairava sobre a reputação da família de Cooch Behar, como as ousadas canções de teatro de variedades que eles cantavam ao piano, no salão de visitas branco e dourado de seu palácio. As cartas de amor de Jit para Indira desse período eram "cheias de descrições da tentadora vida que se levava em Cooch Behar e das festividades de inverno em Calcutá, da primavera em Darjeeling [a estação de montanha mais próxima de Cooch Behar], dos divertimentos, bailes, festas a fantasia, visitas dos times de polo, partidas de críquete, caçadas a grandes animais".[30]

Em fevereiro de 1913, após um ano de correspondência clandestina com Jit e de oposição inabalável a ele pelos pais, Indira não aguentou mais aquele impasse. De seu quarto em Laxmi Vilas, escreveu formalmente ao pai, dizendo que desejava se casar em Calcutá, em 18 de março, e que deixaria Baroda três dias antes. Ela ainda tinha esperanças de obter o consentimento dos pais, mas estava claro que decidira não esperar mais.

A permissão foi negada, e Indira começou a procurar uma rota alternativa para a liberdade. Seu problema principal era que, embora pertencesse a uma das famílias mais ricas do mundo, ela não tinha acesso a qualquer dinheiro. Suas joias valiosas eram propriedade do estado e tinham de ter a assinatura de saída do tesoureiro toda vez que as usava; sua mesada era generosa, mas meticulosamente especificada, e tudo que não gastasse tinha de ser devolvido. Ela sabia que o pai a deserdaria se fugisse. "Como o dinheiro, ou a falta dele, estraga a felicidade",[31] lamentou ela. Eles teriam de encontrar um outro jeito.

Nesse ínterim, o irmão de Indira, Jayasinh, casou-se naquele mês de fevereiro, e sua felicidade fazia um contraste agudo com as dificuldades pelas quais ela passava. As bodas foram celebradas com todos os floreios e fanfarras habituais, inclusive um espetáculo da famosa trupe de papagaios verde-esmeralda, adestrados, de Baroda. Eles andavam de bicicleta, davam cambalhotas, disparavam miniaturas de canhões prateados, colocavam filme em máquinas fotográficas, conduziam uns aos outros em pequenas carruagens e parelhas, rebolavam em bambolês e disparavam flechas com pequenos arcos; um deles tocava piano enquanto o outro dançava. As festividades culminaram com um desenfreado tumulto dentro dos bem guardados portões do palácio — todos os envolvidos no casamento, desde a marani Chimnabai até o caçula dos Baroda, "aquele pequeno maroto, Dhairyashil",[32] jogando poeira vermelha em todo mundo enquanto os fogos explodiam. A loucura durou, registrou uma nada divertida (e manchada de vermelho) *miss* Tottenham, amiga e dama de companhia inglesa de Chimnabai, até as quatro da manhã, quando o grupo do noivo clamou vitória.

O coronel Impey, como residente e representante oficial do Governo Britânico da Índia, em Baroda, enviou um relatório a Calcutá logo após as bodas. "O Gaekwad tem andado muito ocupado com questões de família",[33] observou ele. Sayajirao estava, informou, mal de saúde, sem poder participar de mais de uma entre as numerosas cerimônias do casamento e ficando apenas alguns minutos no banquete, no qual o *dewan* (ministro principal) leu o discurso por ele. Esse discurso, entretanto, veio satisfatoriamente entremeado de declarações de fidelidade a Jorge V e ao império britânico. "Menciono esse fato já que, em meu relatório anterior [de outubro de 1912], aludi à outra fala na qual o Gaekwad deixou passar a oportunidade de expressar em público sua lealdade e a necessidade dela." Os britânicos estavam de olho em Sayajirao depois da conduta decepcionante no *durbar*.

A chance de Indira veio em abril, quando os Baroda receberam uma relutante permissão para viajar à Europa, em vista do estado de saúde de Sayajirao; eles planejaram levá-la na esperança de distraí-la. Ela e Jit combinaram que se encontrariam em Bombaim, onde Indira e os pais embarcariam. Jit a levaria então para Calcutá, e lá se casariam. Em seus aposentos do enorme palácio de Baroda, entre pilhas de malas e caixas transbordantes de sáris com bordas douradas e penhoares guarnecidos de rendas de Bruxelas cor de café, a princesa fumava um cigarro após o outro, planejando a fuga.

Um telegrama mandando que Jit não fosse a Bombaim foi despachado de Baroda para Cooch Behar antes de a família partir, a 13 de abril, mas chegou tarde demais. Quando alcançaram Bombaim, Sayajirao chamou Jit até o salão de *durbar*, em mármore, de seu palácio na cidade, Jaya Mahal. Em uma galeria acima, a marani assistia a tudo por detrás de uma fina cortina de bambu. Jit entrou, atravessou o grande aposento vazio até Sayajirao e se curvou. "Quero que saiba que é impossível para mim permitir que se case com minha filha. Isso não pode acontecer, e minha atitude não mudará nunca",[34] disse o marajá. "Isso é muito duro", replicou Jit vagarosamente. A entrevista terminara. Depois, Chimnabai falou com ele muito rapidamente, e o príncipe pediu para ver Indira pela última vez. Foi-lhes permitido ficar cinco minutos juntos.

À tarde, uma Indira surpreendentemente animada se dirigiu à costureira, escoltada pela dama de companhia inglesa da mãe, *miss* Tottenham, que fora instruída a não deixá-la longe de suas vistas. Saindo do provador, a princesa beijou a modista com um excesso de afeto. "Será que eu deveria tê-la acompanhado lá também?",[35] perguntou-se *miss* Tottenham. Quando voltaram para Jaya Mahal, ela percebeu seu erro. Indira havia dado à costureira uma carta para Jit, que fora trazida para Chimnabai e Sayajirao por um criado fiel. Nela, explicava seu plano — tramado durante o breve encontro pela manhã — para fugir do palácio com a ajuda de Jit e ir para o hotel dele.

Naquela noite, o palácio estava guardado apenas pelos criados mais confiáveis do marajá. Indira podia ser vista em seu quarto, andando inquieta de um lado para outro em frente à janela, como se estivesse esperando por alguém. Uma hora antes da meia-noite, Jit tentou realmente entrar na área do palácio, mas foi contido e mandado embora. *Miss*

Tottenham escoltou Indira até o navio às nove horas da manhã seguinte e ficou de olho nela até a passarela de embarque ser retirada, para que não tentasse fugir.

A bordo, uma abatida Indira lia nos jornais as notícias sobre suas iminentes núpcias, já anunciadas pelos Cooch Behar à imprensa de Calcutá.

> Grandes preparativos se encontram em andamento em "Woodlands", Calcutá, residência do marajá de Cooch Behar, para o casamento do príncipe Kumar Jitendra Narayun, irmão do marajá, com a princesa Indira, única filha de Sua Alteza, o Gaekwar. As bodas acontecerão na próxima segunda-feira. O noivo é muito popular nos círculos esportivos de Calcutá.[36]

Sayajirao e Chimnabai ficaram furiosos com a publicidade falsa. Quando a marani encontrava a filha nos passeios noturnos pelo convés, sibilava-lhe palavras cortantes em marata ou evitava-a completamente. Indira, com uma nota de histeria na gargalhada forçada, tentava ignorar os pais no espaço reduzido do vapor. As notícias de jornal a haviam tornado uma celebridade a bordo, e ela era protegida por admiradores que advogavam sua causa romântica e objetavam que a obediente *miss* Tottenham checasse todos os telegramas de Indira endereçados à terra, e tentasse impingir o horário de ir para a cama às dez da noite. "É culpa de papai", disse Indira em desespero à inglesa.[37] "Eu poderia ter me casado aos 16, mas papai disse que eu era muito nova e devia esperar mais, de forma que tivesse minha própria voz na questão." Pegando seu escovador de língua de ouro, ela continuou: "Agora sinto toda a amargura da vida. Faço minha própria escolha e, no entanto, aqui estou prisioneira."

Os Baroda, aliviados de terem escapado de Jitendra e esperando que a estadia na Europa distraísse a recalcitrante filha, desembarcaram na França e, após um breve intervalo em Paris, foram para Evian-les-Bains. Como sempre, quando o marajá não estava na Índia, um homem da Scotland Yard seguia Sayajirao, que, temia-se, estivesse em contato com nacionalistas indianos vivendo na Europa. Esses revolucionários à espera achavam mais fácil promover agitações pela independência a uma distância segura da vigilância do Governo Britânico da Índia. Com a reputação de simpatizante dos "insurretos", o marajá era considerado um símbolo muito poderoso para os nacionalistas, que viam-no como um líder em potencial de uma Índia independente, para ser deixado sem vigilância enquanto viajava pela Europa. O detetive notou um homem barbudo suspeito circulando em torno do hotel dos Baroda e relatou devidamente o fato ao Departamento da Índia. Porém, não se tratava de nenhum rebelde ou inimigo do império, mas de um amante clandestino, recém-chegado à Europa, fazendo contato com uma princesa em sua alta torre. Se Chimnabai e Sayajirao tinham pensado que levar Indira para longe da Índia afrouxaria os laços entre ela e Jit Cooch Behar, estavam enganados.

2

Trinta anos antes, teria sido inconcebível que uma princesa desafiasse os pais e a ordem aceita da sociedade como Indira fizera, mas — apesar de toda a desaprovação pela rebelião da filha — a princesa de Baroda era, em todos os sentidos, produto do casamento dos pais. De sua própria maneira, e em seu tempo, a união de Chimnabai e Sayajirao Gaekwad tinha sido tão anticonvencional quanto Indira pretendia que a sua fosse.

A mãe de Indira, Chimnabai, desposara o marajá de Baroda em um casamento combinado em 1885, quando ela tinha 14 anos. Um príncipe ou princesa do século XIX não esperava se casar por amor; a determinação de Indira em fazê-lo era espantosa mesmo três décadas depois. Nessa cultura, onde as esposas poderiam ser descartadas por não gerarem filhos e em que morrer na pira funerária dos maridos era visto como privilégio, amor e afeto contavam muito menos que dever, honra e tradição. O matrimônio era considerado uma engrenagem dinástica, planejado entre famílias ou estados — não entre indivíduos. O amor nascia depois da cerimônia de casamento em vez de antes; os sentimentos dos noivos eram irrelevantes.

"Não há na Terra outro deus para uma mulher a não ser o marido", afirma o *Padmapurana*, um texto hindu que data de 750 d.C.[1] "A mais excelente de todas as tarefas que ela pode executar é tentar agradá-lo, manifestando-lhe obediência total. Nisso deve estar toda a sua regra de vida." O mais alto darma, ou obrigação religiosa, era o *pativrata*, a devoção total de uma esposa ao marido, quaisquer que fossem seus pecados ou faltas. "Sejam os defeitos dele quais forem, seja sua maldade a que for, a esposa deve sempre olhá-lo como um deus, dispensar-lhe toda atenção e cuidado, sem importar-se com seu caráter e sem dar-lhe qualquer motivo de desprazer."[2]

Os ocidentais contemporâneos deploravam ou idealizavam essa atitude em relação às mulheres e ao casamento. As feministas — como a jornalista investigativa Katherine Mayo, em seu incendiário *Mother India*, publicado em 1929 —, execravam o que viam como a injustiça e a depravação quase bestial da sociedade indiana. "Nós, maridos, tornamos muitas vezes nossas esposas tão infelizes, que deveríamos temer que elas nos envenenassem",[3] Mayo cita um marido indiano típico como dizendo essas palavras. "Por isso, nossos sábios ancestrais criaram uma penalidade tão terrível para as viúvas — a fim de que a mulher não fique tentada."

Os moralistas tradicionais do tipo vitoriano, por outro lado, encontravam muito que admirar na mulher indiana, que servia o homem com tanto ardor e dignidade. Um dos muitos livros sobre a Índia, escrito por ex-funcionários públicos e soldados britânicos, cita uma carta de uma esposa indiana ao marido:

> Eu não poderia jamais te esquecer, porque és para mim o que o vasto e profundo oceano é para o peixe (...). Por que me elogias tanto? Não sou digna de elogios. Tampouco poderia eu distanciar-me de ti. Só tu és meu senhor e dono, só tu consegues sondar as profundezas de meu coração e entender seus desejos. Para mim, não existe ninguém igual a ti no mundo.[4]

Como essa apaixonada carta demonstra, o amor também existia na sociedade indiana; mas se esperava que surgisse só depois do casamento. A ideia de romance, predominante na sociedade ocidental, não possuía equivalente na Índia, exceto nos casos extraconjugais entre, por exemplo, um príncipe e uma cortesã, ou entre uma jovem esposa negligenciada e um humilde mas respeitador jardineiro, que não ousava se aproximar dela. Histórias de paixões não correspondidas, frustradas e condenadas são ainda a mola mestra do cinema indiano, mas o amor era algo que crescia entre marido e mulher ao longo dos anos, enraizado na vida comum que construíam juntos.

Em casamentos combinados entre casas reais, as questões financeiras, políticas e culturais eram muito mais importantes para os cidadãos comuns, e os costumes tradicionais eram seguidos com uma rigidez muito maior. Casamenteiros e astrólogos checavam se a linhagem dos clãs era pura e o horóscopo dos noivos compatível. Dotes, "o peso do orgulho", eram impiedosamente negociados em proporção inversa à posição e beleza da noiva.

Uma futura marani adequada era jovem, às vezes tinha 4 ou 5 anos de idade e nunca mais de 13 ou 14, fértil e de pele clara, de preferência. Sua família deveria ser da casta guerreira dominante, *kshatriya*, à qual todas as famílias de príncipes e aristocratas pertenciam. A sociedade hindu é dividida em quatro castas: a dos brâmanes, tradicionalmente sacerdotes; dos *kshatriya*, guerreiros ou governantes; dos *vaisya*, comerciantes; e dos *shudra*, agricultores. Abaixo dessas ficavam os intocáveis (chamados hoje de *dalits*), que desempenhavam as tarefas servis, desprezadas pelas castas mais altas, como varrer, curtir couro e limpar latrinas. Havia também milhares de subdivisões em cada casta, chamadas de *jatis*. Perder a casta — por meio do casamento; de viagens pelas "águas negras", o oceano; por carregar o cadáver de alguém de outra casta; ou até por comer alimentos preparados por uma pessoa da casta errada — era a desonra mais grave não apenas para o indivíduo, mas para toda a família. Essas proscrições severas constituíam parte da razão pela qual era tão difícil que os britânicos fossem assimilados pela sociedade hindu; ela mantinha um *status quo* social existente havia milhares de anos. Os britânicos, que não eram estranhos a sistemas sociais hierárquicos, viam a distinção de castas como um método valioso de controle social e não faziam esforços para enfraquecê-la.

Uma futura marani devia também pertencer ao clã certo, o que denota mais a ideia de afiliação tribal que de posição social. Os Gaekwad de Baroda eram maratas, um povo feroz que ocupava a região dos altos platôs do interior do que hoje é Mumbai. Eles se consideravam superiores aos exauridos *rajputs* do norte da Índia e aos reinos tribais das selvas do nordeste. Por sua vez, os antigos clãs de *rajputs*, muitos dos quais se diziam descendentes dos deuses e que haviam dominado o norte desde antes da conquista mogol, consideravam os maratas camponeses arrivistas.

O primeiro e maior líder marata, Shivaji, desafiou a autoridade mogol no século XVII e, quando esse poder declinou no século seguinte, eles se uniram para formar uma confederação governada por um grupo de senhores da guerra, os Gaekwad de Baroda, os Scindia de Gwalior, os Holkar de Indore, os Peshwa de Puna e os Bhonsles de Nagpur. Cada vez mais poderosas, as dinastias maratas guerreiras começaram a dominar a Índia central até suas terras, a maioria conquistada das antigas dinastias *rajputs*, estenderem-se da extremidade sudoeste do Himalaia, através do Deccan, até os grandes reinos do sul de Mysore e Hyderabad. Isso os colocou em rota de colisão com a Companhia das Índias Orientais, que também pretendia o controle do norte. Uma série de guerras só teve fim em 1818, com a aceitação por parte dos britânicos das dinastias maratas, mas ao preço de seu reconhecimento do domínio britânico. Eles renunciaram assim, com relutância, à ambição de suceder os mogóis como senhores da terra.

Chimnabai, uma jovem e bela *kshatriya*, era totalmente apropriada para se tornar a marani do marajá Sayajirao. Suas bodas foram marcadas por todas as celebrações costumeiras. Assistiu-se a espetáculos de equitação e esgrima, luta romana, corridas de cavalo, apresentações de crianças de escola, exibições de animais, danças tradicionais, fogos de artifício e até uma competição de arados. Houve uma grande festa e uma procissão pelas ruas de Baroda, na qual cavalos e elefantes desfilaram ajaezados de veludo e brocado de ouro ricamente bordados, ostentando plumas de pavão na cabeça. Fios com moedas de ouro foram amarrados às crinas dos cavalos, e sinos de ouro e prata tiniam pendurados a carroças forradas de dourado e com rodas prateadas, puxadas por parelhas de bois brancos. O elefante do marajá, dado pela rainha Vitória, tinha um *howdah* de ouro maciço, incrustado de joias faiscantes, que precisou de 24 homens para colocá-lo no lombo do animal. No fim do dia, o elefante foi recompensado por seus esforços com uma dose de xerez.

Todavia, a nervosa noiva de 14 anos não assistiu a nenhuma das exibições públicas em sua homenagem, e seu rosto não foi visto pela multidão que lhe gritava o nome. Chimnabai veria sua nova casa pela primeira vez por detrás de um pesado véu, enquanto era conduzida de seu compartimento de trem fechado para uma pequena carruagem que parecia uma "lata de biscoito sobre rodas",[5] puxada por dois bois brancos como a neve. Quando foi levada para a labiríntica *zenana* do antiquíssimo palácio branco de Nazar Bagh, no qual a família reinante de Baroda vivia, foi oculta atrás de cortinas muito bem fechadas. Não esperava sequer ter uma visão ampla do exterior daquela construção, onde passaria o resto da vida.

Proibidas a todos os homens e à maioria dos estrangeiros, as *zenanas* eram locais de mistério e encantamento. A elevação correta dos muros de seus jardins era alta o bastante "para que nenhum homem de pé sobre um elefante pudesse ultrapassá-los".[6] Uma intrépida viajante inglesa, Fanny Parks, visitou uma *zenana* em Calcutá, na década de 1830, e não se surpreendeu de que nenhum homem tivesse permissão de entrar, porque o traje das mulheres "consistia de uma longa faixa de gaze de Benares [caríssima gaze de seda, de Varanasi, com reflexos iridescentes emanando de suas cores brilhantes] de textura fina, com bordas douradas, passando duas vezes em torno dos membros e a ponta jogada sobre o ombro. A roupa era bastante transparente, quase inútil como cobertura: o pescoço e os braços cobertos de joias". Parks também notou como aquelas mulheres enclausuradas eram curiosas sobre o mundo lá fora. Elas observavam quem entrava e saía por detrás de biombos e sabiam o nome e a ocupação de todos. "Eram muito perguntadoras; pediram-me que apontasse meu marido, perguntaram-me quantos filhos eu tinha e crivaram-me de outras tantas perguntas."[7]

As *zenanas* vibravam ao som de música e canções, de crianças brincando, cochichos, conversas e de tornozeleiras tilintando; quase não havia momentos de solidão. Em meados do século XIX, as mulheres da *zenana* real de Oudh (na área em torno de Lucknow) passavam os dias praticando arco e flecha, lendo e recitando poesia, ou montando pôneis em seus suntuosos jardins murados. Elas tinham um enorme balanço prateado, especialmente agradável na umidade das monções; pareciam deslumbrantes periquitos em uma gaiola enquanto se balançavam, envoltas em seda, atrás dos altos muros. Lânguidas, à noite, fumavam no narguilé ou se entregavam, com pálpebras pesadas, ao ópio, usado diariamente como remédio, retirado das papoulas do jardim, e enrolado à mão em esferas pretas comestíveis.

A ininterrupta monotonia da vida atrás dos muros da *zenana* muitas vezes gerava desilusões e brigas nas casas reais, especialmente onde um príncipe tinha mais de uma esposa. Ranis e cortesãs rivais tramavam umas contra as outras, encorajadas por criadas e eunucos guardiões. "Uma queixa comum era 'Fulana fez um feitiço para mim'. Se o marido dava um presente a uma esposa, mesmo que fosse apenas uma cesta com mangas, devia dar exatamente o mesmo a todas as outras para manter a paz."[8] A própria arquitetura das *zenanas* — apertada, com aposentos escuros, um labirinto de corredores e escadas estreitas, "os onipresentes tabiques de mármore vazado que podiam muito esconder ou revelar" — reforçava essa impressão: "todas aquelas coisas cheiravam a intrigas e contraintrigas, alianças e tramoias".[9]

Porém, apesar de todas as maquinações que podiam se desenrolar naquele mundo fechado, as velhas, relembrando a vida nas *zenanas* após seu fim, recordavam-se delas como um lugar de companheirismo e cordialidade, mais de apoio mútuo que de repressão. "A vida na *zenana*, apesar de todas as limitações, tinha compensações sólidas e profundas também."[10] Havia regras de conduta estritas — uma esposa mais jovem nunca podia olhar nos olhos de uma mulher mais velha, por exemplo —, mas esses eram costumes com os quais toda moça estava acostumada desde a infância na própria casa.

Chimnabai teve a sorte de Sayajirao não ter outra esposa aguardando para a receber em Baroda. Como legado de sua educação britânica, ele acreditava com ardor na monogamia em um mundo onde a poligamia era totalmente aceita. Ela tinha, no entanto, que enfrentar as mulheres da *zenana*, mas ser a única esposa do marajá lhe garantia *status* automático. O orgulhoso sangue lhe dava forças. Muitos anos depois, uma sobrinha sua disse que, como marata, odiava "pedir ou dizer sempre sim a tudo que vai de encontro às minhas opiniões. Não digo que esteja sempre certa, mas não cedo para agradar ninguém ou ganhar alguma coisa":[11] poderia ser a própria Chimnabai falando.

Seu noivo, esperando por ela do outro lado do *purdah*, era um homem cuja principal característica era a determinação de administrar Baroda bem e mostrar aos britânicos que os indianos eram capazes de se governarem por si. Como seu amigo, Agha Khan, disse, ele "possuía uma firme independência de caráter e a consciência de que a honra e as dignidades que herdara não eram um direito pessoal só seu, mas atributos indissociáveis da raça e nação às quais pertencia. Para ele, a Índia sempre vinha primeiro. Nem família, classe ou credo importavam mais do que essa lealdade abrangente, espontânea e simples".[12]

Embora suas maneiras modestas e simpáticas fossem extremamente fascinantes, durante toda a vida Sayajirao se manteve à parte até das pessoas que lhe eram mais próximas. Esse era o legado de sua educação incomum.

Em 1870, Khanderao Gaekwad, o jovial e popular marajá de Baroda, morreu. Extravagante, não tivera muito entusiasmo pela administração, mas uma grande paixão por joias. Em 1867, comprou um dos maiores diamantes do mundo, o Estrela do Sul, cor-de-rosa e com 128 quilates; seu arsenal ostentava um par de canhões em prata maciça. Embora o governo britânico preferisse que Khanderao tivesse um pouco mais de interesse pelo governo do estado e um pouco menos pelos prazeres, para eles o marajá era, de muitas maneiras, o governante ideal. Era popular junto ao povo, e, portanto, seu estado era internamente seguro. Era também leal ao Governo Britânico da Índia e condescendente com suas políticas.

Seu irmão mais novo, Malharrao, tivera uma história diferente. Como Khanderao não tinha filhos, esperava-se que ele o sucedesse. Em 1863, Malharrao foi considerado culpado de planejar a morte do irmão e tomar seu lugar no trono. Ele pagara a um sargento britânico para atirar no marajá. Quando a conspiração foi descoberta, Malharrao foi encarcerado só em uma cela estreita e escura, em um vilarejo fora da cidade de Baroda. Quando Khanderao morreu sete anos mais tarde, o residente britânico, coronel Barr, dirigiu-se à prisão de Malharrao e o convidou a vir para a capital — mas apenas como príncipe regente. Nenhuma decisão sobre a sucessão poderia ser tomada até que o filho de Khanderao nascesse. Se fosse um menino, seria rei. Se menina, o regente se tornaria marajá.

Malharrao não havia ficado na prisão todos aqueles anos para, ao sair, ver-se frustrado pelo deslize de uma garota de 17 anos, que poderia ou não estar carregando o herdeiro legítimo de Baroda no ventre. Ele contratou feiticeiros para matar Jamnabai e envenenou sua comida. Ela, todavia, como se feita de aço, recusava-se a comer qualquer coisa que não tivesse sido cozinhada por si mesma. Dormia com um punhal sob o travesseiro e um cão feroz amarrado ao pé da cama.

O bebê, nascido em julho de 1871, era uma menina. Triunfante, Malharrao mandou despejar moedas de ouro sobre as ruas de Baroda. Jamnabai efetuou uma retirada tática para Puna, mas continuou a bombardear o coronel Phayre, o presunçoso residente britânico que substituíra Barr, com informações sobre o desgoverno de Malharrao: a extorsão desenfreada, torturas e mortes. Como Khanderao, ele gastava dinheiro com liberalidade, mandando fazer um par de canhões em ouro maciço (superando aquele que o irmão possuíra, de prata) que pesava 127 quilos cada e encomendando um enorme tapete todo de pérolas para um templo local, mas que depois guardou para si.[13] Em uma viagem a Bombaim em 1874, Malharrao gostou tanto de um regimento britânico Highland que decidiu vestir um dos próprios batalhões da mesma forma. As saias *kilt* não ficaram muito bem a princípio, até os soldados receberem meias de algodão cor-de-rosa, a fim de cobrir as incongruentes pernas morenas.

Phayre foi convencido com facilidade sobre a inadequação de Malharrao no governo e ansiava por vê-lo destronado. De acordo com o residente, o marajá reagiu usando seus métodos desleais característicos, aparentemente injetando uma mistura de arsênico e diamantes moídos no copo de suco do coronel. Phayre foi demitido em dezembro de 1874, e Malharrao, deposto, em 10 de abril de 1875, por desgoverno. O novo residente, *sir* Richard Meade, concordou que Jamnabai, então rainha-regente, adotasse um garoto para educar como herdeiro de seu falecido marido. A notícia de que o trono do Gaekwad aguardava por um jovem que o reivindicasse se espalhou pelo reino.

O estado era o terceiro mais rico da Índia. Plano e fértil, estendia-se por 20 mil quilômetros quadrados, era chamado de jardim do Gujarat. Algodão, painço, milho, papoula para ópio e árvores frutíferas floresciam nos campos e pomares. Em 1877, a população era de mais de dois milhões de pessoas, a maioria pequenos agricultores; 90 mil viviam na cidade de Baroda. O exército era composto por 11 mil soldados, contingente superior a qualquer outro reino marata. A receita anual de impostos era de 2 milhões de libras, dos quais o marajá ficava com um em cada 13, uma renda anual espantosamente alta para os padrões contemporâneos, embora outros relatos indiquem que o Gaekwad recebia apenas um décimo das rendas. Como os estados eram governados de forma absoluta, não havia limites constitucionais para o estipêndio pessoal dos marajás; alguns príncipes retiam um terço ou até metade das rendas de seus estados para uso particular.

Durante os anos de domínio mogol, o primeiro Gaekwad vira um açougueiro muçulmano passar com uma manada diante de seu forte. Horrorizado com a possibilidade do abate (as vacas são sagradas para os hindus), abriu uma pequena porta lateral, ou *kavad*, na construção, pela qual os animais entraram, escapando do perseguidor. As palavras para vaca (*gai*) e porta (*kavad*) se juntaram para criar o nome, Gaekwad, um testemunho de sua piedade ao salvar as vacas e de coragem para desafiar os invasores do país. Os Gaekwad, longe de tentarem esconder as origens rurais humildes, tinham orgulho do nome e da procedência.

A associação de Baroda com as forças britânicas na Índia teve início após as guerras contra os maratas e a destruição final de seus exércitos em 1818. Em 1857, Khanderao apoiou os britânicos no Motim Indiano, reconhecido agora como o primeiro passo no caminho da independência indiana. Horrorizado pela violência e carnificina da rebelião — e determinado a garantir que seu domínio não fosse mais desafiado — quando a paz foi restaurada em 1858, o governo britânico reivindicou a Índia pela primeira vez como país subordinado, governado por um vice-rei, em nome da coroa, e por um secretário de estado sujeito ao parlamento em Londres. Três quintos do subcontinente, que havia anteriormente sido governado pela Companhia das Índias Orientais, tornou-se então a Índia Britânica, dirigida de forma autocrática em 11 províncias, por uma multidão de administradores e soldados, como colônia da coroa.

Os outros dois quintos, cobrindo um terço da extensão de terras da Índia e constituindo talvez um quarto de sua população, eram principados ou estados "nativos", controlados por marajás ou nababos, em aliança com o governo britânico. Os reinos que haviam permanecido leais aos britânicos durante a rebelião eram vistos como inestimáveis "paredões na tempestade", e eles deram sequência então a uma política deliberada de "aumentar a importância dos chefes nativos e confiar neles".[14] Desde que pagassem os impostos ao governador, era permitido aos marajás controlarem seus estados de acordo com os costumes locais tradicionais, seguindo um estilo que era em grande parte feudal, com o marajá fazendo-se de déspota absoluto nas próprias terras. Estavam, entretanto, sujeitos aos britânicos em duas áreas importantes. Os britânicos exigiam controle em relação à política externa dos príncipes e os proibiam de travar guerras independentemente; também insistiam em que certos padrões administrativos fossem mantidos em todo o subcontinente.

O bom governo, como o vice-rei, lorde Mayo, disse aos príncipes, com magnanimidade e otimismo tipicamente vitorianos, era fundamental.

Se apoiarmos vosso poder, esperaremos em troca bom governo. Exigimos que em todos os lugares de Rajputana [que corresponde aproximadamente ao Rajastão moderno] a justiça e a ordem prevaleçam; que a propriedade de cada homem seja garantida; que os viajantes partam e retornem em segurança; que o agricultor aproveite os frutos de seu trabalho e o comerciante, o de seus negócios; que façais estradas e promovais a construção de obras de irrigação que melhorem a condição do povo e aumente a renda dos estados; que favoreçais a educação e providencieis o alívio dos enfermos.[15]

Mas, embora as intenções declaradas dos britânicos parecessem muitas vezes admiráveis — e os soldados e funcionários públicos fossem com frequência pessoas de princípio, simpáticas e instruídas —, no fundo, cada aspecto do governo da Índia era dominado pela necessidade de manter a superioridade econômica, ideológica e moral da Grã-Bretanha sobre o que considerava ser uma raça subordinada.

Arthur Balfour, ao discutir a presença perturbadora da Grã-Bretanha no Egito, em 1910, articulou o argumento fundamental para se governar povos subordinados sem seu consentimento: que o império era justificado pelas vantagens que conferia. "Se é nossa tarefa governar, com ou sem gratidão, com ou sem a lembrança real e verdadeira de todas as perdas das quais aliviamos a população e sem nenhuma imaginação vívida de todos os benefícios que lhe proporcionamos", perguntou ele, "se esta é nossa obrigação, como deve ser levada a cabo?"[16] No mesmo discurso, referiu-se aos britânicos como a "raça dominante". Esse sentimento era requisito para se construir impérios. "Coube a nós ser o melhor povo do mundo", declarou o arqui-imperialista Cecil Rhodes, "com os mais altos ideais de decência, justiça, liberdade e paz, e quanto mais habitarmos o mundo, melhor para sua humanidade".[17]

Embora o racismo permeasse a sociedade indiana sob domínio britânico, os príncipes estavam seguros, com suas fronteiras, riquezas e privilégios garantidos pelo poder supremo. Contudo, as restrições dos britânicos em relação à sua política externa e a proibição total de fazer guerra eram difíceis de ser acatadas por governantes orgulhosos e marciais. Psicologicamente, também, a presença britânica era uma faca de dois gumes para os príncipes. "No começo, sentimos que eles [os britânicos] eram essenciais à nossa sobrevivência", disse um ex-príncipe, "quando, na verdade, nós é que éramos essenciais à deles."[18]

Essa cumplicidade quase inconsciente com o domínio britânico é um dos aspectos mais complexos e controversos da história colonial indiana.[19] Os britânicos governaram a Índia por meio de um estranho amálgama de convicção, por um lado, e de uma irresistível suspeita, pelo outro, de que a civilização ocidental era intrinsecamente superior à cultura indiana — mais moderna e, portanto, mais desejável. O império britânico e muitos dos habitantes do país que dominava viviam em um transe dessa ilusão, e é por isso que, com uma classe governante propor-cionalmente pequena (o Serviço Público Indiano empregava cerca de mil pessoas; em 1921, havia apenas 156 mil brancos no país), os britânicos conseguiram manter seu controle. Era um truque de mágica, como as roupas novas do imperador; e na década de 1870, apenas uns poucos indianos na Índia dos principados ou na Índia britânica começaram a considerar a possibilidade de que o imperador pudesse estar nu.

No início do verão de 1875, quando o calor estava se tornando insu-portável e as monções estavam ainda a meses de distância, a marani Jamnabai seguiu o conselho do residente e chamou os homens de toda a família Gaekwad para Baroda com seus filhos, a fim de que um deles pudesse ser escolhido para suceder a seu cunhado deposto.

Kashirao, chefe de uma aldeia que ficava a alguns dias de viagem da cidade de Baroda, levou os três filhos para a capital. Embora ele e os familiares fossem agricultores, eram *kshatriyas*, da casta guerreira, e parentes distantes da família Gaekwad reinante. Os quatro andaram cerca de 500 quilômetros, de seu vilarejo até o palácio, ao longo de in-termináveis estradas empoeiradas, passando por bois que extraíam gotas de água apenas de profundos poços e por mulheres em trajes coloridos, trabalhando nos campos ressecados. Embora existisse uma nova linha de trem em Gujarat, eles não tinham dinheiro para pagar a passagem.

Perguntou-se individualmente aos três garotos o que pensavam sobre o motivo daquela ida a Baroda. O mais velho respondeu: "Para ver suas belezas";[20] e o mais jovem não sabia. O garoto do meio, Gopalrao, declarou sem hesitação: "Vim aqui para governar." Outra história descreve os três garotos simples sentados à mesa de jantar com a marani e *sir* Richard, sem saber como comer em um ambiente tão grandioso. O mais velho e o mais novo se sentiam confusos e nervosos demais para se mexerem; com o canto dos olhos, Gopalrao observava Jamnabai e a imitava. Os astrólogos confirmaram a escolha dela e de Meade. Viram em seu horóscopo "uma poderosa soberania, extensão de territórios, riquezas que cresciam e o prazer de um governo livre de inimigos".[21]

Em 25 de maio de 1875, Gopalrao foi declarado marajá de Baroda. Dois dias depois, foi formalmente adotado por Jamnabai e recebeu um nome novo, Sayajirao. O residente, *sir* Richard Meade colocou-o no *gaddi* — com a intenção de enfatizar, se o lembrete fosse mais tarde necessário, como ele devia aos britânicos a "súbita mudança de destino"[22] que o arremessara, no espaço de poucas semanas, de um futuro como filho do meio de um agricultor de província a governante a um dos maiores e mais ricos estados da Índia. Todas as festividades tradicionais de investidura foram observadas: trocas de presentes, salvas de tiro, distribuição de açúcar para o povo, prisioneiros libertados e comida para os pobres.

Parte da razão pela qual Sayajirao havia sido escolhido fora sua inteligência óbvia e boa saúde (o príncipe de Gales foi informado de que Jamnabai escolhera ao acaso "um belo menino que vira brincando seminu pelas ruas").[23] "É um garoto pequeno, de compleição delicada para seus 12 anos (...) de rosto inteligente e agradável."[24] Ele parecia, contudo, adequado aos desafios que o aguardavam. Estes seriam grandes, em especial os mentais, pois, aos 12 anos, o novo marajá de Baroda falava apenas seu marata nativo e não sabia ler, escrever ou contar. Toda a educação de um príncipe ideal teria de ser condensada em seis anos, inclusive aprender a falar fluentemente gujarate e hindi, além de inglês, e a educação clássica, que os britânicos julgavam necessária.

Sayajirao foi empossado no enorme e velho palácio de Nazar Bagh. Com ele veio a família — os dois irmãos, que se juntariam a ele nas lições e lhe fariam companhia, e os pais, que via raramente. Uma das histórias mais tristes de sua juventude era a lembrança de ver o pai das janelas de uma sacada, de onde costumava lhe acenar. Ele não ousava chamá-lo com medo de deixar Jamnabai, a mãe adotiva, com ciúmes. "Nunca tive vida familiar ou recebi beijos — para mencionar um pequeno exemplo —, nenhuma familiaridade, apenas salamaleques!",[25] recordou-se ele anos mais tarde. "Era assim quando eu era menino." Isso talvez explique o "olhar triste e parado"[26] que observou em seus olhos meigos um dos acompanhantes do príncipe de Gales mais tarde, naquele mesmo ano.

Foi uma sorte então que o tutor inglês de Sayajirao, *mr.* Elliot, fosse um grande sucesso. Honesto, sábio e gentil, absolutamente sincero, ele ganhou o afeto e o respeito do menino. Suas aulas eram de filosofia, história, ciências políticas, geografia, química e matemática, além de esporte e etiqueta. Sayajirao aprendeu a falar, ler e escrever em inglês, marata, gujarate e urdu, e devorou a obra de Bentham, Mill, Shakespeare e Lewis Carroll.

Mais tarde, o jovem traduziu o livro favorito, *Alice no país das maravilhas*, para o marata. À primeira vista, parece uma escolha singular para um homem de Estado — até que se lembre de como ele chegou ao poder. Subitamente, seu mundo fora virado de ponta-cabeça; nada era o que parecia, e coisas impossíveis se tornaram possíveis — mesmo depois do café da manhã. Como Alice, ele era um inocente em um mundo estranho, do qual não conhecia nenhuma regra. Essa revelação nos oferece uma visão rara de sua vulnerabilidade. Ele aprendeu as lições tão bem que raramente deixou a máscara cair.

A primeira aparição pública de Sayajirao como marajá, fora de Baroda, foi em novembro de 1875, durante a visita oficial de Eduardo, príncipe de Gales (mais tarde Eduardo VII). O jovem marajá viajou a Bombaim para a recepção formal. "Esse garoto, de 12 anos, que há alguns meses era apenas um menino de aldeia, vivendo em relativa pobreza, comporta-se com compostura e dignidade irretocáveis e parece aos que lhe são inferiores um rei, com tanta perfeição como se tivesse estado sentado no *Gadi* por meio século",[27] observou um espectador. "Ele assumia, com naturalidade e verdadeira graça, um tom de equanimidade perfeita, cordialidade franca e pueril, combinadas à dignidade, em seus contatos com o príncipe de Gales." Este o aconselhou a continuar com os estudos do inglês e o estimulou a praticar equitação. Eduardo comentou também como Sayajirao estava se adaptando bem às novas circunstâncias. "O pequeno Gaekwar de Baroda, que tem a mesma idade de nosso filho mais velho [o príncipe Albert, ou Eddy] parece realmente um jovem muito inteligente, embora há apenas seis meses corresse pelas ruas, contando com um guarda-roupa extremamente limitado."[28]

Agora que era marajá, o novo guarda-roupa de Sayajirao estava longe de ser limitado; o próprio príncipe de Gales poderia tê-lo invejado. Ele apareceu na recepção tão deslumbrante quanto um "arco-íris cristalizado",[29] com as joias de Baroda. "Carregava — na cabeça, no pescoço, peito, nos braços, dedos e tornozelos — um tal prodígio de enormes diamantes, esmeraldas, rubis e pérolas, equivalente à pilhagem de várias cidades opulentas."[30] Seus adornos incluíam um colar de sete voltas de magníficas pérolas do tamanho de bolas de gude; o Estrela do Sul, de 128 quilates, comprado por Khanderao, formando a peça central de um colar feito de cinco voltas de quinhentos diamantes e mais duas de esmeraldas; um penacho de diamantes combinando no turbante; o diamante Akbar Shah, de 70 quilates, que se dizia ter sido um dos olhos do pavão do trono de ouro maciço dos mogóis, retirado do Diwan-i-Khas (o salão de audiências públicas), em Délhi, quando os persas saquearam a cidade em 1739. A única joia que Sayajirao não estava usando eram as safiras, porque, associadas ao turbulento planeta Saturno, eram consideradas de mau augúrio. Não havia pedras azuis no tesouro dos Baroda.

Em um inglês hesitante, Sayajirao presenteou o príncipe Eduardo com um serviço de chá em prata, entalhado com cenas da mitologia hindu e acompanhado de uma espécie de libreto intitulado: "A mitologia hindu tratada popularmente: descrição resumida das várias divindades pagãs ilustradas no serviço de chá de prata do *swami*." Na época, os conselheiros britânicos de Sayajirao acharam que aquele era um presente apropriado para Eduardo, explicando de forma palatável a vida espiritual dos milhões de indianos que, um dia, seriam seus súditos. Será que eles não suspeitaram o quão aflitivo deveria ser para o menino, graciosamente autorizado por eles a manter sua religião, ver suas divindades retratadas como ídolos pagãos decorando um bule?

O príncipe de Gales, que adorava diversão, convidou-se para ir a Baroda. Ansiava por ver as tradicionais lutas de elefantes pelas quais a cidade era famosa. Quando o trem real parou na estação da cidade, o príncipe foi recebido pelo elefante do próprio Sayajirao, com a cara pintada de açafrão, orelhas de um verde amarelado muito claro, presas falsas e tornozeleiras de ouro. Eduardo subiu por uma escada de prata até o *howdah* de ouro, uma sela magnífica sobre o lombo do animal, e sentou-se sob um pálio em brocado de ouro. O segundo elefante também estava deslumbrante, pintado de cinza francês e vermelho, com um *howdah* de prata, aros nos tornozelos e nas presas. Enquanto o cortejo de elefantes que carregava a comitiva real deixava a estação, uma outra fileira deles fazia salamaleques. O caminho até a Residência se encontrava "juncado de lanternas e enfeitado com folhas verdes e flores radiantes",[31] enquanto os animais, seguidos por bandas, pelo regimento dos Terceiros Hussardos e pela Cavalaria de Baroda, avançavam. "As pessoas pareciam bastante confortáveis", observou um membro da comitiva, "não havia sinal daquela miséria que gostamos tanto de atribuir aos governos nativos."[32]

O Agga, a arena de Baroda, media vastos 165 metros por 55, com muros de seis metros entremeados por arcadas. Em uma das extremidades, ficava uma arquibancada de três andares para os espectadores. A comitiva do príncipe, com seu bigode, um imaculado terno de flanela branca e chapéu de cortiça, assistiu a uma série de competições: duplas de "lutadores" humanos; lutas à mão; lutas de carneiros, búfalos e rinocerontes; um elefante contra um homem a cavalo; e, finalmente, a decepcionante *pièce de résistance*, dois elefantes em combate. "Suspeito que aqueles animais eram dois espertos velhos amigos, que, como os gladiadores do passado, não se feriam mais que o necessário e muitas vezes simulavam o combate de maneira tristemente enganosa",[33] comentou um dos acompanhantes do príncipe. Os relutantes oponentes tinham de ser provocados para lutar por meio de uma série de expedientes inventivos, que iam de gritos, panos tremulando, água fria, a fogos de artifício e golpes de lança. Alguns jornais ingleses noticiaram com malícia que o príncipe Eduardo ficou "altamente deleitado"[34] com o espetáculo.

Sir Bartle Frere escreveu de Baroda à rainha Vitória* que a visita do filho "teve o efeito muito poderoso e marcante de fazer todas as classes se conformarem com uma mudança completa de governantes, e de operar a transição de um regime de tirania e corrupção assustadoras para uma administração nativa bem regulada e ordenada".[35] Na verdade, seus poucos dias lá, a maioria passada em caçadas, não devem ter feito qualquer diferença.

De fato, a verdadeira razão pela qual o estado de Baroda estava sossegado era a satisfação com o jovem marajá e o novo *dewan*, *sir* Tanjore Madhavrao, que estava pondo fim à confusão na qual os dois marajás anteriores, Khanderao e Malharrao, tinham deixado o reino. Em 1875, Baroda estava à beira da bancarrota, graças a suas preciosas artilharias, imensos diamantes e espantosa generosidade com santuários. Sayajirao ordenou que um de cada uma das duplas de canhões de ouro e prata fosse derretido e transformado em moeda, e reteve os dois restantes para uso cerimonial.

O ano de 1881 foi muito importante. Ele o iniciou se casando. De acordo com o costume, seus conselheiros escolheram uma menina adequada, a qual não veria até o dia das bodas. Era a sobrinha da marani Jamnabai, uma princesa de Tanjore (estado nativo do *dewan*, *sir* Tanjore), chamada

---

*Embora ela logo se cansasse dos relatos sobre seus "deslocamentos", como escreveu à filha Vicky. "Há uma repetição tão constante de elefantes — arreios — joias — iluminações e fogos de artifício" (citado em *The Importance of Being Edward* [A importância de ser Eduardo], de S. Weintraub, p. 234).

Laxmibai, e, em janeiro de 1881, o casal suportou um mês de cerimônias e celebrações nupciais. O famoso malabarista Charles Blondin foi trazido da Inglaterra para se apresentar durante as festividades. De acordo com a tradição, a fim de enfatizar a nova identidade como esposa e a aliança com a nova família, seu nome foi trocado de Laxmibai para Chimnabai. Seis dias após o casamento, Sayajirao colocou a pedra fundamental do novo palácio de Baroda, do outro lado da velha muralha da cidade. Seria chamado de Laxmi Vilas, que significava casa da deusa da riqueza (Laxmi) e uma referência ao nome de infância da esposa. O primeiro filho nasceu naquele verão.

No fim do ano, três meses antes de completar 19 anos, Sayajirao foi formalmente investido com seus poderes de marajá em um *pandal*, ou tenda, nos jardins de Nazar Bagh, onde ele e sua família ainda viviam, no coração da velha Baroda. O vice-rei, lorde Ripon, fez um discurso que foi, de acordo com um espectador indiano, "digno (...) mas perigosamente próximo ao pomposo".[36] Embora o novo marajá já viesse desempenhando as "funções públicas e sociais"[37] de sua posição desde a investidura, foram-lhe passadas então as rédeas do governo. Todo o poder de Baroda repousava nele agora.

"Possais sempre ser zeloso cumprindo vossos deveres", dizia uma antiga prece para um rei indiano. "Possais sempre tomar boas medidas. Possais sempre ser humilde na presença dos sábios. Possais sempre ter o controle de vossas emoções. Possa o vosso zelo ser sempre moderado pela benevolência. Possais sempre ser douto. Possa vossa presença ser sempre régia. Possais sempre ter as virtudes do divino rei Rama."[38]

Um de seus primeiros atos foi demitir seu competente, mas obsequiosamente pró-britânico *dewan*. Madhavrao tivera uma rixa com o amado tutor de Sayajirao, Elliot, que permanecera em Baroda e ainda exercia poderosa influência lá. Embora não fosse mais tutor, era uma espécie de mentor do solitário jovem, e este confiava nele o bastante para se livrar do homem que trouxera paz, prosperidade e ordem ao principado. Elliot seria o conselheiro de mais crédito do marajá pelos próximos quatorze anos.

Um símbolo da importância que Elliot e Sayajirao conferiam à educação foi a fundação do Baroda College em 1882. Vinte anos depois, o marajá lamentou que "os sem instrução deixassem de ter tantos prazeres na vida, em razão de sua falta de capacidade para apreciar o que é belo".[39] A educação iria, acreditava ele, "eliminar o abismo entre Oriente e Ocidente, e capacitar todos que não a possuem a se encontrar em condições iguais".[40] Em 1876-77, a porcentagem das rendas de Baroda gasta com educação era de apenas 1%; em 1933-4, havia pulado para 17%.

Mal tinha a intriga da demissão de Madhavrao sido resolvida quando Sayajirao foi atingido por um golpe devastador. Sua esposa havia três anos, por quem se apaixonara profundamente, morreu de tuberculose, deixando duas filhas pequenas, um filho — e um viúvo desolado. O jovem marajá, mal saído da adolescência, ficou inconsolável pela "mulher amável, caridosa, suave, mãe devotada e esposa amorosa".[41]

Ele perdeu o apetite e adquiriu a insônia crônica que o afligiria pelo resto da vida. Sem nada mais ao que se aferrar, Sayajirao viu seu coração se partir. Desde a adoção e da mudança para a cidade de Baroda, Sayajirao se sentira isolado pelas novas responsabilidades, a despeito da opulência ao seu redor. Ele tivera esperança de que a esposa fosse ser a companheira de sua vida, mas ela morrera e o deixara só novamente.

Apesar das centenas de atendentes e criados cujo único desejo era o de servir seu rei, e da completa falta de privacidade, a vida em palácio podia ser intensamente solitária para um marajá. Como todo o poder repousava na pessoa do príncipe, os palácios eram movidos a intriga, competição e inveja. O marajá se colocava em guarda contra os bajuladores ou se deleitava com suas lisonjas. O acesso a ele e a seus favores significava tudo: como poderia então confiar em alguém? Tudo girava ao seu redor, mas ele não podia abrir o coração a ninguém. Isso era especialmente difícil para Sayajirao, que nascera para uma vida mais simples.

Após alguns meses, sem qualquer sinal de que seu coração fosse se restabelecer, os conselheiros lhe sugeriram que se casasse de novo. Ele sabia que aquilo era o certo, por mais difícil que parecesse, mas impôs uma condição que ia de encontro às convenções: tinha que ver a moça antes de se decidir. A exigência de Sayajirao era extremamente moderna e seria aceita apenas porque era marajá, e o privilégio de ter uma filha desposada por ele exorbitava a indignidade de lhe permitir que a inspecionasse primeiro.

Duas candidatas apropriadas foram selecionadas às pressas para o enlutado príncipe. Uma era de Tanjore também, o estado natal da primeira esposa, e a outra era Garabai, filha de um nobre, Baji Rao Ghatge, do vizinho estado de Dewas. Após dias de deliberação, Sayajirao escolheu esta última. Casaram-se em 25 de dezembro de 1885. Garabai recebeu o novo nome de Chimnabai, tornando-se a segunda com esse nome em Baroda.

Imediatamente após o segundo casamento, Sayajirao demonstrou mais uma vez a intenção de se afastar do ideal aceito de matrimônio, ao traçar planos para os estudos da esposa e contratar duas mulheres para ensiná-la a ler e escrever em inglês e marata. A tradição popular tinha grandes suspeitas sobre a educação das mulheres, embora existisse uma cultura paralela, em especial nas cortes mogóis, de princesas criativas e letradas vivendo em *purdah.* A imperatriz Nur Jahan era não só uma excelente atiradora, que ia para as batalhas cavalgando um elefante, mas também fabricava perfumes, escrevia poemas e projetava jardins, prédios e roupas; a princesa Mirabai, do século XV, é chamada de a Safo da Índia.

Em algumas regiões, as cortesãs eram o único tipo de mulher que recebiam a educação como algo natural. De mãe para filha, elas mantinham vivas as formas tradicionais de dança, escreviam e recitavam poesia, e tocavam instrumentos musicais. A associação entre educação e liberdade sexual desencorajava as mulheres comuns de procurarem se instruir, mesmo que tivessem condições de fazê-lo. Havia também a crença geral de que, se uma mulher casada tocasse em um livro, o marido morreria — o pior destino que poderia ter uma esposa.

Sayajirao, dando uma de Pigmalião, queria que sua consorte fosse uma companheira, não apenas reprodutora. Mais tarde, disse que ele e a esposa concordaram que "uma mulher educada dentro de casa está mais apta a irradiar a luz do conhecimento e da verdadeira felicidade do que uma ignorante, aberta às intrigas cruéis e interesseiras de seu meio, o que tem sido a ruína das famílias ricas hindus".[42]

O jovem casal deu outro passo decisivo no distanciamento do estilo de vida indiano tradicional um ano e meio depois, quando partiram para a Europa. Os hindus devotos perdiam automaticamente a casta ao cruzarem as "águas negras" e entrarem em contato com tantos não hindus. O mundo fora da Índia era ainda um mistério para a maioria dos indianos e, pela maioria deles, era considerado indigno de desvendar, quando não totalmente perigoso, mas Sayajirao era fascinado pelo que ouvira do amado tutor sobre a Europa. Sua saúde ainda não havia se recuperado da debilitação que se seguira à morte da primeira esposa, e chegou-se à conclusão de que outro verão tórrido em Baroda só o faria sentir-se pior. Médicos ocidentais seriam consultados, e ele tomaria o ar das montanhas.

Sua comitiva constava de 55 pessoas, incluindo um pândita, ou sacerdote, um barbeiro, um alfaiate e um médico. Dois cozinheiros brâmanes prepaririam suas refeições em uma cozinha separada da do resto do navio, já que comer alimentos preparados por não brâmanes era proibido aos hindus de casta alta. Para a viagem, levaram consigo todos os seus mantimentos, duas vacas para fornecer leite e uma provisão de medicamentos aiurvédicos.

Chimnabai foi acompanhada por duas inglesas, *mrs.* Elliot, esposa do tutor de Sayajirao, e sua dama de companhia, *mrs.* Taylor, além de algumas criadas e da irmã. Quando chegaram a Bombaim, as duas ocidentais partiram em uma missão secreta, para comprar "meias, sapatos, anáguas e outros artigos de vestuário" para as mulheres indianas. Essas compras tiveram de permanecer sigilosas, de forma que o povo de Baroda não "discutisse o que as damas vestiam na Europa".[43]

Viajaram em um vapor, e o percurso levou quase três semanas. Durante o dia, os passageiros passeavam pelo convés — o marajá era um "caminhante incansável" —[44] e, à noite, em traje de gala, jantavam em salões enfeitados com palmeiras. Os britânicos viam esses vapores como locais de divertimento, entretendo-se a bordo com representações de teatro amador e flertes ardentes; os Baroda se mantinham à parte, em especial naquela primeira e desconhecida travessia.

Para Chimnabai e Sayajirao, esse era o começo de um duradouro caso de amor com a Europa. Eles viajaram por cinco meses pelo continente, alugando uma casa em Paris e passeando na Suíça, arrebatados pela serenidade das montanhas e a verdura das pastagens, tão diferentes das planícies poeirentas de Baroda. Visitaram palácios, museus, igrejas — e quartéis, portos, prisões, fábricas e estações de tratamento de esgoto. Em todos os lugares que iam, Sayajirao tomava notas, examinando tudo meticulosamente para ver como aquilo poderia ser usado para melhorar Baroda. Ele examinou a pavimentação de estradas, o desenho das linhas férreas, a administração dos museus e a estamparia do algodão; visitou aviários para ver se as galinhas indianas poderiam ser persuadidas a porem mais ovos. A eletricidade, em particular, incendiou sua imaginação: ele quis elevadores, luzes e campainhas elétricas instaladas no palácio novo, ainda inacabado, gás e eletricidade trazidos para o povo da cidade de Baroda.

Finalmente, eles chegaram à Inglaterra, em fins de novembro de 1887, e, a 2 de dezembro, foram a Windsor apresentar os cumprimentos à rainha Vitória. Os Baroda e sua comitiva viajaram em um trem especial, saindo de Paddington. A plataforma foi vedada aos homens quando eles chegaram, de forma que as mulheres pudessem desembarcar e pegar suas carruagens fechadas sem serem vistas.

Uma entusiasta da Índia, a rainha acabara de adquirir um criado hindu, Abdul Kareem, chamado de Munshi, para seu serviço e estava aprendendo hindi. Como prometido pelo vice-rei, lorde Dufferin, nessa visita Vitória investiu Sayajirao com a GCOE (Cavaleiro Grão-Comandante da Ordem da Estrela da Índia), a mais alta ordem do Império Indiano, que autorizava o portador a usar nas cerimônias um manto púrpura e uma corrente de ouro decorada com elefantes, flores de lótus e pavões.

O registro dessa visita no diário de Vitória é o primeiro vislumbre que temos do caráter de Chimnabai, independente do marido — embora ela pareça ter se confundido em relação ao que a marani vestia. Esta usava como de costume um sári marata, amarrado entre as pernas; isso pode ter dado a impressão de que estava vestindo calças. "A marani fez uma profunda mesura, e apertamos as mãos. Ela é uma coisinha linda e vestia um casaco justo e calças, sem anáguas, de cetim azul pálido, e, por cima de tudo, um longo véu de gaze vermelha e dourada, que passava pela cabeça e a cobria completamente, exceto o rosto, que ela descobriu quando entrou."[45]

"Usava joias esplêndidas", continuou a rainha, em uma descrição que combina mais com o que sabemos sobre Chimnabai mais tarde. "Parece muito gentil, mas dizem que é voluntariosa e gosta de ver tudo sem ser vista. Lamentou não ter encontrado Bertie. Ambas as princesas tinham um ponto vermelho pintado no centro da testa (um *bindi*; ver Glossário). A marani compreende um pouco de inglês e disse algumas palavras, mas a irmã, não."

A estranheza da Grã-Bretanha podia ser intimidante e fora do comum, mas Chimnabai, aos 18 anos, como a descrição de Vitória atesta, se conduzia com desenvoltura, dignidade e compostura características. A constituição pequena e a pele clara não correspondiam à sua força interior. Uma britânica lhe perguntou certa vez se ela se sentia pouco à vontade por não conhecer os costumes e as maneiras britânicas. "Se não sei o que fazer, não faço nada",[46] respondeu com orgulhosa simplicidade.

Dos próximos cinco anos, Chimnabai e Sayajirao passaram quase quatro fora de Baroda, para desgosto de uma sucessão de residentes locais, que ficavam em uma situação incômoda, no papel duplo de representantes do governo britânico nos estados indianos e de conselheiros políticos dos mesmos. Queixas formais foram feitas do "absenteísmo" do marajá. Tendo, contudo, descoberto que conseguia dormir bem em climas frios, Sayajirao resolveu que não ficaria doente de novo, permanecendo em Baroda durante a estação quente. Mesmo estando com a saúde boa, ficar muito tempo em Baroda podia se tornar um peso. "O ambiente

(...) era tal que, a menos que pudesse escapar para a Inglaterra ou para o exterior três meses por ano, ele pressentia que ficaria louco", disse um neto do nababo de Bopal sobre o avô, muitos anos depois, "porque como governante ficava-se sempre exposto, e com todos dizendo 'Sim, senhor' e 'Não, senhor' e 'O que quiser, senhor', isso leva até o homem mais são a ficar um pouco maluco."[47]

Em 1888, Sayajirao visitou a Europa novamente, dessa vez acompanhado apenas por *mr.* Elliot, já que Chimnabai acabara de dar à luz seu primeiro filho, Jayasinhrao. A comitiva incluía apenas 15 pessoas. Embora alguns marajás viajassem com grande pompa, após a viagem inicial, Baroda preferia se deslocar modestamente, sem que isso implicasse desconforto. Para ele, esse era um dos grandes prazeres de viajar pelo estrangeiro. "Mal posso comparar minha vida na Inglaterra, quando sou um cavalheiro comum, com a da Índia, onde sou príncipe reinante", disse ele em 1901, "mas o alto nível de inteligência comum na Inglaterra e meu contato com homens de culturas, ocupações e interesses diversos tornam a vida, e as férias em especial, mais agradável e instrutiva."[48]

Chimnabai e os dois filhos pequenos acompanharam Sayajirao à Europa três anos depois. Dessa vez, eles passaram três meses na Suíça, retornando à "já testada e confiável St. Moritz".[49] O casal estava se recuperando de enfermidades; ele havia contraído pneumonia no inverno anterior e se consultou com o famoso doutor Charcot em Paris. Sua indisposição — uma combinação não especificada de insônia e dores de estômago, mais tarde diagnosticada como neurastenia (um termo médico geral para fadiga e ansiedade, não mais em uso) — melhorou.

Quando Sayajirao estava fora, a administração de Baroda era conduzida por um conselho especialmente nomeado, chefiado pelo *dewan*. Eles ficavam em contato permanente com o marajá, que insistia em se manter sempre envolvido com as minúcias do governo. Caixas com despachos de Baroda, numeradas em série, contendo documentos de Estado, chegavam toda semana; telegramas e cartas vinham diariamente. As sentenças de morte, por exemplo, eram pronunciadas primeiro pelo juiz distrital, depois confirmadas pela Suprema Corte e por fim enviadas ao marajá como apelo. Sayajirao escutava a opinião do *dewan*, do substituto deste, em geral um oficial de justiça, e então, se necessário, pedia mais informações. Antes de decidir, ouvia o relatório de um Comitê de Justiça. Esse processo poderia levar até três semanas e ser conduzido sem problemas se ele estivesse em alguma estação de montanha na Índia (era comum que nos meses mais quentes do ano as decisões de governo fossem tomadas nesses locais) ou até na Europa.

As questões também eram encaminhadas ao residente, que representava o governo britânico no estado e o estado junto ao governo britânico. Baroda conheceu perturbações, no final da década de 1880 e na seguinte, por causa de uma série de residentes incompetentes e insignificantes, do "ávido Reynolds" ao "ativamente maligno coronel Biddulph",[50] que, em 1888, tentou remover Sayajirao do trono. "Os efeitos de minhas ausências são determinados em grande parte pelas características pessoais desse funcionário", escreveu em 1901. "O resultado é que suas intervenções na administração se tornam mais frequentes e mais sentidas." Isso não era, acrescentou ele, necessariamente uma boa coisa: "As consequências dessa intervenção externa e, eu poderia quase dizer, desnecessária, são que ela multiplica e acentua os ligeiros inconvenientes de minhas ausências, transformando-as em dificuldades sérias, além de criar outras. Promove-se a incerteza e a falta de confiança no governo nativo."[51]

Enquanto os britânicos davam mostras dessa intromissão paternalista que arruinou tantas das conquistas do império, Sayajirao e Chimnabai entravam em contato pela primeira vez com intelectuais nacionalistas indianos, como G. K. Gokhale, mentor do jovem Mohandas Gandhi, e Mohammad Ali Jinnah. Esses homens e mulheres eram idealistas e intelectuais que os britânicos viam como rebeldes perigosos. Muitos dentre eles estavam envolvidos com a fundação do Congresso Nacional Indiano, um grupo de pressão que se considerava a voz da Índia, em 1885. O Congresso Nacional Indiano mais tarde se tornou simplesmente Congresso, e após a independência, o partido político do Congresso.

Sayajirao não esteve presente à reunião inaugural em Bombaim, mas estava a par dos objetivos progressistas do Congresso Nacional Indiano, de reforma social e maior representação indiana no governo, e doou dinheiro à causa. Em 1892, deu também mil libras para um importante membro do Congresso, Dadabhai Naoroji, que fora *dewan* de Baroda no governo de Malharrao e estava disputando uma vaga no parlamento da Inglaterra. Quando ele obteve o assento de Finsbury Central por cinco votos, mais tarde, naquele mesmo ano, tornou-se o primeiro membro indiano do parlamento britânico.

No ano seguinte, Sayajirao contratou o jovem e brilhante Aurobindo Ghose, importante membro do Congresso, que estava no topo da lista de candidatos ao Serviço Público Indiano, mas não passara no exame final porque, por uma questão de princípios, recusou-se a fazer o teste de equitação que era um elemento de classificação obrigatório, mas que ele via como uma prova de superioridade inglesa adquirida, irrelevante para a prática administrativa. O Serviço Público Indiano, também conhecido como ICS (em inglês), era um "grande clube" que controlava quase todos os cargos administrativos mais graduados do *raj*. A discriminação contra candidatos indianos era inerente ao sistema; o exame, altamente competitivo, favorecia o tipo Oxbridge de formação e tinha de ser feito na Inglaterra, o que o colocava fora do alcance da vasta maioria de candidatos indianos em potencial. O primeiro a passar foi Satyendranath Tagore em 1863, mas era ainda muito raro que indianos conseguissem esse feito na década de 1890, quando Ghose foi candidato. Ele ficou no serviço de Sayajirao por mais de uma década, e quando suas opiniões se tornaram mais desafiadoras e violentamente nacionalistas, o marajá o promoveu a secretário pessoal e fez dele tutor de seus filhos. A anglofilia do marajá de Baroda estava se dissolvendo a olhos vistos.

Chimnabai e Sayajirao estavam em Baroda, em fevereiro de 1890, quando a casa real se mudou para o novo e glorioso palácio de Laxmi Vilas. Com modéstia, o marajá disse que a nova residência não possuía as vantagens de um palácio indiano nem todas as conveniências de uma casa europeia, e declarou que a obra não deixava nada a desejar, de seu ponto de vista. Erguido em meio a um parque de 700 acres de extensão, nas cercanias da cidade de Baroda, Laxmi Vilas "tinha uma aparência quase de contos de fada (...) [com o sol] dourando suas cúpulas e torres, [e] áreas de sombra púrpura sob os muitos arcos".[52] Os macacos saltavam de uma profusão de abóbadas mogóis, pavilhões de bengala, esculturas *rajput* e torres gujarates, e corriam pelos grandes salões e pátios do palácio.

Nos bosques que cercavam Laxmi Vilas, voavam papagaios, pica-paus, papa-figos e codornas; pavões se emproavam pelos gramados em frente ao palácio. *Mr.* Goldring, de Kew Gardens, em Londres, desenhara os jardins. O parque era cortado por caminhos e cercado por uma pista de equitação, na qual Sayajirao cavalgava todos os dias antes do café. Era o sonho de qualquer esportista, com um campo de críquete impecável; uma pista de corridas de três quilômetros; cinco quadras de tênis; casa de barcos às margens do rio Vishnamitri, que cruzava o terreno; campo de croqué; raia de tiro; campo de golfe; e estábulos cheios de cavalos. Os soldados de Sayajirao se exercitavam no pátio de manobras. Um pequeno templo se erguia em uma clareira. Estátuas pintadas, de deuses e deusas do hinduísmo, repousavam sobre pedestais em uma piscina de mármore.

O palácio foi projetado pelo major Charles Mant, principal arquiteto do estilo indo-sarraceno, em fins do século XIX, cujo objetivo foi "unir a praticidade do modelo científico europeu com a beleza, bom gosto, esplendor e sublimidade do estilo nativo",[53] e que pode ser mais bem-apreciado nos prédios públicos de Colapur, em Maharashtra. Mant, entretanto, morreu subitamente, com três palácios importantes recém-começados. "Ele perdeu o juízo, convenceu-se de que seus projetos iriam desmoronar, porque fizera os cálculos errados, e morreu tragicamente aos quarenta e poucos anos."[54]

Laxmi Vilas foi terminado por Robert Fellowes Chisholm a um custo final de 180 mil libras. O formato era tradicional, dividido em três partes: os recintos públicos, girando em torno do enorme salão de *durbar*, onde 12 trabalhadores de uma firma de vidro de Murano, em Veneza, passaram um ano e meio instalando um mosaico dourado na parede, com o desenho de deuses e deusas do hinduísmo; os aposentos do marajá; e a ala das mulheres, onde Chimnabai e as crianças viviam. A frente tinha mais de 150 metros; conta-se que Sayajirao ia de patinete pelos corredores de mármore até o salão de jantar. Não havia portas externas, em parte porque, com duzentos criados e presença militar permanente, o palácio nunca estava desprotegido, e em parte também porque o respeito místico inspirado pelos príncipes indianos significava que não havia perigo de ataques ou roubos. O teto do pórtico que levava até o salão de *durbar* era alto o bastante para que os visitantes pudessem ir em seus elefantes até a entrada, antes de desmontar.

Os elementos da planta e da decoração do palácio foram inspirados tanto na moda indiana quanto na europeia. Externamente, as abóbadas e torreões celebravam os estilos arquitetônicos nativos da Índia; havia um salão de bilhar (Sayajirao e os filhos adoravam bilhar e sempre jogavam depois do jantar — às vezes, após o café da manhã); os visitantes ocidentais eram alojados em suntuosos apartamentos para hóspedes, regalados em salas de estar guarnecidas com antiguidades francesas e saturadas do delicioso cheiro de incenso, que queimava em vasos de metal para repelir as densas nuvens de mosquito que infestavam Baroda. Havia cinco pátios no palácio, onde as plantas eram refletidas em tanques de água fresca, e estátuas clássicas de mármore se erguiam como visões. Todas as noites, os visitantes recebiam cartões com relevos para serem preenchidos, especificando que modo de transporte preferiam para o dia seguinte: cavalos, elefantes ou Rolls-Royces.

A família comia, ao estilo europeu, em uma sala de jantar da ala de Chimnabai no palácio. A comida podia ser indiana ou ocidental, embora a marani preferisse a nativa. Quando comiam desta, a família real era servida em *thalis*, ou pratos, de ouro, os de prata eram usados para convidados apenas. Chimnabai explicou a um visitante que eles eram mais econômicos que os de porcelana, porque não quebravam. Toda noite, antes do jantar, uma velha esperava no salão para presentear Sayajirao com um pequeno buquê, responsabilidade pela qual recebia uma pensão.

Após o jantar, uma jarra com bacia era passada em torno da mesa para que todos lavassem as mãos e a boca, à moda indiana. Depois, Chimnabai preparava o *paan*, um digestivo tradicional, em uma caixa de ouro cravejada de diamantes e esmeraldas, cujos segmentos se abriam do centro para fora, como as pétalas de lótus. O *paan* é feito se misturando raspas de noz de areca com cal e especiarias em uma folha de bétel; podia conter também ingredientes mais exóticos como folhas de ouro ou pérolas moídas. O pequeno pacote verde, cheirando a sabonete e eucalipto, é depois mastigado. Quando os homens se dirigiam à sala de bilhar, serviam-se de noz de bétel, cardamomo, amêndoas e cravos, todos digestivos, dispostos em bandejas.

Os atendentes formavam um *mélange* igualmente exótico. Um mordomo inglês — o imponente *mr.* Pluck, que vestia uma casaca azul-escura com botões de ouro e colarinho de veludo — presidia a casa real, que incluía um chefe francês, um sargento irlandês responsável pelos estábulos, o valete inglês de Sayajirao, a acompanhante também inglesa de Chimnabai e sua dama de companhia suíça. Os guarda-costas indianos vestiam "meias e luvas brancas, túnicas escarlate com barras de ouro, reluzentes botas e dólmãs púrpura rosados com bordas de pele".[55] Em anos futuros, as garagens seriam controladas por motoristas italianos, porque os carros eram fabricados na Itália; os automóveis pertencentes aos membros da família possuíam placas vermelhas e eram os únicos veículos que tinham permissão de rodar pelas estreitas ruas da cidade velha. Três ajudantes de campo, em uniformes brancos, faziam turnos de 24 horas. Eles tinham de ser corteses, divertidos, bons cavaleiros, jogadores de tênis e bridge; e tinham ordens para carregar papel e lápis sempre, para o caso de Sayajirao, um *workaholic*, precisar tomar nota de alguma coisa. Os criados estavam por toda parte, o tempo todo: a privacidade era um luxo de que os marajás e suas famílias nunca desfrutavam.

Os aposentos de Chimnabai eram decorados com móveis de prata, cortinas e reposteiros delicadamente bordados, além de ricos tapetes. Sua louça de banheiro era em marfim e ouro, e suas joias transbordavam de caixas de ouro abarrotadas. Havia pilhas de sáris deslumbrantes em arcas de sândalo, gavetas com rendas europeias ("ela confessava ser um pouco extravagante em relação a rendas"),[56] xales de casimira leves como pluma, em fúcsia, verde-esmeralda e de lã natural luminosa.

Seu banho diário — ainda uma raridade entre os britânicos — era tomado com ela sentada em um banquinho. A água fria era tirada de uma grande jarra de prata que ficava sobre um pedestal, com o auxílio de outra vasilha menor também de prata, e despejada sobre seu corpo. O sabonete, feito de farinha de grão-de-bico moída muito fina, era um esfoliante natural. O *sindur*, o pó vermelho usado para o *bindi* na testa, era guardado em um pequeno pote redondo.

Chimnabai ficava recostada sobre uma pilha de almofadas de seda, sob a luz coada pela treliça de mármore da varanda, trabalhando em um bastidor para bordar, com músicos tocando baixo ou alguém lendo para ela, enquanto suas damas se revezavam abanando-a com dois enormes leques de penas de avestruz.* Ela própria era exímia tocadora de cítara e vina e cantava com voz muito agradável. Venezianas de capim *khus* umedecidas emanavam brisas com aroma de capim-vetiver através de seus aposentos. Quando passeava pelos jardins do palácio à tarde, sopravam-se apitos para que todos os jardineiros saíssem do caminho e não pudessem vislumbrar a rainha.

"Aqui", como disse um visitante de Baroda, "não há nada para estragar o efeito de se viver em uma terra encantada."[57]

---

*Quando sua neta, Ayesha, leu o rascunho dessa página, ela bufou (elegantemente) à ideia de Chimnabai, aprumada e enérgica, comportando-se de maneira tão lânguida, mas essa descrição vem de uma testemunha ocular, o reverendo Weeden, que passou um ano em Baroda, por volta de 1910, e conhecia a família muito bem.

3

Como Sayajirao de Baroda, Nripendra Narayan, marajá de Cooch Behar, chegou ao trono jovem e sob o olhar atento do governo britânico. Seu pequeno estado, cercado de florestas, localizado no extremo nordeste da Índia, muito menos rico e influente que Baroda, era, entretanto, importante para os britânicos por causa de sua posição estratégica, no caminho de rotas de comércio antiquíssimas, que ligavam Calcutá, centro do governo britânico no subcontinente, ao Nepal, Tibete, Assam e Burma. O brasão dos Cooch Behar mostra uma folha de capim com a qual um ancestral lendário cortou a cabeça de um inimigo e depois a presenteou a Kali, a terrível deusa da destruição e regeneração, especialmente venerada em Bengala. O primeiro rajá, Visvasimha, estabeleceu a dinastia Narayan no início do século XVI, embora, "de acordo com a tradição popular, a raça teria surgido do amor de um deus por uma donzela (...) [seus rajás eram] sempre excelentes governantes, amantes e guerreiros".[1]

Nripendra ascendeu ao *gaddi* de Cooch Behar em 1863, aos 10 meses de idade. Preocupado com incursões butanesas e desconfiado de uma longa regência, o Governo Britânico da Índia não perdeu tempo em oferecer ajuda ao principado. Embora, como a marani Jamnabai de Baroda, as poderosas mulheres da corte — em particular a avó de Nripendra, a rani Kameshwari, e a madrasta, Dangar Aii Debati — estivessem determinadas a dominar a política a partir da *zenana*, recusar o auxílio britânico não era uma boa opção.

O pai de Nripendra, Narendra, que morreu quando ele mal havia saído da adolescência, se recusara terminantemente a permitir que os britânicos interferissem em seu governo ou lhe modernizassem os hábitos. Ele tinha mais de uma esposa e dúzias de concubinas, que tramavam e conspiravam umas contra as outras por seus favores, e para assegurar o futuro dos filhos junto a ele. O falecido marajá parecia ter visto suas mulheres como um esporte: era famoso por ficar bêbado e depois atacá-las, tentando lhes cortar a cabeça.[2] Em certa ocasião, brandiu o sabre em direção a uma das esposas — a mãe de Nripendra, Nishimayi, uma linda menina nativa de um vilarejo próximo. A lâmina, entretanto, apenas resvalou nela, cortando-lhe a ponta do dedo mínimo.

Quando Nripendra sucedeu Narendra, os britânicos (como em Baroda) resolveram proporcionar ao jovem príncipe uma educação ocidental e transformar o estado, primitivo ainda, por meio de seu governante. Estavam determinados a não repetir o erro que haviam cometido ao permitir que o indomável Narendra permanecesse no estado como rei criança. "Ele aprendera, antes de deixar Cooch Behar, a ceder a todas as suas fantasias",[3] lembrou o residente britânico, coronel Haughton, às ranis após sua morte. "Foi adulado e mimado até que se tornou um hábito ceder sem restrições a cada fantasia."

Quando completou 5 anos, o novo rajá — um "menino franco e direto" —[4] foi levado para a Instituição Ward, em Benares (agora Varanasi), uma escola criada pelos britânicos para os filhos dos nobres indianos. Embora os britânicos acreditassem que "ele seria mais bem-educado se fosse mantido longe das perturbações de estado e de família",[5] as mulheres de Cooch Behar — as viúvas e amantes do pai; e as irmãs e tias de Narendra, além de todas as suas criadas — profundamente desconfiadas da maneira britânica de fazer as coisas, foram atrás e se instalaram lá também no que ficou conhecido como o palácio de Cooch Behar.

Seis anos depois, Nripendra foi enviado a Patna, onde estudou no Government College. Como Sayajirao, ele teve um tutor e guardião inglês, St. John Kneller, que ingressou no seu serviço em 1872. Para horror da família, que observava com muita atenção as influências estrangeiras sobre o jovem rajá, Nripendra foi aconselhado a retirar a pasta de sândalo da testa após as preces, encorajado a vestir roupas britânicas e a comer e beber (admitidamente apenas chá e refrigerante de gengibre) sentado à mesa com seus tutores — coisas que eram proibidas pela religião hindu. "Estando sob controle de outras pessoas, que força tenho eu?",[6] perguntava o menino, impotente.

Quando Vitória foi proclamada imperatriz da Índia no *durbar* de Délhi, em 1877, Nripendra foi alçado à posição de marajá e saudado, pela primeira vez, com uma salva de 13 tiros. Como muito poucos rajás de Bengala foram reconhecidos como marajás pelos britânicos (os outros foram Tripura e Manipur), aquela era uma honra notável.

No ano seguinte, o governo de Bengala decidiu que Nripendra deveria ser mandado para a escola na Inglaterra. As damas do palácio ficaram escandalizadas: como ele permaneceria indiano se fosse enviado para longe? Elas estavam convencidas de que o marajá jamais retornaria, ou, se o fizesse, estaria irreconhecivelmente ocidentalizado. Insistiram em que, se ele tinha de ir, devia primeiro desposar uma menina indiana, de forma que tivesse algum motivo para voltar; outras esposas poderiam vir mais tarde.

Choveram propostas ao jovem Nripendra: um homem de Madras ofereceu um dote de 300 mil rupias, além das joias que daria à filha. Os britânicos, no entanto, permaneceram inflexíveis: se o marajá fosse se casar tão jovem, deveria ser com uma menina educada, que pudesse compartilhar da nova vida que eles lhe haviam traçado. A noiva que procuravam tinha de receber a aprovação da mãe e da avó de Nripendra, além da de seus conselheiros britânicos. Era uma combinação quase impossível: uma garota tradicional o bastante para agradar as ortodoxas ranis de Cooch Behar e, contudo, suficientemente progressista para os modernizadores britânicos.

Eles se fixaram em Sunity Devi, a bonita filha mais velha do reformador religioso bengalês Keshub Chunder Sen. Ela era bem-educada, mas também modesta e feminina. Como filha de um homem santo, sua virtude era inatacável; a família era também *kshatriya*, a casta guerreira, um requisito básico.

A princípio, o pai de Sunity rejeitou a oferta de Cooch Behar. Com artimanha, disse que a filha não era bonita nem bem-educada, "uma noiva inadequada para um jovem marajá".[7] A verdade por detrás daquela hesitação era que ele sabia que sua concordância com o casamento o tornaria muito impopular entre seus seguidores. Sunity Devi tinha 13 anos, idade suficiente para uma noiva indiana, mas Keshub havia organizado manifestações para elevar a idade mínima dos casamentos das meninas para 14 anos, e não poderia ser visto fechando os olhos para mais uma união entre crianças. Por outro lado, como marani de Cooch Behar, ela ficaria em posição de efetuar grandes reformas. Por fim, persuadiu-se de que o casamento promoveria o bem-estar espiritual do estado. Começou a ver a união como um desejo de Deus e decidiu aprová-la.

Keshub era um sacerdote carismático, que tem sido descrito como o Martin Luther King do hinduísmo. Seu mantra era "Um Deus, Uma Vida, Uma Esposa".[8] A fé que pregava era o Bramo Samaj, fundado em 1828 pelo erudito e poliglota (conhecia bengalês, sânscrito, persa, árabe, inglês, grego, latim e hebraico) Raja Rammohun Roy. Era uma vertente reformista e monoteísta do hinduísmo. Como o unitarianismo, a teosofia e o espiritismo, o bramoísmo interessava-se por uma busca maior pela verdade, que caracterizou, aliás, a vida intelectual populista do século XIX. Racionalista e igualitária, a crença sustentava que a humanidade alcançaria seu potencial pleno — a mais alta perfeição — através da união entre reforma social e espiritualidade livre de superstições. Todas as religiões eram consideradas igualmente válidas: "nada que é sagrado para os outros [deve] ser insultado ou tratado com desprezo".[9] A seita "visava purificar a sociedade hindu, por meio de um retorno às bases filosóficas das antigas escrituras, rejeitando a idolatria e a superstição das gerações posteriores e, com elas, males sociais como o preconceito de castas e a repressão às mulheres".[10] O primeiro templo Brahmo foi aberto em Calcutá em 1830, dedicado ao "Ser Eterno, Insondável e Imutável, que é o Autor e Conservador do Universo".[11]

A família Tagore, a grande dinastia intelectual de Bengala, colocou seu influente peso por detrás da nova religião, e, em meados do século, o bramoísmo era visto em Calcutá como marca essencial de modernidade e progresso. Dwarkanath Tagore era um homem de negócios bem-sucedido e filantropo, considerado pelos britânicos "prova viva de como a influência britânica podia mudar a Índia para melhor".[12] Contudo, inerente à sua anglofilia (nascido e criado em Bengala, Tagore se retirou para Surrey, onde morreu em 1846) havia um quê de orgulho nacional. Dwarkanath, como Rammohun Roy, acreditava e proclamava que os indianos poderiam se beneficiar enormemente da interação com os europeus; o significado implícito era que, quando essas lições políticas, artísticas, espirituais e sociais tivessem sido absorvidas, eles se tornariam capazes de se autogovernar. O próprio processo de aquisição das ideias ocidentais continha em seu interior o desejo de se livrar do controle estrangeiro. No início da década de 1840, o governador-geral, lorde Ellenborough, observou a Dwarkanath que se "os nativos da Índia" fossem educados adequadamente, "nós [os britânicos] não ficaríamos no país nem por três meses".[13] "Nem por três semanas", redarguiu Tagore. O filho de Dwarkanath, Debendranath, havia sido mentor espiritual de Keshub. Seus filhos incluíam Satyendranath, o primeiro indiano a passar, em 1863, em uma prova para o serviço público do país, dominado pelos britânicos; o poeta, místico, romancista e nacionalista Rabindranath, vencedor do Prêmio Nobel de Literatura em 1913; e a irmã, a também romancista Swarnakumari.

Keshub era um homem alto e de espáduas largas, envolvido de hábito em um manto negro, e possuía um encanto hipnótico. Era extraordinariamente bem-apessoado, com cabelos negros ondulados, um sorriso cordial e olhos castanhos serenos. O vice-rei, lorde Dufferin, dizia que jamais havia visto um homem mais belo. "*Mr.* Keshub não é uma pessoa comum", disse outro amigo, "como se pode ver pela forma perfeita de seus pés, cuja sola é rosada."[14]

Em 1862, quando Keshub declarou sua dedicação ao Brahmo Samaj, ele rompeu com a família, que se recusou a aceitar sua renúncia de casta. (Como Sunity Devi observou mais tarde: "Se alguém acredita em castas, não poderá jamais crer em irmandade universal.")[15] Sua esposa perguntou se poderia ir junto quando ele abandonou o lar da grande família

Sen para ir morar com os Tagore. "Quero que percebas tua posição por completo",[16] disse-lhe o marido. "Se vieres comigo, abandonarás casta, posição, dinheiro e joias. Os parentes que te amam vão se afastar. O pão da amargura será teu quinhão. Perderás a todos, exceto a mim. Serei digno do sacrifício?" Pondo a devoção pelo marido acima das responsabilidades para com a família e a religião, ela o seguiu.

Em 1870, Keshub foi levado à Inglaterra por uma associação unitariana e passou seis meses dando palestras em todo o país. Ecoando as ideias de Roy e Tagore, declarou ter vindo a Londres para transmitir a sincera gratidão que seus conterrâneos sentiam pelos britânicos — não pelas ferrovias ou riquezas, mas pela "reforma revolucionária".

Quando a Índia afundava no pântano da idolatria e da superstição, quando a opressão maometana e o desgoverno haviam quase extinguido a centelha de esperança no espírito indiano nativo, quando o hinduísmo, outrora um sistema puro de monoteísmo, tinha se degenerado em um sistema de idolatria e politeísmo abominável e horrendo, quando os sacerdotes eram excessivamente poderosos e deleitavam-se em seu triunfo sobre a oprimida humanidade, o Senhor, em Sua piedade, enviou a nação britânica para salvá-la.[17]

Não era de espantar que seus ouvintes aplaudissem de coração: era exatamente assim que os britânicos gostavam de ver seu papel imperial.

Não é de espantar, também, que até a rainha Vitória exigisse uma audiência com o famoso reformador. Em 13 de agosto, Keshub foi para Osborne House, a residência da soberana na ilha de Wight, onde lhe serviram um almoço vegetariano (ele era vegetariano e abstêmio) e o levaram para ver a rainha e a princesa Louise. Ele deu a Vitória um par de retratos da esposa, com o que, disse, ela ficou "muito feliz" —[18] tão encantada de fato que solicitou um retrato dele também e o presenteou com exemplares dedicados de seus dois livros, *Early Years of the Prince Consort* [Primeiros anos do príncipe consorte] e *Highland Journal* [Diário de Highland].

Os sentimentos de Keshub sobre a conquista britânica da Índia não se limitavam à gratidão. Ele enfatizava que os britânicos tinham responsabilidades com sua colônia. "Se vocês desejam manter a Índia, só podem fazê-lo tendo em mente seu bem-estar e prosperidade",[19] incitava ele seus espectadores, aconselhando-os primeiro a fomentar a educação lá, depois a criar uma única língua vernácula para unir o país e depois permitir que os indianos exercessem os cargos públicos em sua própria terra. O controle estrangeiro era uma coisa boa até certo ponto apenas: "o crescimento da sociedade deve ser indígena, nativo, natural".[20]

Para as mulheres, Keshub também recomendava uma solução caseira. "Existem alguns, não só na Índia como na Inglaterra, que acham que se as mulheres do país não usarem crinolina, falarem francês e tocarem piano, não há salvação para elas (...). Eu pessoalmente protesto contra essas ideias e projetos de descaracterização da nação indiana",[21] dizia ele ao público. "Ao menos, poupem-nos da crinolina."

Contrariamente à opinião popular ocidental,* dizia ele, as mulheres indianas eram cheias de vigor e força; mas o casamento precoce e a viuvez perpétua eram um fardo muito pesado para elas carregarem. A educação as libertaria para serem "boas esposas, mães, irmãs e filhas".[22] Bengala, a região mais progressista da Índia, assistia naquela época a uma explosão de oportunidades para as mulheres. Em 1863, havia apenas 2,5 mil estudantes do sexo feminino em 95 escolas para moças na área; menos de trinta anos depois, havia mais de 80 mil em mais de 2 mil estabelecimentos.

Apesar de todo o seu zelo espiritual e patriotismo, Keshub no fundo era paternalista e via o papel das mulheres sempre em relação aos homens. "Nas coisas em que o homem supera a mulher, deixemos a voz dele ser ouvida; onde a mulher supera o homem, deixemos sua voz ser ouvida. A

---

*"As mulheres hindus são degradadas, completamente destituídas de delicadeza, suas ideias e linguagem são grosseiras e vulgares, as expressões de censura e xingamentos são rústicas e repulsivas ao extremo", escreveu Flora MacDonald em 1883, revelando o preconceito e a ignorância que dominavam as opiniões ocidentais sobre a vida na Índia naquela época. "Embora manifestem muita timidez e aparente modéstia, existe muito pouca virtude de ordem mais alta entre elas." (*Western Women*, p. 100).

verdadeira prosperidade social depende da harmonia entre os sexos."[23] Para ele, harmonia não significava igualdade. A educação das meninas, acreditava, servia ao propósito exclusivo de produzir boas esposas e mães. As estudantes na escola do *ashram* aprendiam as matérias "que lhes poderiam ser úteis"[24] e que não incluíam geometria, lógica, ciência ou história.

Embora Keshub não defendesse a emancipação feminina, ele se opunha ao casamento de crianças. Em 1872, a seu pedido, o governo britânico aprovou um Ato de Casamento (conhecido como Ato de Casamento Brahmo), estabelecendo a idade mínima para o matrimônio em 14 anos para as meninas e 18 para os meninos. Argumentos em favor da união entre crianças permeavam a cultura corrente hindu e muçulmana na Índia. Os pais não ousavam expor suas filhas na puberdade à pressão do desejo dos adultos, em especial nas famílias muito grandes; dar em casamento uma filha "avariada" era manchar a honra do pai. Além disso, quanto mais jovem fosse, mais possibilidade havia de que a noiva criança aceitasse os costumes e a disciplina da nova família, venerando e respeitando o marido incondicionalmente.

Preocupações com a imaturidade física das jovens noivas para os deveres sexuais e reprodutivos do matrimônio eram ignoradas, em vista da convicção de que o casamento de crianças gerava um laço muito forte. De acordo com o costume, a consumação não ocorria até a puberdade, mesmo que a pequena noiva fosse morar com a família do marido antes de seu início. O que hoje seria considerado abuso sexual de noivas crianças já era uma fonte importante de preocupação para os reformadores britânicos e indianos de meados do século XIX.

Quando Keshub se reconciliou com os pais, ele, a esposa e os dez filhos foram morar no espaçoso complexo, Coolootola, construído por seu avô e habitado por quase cinquenta tias, tios, primos e avós. Era "um lugar encantado",[25] com seis pátios, aposentos interiores frescos e com sombra, e profundos poços cheios de musgo. Era uma casa administrada de forma tradicional, aceitável — por pouco — pelos padrões das ranis de Cooch Behar. Um ativista do século XIX, Pandita Ramabai, descreveu uma casa semelhante, na qual

(...) os homens passam a noite e outros momentos de lazer com amigos do próprio sexo no pátio externo ou fora de casa. As crianças desfrutam da companhia do pai e da mãe alternadamente, entrando e saindo [das áreas de *purdah* e não *purdah*] quando querem (...). As mulheres da família fazem em geral as refeições após os homens terem feito as suas, e a esposa, por via de regra, come o que seu senhor fizer o favor de deixar no prato.[26]

Ali, como em toda a Índia, eram as mulheres que mantinham a família unida, desempenhando os rituais e as observâncias que lhes sustentavam a estrutura e coerência. Havia uma área de *purdah* restrita, na qual as mulheres mais velhas da casa jogavam cartas e as jovens esposas disfarçadamente bordavam chinelos para os maridos, sem desejar mostrar sua devoção em público. As crianças tinham a área do complexo para os jogos de esconde-esconde e assustavam umas as outras com histórias de assombrações, sentadas em escadas fora de uso.

Dominando os acontecimentos a partir da *zenana* de Coolootola estava a bela avó de Sunity, Sharadasundari Devi, que "exigia e recebia o máximo de deferência das noras".[27] A família toda a chamava de Thakoorma, que quer dizer "mãe do pai" em bengalês. Nas famílias indianas, cada um é definido pelo seu relacionamento com o outro, em vez de usarem o nome que receberam, Sunity Devi chamava as tias e tios por palavras específicas e diferentes, correspondentes ao grau de parentesco: se eram irmãos do pai ou da mãe, se mais velhos ou mais novos. A própria linguagem usada reforçava o pressuposto cultural fundamental de que a identidade do indivíduo estava subordinada à solidariedade e preservação da família.[28]

À tarde, depois da escola, Sunity e as primas se banhavam, enfeitavam os cabelos e vestiam belos sáris de musselina antes de subir para o telhado da velha casa, a fim de desfrutar da brisa do entardecer. Às vezes, vislumbravam uma mancha colorida distante, sobre outro telhado e percebiam que outras meninas estavam também tirando proveito do frescor do ocaso. Sentadas ali sobre a cidade, os cantos, as histórias, o repicar de sinos, o zumbido dos búzios, o aroma vago de incenso e as flores subiam até elas, enquanto as mulheres mais velhas da casa se prostravam diante de seus deuses em *arati*, ou preces do anoitecer.

A mãe de Sunity Devi era "o melhor tipo de mulher indiana. Gentil, afetuosa e desprendida, sua vida era bela em sua bondade e simplicidade".[29] Era uma mulher pequena, com mãos e pés minúsculos, uma linda voz e um dom para contar histórias — características que a filha herdaria. Vivia para o marido e encorajava as filhas a fazerem o mesmo. "Levávamos nossas vidas seguras, na crença de que a religião praticada por meu pai era a melhor. Sua vida e seus ensinamentos eram tão lindos que era impossível não tentar viver de acordo com aqueles ideais, e seu jugo era tão leve que nunca o sentíamos."[30]

Na manhã em que Sunity devia encontrar os conselheiros de Nripendra, seus pais lhe disseram que aqueles ingleses que costumavam visitar a escola viriam vê-la também naquele dia, "e, se todos concordarmos, talvez você se case com um jovem e belo marajá".[31] Tímida e febril, vestindo um sári malva e dourado, usando as joias da mãe para a ocasião, a pequena Sunity foi levada até uma sala de visitas. Tocou um minueto simples no piano e respondeu a algumas perguntas que lhe fizeram em inglês. Um certo *mr.* Dalton observava cada movimento que fazia e os descreveu todos em uma carta a Nripendra. Ele ficou impressionado, como disse a Keshub: "Achei sua filha uma jovem muito encantadora e totalmente adequada como noiva para o marajá."[32]

Apesar de os britânicos estarem confiantes de que Sunity Devi fosse a menina certa para Nripendra, havia ainda alguns detalhes a serem acertados. O próprio marajá relutava em se casar e depois deixar imediatamente a esposa, mas fora persuadido pelo argumento de que outra garota apropriada não seria encontrada com facilidade, e ficou "fascinado pela beleza e virtude de *srimati* Sunity".[33]

O pai, que desejava adiar a união até a filha completar ao menos 14 anos, recebeu a promessa de que, como Sunity não iria viver com o marido até o retorno dele da Inglaterra, daí a um ou dois anos, a cerimônia — que os britânicos estavam tentando apressar antes que Nripendra deixasse a mãe e a Índia — seria mais um noivado de garantia do que um casamento de verdade. A seu pedido, o marajá escreveu diretamente ao futuro sogro assegurando-o de sua sincera dedicação aos princípios da monogamia e do monoteísmo. Sua mãe, a rani, recebeu a garantia de que o Brahmo infiel (a seus olhos), Keshub, que perdera a casta ao cruzar o oceano, não entregaria a filha na cerimônia de casamento. Ao menos, o jovem casal estava feliz: no momento em que Sunity, corando, olhou nos olhos de Nripendra pela primeira vez e os viu fixos com veneração nela, ela o amou e soube que ele a amava.

Em 28 de fevereiro de 1878, a família Sen, com alguns amigos e seguidores, deixou Calcutá para a longa viagem até Cooch Behar, no sopé do Himalaia. Antes da linha direta de trem ser construída em 1894, os caminhos ao norte de Calcutá eram árduos e começavam com quatro horas em uma linha de trem de bitola larga, na estação de Howrah. A comitiva cruzou então o Ganges, que era tão extenso que se levava uma hora para cruzá-lo em uma embarcação a vapor. Depois, mais dez horas num trem de bitola estreita; três horas descendo o rio Bramaputra em um barco-casa; seis horas vencendo um pântano, pendurado em um elefante; e 50 quilômetros na pequena ferrovia particular de Cooch Behar, antes da reta final de 40 quilômetros, percorridos de carruagem. Nripendra foi um dos primeiros príncipes indianos a comprar automóveis, na década de 1890; estes, com a linha de trem direta de Calcutá ao norte de Bengala, tornaram a ida a Cooch Behar bem mais fácil.

Eles deram com uma região magnífica e verdejante. Reza a lenda que o deus Shiva escolheu Cooch Behar como seu lar terreno por causa da beleza. Ao sobrevoar a área — com os penhascos brancos do Himalaia, aparentemente flutuando a nosso lado sobre o azul nebuloso do horizonte, e seus contrafortes, abaixo, como um rebanho de elefantes fantasmagóricos —, ela parece ter mais água que terra, uma teia de filetes faiscando ao sol. Quando os rios transbordam, Cooch Behar se transforma em uma Veneza tropical, e o meio mais fácil de transporte era, até o advento das ferrovias, o barco. Por séculos, o estado, fechado por terra, teve sua própria marinha.

O casamento estava marcado para acontecer a 6 de março, e Sunity, embora tivesse encontrado Nripendra algumas vezes em Calcutá (acompanhada, naturalmente), não o veria em Cooch Behar até a cerimônia. Na chegada, houve ainda algumas últimas divergências sobre a forma em que se dariam às bodas. Keshub insistia em que fosse uma cerimônia Brahmo, livre do que chamava criticamente de idolatria. Aquilo era inaceitável para os tradicionalistas do principado, que haviam sido persuadidos a aceitar Sunity Devi, mas não viam razão para abraçar as ideias de seu pai, e esperavam que ela as abandonasse quando se tornasse marani. Eles também ficaram aborrecidos porque alguns rajás vizinhos, de Bijni, Dorong, Parbatjoar e Lakhipur, recusaram-se a comparecer ao casamento de um príncipe de Cooch Behar com a filha de um Brahmo sem casta.

O dia das núpcias chegou, e os sacerdotes do palácio vieram até a casa onde os Sen estavam hospedados para discutir a cerimônia. Keshub recusou-se a permitir que qualquer ritual hindu fosse praticado e, por alguns instantes, pareceu que o casamento teria de ser adiado ou até cancelado. Muito depois, após horas de debate, foi dito a Sunity que se aprontasse. Chorando, a menina tocou os pés dos pais e lhes deu adeus. Ela e a irmã, Bino, dirigiram-se em um *palki* pelas ruas cheias de Cooch Behar, feericamente iluminadas em homenagem às bodas do marajá, até a *zenana* do palácio.

Lá, foi recebida pela mãe de Nripendra, que executou o *varan*, as tradicionais boas-vindas à noiva. Sunity, cansada e confusa, ficou no centro de uma grande multidão de mulheres, todas a examinando e comentando sobre sua aparência. De repente, ouviu um assovio suave lá fora e adivinhou — pois já o tinha escutado em Calcutá — que era Nripendra, informando-a de que estava lá, esperando por ela.

Na manhã seguinte, Sunity foi banhada e vestida pelas mulheres do palácio e não pôde quebrar o jejum. De acordo com a avó, estava petrificada de medo e lhe implorou que ficasse a seu lado, dizendo: "Não sei o que essas pessoas farão comigo."[34] A avó de Nripendra, a rani viúva, aproximou-se com um sacerdote e pediu à menina que desse a ele uma moeda de ouro, um pouco de água e de *tulsi* (folha de manjericão, usada em cerimônias religiosas) — parte do ritual de casamento hindu tradicional que Keshub especificara que não devia fazer parte das bodas da filha. "Eu imediatamente tirei aquelas coisas de perto dela e as joguei no chão", relatou Sharadasundari Devi com indignação. "Eu disse 'O que são esses costumes de vocês? Não se deveriam praticar esses rituais de mau agouro, porque eles trazem infortúnio para vocês e para nós'."

A noite caiu. As horas auspiciosas escolhidas pelos pânditas iam e vinham. A música parou. Uma a uma, as luzes do palácio foram apagadas. Nripendra, com o rosto vivo e firme, falou por fim como em um conto de fadas: "Prestem toda atenção às minhas palavras. Vou para a cama. Se eu for casar com essa menina, acordem-me. Se não, deixem meu cavalo pronto, porque vou partir de Cooch Behar amanhã de manhã e para sempre. Se eu não puder me casar com ela, não casarei com nenhuma outra."[35]

À meia-noite, a porta da casa de Keshub foi aberta com estrondo, e o oficial britânico que negociara o casamento entrou apressadamente, mostrando um telegrama do tenente-governador de Bengala, ordenando que as bodas fossem realizadas como planejado — de maneira simples, de acordo com o costume Brahmo, mas na presença dos sacerdotes hindus do palácio. Os dois lados poderiam dizer que venceram a disputa. Havia outra hora auspiciosa às três da manhã; se eles se apressassem, Nripendra e Sunity ainda poderiam se casar.

Fogos de artifício crepitaram e explodiram no céu, enquanto o som lúgubre dos búzios, a saudação bengalesa tradicional para as noivas, ecoava pelas ruas de Cooch Behar. Sunity Devi, vestindo um sári azul-claro bordado a ouro e um véu vermelho e dourado, foi carregada em uma prancha de madeira, de acordo com a tradição, em torno de Nripendra. "Ele parecia uma linda fotografia, uma massa de ouro da cabeça aos pés, e aquela flamejante estrutura parecia moldada para sua bela figura."[36] Ela foi trazida para mais perto dele, e um lenço foi então atirado sobre o casal, e seus olhos se encontraram pela primeira vez como marido e mulher.

Alguns dias após a cerimônia, Nripendra escoltou a esposa de volta à casa do pai e partiu para a Europa por dois anos. Lá, visitou Itália, Áustria e Alemanha, além de Grã-Bretanha, onde passou algumas felizes semanas caçando na Escócia e na Irlanda. Sendo Brahmo, nenhuma observância religiosa ou de casta restringia sua associação com não hindus, de forma que, ao contrário da maioria dos príncipes indianos (exceto os muçulmanos), ele pôde imergir por completo na cultura e sociedade europeias. "Eu sou, para o bem ou para o mal", Nripendra costumava dizer, "o que os britânicos fizeram de mim."[37]

Seu fiel servo, que, por volta de 1915, escreveu um relato de sua vida a serviço do marajá, descreveu o coração dele como "o de um garoto cheio de alegria, amor e travessuras infantis", e elogiou suas "virtudes inglesas":[38] coragem, tenacidade e paciência. "Embora fosse o mais orgulhoso dos homens", observou Sunity Devi mais tarde, "era de uma tal simplicidade que acreditava que sua alegria de viver passava despercebida e que lhe seria permitido viver como homem e não como marajá."[39] Esses atributos tornaram Nripendra enormemente popular na sociedade britânica, onde era visto como exemplo perfeito de príncipe indiano, com todas as vantagens de uma educação e maneiras britânicos. Ele preferia a comida europeia e vivia, de acordo com a esposa, "como um inglês",[40] embora, insistisse ela, "fosse completamente indiano de coração".[41]

Sunity Devi, agora marani de Cooch Behar, permaneceu intensamente consciente da controvérsia que seu casamento causara e do prejuízo que fora para a reputação do adorado pai. "Coube a mim provar o sucesso ou fracasso do primeiro matrimônio indiano que desafiara os costumes tradicionais",[42] declarou ela, exagerando um pouco. Sunity nunca esqueceu de seu papel autodesignado de defensora do bramoísmo, como o pai. Isso era difícil, visto que sua função evangelizadora era muito impopular em Cooch Behar, e as damas do palácio estavam, por sua vez, determinadas a convertê-la ao hinduísmo. Elas "a ameaçavam e censuravam"[43] alternadamente, tentando forçá-la a rejeitar a fé do pai e voltar aos costumes antigos, mas, segura da admiração do marido pelos britânicos e convencida de forma passional da retidão do pai, Sunity se mantinha inabalável.

O casamento "de verdade" aconteceu em 1881, na casa da família de Sunity, Lily Cottage, quando ela estava com 16 anos e Nripendra 18 — na Igreja da Nova Revelação, de seu pai, livre da presença dos pânditas do palácio de Cooch Behar e de acordo com os rituais em que acreditavam. "De forma tranquila, colhemos as flores perfumadas do jardim da amizade", escreveu ela sobre aquele dia em sua autobiografia, no estilo fantasioso e sentimental tão apreciado na era vitoriana, "e ali vimos as rosas do amor, que estavam florindo para nós."[44]

Em comemoração, Nripendra deu à esposa um pequeno anel de turquesa e diamantes que ela nunca tirou, estimando-o mais que qualquer das outras joias magníficas com as quais ele lhe presenteou mais tarde. Eles partiram então para a lua de mel, sozinhos pela primeira vez. O rosto de Sunity estava banhado em lágrimas mas radiantemente feliz, quando Nripendra cantou para ela uma canção de amor bengalesa, "Quem nunca sofreu não pode conhecer o amor".[45] Eles viajaram de trem para Burdwan, onde, ao desembarcar, Sunity foi escoltada por "um grupo de donzelas",[46] através de um túnel acortinado, do carro até o vagão. Só quando ela estava a caminho do palácio em segurança, sem ser vista, as cortinas foram retiradas, e Nripendra apresentado aos funcionários, reunidos na plataforma, para lhe dar as boas-vindas e congratulá-lo.

Esse rigoroso *purdah* permaneceria o padrão dos primeiros anos de Sunity como marani. Nripendra, apesar de seu verniz inglês, preferia que a esposa ficasse enclausurada. A princípio, nem mesmo seus primos tinham permissão para vê-la. O marajá achava que ela não deveria ver homens cujas próprias mulheres ainda viviam em *purdah*. Como muito poucas mulheres naquele tempo haviam saído de detrás do véu, existiam poucos homens com os quais ela podia encontrar. Ele tinha ideias fixas: Sunity não devia usar pérolas sobre a pele, falar ou rir alto, cavalgar, dançar ou jogar tênis. Quando perguntado (não por ela) sobre a razão de desaprovar essas coisas, ele respondeu: "Prefiro que *minha* esposa faça o que quero. Não me importo com o que outras mulheres fazem."[47] Havia pressão por parte da família também. "Os parentes de meu marido pedem com frequência que me lembre de quem sou", Sunity Devi escreveu anos mais tarde, "e que não fale com absolutamente ninguém, rebaixando-me."[48]

Eles levavam uma vida mais livre no palacete que tinham em Calcutá, Woodlands, do que em Cooch Behar. Nripendra, ainda menor de idade e não empossado como governante, estudava Direito no exclusivíssimo Presidency College. Na sala de estar cor-de-rosa e azul-claro, como qualquer garota vitoriana educada, Sunity lia, pintava, desenhava e fazia as primeiras incursões na arte de receber.

O primeiro filho, chamado Raj Rajendra, ou rei dos reis, nasceu em casa, em Calcutá, a 11 de abril de 1882. Sunity Devi teve permissão de amamentar ela mesma o bebê, algo que as mães reais raramente faziam. O nascimento desse filho, o primeiro nascido da esposa principal de um marajá de Cooch Behar desde gerações, tornou-a popular pela primeira vez entre o povo e no palácio da família. As semanas que se seguiram ao nascimento de Rajey foram um turbilhão de congratulações: até Keshub, enfraquecido por problemas de saúde e um velho criado brâmane de Nripendra comemoraram felizes sob o sol primaveril, esguichando água misturada com corante magenta um no outro para celebrar, um costume reservado em geral para o festival Holi.

Embora Sunity Devi e Nripendra insistissem em que a educação de Rajey fosse a mais simples possível, essa resolução era difícil de manter quando até a vaca que fornecia leite para ele era vigiada por sentinelas. Mais filhos se seguiram a intervalos de quase dois anos: Sukriti, que significa boas ações, chamada de Girlie, em janeiro de 1884; Jitendra, em dezembro de 1886; Victor, em 1888; Hitendra, ou Hitty, em 1890; Prativa, ou Pretty, em 1891; e a caçula, Sudhira, apelidada de Baby, em 1894. O nascimento de um segundo filho homem assegurava a sucessão, pondo fim aos planos tramados secretamente pelas velhas ranis para que Nripendra tomasse outra esposa.

Como mãe de quatro meninos saudáveis, Sunity adquiriu mais confiança em relação à sua posição, passando mais tempo em Cooch Behar. Embora admitisse "ideias ocidentais avançadas"[49] quando estava longe do estado, em Cooch Behar ela fazia questão de ser "a mulher da *zenana* que entra na vida do povo. Muitos que a princípio viam meu casamento com desagrado me colocaram em seus corações quando descobriram que eu era como todas suas maranis e que os amava". Como a mãe e a avó — boas esposas indianas — antes dela, em Cooch Behar, ela cortava legumes para as refeições da família, preparava o bétel e fazia doces que o marido e os filhos adoravam.

No início, a jovem família morava no palácio antigo, mas logo Sunity e Nripendra construíram um novo, uma longa *villa* italianada, com colunas e uma cúpula central prateada, inspirada na de São Pedro, em Roma. Havia piscina, quadras de tênis, campo de golfe com nove buracos e campo para polo no parque circundante. Apesar do palácio europeu e moderno, a marani insistia em permanecer em *purdah* quando morava na *zenana* de Cooch Behar, "onde nenhuma das outras mulheres sequer havia visto a frente do palácio".[50]

Quando se mudaram para o novo lar, Nripendra havia alcançado a maioridade e sido empossado como marajá. Atencioso e comedido, era respeitado por seu povo e pelo governo britânico em Calcutá. Enquanto Baroda ficava na extremidade sul de uma grande área governada por príncipes orgulhosos, quase independentes da influência britânica direta, havia apenas uns poucos estados governados por príncipes em Bengala; a maior parte da região era administrada pelos britânicos, de Calcutá. A manutenção de um bom relacionamento com os governos de Bengala e da Índia (entidades distintas; Bengala era uma das regiões administrativas da Índia) tornava aquele com Nripendra muito mais fácil.

Cooch Behar era um estado pequeno, de cerca de 3 mil quilômetros quadrados (menor que a área da Londres urbana moderna), e com uma população de aproximadamente 600 mil pessoas, embora tenha sido tão bem-administrado durante a menoridade de Nripendra, que ele se viu um homem rico quando ascendeu formalmente ao *gaddi*, em 1883. O marajá não compartilhava do compromisso de Sayajirao de Baroda de provar que os britânicos estavam errados, governando melhor do que eles teriam feito. Entretanto, de acordo com os padrões estabelecidos durante sua educação britânica, ele fundou e financiou universidades, construiu ferrovias, largas estradas de cascalho vermelho cercadas de palmeiras, hospitais caiados e prédios públicos. A praça principal de Cooch Behar, bem arborizada e limpa, projetada em torno de um vasto tanque de água, era "um modelo microcósmico dos princípios de Bentham",[51] com duas escolas, palácio de justiça, cadeia, cartório e tipografia. Até hoje, é a única cidade totalmente planejada do leste da Índia.

Apesar das aspirações e do estilo de vida ocidentais de Nripendra, e dos fortes vínculos com o governo britânico, Cooch Behar ainda era um estado profundamente tradicional. No início de seu reinado, o marajá ficou surpreso, durante a estação das chuvas, ao ver pessoas passando por seu palácio com os guarda-chuvas fechados. Ele especulou com um amigo que talvez elas tivessem medo de que a chuva os estragasse. "Marajá, isso não tem nada a ver com insensatez",[52] retorquiu o amigo. "Seus súditos têm um pouco de medo de abrirem seus guarda-chuvas na sua frente. É por isso que passam pela rua do palácio com eles fechados." Nripendra, horrorizado, deu ordens ao secretário para tornar público que ele queria que as pessoas usassem seus guarda-chuvas; mas isso não era o suficiente para fazer as pessoas perderem o temor diante de sua majestade.

Paralelamente aos deveres administrativos de Cooch Behar, Nripendra era defensor ferrenho da presença militar britânica na Índia. Em 1883, foi nomeado major honorário do exército indiano (os regimentos indianos do exército britânico, sob o comando separado de um comandante em chefe inglês). Quatro anos depois, recebeu o posto de tenente-coronel honorário. A razão de esses títulos serem apenas honorários era a proibição em relação ao ingresso de indianos no exército britânico e à sua nomeação como oficiais no exército indiano. Não era considerado conveniente que soldados britânicos recebessem ordens de um indiano, mesmo que este fosse um príncipe. Havia também a sombra agourenta do Motim Indiano, de 1857, considerado por muitos indianos hoje como uma guerra pela independência; os britânicos ficavam aterrorizados à ideia de que se permitisse acesso dos nativos ao poder militar, visto que este poderia ser usado contra eles um dia. Embora Nripendra amasse Cooch Behar, para ele esse amor não era incompatível com uma lealdade firme ao império britânico, ao qual devia tanto.

A crescente família de Nripendra e Sunity recebeu no novo palácio uma babá inglesa, *mrs.* Eldridge, que divertiu muito a marani ao chegar, em função de seu evidente fascínio por ela. Quando perguntada por que manifestava tanto interesse por sua pessoa, respondeu: "Vossa Alteza, quando vim trabalhar, esperava encontrar uma senhora morena, corpulenta e sem educação. Eu devo dizer, agora que a vejo, que estou tão surpresa que mal acredito em meus olhos."[53] A marani, aos 20 e poucos anos, era uma mulher pequena, de rosto e modos gentis. Possuía "traços muito delicados e olhos adoráveis, com mãos e braços de formas primorosas".[54]

As fotografias mostram Sunity usando pesados vestidos ricamente bordados, que eram uma combinação de trajes de baile completo do século XIX (sempre feitos pelos melhores costureiros de Paris) com o sári. Desenhados para enfatizar a posição e o decoro e nada revelarem sobre a pessoa que os vestia, faltava a eles tanto a fluidez oriental quanto a elegância ocidental. Para olhos modernos, parecem desesperadoramente desconfortáveis, mas eram muito admirados pelos contemporâneos, e ela era considerada uma figura de moda e modelo para as mulheres indianas cosmopolitas do final do século XIX.

Sunity e as amigas, duas cunhadas da família Tagore com quem fora criada, estavam entre as primeiras mulheres a se aventurarem na sociedade britânica na Índia. Enquanto em Baroda, Chimnabai Gaekwad se recusava terminantemente a alterar seus trajes tradicionais para os senhores britânicos, aquelas mulheres progressistas de Bengala queriam roupas que levassem em conta tanto a moda europeia quanto o senso de propriedade indiano. Elas começaram usando blusas feitas sob medida, uma mistura de corpete inglês com o *choli* nativo, e anáguas sob os sáris: foi o nascimento da maneira moderna de se vestir. Embora fosse tradição em Bengala jogar a extremidade mais longa do sári por cima do ombro direito, Sunity e as companheiras foram as primeiras a colocá-la sobre o ombro esquerdo, o que nos anos seguintes se tornou o método mais comum de se amarrar um sári.

Da mesma forma que com Nripendra, a educação britânica de Sunity a tornava uma figura popular na cena social de Calcutá, durante a estação fria, entre dezembro e março. Seus nomes se destacam com mais regularidade do que qualquer outra família de príncipes nas listas de convidados dos vice-reis. A marani adotou a magnanimidade, *politesse* e moralidade vitorianas. Sua estética e habilidades eram vitorianas: ela pintava e desenhava, organizava quadros vivos no palácio de Cooch Behar e preparava caril e conservas nas cozinhas reais. Até sua piedade era vitoriana no tom. Descrevia a filha Pretty como parecendo "ter caído do céu, enviada por uma fada".[55]

A marquesa de Dufferin, cujo marido foi vice-rei em fins da década de 1880, ficou muito afeiçoada a Sunity Devi durante o tempo em que ocupou o palácio de governo amarelo cítrico, em Calcutá. O diário de *lady* Hariot Dufferin mapeia o curso daquela amizade, de janeiro de 1885, quando Sunity trouxe Rajey para almoçar e depois foram todos juntos para o jardim zoológico ("Ela é muito agradável e parece tão satisfeita de vir aqui, fica me dizendo que se sente em casa"),[56] até março de 1887, quando a marani levou-a para conhecer a família Sen ("duas avós, uma tia, muitas primas e algumas irmãs")[57] em Lily Cottage.

Na visita a Lily Cottage, *lady* Dufferin e a acompanhante receberam guirlandas, colares e braceletes feitos de flores e ouropel "que davam o efeito de grandes rubis e esmeraldas, engastadas em voltas de pérolas. Uma coroa do mesmo tipo foi preparada para mim, a qual, no entanto, não tentei colocar por cima de meu elegante chapéu".[58] Elas viram a dura cama de madeira da mãe de Sunity Devi — penitência comum para as viúvas; Keshub Chunder Sen havia morrido em 1884 — e o púlpito de mármore decorado com flores do falecido religioso. "Alguns doces nos foram enviados depois", registrou *lady* Dufferin com suave prazer, "e uma estátua de açúcar branco de uma dama insuficientemente vestida foi colocada diante de Dufferin à sobremesa."

Lady Dufferin ficou impressionada com a rapidez com que Sunity aprendera os costumes estrangeiros, e como seu inglês era fluente. Tanto Woodlands, em Calcutá, como o palácio de Cooch Behar eram decorados em estilo europeu; o pequeno Rajey, que ainda não completara 3 anos, já andava de pônei como um garoto inglês. A marani, observou *lady* Dufferin, vestia "trajes nativos, mas traz sapatos e meias muito elegantes, enquanto as irmãs e cunhadas andam de pés descalços".[59] Ela "nunca parece sem jeito ou desconcertada".[60]

Logo após chegar à Índia em 1885, *lady* Dufferin elaborou um plano para "promover acompanhamento e atendimento médico para mulheres, e a fundação de hospitais femininos em todo o país".[61] O marido abençoou o projeto, e, em cinco anos, o Fundo de *lady* Dufferin erguera dezenas desses hospitais, centros médicos e escolas femininas, pagas em grande parte pela generosidade dos príncipes indianos. A fim de agradar lorde Dufferin, eles competiam entre si para ver quem contribuía com mais.

"Para começar", comentou Sunity Devi,

(...) as mulheres de casta alta não podiam realizar trabalhos desse tipo [em hospitais], já que achavam que isso lhes rebaixaria a posição; em segundo lugar, as mulheres das *zenanas*, por mais pobres que fossem, não desejavam ser treinadas ou estudar com homens. Portanto, no começo, apenas mulheres muito simples abraçaram a profissão médica, mas agora outras, mais avançadas, resolveram adotá-la e têm estudado muito e se formado, servindo dessa forma a seu país, pelo que devemos muita gratidão a *lady* Dufferin.[62]

Amizades entre mulheres britânicas e indianas, como a de Sunity Devi com *lady* Dufferin, ficavam restritas apenas às classes altas mais sofisticadas das duas nações, mas elas realmente ajudaram a derrubar as barreiras de casta e *purdah* na Índia. A esposa do vice-rei compareceu a um dos "jantares de sári" da marani, usando ela mesma um deles, e se sentou no chão, comendo com os dedos, em autêntico estilo indiano. Sua sucessora, *lady* Lansdowne, disse Sunity, "nunca fazia qualquer distinção entre ingleses e indianos em suas festas, e essa consideração cheia de tato a tornava muito popular".[63] Esses passos experimentais em direção a um maior entendimento mútuo auxiliaram, de forma importante, a desenvolver a confiança entre mulheres indianas e britânicas independentemente de maridos e pais.

4

Em Baroda, a família Gaekwad estava se instalando no novo e imenso palácio, Laxmi Vilas. Chimnabai tivera quatro filhos em rápida sucessão: Jayasinhrao em 1888; Shivajirao em 1890; Indira Raje, a única menina, em 1892; e Dhairyashilrao em 1893. Sayajirao tivera também três filhos com a primeira esposa, de forma que, em 1895, havia sete crianças, de 2 a 13 anos, em Baroda.

Teoricamente, o costume indiano de se ter mais de uma esposa, sogra e os respectivos filhos vivendo de modo comunal na *zenana* resultava em uma grande família feliz. O atual marajá de Kapurthala se lembra de que, em sua infância

> (...) as quatro avós viviam juntas na mesma casa, e não existiam ciúmes ou atritos entre elas, apesar de haver uma marani principal, que era a pessoa mais importante. As outras não se ressentiam do fato (...). Quando éramos levados para vê-las (...) tratavam todas as crianças como se fossem seus filhos (...). Para nós, eram todas nossas avós.[1]

É difícil saber como os filhos mais velhos do Gaekwad foram afetados pela chegada da madrasta em Baroda. De acordo com uma fonte, eles amavam Chimnabai como se fosse a própria mãe. Fatesinh, o filho mais velho, foi visto banhado em lágrimas, na infância, quando soube que ela não era sua verdadeira mãe. Circularam também rumores, mais tarde, de que a marani tentara persuadir o marido a alterar a sucessão em favor de seu filho.

A partir do momento em que nasciam, quando as paredes do quarto da mãe eram lavadas e repintadas, após a mácula do parto, as vidas dos príncipes e das princesas indianas eram dominadas por rituais e cerimônias. "Acariciado, mimado e escrupulosamente guardado, ele é mantido como uma joia em seu estojo de veludo."[2] Todos os dias, o bebê real era untado com um ponto preto para estragar sua perfeição e, assim, afastar a má sorte. Cada capricho era antecipado. "Se colocassem o pé para a frente, ele era imediatamente calçado. Se levantassem um dedo, alguém lhes penteava o cabelo! Eles nunca precisavam erguer a voz. Bastavam que olhassem e, a um gesto, a tarefa era executada."[3] Afagados e adulados, eram protegidos de forma claustrofóbica e jamais contrariados ou castigados.

Se isso era verdade com relação a todos os pequenos príncipes indianos, era-o mais ainda no que dizia respeito aos herdeiros legítimos. O "*yuvraj* sempre foi alvo de mais atenção, e o segundo irmão, menos. Se eles [os criados do palácio] notavam que o governante tinha um filho preferido, este recebia mais cuidados. Eu pessoalmente não acho que essas atitudes tivessem efeito benéfico sobre as crianças, porque cresciam sentindo ciúmes uma da outra",[4] recorda-se o membro de uma família real. "Esse afastamento começava na infância, o que levava a rixas e a relacionamentos tensos na vida adulta. Isso afetava as crianças psicologicamente, com certeza."

Meninas não eram tão bem-vindas quanto meninos. Um pai *rajput* do século XIX, quando lhe nascia um filho, encomendava música e cantos, distribuía doces para os amigos; se fosse filha, ele anunciava "que 'nada' havia nascido em sua família. Pela expressão, compreendia-se que a criança era do sexo feminino e que, provavelmente não seria *nada* neste mundo. Assim, os amigos iam para casa sérios e calados".[5]

Enquanto o garoto permanecia no lar, ajudando a trabalhar a terra, substituindo o pai nos negócios ou dando continuidade ao nome da família, a menina era dada em casamento no início da adolescência e despachada com um generoso dote — em geral, causando prejuízo à família, mas isso era uma marca de status fundamental e, portanto, jamais evitada — para a casa do marido, por quem, se não tivesse filhos, seria desprezada. Como Surat Kumari, uma escritora bengalesa, pergunta em seu conto "Beloved, or Unbeloved?" [Amada ou não amada?]: "O valor da noiva se resume à manutenção da linhagem: por que alguém se daria então ao trabalho de receber em casa uma garota estranha, de outra família?"[6]

Isso levava a uma alta taxa de infanticídio feminino, em especial entre as famílias *rajput* do Rajastão e da Índia central, para quem os conceitos de tradição e dever eram muito preciosos e rígidos. Os métodos favoritos eram o ópio, já que este era administrado comumente às crianças para dormir; ou "uma eficiente pressão no pescoço, conhecida como 'unha na garganta'".[7] Em 1870, um relatório revelou que, em um único estado, trezentas crianças tinham sido carregadas por lobos; todas meninas.[8] O censo populacional de 1880-81 demonstrou que havia cinco milhões a menos de mulheres em relação ao número de homens, resultado da falta de higiene e de assistência médica, além, é claro, do infanticídio.[9] De qualquer forma, uma estatística dramática.

Esses hábitos começaram a mudar perto do fim do século XIX. A irmã do marajá de Bharatpur ia se casar em um ano de "severa escassez e penúria".[10] De acordo com o costume, a família desejava que o casamento fosse uma demonstração extravagante de sua riqueza e poder. O residente local, Michael O'Dwyer, protestou junto a um membro do conselho dizendo que não havia necessidade de se gastar tanto, já que não acontecia um casamento real em Bharatpur havia mais de duzentos anos; não existia precedente a ser mantido porque não existiam noivas havia 11 gerações. "*Sahib*, o senhor conhece nossos costumes e certamente sabe a razão", respondeu o velho. "Nasceram meninas, mas até esta geração, não lhes tinha sido permitido crescerem."

Ao contrário dos governantes de Bharatpur e da maioria das famílias reais indianas, os Gaekwad eram muito modernos para a época. Todos os filhos, inclusive Indira, a única mulher, receberam educação inglesa. Usavam roupas indianas e ocidentais; comiam comida europeia e indiana. Os aposentos de Chimnabai eram oficialmente uma *zenana*, mas não ficavam isolados do resto do palácio. Embora deplorasse o costume "absurdo" do *purdah*, ela percebia que, como observou Sayajirao, "ninguém na Índia, nem eu mesmo, seu marido, pode no momento [1901] suspender o véu. Na verdade, embora as mulheres em geral, como Sua Alteza, exijam mais liberdade, os homens, cuja maior parte é deseducada, não são a favor da independência e educação femininas".[11]

Portanto, a rotina diária da marani era mais restrita em Baroda do que quando se encontrava no exterior. Chimnabai acordava cedo e lia, geralmente em inglês, com sua dama de companhia até a hora do café. Muito interessada nas questões do momento, sempre lia os jornais indianos e britânicos, além de adorar romances ingleses. Em fins da década de 1890, ela gostava de ler com Cornelia Sorabji, primeira mulher indiana a se qualificar como advogada — embora, tanto nos tribunais britânicos quanto nos indianos, tivesse sido proibida de advogar até 1919. A família Sorabji, de parses cristãos de Bombaim, era amiga dos Gaekwad.

Quando voltou de Oxford para a Índia em 1894, Sayajirao convidou *miss* Sorabji para ir a Baroda avaliar o sistema de educação compulsória que acabara de instituir. Ela ficou decepcionada: apesar de escolas novas em folha terem sido construídas nas áreas rurais de cultura do algodão, os fazendeiros não mandavam os filhos para elas, porque queriam que eles trabalhassem no campo. "O que me intrigou foi o seu [do secretário de Educação] reluzente relatório impresso sobre o sucesso do projeto (...). 'Ah, isso é para o marajá *bahadur* [rei vitorioso]'", disse ele a *miss* Sorabji. "'Não seria respeitoso contar a Sua Alteza que o plano, pelo qual o *durbar* [o marajá] se interessou tanto, foi um fracasso'."[12] A educação compulsória foi abolida então e ressuscitada uma década depois com mais sucesso.

Um de seus deveres extraoficiais era ensinar o marajá a remar: os assessores tinham medo que se machucasse, e eles levassem a culpa; mas a valente *miss* Sorabji, treinada no rio Tâmisa, não tinha esses escrúpulos. "O barco era de Oxford e dos melhores; os remos e as cavilhas eram velhos amigos."[13]

Chimnabai e Sayajirao jantavam, em estilo europeu, com a família e os amigos, quando tinham convidados. Os criados que serviam não falavam nem inglês nem marata, "de forma que possamos conversar entre nós *sans gêne*".[14] No entanto, alguns rituais sobreviviam: ao entrar na sala, ela e a filha se ajoelhavam e encostavam a testa no chão diante do marajá, em sinal de obediência. Costumes como esses davam aos visitantes britânicos a impressão de que, apesar do verniz de modernidade, nada havia mudado de fato. Ainda era, como observou um velho auxiliar indiano, "uma Idade Média em sépia".[15] Contudo, os tempos *estavam* mudando, especialmente em Baroda.

Quando Sayajirao voltou a seu estado, vindo de outra temporada europeia, em janeiro de 1895, encontrou "muita agitação e intriga".[16] Ele escreveu, queixando-se ao governador de Bombaim, lorde Reay, o que um historiador moderno classificou de a primeira crítica articulada da supremacia britânica, feita por um governante indiano.[17] Na carta, o marajá disse que o domínio britânico estava sistematicamente minando as monarquias da Índia e suas estruturas inerentes de poder, buscando tornar os estados dependentes do *raj*, ao lhes subtrair aos poucos o poder. Toda vez que Sayajirao saía de Baroda, por exemplo, os residentes tentavam usurpar sua autoridade durante a ausência; seus conselhos quase nunca eram oferecidos para benefício do estado, mas para o do Governo Britânico da Índia.

Esse foi o começo de seus problemas com a administração britânica, que durariam por mais de vinte anos. Já sensível às intervenções dos residentes nas questões domésticas, Sayajirao sentia cada vez mais que eles não estavam lá para aconselhá-lo e apoiar seu governo, mas para pegá-lo em falta, de forma que pudessem informar Calcutá sobre seus erros. Sem um *dewan* confiável, e com Elliot, que tanta falta fazia, de volta à Inglaterra, era muito provável que o marajá ficasse abaixo dos inatingíveis padrões britânicos. E mais importante ainda, sua crença de que o bom governo não era só uma questão de boa administração, mas algo que englobava a visão de uma nova Índia, era tida como uma ameaça.[18] Embora seu estado fosse admiravelmente bem-gerido — em várias áreas, como a educação e o fim das barreiras de casta, estava muito à frente da administração britânica —, queixavam-se dele, abstêmio total, quando brindava à saúde da imperatriz-rainha com água em vez de champanhe, ou quando comparecia a funções oficiais vestindo um terno matinal, em vez das vestimentas tradicionais. Os britânicos prefeririam seus príncipes fantoches fantasiados: Curzon ficou horrorizado quando o rajá de Pudukotta pediu permissão para comparecer a uma festa ao ar livre do vice-rei usando roupas inglesas. A posição e a riqueza de Sayajirao tornavam-no difícil de castigar, mas sua insistência em se comportar como igual irritava.

Pelos cinco anos seguintes, ele e Chimnabai permaneceriam em Baroda. Os filhos eram educados por uma série de tutores e governantas britânicas e depois enviados para o Baroda College. "Nesta época de transição",[19] como Sayajirao colocou, ele e a esposa estavam determinados a lhes proporcionar as vantagens da educação ocidental. "Eles podem descartar alguns dos preconceitos e sentimentos de seus conterrâneos. No entanto, por baixo da casaca inglesa, poderão reter ainda o senso de dever ao país e ao povo." A coisa mais importante que deveriam manter era o amor pelo país, "e, aferrando-se a ele, serão bons hindus".

A fé de Sayajirao era algo simples, mas experimentado com profundidade. Ele via todas as religiões como sendo essencialmente a mesma, variando, entretanto, na forma de venerar a um deus, mas sempre sustentada pelo respeito à vida humana e à felicidade. "Portanto, se um homem for hindu, deixe-o sê-lo e conformar-se à religião de seus pais; porque isso não faz diferença. Se for cristão, deixe-o permanecer assim; se muçulmano, idem."[20] Ele era muito consciente das fissuras que dividiam a Índia, acreditando que ela não conseguiria ser uma nação unida com suas antigas religiões e sistemas de castas vigentes.

Talvez o elemento mais difícil de administrar na educação dos filhos fosse a riqueza da família Baroda. Sayajirao era tão desapegado que, como observou um amigo, "até poucos anos atrás [ou seja, o início da década de 1900], não se preocupava em aprender a diferenciar uma moeda da outra [e era] completamente indiferente ao valor dos tesouros que o cercavam, a não ser no que dizia respeito a beleza, utilidade e conveniência";[21] mas essa falsa ingenuidade talvez fosse a melhor forma de lidar com sua esmagadora riqueza e também uma reação à mudança dramática de suas circunstâncias anteriores. "Os filhos de famílias ricas correm seus próprios perigos",[22] observou o marajá, desapontado com o desempenho medíocre de Fatesinh no exame de admissão a Oxford, em 1898. Havia muitas tentações para eles e pouco incentivo ao trabalho.

Sayajirao não deve ter sido um pai fácil, entretanto. Como ele próprio admitiu: "Quando casei e tive meus filhos, eu não *sabia* ser outra coisa senão marajá. As crianças me dizem: 'O senhor é sempre o marajá'. Nunca cessei de tomar conta deles; mas nunca houve intimidade entre nós."[23] Talvez porque tenha tido de rejeitar tão completamente sua vida anterior à escolha para herdeiro de Baroda, ele nunca conseguiu recuperar a tranquilidade despreocupada da infância. Além disso, seu desejo de governar bem chegava a ser quase uma obsessão. Tudo mais em sua vida, inclusive a família, vinha depois do serviço ao estado.

Era uma grande tristeza para o Gaekwad não conseguir romper essas barreiras emocionais que o separavam dos filhos e da esposa. Embora ele e Chimnabai se amassem, se respeitassem e se complementassem de muitas formas, não havia uma fagulha romântica entre eles. A marani atribuía isso ao fato de ter casado tão jovem: "Não sei o que é ser apaixonada. As pessoas que dizem que se uma indiana não casar será prostituta [a justificativa comum para o casamento de crianças] são tolas. Isso não é verdade (...). A maioria de nossas mulheres não conhece o significado da palavra 'paixão': nunca a sentiram."[24] O devotamento ao marido era, todavia, o único freio a suas ações e opiniões, já que nada em sua figura ou conduta dava a impressão de submissão e docilidade consideradas como ideais para uma esposa hindu.

Em dezembro de 1899, Chimnabai ficou seriamente doente. A operação ginecológica de que necessitava era sofisticada, e não seria seguro realizá-la na Índia. A marani se recusava a ser operada por um homem — disse que não se importava de morrer se fosse o caso, mas não queria um médico homem —, e não havia na Índia ginecologistas do sexo feminino à altura do caso.

A situação era ainda mais complicada por dois fatores. O país estava mergulhado em uma fome terrível, que se seguiu à falta de monções naquele verão. Nem Sayajirao nem Chimnabai queriam deixar seu povo em tal calamidade — em especial quando o vice-rei estava se deslocando pelo país, oferecendo socorro aos famintos. No fim daquele ano, 3,5 milhões de pessoas estavam recebendo ajuda, mas esta não era suficiente, pois a fome se intensificou e se tornou a pior do século. Apesar dos esforços para aliviar a situação do país, o discurso oficial britânico era duro: "Embora o dever do governo seja salvar vidas, ele não é obrigado a manter a população de trabalhadores em seu nível normal de conforto."[25]

O vice-rei, lorde Curzon, havia declarado que os marajás não deviam deixar a Índia, exceto em circunstâncias excepcionais; a ameaça tácita de deposição, último recurso da administração britânica contra os príncipes que não obedecessem a determinação, pairava por detrás daquelas palavras. O aristocrático e arrogante lorde Curzon era um imperialista zeloso. Ele acreditava que o domínio britânico na Índia significava a maior conquista da Grã-Bretanha e não tolerava a ideia de autogoverno, nem mesmo em um futuro distante. A seus exigentes olhos, os indianos — e, é preciso dizer, grande parte do restante da população mundial, inclusive as mulheres — eram uma raça inferior, incapaz de se governar.

O marajá foi chamado em junho ao escritório daquele vice-rei com jeito de diretor de escola, em Simla. Curzon iniciou a conversa expressando seu desejo de estabelecer relações mais íntimas com os principais "chefes nativos" (ele tomava o cuidado de não chamá-los de príncipes para que não assumissem ares acima de sua posição); Sayajirao retribuiu os elogios. Curzon lançou então um ataque em série contra o marajá, acusando-o de relutância em cooperar com o Governo Britânico da Índia, de "excesso de escrúpulos"[26] com relação a seus direitos, de estar "sempre temendo alguma intromissão sobre os mesmos" e de uma lealdade questionável ao Império. Na defensiva, Sayajirao foi obrigado a retroceder, assegurando repetidamente sua fidelidade. Curzon não se impressionou, o marajá menos ainda. A partir dali, sua "falta de cooperação" se tornou mais marcante.

O vice-rei era hipócrita em sua atitude com relação aos príncipes. Por um lado, elogiava-os por manterem vivos os costumes e as tradições indianas, sustentando a "virilidade" de suas linhagens e salvando "da extinção o caráter pitoresco das antigas e nobres raças";[27] de acordo com esta declaração, eles pareciam meros ornamentos do império, relíquias históricas que necessitavam ser preservadas, como os monumentos que ele fazia campanha tão enérgica para salvar.* Curzon dizia que queria ver os príncipes como parceiros no governo da Índia, mas estava sempre tentando lhes diminuir o papel na parceria. Desejava que aprendessem maneiras inglesas e, no entanto, odiava que fossem para o exterior. Acima de tudo, queixava-se amargamente do fato de Vitória investi-los com uma aura de realeza que não possuíam, resmungando que "quase qualquer um, usando turbante e joias, era considerado na Europa como príncipe e tratado como se fosse descendente de Nabucodonosor".[28] Os chefes nativos — em especial aqueles chamados por ele de "terceira classe" — que demonstravam sua "realeza", por exemplo, usando papel timbrado com coroas de ouro (um marajá driblou mais tarde a proibição, usando propositalmente o papel do hotel George V, em Paris, "com relevos de uma coroa própria para um gigante"),[29] enfureciam Curzon.

Em fins do século XIX, havia uma política deliberada de se esmagar as pretensões dos marajás à realeza, que alterou a linguagem usada para descrevê-los: eles não reinavam, governavam; ascendiam ao *gaddi* em vez de ao trono; suas tropas, reduzidas quase que a ornamentos desde a rebelião de 1857, eram chamadas de forças, não de exércitos; e seus governos eram apenas *durbars*. E o mais importante, seu relacionamento com a coroa britânica era visto como uma aliança feudal, em vez de aliança entre iguais.[30] "Os chefes nativos não são soberanos", insistia

---

*Curzon foi a força propulsora por detrás da conservação de muitos dos prédios históricos indianos, inclusive do Taj Mahal. "Depois que todos os vice-reis forem esquecidos, Curzon será lembrado porque restaurou tudo que era belo na Índia." (Jawaharlal Nehru citado *in* Rose, *Curzon*, p. 239).

Curzon com Eduardo VII. "Eles foram despojados dos direitos e atributos essenciais da soberania."[31]

A opinião não era compartilhada pelos príncipes. Embora essas precauções servissem mais para golpear seu *amour propre* do que lhes limitar de fato o poder, a questão, para aqueles estadistas, era de respeito. O marajá Nripendra, de Cooch Behar, escreveu diretamente a Eduardo VII, em 1908, queixando-se da "variabilidade de precedência dos príncipes indianos na corte do rei".[32] Eduardo respondeu garantindo que eles — na teoria, soberanos independentes e aliados, em vez de subordinados — deviam ter precedência sobre a aristocracia britânica. A falta de modelos históricos, contudo, e a natureza sensível do problema resultaram em que ele nunca foi resolvido de forma satisfatória.

Em maio de 1900, determinado a desafiar Curzon, Sayajirao não o informou sobre seus planos de levar a família para a Europa. Foi um desafio direto à autoridade do vice-rei, que lhe ganhou a inimizade pelo restante de seu mandato em Calcutá.

Sayajirao e Chimnabai matricularam Fatesinh em Oxford e Jayasinhrao em Harrow; os garotos ficariam na Inglaterra quando os pais retornassem para a Índia. Aquela educação inglesa, ainda rara entre os indianos, mesmo que príncipes, era "uma experiência muito ousada", escreveu o marajá. "Vai depender de sua [de Fatesinhrao] sabedoria torná-la um sucesso."[33] Infelizmente, essa sabedoria, ou a força para resistir às tentações com as quais o príncipe foi confrontado, esteve ausente nele.

Chimnabai fez sua operação com a famosa ginecologista e cirurgiã Mary Scharlieb. A médica tinha ligações com a nova Índia progressista, defendida pelo marajá e pela marani de Baroda: era filha de um advogado inglês de Madras e fora médica particular da teósofa *mme.* Blavatsky. A melhor amiga desta, a ativista Annie Besant, morava na Índia desde 1893 e fez da independência sua cruzada; fundou a Indian Home Rule League (Liga para o Autogoverno da Índia), em 1916, e foi escolhida presidente do Congresso. A doutora Scharlieb instruiu Chimnabai como tomar clorofórmio em uma antessala, antes de ser levada para a cirurgia.

Sorrindo com firmeza, a marani recusou a droga e caminhou até a sala de operações para esperar pelo procedimento totalmente acordada.

Chimnabai se recuperou bem, informou a rainha Vitória, que ela visitou em dezembro de 1900 em um "dia nublado e melancólico".[34] A soberana relatou que a marani "ainda era muito bonita" e falava então "um inglês muito fluente". Os cinco filhos pequenos do Gaekwad acompanharam a mãe ao palácio de Buckingham, a fim de serem apresentados à octogenária rainha em seu formal vestido preto. Todos vestiam casacos de brocado branco, calças de pijama, pequenos bonés dourados e pareciam indistinguíveis. Vitória perguntou quem era a menina: "Cinco pares de olhos castanhos-escuros se fixaram nela e, então, como todos eles gostavam de zombar dos adultos, um dos meninos deu um passo à frente."[35] Desconfiada, a rainha olhou por detrás do casaquinho de Indira e viu o rabo de cavalo escondido descendo por suas costas.

Antes dos Baroda voltarem para casa na primavera de 1901, Curzon expediu uma circular formal proibindo os príncipes de deixarem a Índia sem permissão da autoridade britânica. Se quisessem ir para o exterior a fim de tratar da saúde, por exemplo, precisariam mostrar um atestado fornecido por um médico licenciado pelo governo. A circular era um lembrete de que seu poder era garantido pelo Governo Supremo e solicitava que devotassem suas energias não ao prazer, mas ao bem-estar dos súditos. "Esse padrão de obediência é incompatível com ausências frequentes do Estado, mesmo que possam ter sido inspiradas pela busca do conhecimento ou pela sede de civilização."[36] Curzon não negava que as viagens poderiam ser benéficas para o governante e o estado, mas "esses deslocamentos pela Europa, em particular quando repetidos com muita frequência, resultam em geral em uma coleção nova de móveis caros no palácio e em uma série de propensões questionáveis no espírito do viajante que retorna, em vez de em um aumento de sua capacidade para servir o público ou a política".

Sayajirao chamou o documento de "cruel e humilhante",[37] uma limitação proposital do poder dos príncipes e, portanto, de sua capacidade de governar. Ele declarou sua intenção de viajar para a Europa quantas vezes quisesse e de passar os verões nas estações de montanha indianas. O marajá se recusava a ser tratado como vaqueiro, uma referência a seu nome de família, Gaekwad, que significava exatamente isso. O vice-rei, que esperava uma aquiescência submissa, ficou furioso. Outros rajás rebeldes eram mais fáceis de dominar: embora os príncipes de Pudukotta e Kapurthala — menores em posição, mas maiores no tamanho de seus estados — tivessem tentado convencer Curzon de que precisavam consultar especialistas europeus sobre seus problemas de obesidade, os pedidos foram negados.

A rainha Vitória morreu em janeiro de 1901. Menos de 48 horas após sua morte, lorde Curzon escreveu ao secretário particular de Eduardo VII pedindo permissão para organizar um magnífico *durbar* de coroação em sua homenagem — com ele mesmo fazendo o substituto do rei e desempenhando o papel central. O vice-rei escreveu a todos os príncipes indianos, solicitando-lhes que o seguissem, montados em seus elefantes, no cortejo principal. "Eu receio que será para mim um sério inconveniente participar dessas celebrações",[38] respondeu Sayajirao, por intermédio de seu residente. Em represália, Curzon, determinado agora a humilhar o marajá, ordenou que a guarda pessoal de Baroda vestisse azul em vez do uniforme vermelho costumeiro. O governador de Bombaim escreveu para lhe contar sobre um "boato curioso, provavelmente apenas 'fofoca', de que Baroda iria alegar que estava doente na última hora e não compareceria".[39]

No final, Sayajirao decidiu que iria ao *durbar*, mas escreveu ao vice-rei dizendo que tomaria parte "não por vontade própria", mas porque "fora forçado a fazê-lo sob a ameaça de um insulto".[40] Todos os seus atos — observados de perto pelos britânicos — demonstravam sua relutância em comparecer. A madrasta, Jamnabai, acabara de morrer, de modo que ele tinha o pretexto do luto para desculpar sua ausência no cortejo. Entretanto, esteve presente ao *durbar*, ou cerimônia, que ocorreu em 1º de janeiro de 1903, em Délhi.

Baroda não era o único em sua ambivalência com relação ao modo como Curzon e os britânicos estavam acabando com os costumes indianos e usando os príncipes como decoração de vitrine para suas fantasias imperiais. O vice-rei, de forma condescendente, disse inclusive que não os queria como meros espectadores na cena, mas como atores; e o comparecimento era obrigatório. Apesar de ele ter emitido uma declaração dizendo que tencionava consultar o desejo e a dignidade dos "chefes", mantendo ou lhes aumentando os privilégios, seus atos contradiziam essas palavras. Em particular, escreveu: "O que são eles senão um bando de garotos de escola desobedientes, ignorantes e rebeldes?"[41] No *durbar*, os príncipes foram separados dos governantes britânicos, cujos acampamentos ficavam no centro da área, enquanto os deles estavam espalhados pelas periferias; marajás e rajás receberam ordens para chegar um dia antes dos convidados europeus; embora os governadores de província da Índia britânica fossem caminhar no cortejo principal com o vice-rei, os príncipes indianos não receberam essa honra.

Eles chegaram à conclusão de que tudo aquilo era para aviltá-los. O poderoso marajá de Udaipur, o mais independente e respeitado de todos os governantes indianos, que se orgulhava de seus ancestrais não terem cortejado os mogóis durante seu domínio, recusou-se a ir até Délhi porque não apareceria como vassalo. O pior de tudo era que grandes porções da Índia ainda estavam sofrendo os efeitos da fome, enquanto Curzon gastava centenas de milhares de libras em sua *folie de grandeur*; o líder do Congresso, Lal Mohun, chamou aquilo de "espetáculo pomposo para uma população faminta".[42]

Após a cerimônia pública que os críticos apelidaram de "curzonização", Curzon sentou-se no Mogul Diwan-i-Am, ou salão imperial de audiências públicas, no Forte Vermelho, em Délhi (que ele havia restaurado), a fim de receber os príncipes convidados para o baile do *durbar*. Quando foi a vez de Sayajirao se aproximar do trono do vice-rei para reverenciá-lo e voltar a seu lugar, ele parou e fez um pequeno discurso, solicitando-lhe "que transmitisse a Sua Majestade, o rei-imperador, suas sinceras e leais congratulações pela coroação".[43] Era para não haver confusão sobre a quem exatamente o marajá estava prestando homenagem.

A atitude de Sayajirao era refletida na maneira de Chimnabai com as mulheres europeias que encontrava nessa época. Patriota fervorosa, ela se ressentia de ter que bajular os britânicos como o marido. Em uma ida a Bombaim, não visitou a esposa do governador. Perguntaram a Baroda se aquilo era porque a marani achava indigno visitar uma britânica; ele alegou a questão do *purdah*, embora sua esposa fosse bem conhecida por se opor ao costume.

Não havia dúvidas de que a presença de espírito de Chimnabai era algo que intimidava. O escritor M. M. Kaye, longe de se sentir superior aos indianos, recorda-se de ter consciência plena de "que era *eu* quem não podia me comparar a uma mulher de casta alta e bem-educada, que não confraternizava com os britânicos, não permitia que os conterrâneos entrassem em seus salões vestindo roupas ocidentais (...) e que, se não pudesse evitar apertar a mão de um europeu, escondia-a antes em uma dobra do sári".[44] A marani não precisava usar religião e casta como desculpas para se furtar ao contato com os britânicos — na verdade, ela se afeiçoou a muitos que teve oportunidade de conhecer —, mas sempre ostentando orgulhosamente seu sári marata e nunca ocultando o ressentimento pelo que considerava imposições dos britânicos.

Em 1904, propositalmente, Sayajirao contratou o intelectual bengalês Romesh Chandra Dutt como ministro da Fazenda de Baroda. Ele vinha de uma família hindu tradicional e fora educado no Presidency College, em Calcutá, uma escola planejada para treinar administradores indianos, e que Nripendra, marajá de Cooch Behar, também frequentara. Dutt não contou a seus devotos pais que ia para a Inglaterra, a fim de prestar exames para o ICS, em 1869, porque sabia quão desolados ficariam ao vê-lo perder a casta por atravessar o oceano. Sua diligência rendeu frutos: ele foi o primeiro indiano a receber um diploma de primeira classe da Universidade de Oxford, ficou em terceiro lugar nas provas do ICS e, mais tarde, tornou-se o primeiro de sua nacionalidade a obter um cargo executivo em um distrito administrativo.

Em 1897, Dutt se afastou do ICS; quatro anos depois, desafiou Curzon com relação à fome que assolava a Índia em 1900, argumentando que a alta taxação dos impostos sobre a terra havia sido um fator de contribuição significativo, atrás da escassez generalizada de alimentos. Mais tarde, tornou-se presidente do Congresso Nacional Indiano. Ele era também historiador, economista e romancista. Traduziu para o inglês os grandes épicos da literatura indiana, o *Mahabharata* e o *Ramayana*. Dutt acreditava que, aprendendo e se vangloriando de sua história e cultura, o povo desenvolveria um senso de orgulho nacional que teria força própria, levando-o para uma nova era de unidade e autonomia. A contratação daquele novo ministro da Fazenda era uma afirmação clara para o governo britânico da determinação de Sayajirao de ser independente.

Aquela foi uma época muito empolgante para se envolver com a política nacionalista indiana, primeira manifestação de uma oposição coerente ao Governo Britânico da Índia, e Bengala, a região natal de Dutt, era o centro da ação. Em 29 de setembro de 1905, a decisão de Curzon de dividir Bengala — com o pretexto de que se tratava de uma área muito grande e populosa para funcionar como unidade administrativa, mas na realidade porque temia o poder crescente de seus intelectuais nacionalistas — tornou-se lei. Para muitos indianos, não só bengaleses, isso foi visto como uma tentativa deliberada de "dividir para governar". Em um mês, o primeiro movimento *swadeshi*, o boicote a todos os artigos estrangeiros, começou como protesto. Esse movimento popular se espalhou pelo país e foi como um chamado aos indianos — era algo de que todos podiam participar, independentemente de gênero, casta, clã ou situação financeira — e também serviu de base para futuras formas de oposição passiva ao domínio inglês. "Na verdade, lorde Curzon foi uma bênção disfarçada", disse a ativista Annie Besant, "pois sua opressão conduziu a nação à resistência."[45]

Paralelamente a esse desafio contra o governo britânico, surgiu um renascimento da cultura, da língua, da história e das artes indianas. O círculo de ativistas bengaleses em Calcutá incluía o poeta, ganhador do prêmio Nobel, Rabindranath Tagore, o místico Aurobindo Ghose e G. K. Gokhale, primeiro mentor de Mohandas Gandhi, e um dos fundadores do movimento do Congresso. A maioria deles pertencia a famílias abastadas de classe média alta, um pequeno grupo liberal (em geral, brâmanes) composto de homens de negócio, advogados e administradores que haviam se beneficiado das ligações mantidas com o governo britânico, mas se frustrado com sua compulsão por poder e influência na colônia.

Muitos tinham sido educados na Inglaterra — a exuberante poetisa Sarojini Naidu foi uma das primeiras indianas a se diplomar em Cambridge — e ainda mantinham relações estreitas com intelectuais e ativistas indianos lá. Em Londres, em 1905, o irmão de Naidu, Chattopadhyaya, foi um dos fundadores do *Indian Sociologist*, que defendia ser a lealdade à Índia mais importante que à Grã-Bretanha.

Suas vidas eram o exemplo do novo país que desejavam criar: Sarojini Naidu, "o rouxinol da Índia", como era conhecida, casou-se com um homem que não pertencia a sua casta e clã; muitos, como os Brahmos Tagore, rejeitavam a idolatria do hinduísmo tradicional. Outros também tinham ligações com Sayajirao e Chimnabai: Ghose tinha trabalhado em Baroda; Gokhale era um amigo; em 1906, Naidu pediu a Dutt que levasse ao marajá seu primeiro livro de poemas, *The Golden Threshold* [Soleira dourada], e foi amiga de Chimnabai até o fim da vida.

Sayajirao fez o discurso inaugural na Conferência Social do Décimo Oitavo Congresso Nacional Indiano, em Bombaim, em fins de 1904. Sua fala tratou dos males causados pela discriminação de castas e da situação das mulheres, que eram tolhidas pelo casamento na infância, pelo rigor do *purdah* e pela ignorância. Essas palavras não eram vãs: em Baroda, o marajá instituiu o Ato de Segundas Núpcias Hindu, em 1902; o Ato de Prevenção ao Matrimônio Infantil, em 1904; uma legislação que tornava a educação primária compulsória (em 1907); e um código penal e de processo criminal padronizados. Ele chegou até a introduzir o divórcio — algo que os filhos usaram para caçoar da mãe sem piedade. Sayajirao estava se tornando um herói indiano, modelo de príncipe progressista e moderno.

Arriscando se distanciar de seus súditos hindus ortodoxos, o marajá tomou a medida, revolucionária — muito antes da chegada de Mohandas Gandhi na cena política —, de vestir, alimentar e educar os intocáveis de Baroda, financiando a educação do grande líder pária Bhimrao Ramji Ambedkar, autor da constituição indiana, sustentando sua crença de que "esse negócio de casta é puro lixo".[46] Quando falaram a Sayajirao sobre Ambedkar, um brilhante garoto pária que precisava de educação, ele mandou chamá-lo a seu palácio de Bombaim. Esperou um dia inteiro o menino aparecer e, por fim, à noite, desistiu e decidiu sair. Quando cruzou os portões, viu Ambedkar esperando do lado de fora. Por causa de sua posição inferior, os guardas não o haviam deixado entrar, mesmo tendo o marajá o convidado. Anos mais tarde, depois de receber sua educação em uma universidade da Ivy League, o rapaz se tornou seu secretário; mesmo assim, os criados de Laxmi Vilas se recusavam a servi-lo à mesa. "Tudo que sou, devo a seu avô",[47] Ambedkar disse à neta de Sayajirao muitos anos depois.

Um elemento importante do pensamento nacionalista e liberal que os Baroda aprovavam era a emancipação das mulheres: eles não acreditavam que a Índia pudesse ser livre com a metade da população confinada atrás do *purdah*. Em 1887, Mahadev Govind Ranade, juiz marata e um dos fundadores do Congresso Nacional Indiano, criou uma organização paralela, a Conferência Social Nacional, que tinha como um dos principais objetivos a emancipação feminina em nível nacional. Desde essa época, o movimento das mulheres na Índia ficou indissociavelmente ligado ao movimento nacionalista.

A amiga da marani de Baroda, a advogada Cornelia Sorabji, disse que as mulheres indianas estavam divididas em dois grupos. Dez por cento eram "progressistas", letradas, viviam confortavelmente e eram muito independentes em relação aos costumes antigos; em geral, tinham sido bem-educadas — como no caso de Chimnabai (pelo marido) e Sunity Devi (por causa do pai e depois do marido) —, porque suas famílias eram esclarecidas, algo raro. Os outros 90% das mulheres viviam enclausuradas, de acordo com os velhos costumes; não possuíam acesso à educação nem às ideias modernas. O desafio para os ativistas era alcançar esses 90%.

Em 1903, antes de deixar a Índia, Chimnabai presidiu um grande encontro de mulheres no Bethune College, em Calcutá, onde a poeta e nacionalista Sarojini Naidu fez um de seus primeiros discursos públicos. Em Paris, a marani fez amizade com a famosa revolucionária parse Madame Cama, ex-secretária de Dadabhai Naoroji e primeira pessoa a erguer as três cores da Índia (verde, açafrão e vermelho, que se transformaram no verde, açafrão e branco da bandeira moderna) na Europa. Na volta ao país, em dezembro de 1906, Chimnabai abriu de novo a Conferência das Mulheres Indianas, braço da Conferência Social Nacional.

Na verdade, "a família toda tem simpatia pelos nacionalistas", notaram Fabians Beatrice e Sidney Webb em sua viagem à Índia, em 1912, "e se sentem como se tivessem nascido para serem líderes do povo indiano".[48] Em Oxford, o segundo filho dos Baroda, Shivajirao, presidia um encontro semanal no Clube Indiano da universidade; uma das moções levantadas foi: "Na opinião desta casa a civilização ocidental é a degradação do Oriente."[49] A princesa Indira, que falava francês tão bem quanto inglês, deixava um exemplar do lírico *L'Inde Sans Les Anglais* [A Índia sem os ingleses], de Pierre Loti, sempre aberto em seu quarto. O autor homenageava uma Índia que seria irreconhecível para a eficiência desapaixonada do Departamento da Índia: selvagem, antiga, pulsante de vida; habitada por um povo nobre, misterioso e espiritual, e embriagadoramente sensual com seus perfumes exóticos e cores intensas.

O Aga Khan se lembrava de uma conversa, tarde da noite, com Sayajirao mais ou menos nessa época, na residência de verão do governador de Bombaim, em Puna, na qual fica claro que ele estava começando a pensar nas ramificações da independência. "O domínio britânico na Índia nunca vai terminar apenas com o esforço do povo indiano. Mas as condições no mundo vão com certeza mudar, e de forma tão radical que nada será capaz de impedir sua desaparição total",[50] disse o marajá. "A primeira coisa a fazer quando os britânicos tiverem ido embora é se livrar desses estados sem valor. E vou dizer mais, nunca haverá uma nação indiana até que essa Ordem dos Príncipes desapareça. Sua extinção será a melhor coisa que pode acontecer ao país — a melhor coisa possível."

Nada disso agradava aos britânicos; Sayajirao continuava a afrontá-los e Chimnabai a ignorar suas esposas. O ano de 1903 foi marcado pela correspondência do marajá com seu residente, o coronel M. J. Meade, sobre o assunto das viagens à Europa: o insulto grosseiro de insistir que ele e a esposa apresentassem seus itinerários ao governo, e a questão de se os príncipes que permaneciam na Índia eram melhores governantes que os outros. "A ideia que um indiano faz do rajá não é a de que ele tenha de trabalhar duro e ser escravo do dever, mas que viva com conforto e se divirta. Qualquer um deles que fizesse diferente seria considerado um idiota pelo povo",[51] observou ele.

Por fim, em setembro de 1904, Sayajirao apertou o nariz, fez uma careta e engoliu o remédio. Pediu ao coronel Meade que "fizesse o necessário"[52] a fim de obter permissão para que ele e a família viajassem à Europa. Sua saúde estava abalada, e ele precisava de uma mudança de ares. Os filhos iam começar a frequentar escolas europeias. Ele expôs, entretanto, com firmeza, que aquilo não era uma retratação de suas ideias sobre a política de Curzon de restringir a movimentação dos príncipes,

Seguiu-se uma longa troca de correspondência, que causou ao marajá "mais problemas e preocupações do que se poderia imaginar",[53] como disse ele a Meade. Sayajirao sentia tudo aquilo profundamente e achava que lidar com os britânicos era desconcertante, frustrante e humilhante. Em março, pediu a seu *dewan* que escrevesse a Meade, explicando que de seus 22 anos de reinado, ele passara apenas pouco mais de quatro fora e que, embora não apreciasse estar ausente e fosse perder a visita do príncipe e da princesa de Gales, programada para o outono de 1905, sua saúde debilitada lhe exigia aquilo. A princípio, o Governo Britânico da Índia tentou usar a ausência proposta por Sayajirao como uma oportunidade de limitar seus poderes. Disseram-lhe que, se não estivesse em Baroda, seria o residente, em vez do *dewan* nomeado por ele, quem tomaria o controle do governo. O marajá resistiu. Finalmente, eles concordaram em deixá-lo partir sem perder a autoridade.

Os Gaekwad chegaram a Londres em maio de 1905. Sayajirao visitou o secretário de Estado para a Índia, *mr.* Brodrick, no dia 5. A visita só foi retribuída duas semanas depois. Apenas o mínimo de cortesia lhes foi oferecido. A *froideur* era evidente. Eles não foram convidados para a recepção de Curzon na corte, comemorando seu retorno, em dezembro. "Uma omissão que se acreditava tê-los ofendido bastante",[54] embora tenham comparecido a uma festa ao ar livre em Windsor, em junho. Sayajirao, em represália, vestiu uma sobrecasaca em vez do traje de corte indiano especificado no convite. Chimnabai, como sempre, usou um sári.

Para irritação do Departamento da Índia (como ficou especificado em seu arquivo "Secreto e Político" sobre a viagem dos Baroda), Sayajirao só os informou sobre seus deslocamentos quando precisou de ajuda — para obter facilidades de alfândega ou combinar reuniões. Caso contrário, os funcionários tinham que descobrir onde estavam por notícias de jornais, os quais demonstravam grande interesse pelo rico marajá e sua bela, orgulhosa, esposa.

Eles passaram o inverno na Europa, entre Itália, Suíça, Áustria e Alemanha. Sua comitiva, consistindo da marani e do marajá, um secretário, uma dama de companhia inglesa e um professor, que orientava Sayajirao sobre museus, chegou a Berlim em meados de outubro de 1905. Os filhos haviam ficado na escola, na Inglaterra: Shivaji em Harrow e Indira em uma escola para moças, em Eastbourne.

O ponto alto do roteiro foi a visita aos Estados Unidos, no verão de 1906. Sayajirao achou engraçado o "desapontamento ingênuo [do público] quando ele não apareceu diante deles como um rajá carregado de diamantes, mas vestindo roupas europeias",[55] enquanto Chimnabai achava as massas vulgares e ignorantes: "Por que eles me fitam nas ruas com olhos arregalados, como se eu fosse um tigre em um desfile circense, só porque visto roupas diferentes e mais razoáveis que as deles?"[56] Contudo, os dois adoraram a informalidade e o individualismo dos Estados Unidos e se sentiram em casa lá, de uma forma que nunca acontecera na Grã-Bretanha. Eles concordaram com a begume de Bhopal, quando ela disse que, embora admirasse e gostasse dos ingleses, "os americanos são mais enérgicos, progressistas e possuem uma visão mais ampla".[57]

Os Baroda deixaram Jayasinh, o filho mais velho, em Harvard naquele outono, antes de embarcarem de volta a Londres, cruzando o Atlântico.

Os filhos eram sempre uma fonte de preocupação. Eram "superficiais", desinteressados pelo estudo, extravagantes e dissolutos. Para Sayajirao, que jamais bebera, por causa da "tristeza e sofrimento"[58] que a bebida causava, a inclinação dos filhos pelo álcool — assim como sua aversão pelo trabalho — era um mistério. O marajá costumava se retirar quando ficava zangado ou decepcionado, de forma que Chimnabai era obrigada a fazer o papel de mediadora, o que desagradava a ambos. Eles estavam, todavia, determinados a não esmagar o espírito dos filhos, como escreveu o marajá a um amigo americano dois anos depois, sobre o modo de disciplinar Jayasinh: "Eu ficaria muito triste se essa dependência chegasse a ponto de interferir no desenvolvimento saudável de seu caráter."[59] Infelizmente, o rapaz alcoólatra morreu alguns meses depois, com apenas 23 anos, deixando uma viúva, Padmavarti, duas filhas pequenas e um filho de três meses, Pratapsinh, agora herdeiro de Baroda. Preso "em uma lacuna entre duas civilizações, o progresso ocidental e a tradição indiana",[60] Jayasinh foi incapaz de encontrar um meio-termo.

Em 1907, o reverendo Edward St Clair Weeden chegou a Baroda para o que chamou mais tarde de *A Year with the Gaekwar* [Um ano com os Gaekwar]. Jovem protegido de Elliot, o tutor de Sayajirao, Weeden acompanhara o marajá à Suíça, em 1893, como seu leitor; desde então, havia se tornado amigo da família. Seu filho tinha viajado pela Inglaterra com o filho do marajá, Fatesinh, antes de este ir para Harvard. Fora de si de admiração, Weeden adorou cada segundo do ano que passou em Baroda. Seu registro da estadia parece o relato de um garoto de escola sobre um passeio.

Armado de lanceta e frasco de antídoto (ele tinha pavor de cobras), Weeden chegou a Bombaim quando o calor insuportável do verão ia diminuindo. Foi recebido no cais pelo representante da agência, Thomas Cook, que o levou até o Taj Mahal Hotel para um banho. Depois foi conduzido ao majestoso, gótico vitoriano, terminal Victoria Terminus, e embarcado na primeira classe do trem para Baroda. Sua cama se encontrava já feita em um compartimento com frutas, bebidas geladas "e uma caixa de excelentes charutos indianos a meu lado. Ao redor, estava a Índia, o sonho de minha vida realizado enfim, com suas extensas florestas, nas quais perambulavam elefantes e tigres, e cheias de cobras certamente".[61]

Em Baroda, Weeden ficou fascinado por Chimnabai e a bela filha, Indira. "É-me impossível dar uma impressão adequada de Sua Alteza [e] da filha, que é seu retrato."[62] A marani, escreveu ele, "é de estatura mediana [uma forma delicada de dizer baixa], mas ergue a cabeça com tanto orgulho e graça que parece mais alta do que é na verdade".[63] As sobrancelhas eram cuidadosamente feitas, ao estilo europeu, e ela usava a marca vermelha do matrimônio, ou *bindi*, na testa. Os cabelos, escuros e brilhosos, penteados de forma natural, ficavam ocultos na extremidade do sári, às vezes branco (uma escolha pouco comum, já que o branco era a cor tradicionalmente usada pelas viúvas) e quase sempre entremeado com fios de ouro.

Chimnabai sempre usava roupas indianas, em qualquer ocasião e lugar; era uma marca de seu patriotismo e orgulho. O sári lhe envolvia a cabeça como um halo, "caindo com perfeição ao longo de sua silhueta delicada e formando pregas entre os joelhos, revelando os tornozelos circundados de pérolas e os pequenos pés descalços, que são tratados tão primorosamente quanto as mãos".

Weeden achava que ela excedia as outras mulheres em dois quesitos: "os dentes magníficos, vislumbrados atrás dos lábios firmes por seu raro e encantador sorriso; e os braços, que são os mais bem-feitos do mundo". Ele ficou tão deslumbrado com a marani que custou a perceber "o colar de esmeraldas, do tamanho de ovos de pombos, em torno de seu pescoço; e a volta de pérolas sem preço que caía dos ombros até a cintura".

O reverendo descobriu que, além de bela, ela era inteligente e decidida.

A marani possui uma percepção fina das questões diplomáticas e políticas; tem opiniões próprias e firmes sobre quase qualquer assunto e as expressa com vigor e espírito (...). Às vezes, quando se empolga com um assunto, começa a falar muito rápido em marata e com gestos eloquentes, fazendo o marajá se torcer de rir.

Ela adorava corridas, cartas e "tinha um senso de humor encantador e cáustico";[64] deixava o racional marido louco, ao consultar regularmente astrólogos, adivinhos e pânditas.

Chimnabai gostava de conversar e debater, mas havia poucas mulheres em Baroda com quem ela pudesse satisfazer essa paixão. As indianas que a cercavam estavam aprendendo aos poucos a ler, a escrever e a aparecer em sociedade, mas era um processo lento. Suas vidas ainda eram inimaginavelmente protegidas comparadas à sua. As poucas inglesas em Baroda — esposas de funcionários locais — eram difíceis de fazer amizade, já que nunca ficavam lá por mais de dois anos, "e ela não gosta da sensação de que as pessoas possam vir vê-la só por curiosidade, como uma espécie de espetáculo. 'Embora', acrescentou ela com um sorriso, 'na verdade, eu devesse estar acostumada com isso nos Estados Unidos, porque lá eles nos veem normalmente como um fenômeno'".[65] A marani teve uma série de damas de companhia inglesas, que se tornaram amigas íntimas, mas sua acompanhante mais constante era a filha, Indira.

Indira Raje, "o temperamental petrel da família",[66] voltara recentemente do colégio interno em Eastbourne, na costa sul da Inglaterra, onde as colegas eram filhas de vice-reis, ministros e outros marajás. Os trabalhos de escola não eram a única coisa em sua cabeça, em 1908. Embora com 16 anos, estava praticamente encalhada pelos padrões indianos antigos. Os pais não queriam que casasse jovem, afirmando que "Ela tem que pensar por si."[67] Eles levaram-na então para o estado natal de Chimnabai, Dewas Senior, a fim de apresentá-la ao desejável marajá marata reinante, mas ele estava apaixonado por outra moça. "O príncipe de Dewas Junior,* no entanto, ficou tão impressionado com Indira que a seguiu no trem de volta a Baroda, os olhos abobalhadamente apaixonados, trazendo como bagagem apenas um lenço que pediu emprestado às pressas."[68]

Já na adolescência, ela sempre produzia um efeito eletrizante nos homens; isso apenas se intensificou enquanto crescia. Indira herdara toda a fortaleza de espírito e dignidade dos pais. "Possuindo a graça e o movimento das mulheres indianas", escreveu um observador inglês sobre ela já na idade adulta, "além de inteligência e humor refinado, isso tudo a tornava irresistivelmente atraente para os homens."[69] A dama de companhia de Chimnabai, *miss* Tottenham, descreveu Indira, em 1911, como de estatura mediana, como a mãe (na verdade, ambas eram pequenas), com uma silhueta graciosa e bem-formada. "O nariz, não tão belo quanto o da mãe, era furado para que pudesse usar pingentes nele, mas, naquela tarde, seu único ornamento eram braceletes de diamante e rubi, além de longos brincos de diamante também. Era um prazer", continuou *miss* Tottenham, "observar aqueles traços tão bem-delineados, expressivos e suscetíveis", enquanto conversavam. "Que espécime perfeito da nata do mundo feminino indiano era essa princesa de Baroda!"[70] O pobre reverendo Weeden confessou que vivia constantemente esperando que ela o surpreendesse em um ato de bravura — qualquer coisa, menos lutar contra serpentes, é claro.

Logo após a chegada de Weeden em Baroda, no outono de 1907, a família Gaekwad celebrou o Divali, o festival hindu das luzes, que ocorre na noite mais escura do ano, em novembro ou dezembro. A comemoração é em homenagem a Laxmi, deusa da riqueza e prosperidade; o marajá executou o *puja* a seu Tesouro, e a marani, a suas joias. O piso do palácio foi decorado com um elaborado *rangoli*, desenhos em fina areia brilhante e colorida, misturada a pó de ouro e prata. Pequenas velas ardiam nos parapeitos, nas balaustradas e sacadas. As janelas ficaram

---

*Dewas Senior e Dewas Junior eram dois estados maratas na Índia central, governados por famílias aparentadas.

abertas, para que Laxmi, como Papai Noel nas chaminés do Ocidente, pudesse trazer suas bênçãos à casa.

Cinquenta pessoas haviam sido convidadas para um banquete típico indiano no salão de *durbar*. *Apsaras* em mosaicos dourados, anjos hindus, faiscavam sobre os comensais. Cada pessoa sentava em um pequeno banco de madeira entalhado, diante de um grande *thali*, ou prato, de prata, sobre o qual estavam colocados tigelas menores, também em prata, contendo perfumados *curries*. Entre um comensal e outro, havia grandes vasos de prata com flores. A fragrância do incenso e o som das risadas enchiam o ar. Fogos de artifício crepitavam fora e dentro do palácio, enquanto os convidados jogavam cartas a fim de ganhar os favores de Laxmi para o ano seguinte.

Um dia, os Baroda levaram Weeden para fora da cidade sob pretexto de um *shikar*. Eles acordaram cedo para caçar patos em um lago coberto pela neblina. O café da manhã foi servido quando chegaram ao acampamento. Chimnabai era conhecida como a melhor atiradora indiana: na Inglaterra, era membro do clube de rifle Ham & Pertersham; em Baroda, Weeden viu-a abater duas garças durante o café da manhã, sem se levantar da mesa. À tarde, saíram todos a cavalo para caçar antílopes negros.

Depois, Weeden assistiu à perseguição do leopardo, pela qual Baroda era famoso. Um deles, domesticado, encapuzado como um falcão e preso em uma coleira, foi levado em um carro de boi. Quando se avistaram os antílopes, a máscara de couro do animal foi retirada e o leopardo saiu atrás da caça: no momento de atacar, sua cauda ficava de pé, parada no ar. Eles voltaram para casa em uma estranha caravana: o leopardo e seu tratador no carro de boi, seguidos por um camelo carregando a caça abatida e três homens a cavalo na dianteira.

Quando a temperatura aumentou naquela primavera, Sayajirao e Weeden foram para Matheran, uma estação de montanha no centro da Índia, com o intuito de fugir do calor. Eles cruzaram o parque que cercava Laxmi Vilas à hora do crepúsculo, com criados de pé, segurando tochas a cada dois metros para iluminar o caminho. Do outro lado das grades do palácio, ficava a estação de trem particular do marajá, com seu vagão aguardando-o na plataforma coberta por um tapete. Iluminado por lâmpadas elétricas e refrescado por ventiladores, esse compartimento real consistia de duas amplas salas de estar, além de dois banheiros e uma cozinha. A madeira das paredes e do teto era elaboradamente entalhada, dourada e esmaltada; havia espelhos; as janelas eram guarnecidas com venezianas de teca; e as maçanetas das portas eram de prata maciça.

Em Matheran, quando saíam para dar uma volta, os dois homens eram seguidos por seis criados vestindo longos casacos escarlates, com a insígnia de Baroda bordada a ouro no peito, e "levando uma cadeira presa a duas varas, chamada *jhampan*, caso o marajá se cansasse. Outro serviçal levava seu *puggari* [lenço de cabeça ou turbante], embrulhado em um grande corte de seda verde".[71] Para a caminhada, Sayajirao trajava um elegante "conjunto cuja parte de baixo consistia de um calção folgado, preso um pouco abaixo dos joelhos, em veludo marrom, meias de lã e chapéu de feltro".[72] Ao meio-dia, eles paravam em uma clareira da floresta, onde uma extensa mesa posta para almoço os esperava. Sobre uma mesa menor, ficavam dispostos livros e jogos — cartas, xadrez, damas e dominó. Após a refeição, Sayajirao se retirava para a sesta em uma tenda erguida próximo, contendo uma cama.

Em novembro de 1909, pela primeira vez desde que Sayajirao havia se desentendido com Curzon na virada do século, os Gaekwad deram as boas-vindas ao vice-rei em Baroda. Lorde Minto, autor com o secretário de Estado Morley das reformas Minto-Morley, que foram o primeiro passo em direção ao autogoverno da Índia, era um vice-rei popular. Sem a arrogância intelectual de Curzon ou a pompa e estreiteza de opiniões que marcaram tantos funcionários britânicos na Índia, era estimado e respeitado pelos homens que lidavam com ele diariamente — o que não era pouco naqueles dias de desconfiança inter-racial mútua. Minto formulou, pela primeira vez, o princípio da "não interferência em questões internas nos Estados Nativos", baseado na crença de que "os métodos sancionados pela tradição estão em geral bem-adaptados às necessidades e relações do governante com seu povo".[73] Isso fazia uma grande diferença se comparado à falta de confiança de Curzon nos príncipes. O estilo pessoal do novo vice-rei era apreciado: seu "decoro, tato infalível [e] dom especial de deixar as pessoas à vontade (...) faziam vir à tona o melhor de cada um, porque ele procurava o bem em todos".[74] "Sua Excelência me deu um banho de cavalheirismo",[75] foi como um chefe guerreiro afegão descreveu seus modos.

Em seu discurso de 15 de novembro de 1909, saudando a chegada do vice-rei, da esposa e da filha em Baroda, Sayajirao aplaudiu os recentes desdobramentos políticos com palavras intencionalmente fortes: "A lealdade sempre foi considerada no Oriente uma das principais virtudes em uma pessoa. Contudo, se é algo apenas para impressionar, torna-se de pouco valor. Ela deve ser real, verdadeira e ativa. Para garanti-la tem que haver uma semelhança de interesses entre súditos e poder dominante. Os primeiros devem dispor de uma parcela na administração do país e sentir que são governo. É por essa razão que aclamo com prazer essas grandes medidas reformadoras, a que Vossa Excelência deu início e o governo de Sua Majestade aceitou."[76]

"Que o governo de Vossa Majestade aceitou" era a expressão correta: Eduardo VII era veementemente contra mudanças no governo da Índia, como, por exemplo, ter um indiano fazendo parte do Conselho Executivo do vice-rei, e usava de todos os tipos de argumento para justificar seu racismo (o principal entre eles era que, "nunca mais seria possível se livrar daquele nativo novamente"),[77] só concordando com as inovações apenas a muito custo. Mesmo assim, as reformas não foram bem-sucedidas: o primeiro membro indiano do Conselho Executivo, Brahmo Sinha, renunciou alguns meses após a nomeação, dizendo: "Nenhum homem que se respeite conseguirá permanecer no cargo, vendo de dentro o Governo Britânico da Índia."[78] Havia ainda um longo caminho a percorrer.

Em uma coleção da Biblioteca Britânica pertencente ao Departamento da Índia encontra-se um livro encapado em couro vermelho, ostentando um sinete de ouro e o título "Circuito de Outono de Sua Excelência o Vice-rei e Governador-geral em 1909", em letras douradas, com uma presilha, também em couro vermelho, na qual se introduzia uma caneta de ouro que unia a capa da frente e a de trás, fechando-o. Cada minuto da programação do vice-rei está registrado ali, assim como anotações em segundo plano sobre todos os lugares que visitavam, como o número de pôneis que morreram na campanha de Gwalior em Chitral, em 1895 (22). O projeto de seu vagão de trem está desenhado lá: o compartimento de Sua Excelência continha lavatório, quarto para guardar a bagagem, dormitório, banheiro, sala de estar e duas camareiras para administrá-los; o vagão restaurante podia abrigar 24 pessoas; havia ainda dez secretários e 120 criados indianos no séquito do vice-rei.

As anotações sobre Baroda explicam que a administração era "conduzida nominalmente por um ministro, mas o atual Gaekwar, que tem grande interesse pelos negócios de estado, delega poucos poderes a seus ministros e vive constantemente trocando-os".[79] "Nossa visita a Baroda foi muito interessante e intrigante", escreveu Minto a Morley alguns dias mais tarde. "Ambiente social e político inteiramente diferente do de outros Estados Nativos que visitamos. Marajá muito inteligente, bem-informado e amigável; seu discurso durante o habitual banquete foi a essência da lealdade."[80]

Lady Minto também notou uma atmosfera de descontentamento em Baroda. Chimnabai, comentou ela, observava apenas um simulacro do costume de *purdah*. "Ela foi muito amável e hospitaleira. É inteligente, tem grande interesse pela política e desempenha um papel importante nos negócios de Estado."[81] A força de seu caráter, especulou a vice-rainha, podia ser a causa das relações distantes entre ela e o marajá: "Ele a considera terrivelmente difícil de lidar."[82]

O clima pode ter sido o de uma reaproximação amigável, mas havia implicações mais graves por detrás da visita dos Minto. Dois dias antes de sua chegada a Baroda, eles haviam escapado por pouco de duas bombas na cidade próxima de Ahmadabad. Em 27 de janeiro de 1910, o correspondente de Calcutá do *Times* informou que os esforços do governo para suprimir a sedição estavam indo bem em todos os lugares, exceto em Baroda. Todos os príncipes, menos o Gaekwad, tinham prometido adotar qualquer medida proposta pelos britânicos para conter a ameaça;

Sayajirao dera apenas uma "garantia qualificada"[83] de sua disposição para ajudar e negou ter conhecimento sobre a gravidade com que aquele sentimento se espalhara pelos estados.

O marajá protestou a inocência de seu principado em relação a essas declarações. "Sedição e anarquia não têm lugar em meu estado, e meus súditos são pacíficos, obedecem à lei e vivem absortos em suas ocupações", afirmou ele em um discurso proferido no Baroda College, em setembro de 1909. "Ninguém tem mais fé em seu bom-senso do que eu. Tenho plena confiança que esse mesmo bom-senso os manterá distantes, no futuro, de qualquer ação insensata e criminosa, e de que não será necessário que o Estado adote medidas para sua repressão."[84]

Anos depois, o marajá se lembraria com pesar de que essa atitude e o seu zelo por reformas lhe conquistaram mais do que alguns amigos entre os nacionalistas radicais. Em 1904, ele presidiu a reunião do Arya Samaj, uma sociedade nacionalista para renovação do hinduísmo; em 1909, mediou o encontro da Poona Sarvajanik Sabha, uma associação de reforma social com tendências nacionalistas. Sayajirao se tornou uma espécie de celebridade de periódicos patrióticos como o *Amrita Bazar Patrika*. "Pode até ter havido rumores", escreveu seu primeiro biógrafo, "sobre a possibilidade, caso a Índia se tornasse uma república, de ele se tornar o primeiro presidente do país."[85]

Na primavera de 1910, o marajá já estava em Baroda havia quase quatro anos consecutivos. O desejo de correr o mundo despertou nele de novo, e desta vez outras terras chamavam-no. Em fins de março, ele, Chimnabai e Indira partiram de Bombaim para o Oriente em vez de o Ocidente. A primeira parada foi em Colombo, capital do Ceilão, após três dias no mar; depois, Penang e Cingapura, Hong Kong e Xangai. Passaram quase um mês viajando pelo Japão. Sayajirao admirou a habilidade dos japoneses de tomar emprestadas coisas ao Ocidente sem pôr em perigo a cultura e os costumes locais. Ele e Chimnabai também apreciaram a estética japonesa: o museu de Baroda possui uma grande coleção de bronzes e cerâmicas japonesas: nenhuma arte de outro país, exceto a da Índia, encontra-se tão bem-representada lá.

Houve uma certa preocupação oficial em relação à viagem dos Baroda ao Japão, porque dois príncipes indianos em visitas recentes tinham ofendido seus suscetíveis anfitriões japoneses. No início da década de 1900, o francófilo marajá de Kapurthala (amigo íntimo de Nripendra de Cooch Behar) contou ao embaixador britânico em Tóquio que, tendo sete esposas oficiais em casa, tomara aquela que o acompanhava então porque ela falava francês. Ele a chamava de "esposa para viagens". Enquanto estava lá, continuou o embaixador, o marajá acrescentou duas ou três "mulheres públicas do Japão [a seu harém], o que levou a situações desagradáveis e a uma cena lamentável em um teatro da capital".[86]

O outro visitante com má fama fora um filho não identificado do marajá de Cooch Behar, e seu pecado foi provavelmente um abuso de saquê — o álcool era a grande fraqueza da família. "Sua inclinação despertava piedade, mas parecia inerradicável, o que a tornava mais deplorável, porque, em relação a outras coisas, ele parecia um jovem bem-educado e simpático."[87] Esses incidentes, de acordo com o ministério das Relações Exteriores, "deixaram muito a desejar e (...) deram margem a comentários desfavoráveis por parte dos japoneses, que encaram os governantes nativos da Índia como resultado do sistema britânico de ocupação, e não é desejável que eles sejam representados por espécimes indignos".[88]

De Yokohama, os Baroda navegaram 12 dias pelo Pacífico até São Francisco, e depois viajaram por terra pelos Estados Unidos e Canadá, pegando Jayasinhrao em Boston antes de embarcarem em Nova York. Foram recebidos por Shivaji e Dhairyashil em Londres, onde passaram alguns meses, antes de retornarem finalmente para casa, em Laxmi Vilas, em dezembro de 1910.

Ficaram em Baroda por uns meses apenas antes de retornarem à Inglaterra. Havia, entretanto, algumas razões para voltarem tão rápido: a coroação de Jorge V era em junho; Indira, recém-noiva do marajá de Gwalior, precisava ir às compras para o enxoval; e Chimnabai ia publicar um livro.

The Position of Women in Indian Life [A posição das mulheres na vida indiana] foi publicado em Londres naquele verão. O jovem parlamentar trabalhista Ramsay MacDonald aclamou-o como "uma revelação extraordinária da mente oriental educada, nos dias de hoje"[89] e o recomendou como guia para mulheres inglesas e indianas. O trabalho é dedicado às "mulheres indianas" e traz uma citação de Ibsen como epígrafe: "As mulheres devem resolver os problemas da humanidade." Trata-se de um livro prático, seu objetivo é o despertar das indianas "de sua letargia de eras, para capacitá-las a tomarem seu próprio lugar na vida pública da Índia",[90] usando as lições que Chimnabai aprendera e as observações que fizera durante suas viagens. Sociedades cooperativas de crédito, reformatórios, fazendas-modelo, projetos para indústria e agricultura eram discutidos em termos práticos e detalhados, sempre com ênfase na educação — o primeiro e mais necessário passo para as mulheres indianas no caminho à emancipação.

A obra parece uma versão feminina das políticas e dos programas de reforma de Sayajirao: era o resultado, da mesma forma que o governo esclarecido de Baroda, de visitas a fábricas, museus e escolas em todos os cantos do mundo, e demonstrava como as opiniões dos dois estavam inextricavelmente interligadas. Como no ideal de John Stuart Mill a respeito do casamento entre iguais, cada um podia "desfrutar do luxo de olhar para o outro e (...) ter o prazer de ser guiado no caminho do desenvolvimento".[91] Eles compartilhavam uma visão única de uma Índia independente e do potencial da humanidade.

Como Sayajirao, Chimnabai era uma nacionalista apaixonada. Seu livro foi escrito especificamente para as mulheres indianas, e nele ela advertia sobre o perigo de se seguir os padrões ocidentais muito ao pé da letra. "Todo país pode aprender coisas com outras terras por meio de uma observação inteligente, mas, ao mesmo tempo, cada um deles tem de se esforçar para preservar as próprias características raciais, da mesma forma que cada sexo não deve tentar imitar o outro, mas aproveitar ao máximo suas próprias características."[92]

Uma das influências mais evidentes em *The Position of Women in Indian Life* era a do revolucionário italiano Giuseppe Mazzini (1805-72), cuja autobiografia (junto com panfletos nacionalistas como "Escolham! Oh, príncipes indianos", "Hindustão livre" e os discursos de Aurobindo Ghose) foi proibida em Baroda por ordem do governo britânico, em agosto de 1911, logo após a publicação do livro de Chimnabai. Mazzini era um herói da corrente nacionalista indiana, em casa e no exterior. O movimento revolucionário de resistência de Vinayak Savarkar, "Libertem a Sociedade Indiana", foi inspirado no "Itália Jovem", de Mazzini, durante o *Risorgimento*, e sancionava a resistência armada contra o domínio estrangeiro. O quartel-general ficava na assim chamada Casa da Índia, em Highgate, Londres, onde o *The Indian Sociologist* era publicado. Mazzini era um dos autores favoritos de Chimnabai e Sayajirao, que viam em seus escritos igualitários e apaixonados, que enfatizavam os direitos e deveres do indivíduo ao fazer um paralelo entre independência política e igualdade de gêneros, muitas coisas que homens e mulheres na Índia poderiam aprender.

The Position of Women in Indian Life também anuncia projetos populares administrados por mulheres, como sociedades cooperativas de crédito, que floresceriam na Índia quase um século após a publicação do livro. O trabalho de Chimnabai não é, no entanto, um manifesto feminista. Ela acreditava que o progresso só poderia ser alcançado por meio da cooperação com os homens, não em antagonismo a eles. Cada sexo precisava do outro, e suas diferenças deveriam ser aceitas em vez de rejeitadas. Pela primeira vez na Índia, contudo, as mulheres tinham a oportunidade de realizar seu potencial, e a marani desejava encorajá-las a fazê-lo. A educação seria sua salvação: "Só por meio da educação pode uma mulher se qualificar para ser companheira e esposa inspiradora para o marido. Só por meio da informação ela pode adquirir capacidade para direcionar o caminho dos filhos e acompanhar suas carreiras com solidariedade amorosa e inteligente."[93]

O argumento paternalista em favor de que as mulheres recebessem educação para que pudessem se tornar melhores esposas e mães era comum, em especial na Índia, onde suavizava o que muitos viam como uma inovação arriscada e radical: mulheres exigindo igualdade com os homens. A Associação das Mulheres Indianas declarou, na década de 1910, sua ambição de "apresentar às mulheres suas responsabilidades como filhas da Índia; como esposas e mães, elas têm a tarefa de orientar e formar o caráter dos futuros governantes da Índia".[94]

Isso não reduz, todavia, a mensagem de Chimnabai: "O objetivo supremo da educação das mulheres deve ser qualificá-las para trabalhar livre e corajosamente *com o homem*; se não com ele, ao menos a seu lado, para o proveito da raça humana."[95] Como Mill, ela acreditava que mulheres fortes eram elemento necessário em qualquer comunidade saudável; a feminilidade não ficava comprometida pela força, e os homens se beneficiariam tanto quanto elas ao sentir respeito pelas mães, irmãs e esposas, e de não se crerem intrinsecamente superiores à outra metade do mundo.

Embora Chimnabai visasse atingir com seu livro 90% das mulheres da Índia, Cornelia Sorabji advertiu que estas se encontravam excluídas dos desdobramentos do pensamento social e político que as libertaria de séculos de submissão e ignorância. A maioria delas nunca tinha ouvido falar em Chimnabai e muito menos sido capazes de ler suas palavras. A publicação de *The Position of Women in Indian Life* demonstrou à elite emancipada, na Índia e no exterior, que as líderes do movimento das mulheres indianas estavam apenas começando a exigir novos direitos e possibilidades para si.

5

Quando Sunity e Nripendra visitaram a Inglaterra para o Jubileu da rainha Vitória, em 1887, causaram sensação. Como chegou alguns meses antes de Chimnabai e Sayajirao Gaekwad, Sunity Devi foi a primeira marani reinante a visitar a Grã-Bretanha, e a recepção que teve foi impressionante.

Ela achou a viagem cansativa. A fim de se acostumar à comida europeia antes de embarcar, a marani de 22 anos experimentou carne pela primeira vez e ficou tão repugnada que só conseguiu comer muito pouco, durante os primeiros dias no mar. Ao contrário dos Baroda, que levavam consigo cozinheiros indianos e até uma vaca, para continuarem comendo o que estavam acostumados, os Cooch Behar estavam determinados a adotar o estilo de vida europeu. A princípio, deprimida e desanimada, Sunity passava as horas das refeições chorando em seu quarto. Todavia, com Nripendra, os três filhos, dois irmãos e uma grande comitiva para reanimá-la, que incluía uma secretária e conselheira inglesa e criados indianos, ela logo recuperou o bom humor.

À sua chegada, em maio, Londres se encontrava surpreendentemente fria, varrida por ventos cortantes, mas o casal foi logo absorvido pela agitada temporada social da capital. Sunity Devi levava os filhos para passeios no Hyde Park e deu ao pequeno Rajey, que vestia sua roupinha de marinheiro, um iate de madeira para que brincasse no lago Serpentine. Jit acompanhou-a em um chá com a princesa de Gales em Marlborough House. As extensas comemorações do Jubileu incluíam bailes, recepções, festas ao ar livre e jantares. Sunity e Nripendra viram Letty

Lind dançar e assistiram a uma representação de *Conto do inverno.* Foram à ópera, jantaram com o príncipe de Gales e se hospedaram no castelo de Windsor, onde ficaram maravilhados ao descobrir, contíguo a seu luxuoso quarto dourado, um banheiro moderníssimo. Visitaram Edimburgo e Brighton, e Sunity se perdeu no labirinto de Hatfield House, tendo de escapar por entre a sebe. Recusaram um convite para ir ao castelo de Glamis, em Pertshire, porque a marani ficou com medo dos fantasmas pelos quais era famoso.

As amigas mais próximas de Sunity em Londres eram a princesa Mary (mais tarde, rainha Maria), "uma garota alta e graciosa, de pele muito alva e fresca como uma rosa silvestre, dotada de (...) [um] encanto simples e natural em seus modos";[1] a duquesa de Teck, que irradiava uma generosidade afável e se ofereceu para acompanhar a marani nas celebrações do Jubileu; e a feminina e delicada princesa de Gales, Alix, que Sunity descreveu como sendo tão bondosa quanto bela. Seria com ela que, ao longo dos anos, Sunity Devi manteria uma ligação mais forte, a despeito da receptividade que toda a família real demonstrava aos Cooch Behar. "O destino foi cruel com nós duas", escreveu a marani muitos anos depois. "Ambas perdemos nossos idolatrados primeiros filhos. Perdemos nossos excelentes maridos. Sofremos de maneira igual."[2] O que não está dito aí, porque Sunity era muito leal (e delicada) para mencionar, é que, embora Nripendra e Eduardo VII possam ter sido maridos adorados, os dois não eram lá muito fiéis.

Quando o casal chegou, a rainha Vitória convidou Sunity para visitá-la no palácio de Buckingham, antes da recepção formal na corte. Nripendra escolheu e encomendou o traje da esposa, um vestido de cetim cinza pálido; tendo visitado a Grã-Bretanha alguns anos antes, ele sabia o que era mais adequado. Embora muito raramente bebesse álcool, ficou tão nervosa que aceitou um cálice de porto que a criada lhe trouxe e que ela derramou em cima da roupa na mesma hora. Todos gritaram "É sorte!", mas a marani não conseguiu evitar uma pontada de desapontamento por ter estragado o vestido. Apesar da enorme dignidade de sua presença, Vitória foi tão graciosa que Sunity logo relaxou. "Sua conversa era simples e amável, e a cada palavra ela se revelava rainha, mulher e mãe. Fiquei encantada ao perceber que não me decepcionei com a ideia que tinha a seu respeito, e me senti ansiosa por voltar à Índia e contar às minhas conterrâneas sobre nossa maravilhosa imperatriz."[3]

No dia seguinte, à tarde, Sunity foi formalmente apresentada à rainha em uma recepção oficial, no palácio de Buckingham. Ela usou um pesado vestido de brocado branco e dourado sob um sári de crepe da China e um par de luvas de pelica. Ao contrário das outras mulheres presentes, o pescoço, o colo e os braços da marani estavam bem cobertos. Ela ficou chocada com os decotes de muitas das velhas duquesas a serviço da rainha em pleno dia, e com o frio que sentiam. Enquanto os britânicos consideravam os trajes "nativos" perigosamente reveladores, os virtuosos indianos achavam o comportamento da sociedade britânica escandaloso, de acordo com seus padrões.

A rainha registrou em seu diário uma referência às belas roupas que Nripendra e Sunity vestiram na festa ao ar livre do Jubileu, no palácio de Buckingham. "Ela [a marani] me deu um lindo conjunto, um jogo em rubi facetado [colar, brinco e pulseira] com grandes e belos diamantes; e ele uma caixa de costura e de material para escrever em um só objeto, em marfim trabalhado. Eu ofereci a ela um retrato meu em miniatura."[4] Sunity ficou emocionada por ser a única mulher que a rainha beijou ao cumprimentar naquele dia, e achou graça no comentário de um jornal mais tarde, sobre "a princesa indiana ter recebido mais atenção que os outros".[5]

A marani impressionou a todos pela compostura. Parecia ter estado a vida toda acostumada às maneiras estrangeiras, embora mantivesse "a dignidade inerente a uma dama nativa de casta alta".[6] A rainha Vitória a escolheu claramente como favorita. Entretanto, Sunity confessou que às vezes achava difícil descobrir como deveria se comportar. Quando foi apresentada à rainha, após o primeiro encontro, disseram-lhe que não precisava beijá-la quando fizesse a reverência, já que havia sido recebida previamente. Assim, quando Vitória tentou beijá-la, ela recuou. "Por que a marani não quis me beijar?",[7] perguntou a rainha à princesa de Gales.

Sunity ficou muito ruborizada quando o futuro *kaiser*, o príncipe Guilherme, beijou-lhe a mão ao serem apresentados, embora tenha admitido que admirou suas belas maneiras.

Nripendra lhe disse que, se o príncipe de Gales a tirasse para dançar no baile de gala, ela devia aceitar porque seria uma grande honra.

— Eu não posso, simplesmente não posso — replicou Sunity. — Você sabe que eu não danço.

— Não importa, você não pode negar um pedido de seu futuro rei.[8]

Sunity torceu desesperadamente para que o príncipe não se lembrasse dela, mas, assim que chegaram, trouxeram-lhes uma mensagem pedindo que ela honrasse Sua Alteza, aceitando dançar com ele. A marani respondeu que teria de recusar, pois não dançava. Uma segunda mensagem chegou: "Era apenas para os Lanceiros [uma quadrilha], e Sua Alteza Real me ensinaria os passos."[9] Mais uma vez, Sunity recusou, e, àquela altura, as atenções já se tinham voltado para ela: os reis de Grécia e Dinamarca declararam que podiam lhe ensinar a dança, e, terrivelmente embaraçada, ouviu a princesa de Gales elogiar seus pequenos pés. Ela tentou escondê-los sob o vestido azul e prateado, mas este era curto demais para ocultá-los por completo. Quando chegou a hora da ceia, para grande alívio seu, ela entrou com a família real, e o príncipe Bertie gracejou gentilmente com ela por lhe ter recusado uma dança.

O dia das celebrações do Jubileu amanheceu esplêndido, com as condições climáticas magníficas conhecidas, no apogeu de Vitória, como "tempo da rainha". Sunity, usando vestido e sári cor de damasco, precisou de uma sombrinha durante a jornada empoeirada e quente até Westminster Abbey, mas a multidão impecavelmente bem-comportada lhe gritou que a fechasse para que pudessem ver o rosto da única marani presente. "Não", sussurrou-lhe Nripendra, "você pode ter uma insolação."[10] Entretanto, ela pôs de lado a sombrinha e foi ovacionada com entusiasmo em agradecimento.

No final do verão, Sunity Devi estava, como definiu, "com a saúde fragilizada",[11] o que a impediu de aceitar um convite para Sandringham. A situação foi explicada para a rainha, que se ofereceu para ser madrinha do bebê que ela esperava. Aquela era uma grande honra, e a marani apreciou-a plenamente. "É muito gratificante saber que Vossa Majestade tem um interesse tão generoso por meus filhos e minha pessoa",[12] escreveu ela à rainha. As duas trocaram fotografias, cartas afetuosas e telegramas ansiosos com relação à partida em segurança de Sunity e sua chegada à Índia.

A única coisa que deixou a marani infeliz durante a estadia na Inglaterra foi o fato de seu amado marido não ter recebido uma condecoração do Jubileu. "Se um garoto vai à escola (...) dá seu melhor e não passa de ano, que estímulo tem ele para estudar?",[13] perguntou Sunity ao duque de Manchester em um jantar em Londres. "O marajá tem feito mais do que qualquer outro governante para melhorar as condições de seu Estado, e eu acho que seus esforços merecem reconhecimento." Sua Graça sorriu e sugeriu que ela tocasse naquele assunto com o príncipe de Gales. "Tenho certeza de que ele ficará encantado com sua defesa."

Sunity voltou para a Índia em novembro, e Nripendra ficou na Inglaterra para caçar durante o inverno. Em Bombaim, um cabograma a aguardava, informando que o marajá receberia a honra da comenda de Grande Comandante do Império Indiano, "mas embora muito reconhecida e orgulhosa, eu lamento que não tenha sido a de Grande Comandante da Estrela da Índia [uma distinção mais alta], que, aliás, tenho certeza, era o que Sua Majestade pretendia conferir".[14] As irmãs esperavam-na para lhe dar as boas-vindas, exclamando que ela tinha ficado mais encantadora ainda durante a ausência. Elas viajaram juntas para Calcutá, onde o vice-rei disse a Sunity Devi o quanto a rainha havia ficado encantada com ela, escrevendo-lhe especialmente para dizer isso.

A marani passou a gravidez em Calcutá, e Victor — batizado em homenagem à madrinha — nasceu a 21 de maio de 1888, em Woodlands. A rainha lhe enviou uma grande xícara de prata por ocasião da cerimônia em que a criança recebeu o nome, em novembro. Contudo, nem todos em Cooch Behar estavam satisfeitos com a nova intimidade da família reinante com a coroa britânica: consta que o *dewan*, Calica Das Dutt, teria perguntado: "O que eles ganharam indo para a Inglaterra?

Em vez de ter a rainha como madrinha do pequeno Raj Kumar [o príncipe], teria sido melhor se o marajá tivesse recebido algumas armas."[15]

Após seu sucesso na Inglaterra, Sunity Devi "começou a 'viver' no sentido mundano",[16] tentando mostrar pelo exemplo que uma mulher indiana poderia ter interesses sociais e amigos britânicos e ser, ao mesmo tempo, uma boa e tradicional esposa e mãe. Ela se tornou tão emancipada que saía para passeios de carruagem com outros homens que não o marido, mas ao mesmo tempo estava sempre no quarto das crianças para ouvi-las dizerem suas preces e lhes dar o beijo de boa-noite.

Sunity e Nripendra se tornaram anfitriões conhecidos, famosos pelas festas em Calcutá, Darjeeling e Simla, para onde a família costumava se retirar durante os meses chuvosos de verão. Eles ofereciam almoços, festas ao ar livre, jantares "indianos", com os convidados sentados no chão, de pernas cruzadas, e bailes a fantasia — até um *poudré*. Em Woodlands, havia torneios de polo e campeonatos de tênis semanais, frequentados por até duzentas pessoas. Quando a banda tocava o hino nacional, o pequeno Jit cantava "God Save Our Gracious Queen" de uma varanda no andar de cima, para deleite dos convidados.

Talvez o aspecto mais célebre da vida em Cooch Behar — em especial junto aos nobres britânicos, centenas dos quais buscavam esses convites — fossem os *shikars* ou caçadas. Os nomes dos convidados ao longo dos anos pareciam uma lista de chamada da aristocracia vitoriana e eduardiana, que incluía os Hamilton, Sutherland, Minto, Lansdowne, Pembroke, Galloway, Sassoon, Ilchester, Lonsdale, Jersey, Keppel e Tichborne.

O marajá era um excelente esportista, brilhante no tênis, pingue-pongue, futebol, polo, críquete e um famoso bom atirador — em particular, de animais de grande porte, pelas quais Cooch Behar era conhecido. Durante séculos, os elefantes do estado tinham sido capturados e treinados para a guerra; na época de Nripendra, eram usados nas caçadas. "Nenhum homem sabia melhor do que ele como levar a melhor sobre tigres, bisões, búfalos e rinocerontes nas planícies entrelaçadas de capim alto e nos vários charcos que circundam o Himalaia. Ele conhecia todas as manhas da caça, e se 'Cooch Behar' não conseguisse tirar um tigre do mato fazendo-o chegar até onde estavam os rifles, ninguém o faria."[17] Como caçador e cavalheiro que era, o marajá raramente atirava quando recebia hóspedes e preferia orientar os batedores para que seus convidados tivessem a chance de abater algum animal.

Lorde Frederic Hamilton (irmão do futuro secretário de Estado da Índia) foi caçar em Cooch Behar, em 1891. Ele e sua comitiva chegaram ao palácio após o escurecer e encontraram o vasto e abobadado salão de *durbar* iluminado, com o marajá e os filhos patinando pelo chão de mármore estampado com o brasão da família, ao som de uma banda de 35 músicos, regidos por um maestro austríaco. Depois, dirigiram-se todos a Assam, seguindo por uma estrada aberta especialmente para a ocasião. Oakley, um treinador australiano que ensinava as crianças a montar, era um condutor veloz, e os passageiros tinham de se agarrar às bordas da caleça, puxada por quatro cavalos. Movendo-se em velocidade pela floresta, iam passando por árvores das quais pendiam orquídeas selvagens, que pareciam luzir na obscuridade, e através de frágeis pontes temporárias de bambu, cruzando os muitos rios que cortavam o caminho. No final da trilha, eles deram com uma pequena cidade de tendas brancas, formando três lados de um quadrado, às margens de um rio caudaloso.

Cada convidado tinha sua tenda, com espaço suficiente para conter penteadeiras, escrivaninhas, poltronas e cômodas, além das camas. Entrava-se nelas por uma espécie de corredor com cobertura de lona; por dentro, eram forradas com tecido de algodão em tons suaves de vermelho e azul. O chão era coberto de *dhurries*. Tendas de banho privativas se erguiam ao lado de cada tenda-dormitório. A área central de convivência e local de refeições era uma grande tenda aberta dos lados, ou *shamiana*, flanqueada por uma fogueira, mantida acesa a noite toda para espantar animais. Quatrocentos e setenta e cinco criados acompanhavam a comitiva, inclusive *mahouts* e *syces* (tratadores de elefantes e cavalos, respectivamente), taxidermistas, armeiros, remadores, garçons, três jardineiros para colocar flores nas tendas e mesas, e uma orquestra de cordas com 35 músicos.

Hamilton e os companheiros permaneceram naquela cidade temporária por cinco semanas. Acordavam ao amanhecer, despertados por um criado trazendo uma xícara de chá, e saíam para caminhar, cavalgar pela floresta ou pescar os bravos *mahseer*, que abundavam no caudaloso rio. Depois, durante o café da manhã, sentados sob a esvoaçante *shamiana*, vestindo roupas cáquis e longas botas, e saboreando fumegantes porções de *bacon* com ovos ou *mahseer* fresco, os *shikaris*, ou guarda-caças, vinham até a mesa informá-los sobre onde podiam encontrar os tigres do dia. Terminada a refeição, o grupo os seguia confortavelmente instalado em *howdahs* especiais, com porta-armas na frente e suportes para limonada, biscoitos e nogados — além de romances para as senhoras — atrás. As armas que utilizavam variavam de acordo com a caça do dia, indo de poderosos rifles de quatro canos para elefantes, cujo recuo após o disparo era tremendo, a armas mais leves para outros tipos de animais, como leopardos, javalis, veados, pavões e narcejas.

Os governantes da Índia Britânica e dos estados nativos estavam unidos pela obsessão por caçadas e esportes, substitutos da guerra em tempos de paz. Disputas por posição ou precedência ficavam esquecidas nas quadras de tênis ou campos de polo, e em especial na selva, na caça a animais de grande porte. Os príncipes indianos percebiam claramente o modo como a nobreza britânica os usava para poder participar das caçadas — sabiam que seus estados eram vistos por alguns visitantes britânicos como "parques de diversão onde podiam passar férias agradáveis, sem pagar nada, e com direito a excelentes caçadas" —[18] mas era de seu interesse proporcionar aos hóspedes boa diversão, e isso eles se esforçavam por fazer. Quando todos mantinham boas relações, a vida em acampamento era o terreno ideal para reuniões informais, onde amizades nasciam e desentendimentos eram desfeitos. Para isso, era fundamental que os hóspedes mais importantes abatessem o tigre maior. Algumas das medições com fita métrica eram feitas com um pé valendo 11 polegadas, a fim de que um vice-rei conseguisse matar um tigre de dez pés; outros mediam os animais abatidos pressionando a fita a cada quatro polegadas, "em vez de tomar as medidas como os verdadeiros esportistas faziam, do focinho até a cauda".[19]

Os caçadores retornavam para o acampamento ao pôr do sol, a tempo de tomar um banho quente antes de se vestirem para o jantar. Sob a luz do luar, que Hamilton dizia ser dourada na Índia, em vez de prateada, os homens vestiam gravata branca e fraque; as mulheres usavam vestidos de noite e joias. Ao redor deles, incontáveis vaga-lumes piscavam como estrelas. Aos hóspedes ocidentais era servida comida europeia em pratos de prata, enquanto os Cooch Behar comiam esplêndidos e aromáticos caris, trazidos em grandes caixas quadradas também de prata. Durante a madrugada, os convidados podiam ouvir rugidos de tigre ecoando pela selva. Certa noite, sob a luz da lua cheia, viram uma daquelas feras bebendo água na margem oposta do rio.

Embora Nripendra tivesse opiniões firmes sobre mulheres usando maquiagem, bebendo e fumando, ele era mais tolerante com as filhas do que fora inicialmente com a esposa. Os filhos dos Cooch Behar foram criados em uma mistura cosmopolita de costumes orientais e ocidentais. Vestiam roupas indianas quando se encontravam em seu estado, mas trajes europeus nos outros lugares. Nas fotos de família, os garotos aparecem suavemente sérios em suas vestes de marinheiro, enquanto as meninas ficavam diminuídas em imensas mangas bufantes brancas, os cabelos amarrados com enormes laços de fita, os olhos escuros grandes e severos, esperando pelo clique da máquina que as deixaria novamente livres para brincar.

Sunity e Nripendra tinham os mesmos problemas dos Baroda: queriam que os filhos fossem indianos, mas recebessem todas as vantagens da educação britânica — refinamento, sofisticação e virtudes sociais. Havia ainda a eterna dificuldade de educá-los corretamente em seus estados natais, onde todos lhes faziam as vontades. "Quero que meus filhos sejam criados como garotos comuns, não como príncipes indianos",[20] declarou Nripendra. Mas como evitar que fossem mimados em casa? A solução, embora com grande pesar de Sunity, era mandá-los para longe.

Em 1893, Rajey se tornou o primeiro membro de casa real indiana a frequentar o Mayo College, instituição de ensino para os príncipes *rajputs*. "Se os marajás daquelas partes [o moderno Rajastão] não desejavam isso para os filhos ou se havia algum preconceito de casta, não sei dizer",[21] comentou sua mãe. Como os *rajputs* eram notoriamente orgulhosos e detestavam a ideia de se misturar com os não *rajputs*, é bem provável que houvesse algum preconceito de casta em jogo, e Sunity Devi, mesmo com toda a sua delicadeza, não teria feito um comentário tão ácido sobre o assunto se não fosse isso.

Inspirado no sistema de escolas públicas inglesas e tendo um diretor britânico, o Mayo College era animado por costumes indianos peculiares: em 1875, o marajá de Alwar, primeiro estudante da instituição, chegou montado em um elefante ajaezado, conduzindo um cortejo com outros tantos elefantes, além de camelos, cavalos e quinhentos criados, ao som de uma companhia de trombeteiros. A fim de instilar nos alunos virtudes cavalheirescas britânicas, os garotos jogavam críquete, polo e tênis. Esperava-se que cada um deles realizasse um *puja* por dia, embora nenhuma outra atividade religiosa fosse encorajada.

Rajey deixou o Mayo em 1894 para frequentar a escola preparatória na Inglaterra. Sunity, desolada, repetindo o gesto da mãe e das avós do marido tantos anos antes, suplicou-lhe que ficasse na Índia, argumentando que, quando voltasse a Cooch Behar, acharia o povo atrasado e não desejaria mais permanecer lá para governar. Disse-lhe ainda que ia ter problemas de saúde, sentiria saudades de casa e da família. Nripendra, entretanto, estava confiante de que um pouco de disciplina faria bem a Rajey.

Ele passou três anos em Farnborough e muitas vezes durante as férias ia ficar com o duque de Connaught, filho preferido da rainha Vitória, e sua família. Em uma carta em tom de bravata, escrita em Bagshot, Rajey informou à mãe, que não veria pelos próximos quatro anos: "Tenho um quarto só para mim, uma mesa, um canivete, um lápis e uma caneta."[22] Em 1897, ele foi para Eton, e depois, em 1900, ingressou em Oxford.

Seus irmãos o seguiram para as escolas inglesas, embora o Governo Britânico da Índia tentasse muitas vezes impedir que os pais os visitassem. Em 1894, seis anos antes de Curzon proibir todos os príncipes de viajarem para o exterior, as finanças dos Cooch Behar (como em todos os principados, não havia separação entre o caixa particular e o do estado) se encontravam em uma condição tão "embaraçosa" que o Departamento da Índia, em Londres, recomendou a Nripendra que "desencorajasse" as caras viagens à Europa. Oferecendo a casa de Simla como garantia, o marajá tentou obter um empréstimo na Inglaterra porque já exaurira seus contatos na Índia. "Ele me deu a impressão de que lhe era necessário conseguir o dinheiro *de qualquer maneira*",[23] revela uma nota arquivada em uma pasta do Departamento da Índia, datada de 26 de outubro de 1894. O governo tentou ajudá-lo a fazer caixa, aconselhando que limitasse seus gastos a um montante anual de 250 mil rupias em 1895, mas ele se recusou a fazê-lo. Em 1903, os gastos pessoais de Nripendra respondiam por um terço da renda anual de Cooch Behar.

Na verdade, era esperada uma certa munificência por parte dos marajás. Os criados de Nripendra prezavam sua extravagância como se fosse um atributo de sua condição de rei, descrevendo como ele gastava dinheiro "de uma maneira tão festiva".[24] Exibições pródigas de riqueza eram planejadas para serem, e encaradas como, exibições de majestade. Com uma herança cultural dessas, era muito difícil para o marajá aprender a administrar seu dinheiro e, de fato, ele jamais conseguiu.

Por seu lado, Sunity Devi acreditava que essas "dificuldades de caixa, que tenho certeza de que nunca existiram",[25] tinham sido criadas pelo Governo para impedi-la de ver Rajey na Inglaterra. Em sua autobiografia, de 1921, escrita alguns anos depois de ter visto dois de seus filhos morrerem, ela protestou contra a prática de se enviar crianças indianas para escolas no exterior. "Sou de opinião de que meu povo não precisa da educação ocidental", declarou desafiadoramente. "As pessoas parecem ter esquecido que há milhares de anos a Índia produziu astrônomos, poetas e sábios, enquanto a maioria das raças europeias de hoje vivia nas cavernas."[26] Seus filhos voltavam da Inglaterra falando francês e grego, mas não sânscrito, urdu ou bengalês, além de não terem mais fluência no dialeto local de Cooch Behar.

O que tornava tudo isso mais irritante ainda era ouvir lorde Curzon comentar que "os garotos Cooch Behar eram ingleses demais, e que fora ruim para eles terem de deixar o principado tão jovens".[27] Indignada, Sunity chamou a atenção para o fato de que o próprio vice-governador de Bengala os aconselhara a mandar as crianças para o estrangeiro. Ela também censurava a falta de uma educação prática para os futuros marajás. A fim de governar bem, eles precisavam mais de uma orientação vocacional voltada para as questões relacionadas a agricultura, engenharia, contabilidade e lei do que uma educação clássica. Os irmãos e filhos mais novos de um marajá ficavam em uma posição muito difícil, obrigados a viver de um estipêndio e sem qualquer oportunidade de se tornarem independentes.

Até o exército lhes era vedado, devido ao rígido preconceito dos britânicos. Em 1898, Nripendra escreveu ao ex-vice-rei, lorde Lansdowne — amigo pessoal que desfrutara de sua generosa hospitalidade em Cooch Behar e Calcutá, e sobre quem Sunity escreveu que seu afeto pelo marajá "deixava os outros príncipes muito ciumentos" —[28] pedindo-lhe ajuda para colocar Rajey em Sandhurst. Não havia oficiais indianos no exército da Índia, por medo de que pudessem criar alguma base independente de poder. O próprio Nripendra tinha se oferecido para participar da expedição Tiran, na fronteira noroeste com o Afeganistão em 1897-98. Servira como ajudante de campo na assessoria do general Yeatman Brigg e recebera o posto honorário de coronel, além da Ordem de Bath, por seu trabalho excepcional. No entanto, mesmo com toda a extraordinária e assídua lealdade do marajá ao Império, Lansdowne falhou em responder ao apelo do amigo. "Eu gostaria muito de obsequiar o pai, mas receio que tenhamos de recusar o pedido",[29] escreveu ele em um memorando interno para lorde George Hamilton, irmão do mesmo Frederic Hamilton que tanto prazer experimentara caçando em Cooch Behar apenas alguns anos antes. "Só os candidatos de descendência europeia pura são considerados adequados."

Outros no Governo Britânico da Índia também concordavam com essa prescrição. O sucessor de Lansdowne como vice-rei, lorde Elgin — também amigo de Nripendra — disse que não havia nenhuma razão especial para se fazer a vontade de Cooch Behar, pois, agindo-se assim, o resultado seria um dilúvio de príncipes nativos querendo entrar para o exército. A verdadeira razão era que soldados britânicos não podiam servir sob o comando de oficiais indianos, mas outras justificativas foram oferecidas: se ingressar no exército seria de fato a melhor preparação para se governar; se os súditos indianos não se sentiriam distanciados de príncipes militares nativos excessivamente anglicizados; se não ocorreriam divisões entre as famílias que enviassem os filhos para a Inglaterra e aquelas que não fizessem. "Não seria bom para o exército", concluiu Elgin de modo sombrio, "nem para eles mesmos, acho eu."[30]

Sunity, como sempre, tinha as próprias opiniões sobre o caso, subestimando a profundidade da intolerância britânica. "Pergunto-me por que até hoje nenhum vice-rei da Índia deu a um de nossos jovens príncipes um cargo em sua assessoria", refletia ela. "Isso agradaria tremendamente ao povo e provaria que a tão discutida educação britânica vale a pena. Nossos príncipes se misturam em condições de igualdade com os ingleses em suas escolas públicas e universidades. No entanto, na própria terra lhes são recusadas posições de honra!"[31]

Três anos depois, Nripendra ainda se esforçava para que uma exceção fosse feita a seus garotos. Em junho de 1901, escreveu ao vice-governador de Bengala, *sir* John Woodburn, sobre como "a possibilidade de obter para meus filhos uma carreira e profissão nesta vida" era "uma preocupação constante".[32] A solução, acreditava ele, seria que os rapazes ingressassem no exército ou no serviço público britânicos. "Se isso não ocorrer, não restará nada que possam fazer, a não ser levar uma vida indolente e sem propósito." Rajey, seu herdeiro, precisava, de fato, mais de disciplina que de uma carreira, mas os três filhos mais novos necessitavam de uma oportunidade para encontrar seu caminho na vida. Ele lhes dera, disse Nripendra, os "hábitos, o treinamento e a educação da vida europeia"[33] que ele próprio recebera — pode-se aqui quase ouvi-lo protestando ser isso o suficiente para que fossem considerados iguais aos britânicos. Só a partir de 1918 é que Sandhurst, a escola de treinamento para oficiais do exército britânico, começou a aceitar candidatos indianos. Apesar disso, foi permitido ao marajá comprar para Rajey uma patente de oficial nos Dragões de Westminster.

Lorde Curzon, que havia anteriormente considerado Nripendra a "criança mimada" da família real britânica, ficou impressionado com seus apelos comovidos. Apesar de sua antipatia pelos príncipes, o vice-rei propôs a formação de um *"corps d'élite* de gentis-homens nativos",[34] que forneceria em seu devido tempo oficiais nativos para o exército indiano. Seria um Corpo Imperial de Cadetes, vinculado à corte do vice-rei, sem que fizessem oficialmente parte das forças armadas. Os cadetes, entre 17 e 20 anos, tinham que falar inglês fluentemente e sairiam das quatro escolas para príncipes — do Mayo College; de dois Rajkumar Colleges, o de Rajkot e o de Raipur; de Aitchison, em Lahore; e de Daly, em Indore. Seus deslumbrantes uniformes eram compostos de *achkans* de marfim, com paramentos azul-celeste e dourado; turbantes azuis com borlas de ouro; e pesadas faixas de brocado de ouro. Embora seus altos e belos rapazes ficassem esplêndidos nos uniformes, Sunity Devi ainda não ficara satisfeita com a concessão de Curzon. Ela dizia que ele "obrigara" Rajey a ingressar no Corpo, e ficava horrorizada com suas condições de vida primitivas. "Filhos de marajás vivem em construções comuns, como quartéis."[35]

A filha mais velha do casal, Girlie, casou-se em 1899, aos 15 anos. Não foi possível uma união com outra família de príncipes porque não havia marajás Brahmos, e a maioria era ainda adepta da poligamia, uma das mais importantes proibições do bramoísmo. O noivo era Jyotsnanath Ghosal, neto de Debendranath Tagore e membro de uma das famílias mais distintas de Bengala. Ele havia passado para o Serviço Público Indiano, e previa-se-lhe uma ilustre carreira na administração. O casamento foi realizado sob uma vasta tenda nos jardins de Woodlands, de acordo com os rituais simples do bramoísmo, os quais eram aprovados por ambas as famílias. Girlie vestiu um sári vermelho e dourado tradicional, tendo como acessórios uma infinidade de joias. Ghosal trajava seda de Benares *eau-de-nil*. Após a cerimônia, houve banquete para oitocentos convivas, em uma festa tão imaculadamente planejada que até os choferes dos convidados receberam seu jantar em potes de cerâmica, embrulhados em cortes de musselina. Em Cooch Behar, os escritórios do governo ficaram fechados por uma semana, prisioneiros foram libertados das cadeias, impostos foram perdoados e esmolas distribuídas aos pobres.

Em 1901, toda a família Cooch Behar viajou para a Grã-Bretanha a fim de participar da coroação de Eduardo VII, na qual Nripendra foi um dos três ajudantes de campo indianos (os outros foram *sir* Pratap Singh e Scindia de Gwalior), que cavalgou no cortejo atrás do novo rei. Quando as tropas foram passadas em revista no palácio de Buckingham, Sunity Devi recebeu a Ordem Imperial da Coroa da Índia — única mulher presente a receber esta honra.[36]

Eles alugaram uma casa próximo a Bexhill-on-Sea, na costa sul do país. As filhas mais novas foram matriculadas na escola Ravenscroft, perto de Eastbourne, onde também estudava Indira Gaekwad. A família passou depois alguns meses em uma outra casa próximo a Slough, chamada Ditton Park, mais perto de Eton College, a escola de Jit e Victor. Os dois costumavam escapar aos domingos para comer caril ou jogar críquete no jardim. Eles adoravam Eton, mas Hitty, que estava na escola preparatória, em Farnborough, preferia ficar em casa com a mãe. "Quando vinha nos fins de semana, e eu o levava depois até o trem, pesadas lágrimas escorriam por seu rosto, que me faziam sofrer até o momento de vê-lo novamente."[37]

Enquanto os irmãos mais novos ainda apreciavam os inocentes prazeres dos garotos de escola, tais como críquete e limonada, os gostos de Rajey haviam se sofisticado. Em 1901, ele estava com 19 anos e muito apaixonado.[38] A atriz americana Edna May também fez uma longa visita a Bexhill no verão daquele ano, ficando no Hotel Metropole. Aos 23 anos, amiga de Ellen Terry, era uma linda artista de teatro de variedades, a atriz mais famosa do momento. Ela conquistou Londres em 1898, batendo um recorde de 697 apresentações de *The Belle of New York*.

A única prova do caso de amor entre eles é circunstancial: pelos próximos dois ou três anos, ambos passaram períodos substanciais de tempo em Bexhill. Uma sobrinha de Rajey contou uma história de família que relata como ele, sem obter permissão para se casar com a bela, mas inadequada, atriz que amava, resolveu beber champanhe até morrer. Sua dependência desta bebida e a deterioração de sua saúde, ocasionada por ela, começaram nessa época.

No verão de 1902, Rajey levou um tombo sério enquanto jogava polo, em Trouville, e ficou inconsciente por alguns dias. Durante este período, os médicos franceses "administravam-lhe apenas champanhe".[39] Embora tenha conseguido uma recuperação completa, Sunity Devi disse que, depois disso, ele nunca mais foi o mesmo. Não fica claro se a mudança foi provocada pelo acidente ou se resultou do volume excessivo de champanhe que ingeriu em seguida.

A marani muitas vezes descreve Rajey e os outros filhos adultos como sendo "doentes", e o que se sabe sobre suas vidas e mortes, de outras fontes, é que essas doenças provavelmente tinham relação com o álcool — embora ela negasse isso de forma peremptória. O alcoolismo e os outros vícios (aos olhos dos vitorianos) que o acompanham — uma atração pelo que é baixo, em todas as suas manifestações — eram correntes entre famílias de príncipes indianos. A morte do filho mais velho de Sayajirao, Jayasinhrao, em 1923, foi causada pelo abuso de álcool, e seus meios-irmãos mais novos tinham a mesma fraqueza. Outros marajás e seus familiares ficaram igualmente destruídos. "É extraordinário como tantos chefes governantes têm tendência a morrer pelo consumo excessivo de bebida",[40] observou lorde Hardinge, acrescentando sua opinião de que esses "excessos" eram consequência da poligamia.

O álcool era visto como uma "insígnia da civilização ocidental".[41] Quando os príncipes eram censurados por seus residentes pelo fato de dissiparem os recursos de seus estados com mulheres, carros, aviões, bebida e drogas, eles respondiam com amargura: "Vocês me ensinaram tudo isso."[42] Períodos extensos passados na Europa só faziam agravar os problemas de identidade experimentados pelos príncipes indianos, naquela época de transição e incerteza. Ao retornarem, sentiam-se distantes de seu povo e, no entanto, nunca eram inteiramente assimilados ou aceitos pela sociedade britânica.

Outra faceta dessa dependência do álcool, em especial entre os familiares do sexo masculino mais próximos de um marajá, era que a influência britânica lhes negava seu papel subsidiário tradicional no governo e na guerra. Seus tios, irmãos e filhos se tornavam desnecessários para a administração cada vez mais profissional da maioria dos estados, mas permaneciam dependentes de seus cofres. Para os herdeiros, havia a dificuldade clássica: eram inúteis até os pais morrerem, acontecimento pelo qual podiam esperar uma vida inteira, sempre sob a grande pressão da expectativa sobre eles. Sentimentos de emasculação, impotência e inadequação levaram muitos príncipes que não governavam — e alguns que o faziam, esforçando-se por afirmar sua predominância sobre a influência insidiosa dos britânicos — à bebida.

O fato de que na virada do século o alcoolismo não era visto como um vício corpóreo, mas como uma enfermidade nervosa, só o tornava um problema ainda mais difícil de se resolver. Ar puro, esportes, água mineral e bebidas fortificantes, como Bovril e Ovaltine, eram recomendadas para a "cura". Nos casos mais sérios, drogas, tais como estricnina e noz-vômica eram administradas como terapia de aversão, mas não se podia confiar em nada que impedisse um alcoólatra de continuar a beber.

Os príncipes indianos eram também separados muitas vezes da família por longos e solitários períodos na infância. Eram confrontados com situações novas e assustadoras, nas quais a única coisa que os tornava especiais era a posição — que acarretava, por sua vez, a extravagância e a indulgência para com os próprios defeitos. Em casa, raramente algo era recusado aos jovens príncipes — como esperar que aprendessem um pouco de autodisciplina? — e na Inglaterra, estavam sozinhos e se sentiam sempre diferentes de todos à sua volta. A força de caráter necessária para resistir ao impulso de autodestruição nem sempre tinha a possibilidade de se desenvolver neles. "Ter aprendido muitas línguas, viajado por muitos lugares e já ter nascido herói são coisas que de nada valem quando não se tem consciência [do] próprio dever na vida",[43] lamentou o biógrafo de Nripendra.

William Gerhardi, romancista e amigo de Indira Gaekwad na década de 1930, descreveu a "estranha mistura de inferioridade e superioridade"[44] que prevalecia entre os príncipes da Índia. Por um lado, os marajás eram monarcas absolutos, adorados pelo seu povo e festejados no exterior. Por outro, não recebiam permissão para se tornarem membros de clubes e de exércitos europeus, por causa da cor. De acordo com Gerhardi, isso explicava a obsessão às vezes cômica por posição e privilégios. "Escute um marajá se dirigindo a outro em uma quadra de tênis — 'Treze a quinze para Sua Alteza'. O termo de tratamento vai e vem com a mesma rapidez da bola." Era preciso ser um homem muito forte para se tornar indiferente aos paradoxos de sua posição. Sayajirao, em face de um clube exclusivamente para brancos no posto militar de Baroda, "teve o gesto esplêndido e desdenhoso de lhes doar um pavilhão novo".[45]

Nem todos eram, todavia, capazes desse nível de desprendimento. Da mesma forma que fingia desconhecer o fato de Rajey ser viciado em champanhe, Sunity Devi estava determinada a ignorar seu desejo de casar com uma moça que não era apropriada para ele. Ela atribuía aquela teimosia à educação britânica do filho: "Os rapazes que são educados na Inglaterra nem sempre têm a chance de ver o lado certo e luminoso da sociedade britânica e, às vezes, casam-se com moças que não pertencem à sua classe."[46] Rajey foi pego entre dois mundos, de forma que encontrar uma noiva para ele se constituía em uma tarefa quase impossível: era improvável que pais de garotas indianas da casta e posição corretas vissem um Brahmo com olhos favoráveis, mesmo que se tratasse de um marajá, e o casamento entre indianos e não indianos era algo praticamente inédito naquela época. Alguns, entretanto, desposaram estrangeiras — o marajá de Kapurthala se casou com uma dançarina espanhola, Anita Delgrada, em 1910 — mas elas nunca foram consideradas esposas principais, nem sequer oficiais. Nenhuma moça inglesa ou europeia da classe social apropriada teria se casado com um indiano, e as de classe baixa — como a linda Edna May — teriam sido terminantemente rejeitadas por Sunity Devi.

Durante a década de 1900, apesar das preocupações financeiras, os Cooch Behar dividiram seu tempo entre Inglaterra e Índia. No inverno de 1905-6, o futuro Jorge V, então príncipe de Gales, visitou Calcutá, e a família toda se viu envolvida em lhe dar as boas-vindas. Nripendra fez parte do comitê de recepção a Suas Altezas; os rapazes desfilaram com seus glamourosos uniformes do Corpo; e a caçula de Sunity, Sudhira, presenteou o príncipe e a princesa com buquês. Naquele inverno, Rajey foi o homem mais jovem, e o único indiano, a estar presente em um jantar de ex-alunos de Eton, organizado para o novo vice-rei, o conde de Minto, em Calcutá.

A esposa de lorde Minto, Mary, começou a oferecer festas *purdah* para as consortes dos aliados indianos do marido. Ela trouxe Mary, princesa de Gales, a uma dessas reuniões na véspera do Ano-Novo de 1906. Havia sessenta mulheres presentes; muitas nunca tinham visto uma branca antes. Mary Minto via suas convidadas com a mesma curiosidade com que elas a observavam:

Algumas usavam joias maravilhosas; grandes pingentes incrustados com pedras preciosas pendiam de seus narizes e seis deles das orelhas. Outras traziam diamantes solitários enfiados nas narinas: uma criança pequena usava um, em forma de pera, que lhe caía até a boca. Outra menina, de seus 11 anos, chamava a atenção vestida de cetim amarelo brilhante com pedras preciosas; voltas de pérolas com imensos pendões lhe desciam pela cabeça; grossos colares de esmeraldas brutas e pérolas circundavam seu pequeno pescoço, enquanto os braços estavam cobertos de braceletes cravejados de joias.[47]

Sunity Devi, com mais experiência que as conterrâneas, atuava como intérprete entre as duas culturas: "A marani de Cooch Behar me contou que muitas dessas mulheres sequer tinham ideia de como era a vida fora do *purdah*. Algumas delas são tão estritas [estritamente hindus] que não bebem nem uma gota de água quando vão a sua casa."[48]

Lady Minto era uma aluna aplicada. Certo dia, a marani a vestiu com um sári bengalês de noiva, em vermelho e dourado brilhantes, e a conduziu até em casa por longos e escaldantes quilômetros, fazendo-a cruzar o *maidan*, um grande parque que se estende pelo centro de Calcutá, como se fosse uma mulher indiana. Quando chegou ao palácio do governo, ela enviou uma mensagem ao marido, dizendo que uma marani esperava para vê-lo no salão. Ela ficou encantada com a eficácia do disfarce, pois ele não a reconheceu de imediato.

Minto foi menos bem-sucedido que a esposa em suas tentativas de se aproximar das mulheres indianas. Ele achou graça quando, em 1909, recebeu um telegrama de seu secretário de Estado, John Morley, da Casa da Índia, em Londres, perguntando-lhe sobre o status das mulheres que viviam em haréns. "Vou tentar descobrir!", respondeu ele. "Acho que já lhe contei que Scindia, marani de Gwalior, cantou 'Comin' thro' the Rye' para mim certa vez, atrás do *purdah* [cortina], mas ainda não consegui dar uma olhada nas *zenanas*."[49]

Embora nenhuma menção dessas macule a autobiografia incansavelmente positiva de Sunity Devi, em meados da década de 1900, uma ruptura séria ocorreu entre ela e Nripendra. Como muitos homens de sua classe e experiência — indiana e inglesa —, o marajá não era fiel à esposa, embora tenha sido o primeiro governante monogâmico de Cooch Behar. Naquele ambiente aristocrático, a presença da esposa e da família jamais se constituía em obstáculo aos prazeres de um homem. Em março de 1907, o secretário particular de Minto, *sir* James Dunlop-Smith, descreveu o caso de Nripendra a Morley que, segundo ele, conhecia bem as "dificuldades matrimoniais" de Cooch Behar. O marajá havia "semeado vento e colhido a tempestade até a última gota. Agora está, penso eu, levando a vida a sério, mas, qualquer dia desses, ele e a marani talvez se separem".[50]

Os arquivos do Departamento da Índia não fornecem nenhum comentário sobre o assunto, exceto por um pós-escrito, mais uma vez do punho de Dunlop-Smith, datado de um ano depois, após outro encontro com Sunity Devi. "Pobre senhora, não parece estar mais feliz do que costumava e despejou todas as suas mágoas em mim. Falei com as autoridades do governo de Bengala e espero ter feito algo para aliviar a tensão, mas a única pessoa que pode ajudá-la nesta questão é o próprio marido."[51]

Da mesma forma como lidava com os apuros financeiros, era pouco provável que Nripendra mudasse de atitude. A infidelidade — ou antes, a liberdade para seguir os próprios caprichos sem levar em consideração os sentimentos da esposa — era um componente tão entranhado na majestade de um marajá (e na autoridade do marido, nos círculos aristocráticos britânicos em que ele se movia) que era raro um homem, como Sayajirao, não praticá-la.

Um incidente descrito pelo criado e biógrafo de Nripendra, Choudhuri, é revelador: nos primeiros dias de seu reinado, um político ardiloso trouxe a linda filha para um jantar com o marajá no palácio de Cooch Behar. Sunity Devi encontrava-se enclausurada na ala das mulheres. "A jovem ficou fascinada com a riqueza, beleza, maneiras e hospitalidade do rajá [Nripendra]",[52] relatou Choudhuri.

> Ela começou a olhar para o rajá, evitando a figura do pai. O rajá percebeu (...) e fixou o olhar no homem. E depois, controlando a emoção, só olhando para a filha em momentos oportunos, começou a discutir um assunto de natureza séria. Ambos passaram a debater a questão com tanta atenção que a jovem não conseguiu mais fitá-lo do jeito que queria.

Choudhuri era ingênuo: parece não ter percebido que o político trouxera a filha como uma isca para Nripendra e elogiou seu rei por ter virtuosamente resistido aos encantos da jovem. Cenas como esta, contudo, ocorriam o tempo todo em Calcutá e Londres, além de em Cooch Behar, é claro, e não é de admirar que o marajá por vezes sucumbisse.

Infeliz, Sunity se lançou a novos empreendimentos. Ela consultava regularmente *sir* James durante este período porque desejava a ajuda da ausente vice-rainha em um projeto para melhorar o bem-estar de suas conterrâneas, e tinha esperanças de que Dunlop-Smith mencionasse o plano a *lady* Minto. Ela queria fundar um instituto industrial feminino, com financiamento público, onde as mulheres aprendessem a ensinar, tricotar, tecer, bordar, fazer rendas e outros ofícios em três escolas, uma em Calcutá, uma em Madras e a outra em Bombaim. "Os recursos naturais de um país formam um monopólio sagrado para seus cidadãos", disse-lhe ela. "Ricos e pobres, jovens e velhos, fortes e fracos, capazes e incapazes, todos têm uma função atribuída (...) cada um deve tentar realizar seu destino."[53]

Seu instituto pretendia permitir às mulheres que desenvolvessem sua cota de responsabilidade nacional. O plano, comentou Dunlop-Smith de forma condescendente, "foi belamente redigido — gostaria de saber quem o escreveu para ela", ao mesmo tempo que temia que o projeto fosse algo prematuro e duvidasse de suas chances de sucesso. "Os homens indianos até hoje não compartilharam com suas mulheres as dádivas que temos despejado sobre eles por mais de um século."

O instituto teria dois centros financiadores, um em Calcutá e o outro em Baroda, o que indica algum grau de cooperação por parte de Chimnabai e Sayajirao, apesar de não haver evidências de que já existisse amizade entre as duas famílias nessa época. As duas maranis, compartilhando de um interesse mútuo por questões femininas, vinham se encontrando com alguma regularidade. Chimnabai abriu a Conferência das Mulheres Indianas, em Calcutá, em 31 de dezembro de 1906, à qual Sunity esteve presente.

Como Chimnabai, Sunity Devi era defensora ardorosa da educação, em especial para as mulheres, embora preferisse apoiar instituições específicas a atuar como patrocinadora das associações como um todo, papel que pertencia a Chimnabai. Ela criou uma escola em Darjeeling para crianças de ambos os sexos e todas as castas, e outra, técnica, para moças em Calcutá. Nutria também grande interesse pelo Victoria College, de seu pai, instituição para meninas, também em Calcutá. Sua atitude mais amável com relação aos britânicos, e o hábito de ver sempre o melhor nas pessoas faziam com que os britânicos encarassem Sunity como uma face mais aceitável das mulheres indianas, do que a destemida e intransigente Chimnabai.

Em novembro de 1908, o príncipe Jitendra, aos 22 anos, alugou um Daimler com quarenta cavalos de potência para fazer um passeio pelo interior da Inglaterra. No assento do carona, ia uma certa *miss* Morrison; um outro carro levava um segundo casal. O carro de Jit se envolveu em um acidente com o de Thomas George, habitante local, que dirigia um Rover, com seis cavalos de potência. O príncipe lhe ofereceu 35 libras na hora, como reparação; o homem recusou. Alguns meses depois, Jit teve de lhe pagar 105 libras por "supostos ferimentos" —[54] George alegou que o filho ficara de cama por 11 semanas em decorrência do acidente — e pelo conserto do carro, cujo custo o dono avaliou em 50 libras. O caso — primeiro registro de Jit na idade adulta que ainda permanece — arrastou-se, entretanto, por alguns anos. Em 1911, George exigiu mais dinheiro e recebeu mais 25 libras.

Esse caso é típico da forma como os príncipes indianos eram tratados na Grã-Bretanha: assumia-se que eram imensamente ricos, e qualquer um que tivesse a mais leve queixa contra eles não hesitava em apresentá-la. Reclamações de dívidas eram enviadas com regularidade ao Departamento da Índia — se esses processos contra eles eram sempre passíveis de defesa é algo discutível, mas em geral todos os príncipes, até os mais ricos, eram negligentes em relação ao pagamento em dia de suas dívidas — e, apesar de o Governo Britânico da Índia preferir não se intrometer nesses casos, às vezes não tinha outra opção.

Em junho de 1911, por exemplo, Jit compareceu a um tribunal por dever 109 libras a um certo Alfred Moore.[55] Embora aparecesse como devedor, sendo membro de uma família de príncipes, tinha o direito de não se apresentar, alegando seus direitos soberanos. Jit declarou, todavia, que não pretendia exigir imunidade: ele queria pagar Moore. Todas as informações sobre o processo legal foram passadas ao governo de Bengala.

Um outro problema era a diferença na maneira que esses incidentes eram tratados na Índia e na Inglaterra. Alguns anos mais tarde, Alan

Mander, o marido inglês de Baby de Cooch Behar, atingiu e matou uma indiana em uma estrada perto de Calcutá. Horrorizado, ele correu para o posto policial mais próximo a fim de informar sobre o dolo e fazer algum tipo de reparação financeira à família da mulher, mas pôde ver que a polícia não manifestou qualquer disposição para cuidar do assunto. Disseram-lhe que como se tratava apenas de uma "cule",[56] não havia necessidade de registrar o caso — mas se tivesse atropelado um cachorro, seria obrigado a fazê-lo.

Nem mesmo o mais virtuoso dos príncipes se encontrava a salvo. Um pouco antes de Sayajirao Gaekwad deixar Londres, em outubro de 1911, dois oficiais tentaram lhe entregar uma intimação judicial em seu hotel. Os funcionários do Claridge lhes negaram acesso, e o marajá viajou, mas o caso foi à frente em sua ausência. Baroda — talvez o único príncipe indiano de quem jamais se soube que tivesse uma amante, e cujos padrões morais eram tão altos que até as dançarinas de seu palácio eram mãe e filha, de reputação inatacável — foi citado em um caso de divórcio.[57] George Statham alegou que o marajá cometera adultério com sua esposa, Beatrix, na Escócia, em agosto daquele ano.

Esse caso de divórcio aparentemente espúrio forneceu munição ao Governo Britânico da Índia para continuar seus esforços de desestabilização de Sayajirao. Ele não tinha que ter aparecido no tribunal quando George Statham o citou na ação; como já foi dito, os príncipes e suas famílias eram isentos de jurisdição na maioria dos casos. O juiz que presidiu o caso Statham, contra a vontade expressa do governo britânico, manteve a convenção, declarando que o marajá era, no que dizia respeito às leis municipais inglesas, um soberano reinante e independente, não um súdito britânico. Que "surpresa desagradável",[58] foi o comentário do Governo Britânico da Índia em março de 1912. George e Beatrix Statham, após receberem de Sayajirao a vultosa quantia de 5.700 libras para encerrarem o caso, "acertadas nossas diferenças".[59]

Victor Cooch Behar, o afilhado da falecida rainha, "um garoto agradável e de boas maneiras; o mais promissor dos irmãos",[60] de acordo com o Departamento da Índia, também não realizou seu potencial. Ele começou estudando na Cornell University, no interior do estado de Nova York, em março de 1908. A ideia era que o príncipe estudasse a indústria de tabaco americana, a fim de cultivar a planta em Cooch Behar. Um senhor bengalês, *mr.* Majumdar, foi enviado juntamente com Victor para os Estados Unidos, com o propósito de instalá-lo na universidade antes de seguir para o sul, que ainda vivia sob o regime de segregação. Ele faria um circuito pelas fazendas de tabaco da Virgínia e das Carolinas, "de forma que se houvesse alguma dificuldade ou aborrecimento, em virtude do preconceito racial, ele os experimentaria primeiro" —[61] era como uma versão de princípios do século XX da história daquele escravo encarregado de provar a comida do senhor, para verificar se continha veneno. Em janeiro, o príncipe e um amigo foram de Nova York para Cuba, por dois meses, a fim de estudar a produção de tabaco na ilha. Logo depois, retornou à Inglaterra para passar o verão e o outono de 1909. Lá, ficou o tempo todo com o pai "sem fazer nada útil",[62] de acordo com os arquivos do Departamento da Índia.

Nessa época, Nripendra e Sunity viviam a maior parte do tempo distantes um do outro. Em março de 1909, o marajá escreveu uma carta emocionante a Pretty e Baby, informando-as sobre a decisão de se separarem e lembrando-as de que, embora acreditasse que sua permanência com a mãe seria a melhor coisa para elas, seus momentos mais felizes na vida haviam sido passados em sua companhia. A carta estava assinada "Nip, o Infeliz".[63]

A família Cooch Behar se reuniu em Londres, no outono de 1910, após a morte de Eduardo VII naquela primavera. Em sua memória, a viúva, Alix, "parecendo mais *spirituelle* e adorável que nunca"[64] em seu luto fechado, deu a Sunity um broche com as iniciais A e E entrelaçadas, e a Nripendra uma cigarreira de ouro e um alfinete de rubi para prender cachecol que haviam pertencido ao rei. Embora tenham perdido o funeral, receberam permissão para ver o corpo na cripta sob a capela de São Jorge, em Windsor, e colocaram uma coroa de orquídeas sobre o caixão. Ambos se ajoelharam e choraram enquanto faziam suas preces para o homem que tinham aprendido a amar como amigo e rei.

Apesar da morte de Eduardo ter marcado o fim de uma era, em Cooch Behar nada parecia mudar. Por volta de 1908, o major Gordon Casserly, da 120ª Infantaria Rajputana, foi alocado no pequeno posto avançado de Buxa Duar, no norte do estado — um lugar tão remoto que a ferrovia de bitola estreita que o servia só podia funcionar durante o dia, porque os elefantes e bisões da floresta de Terai, cortada por ela, tornavam-se muito agressivos à noite. Em seu primeiro encontro, Casserly ficou muito impressionado com o generoso e cortês Nripendra, que "já havia estado em todos os lugares, visto todas as coisas e conhecido a maioria dos personagens interessantes da época".[65] O que o surpreendeu mais foi a lealdade do marajá ao governo britânico, baseada, de acordo com o major, na convicção sincera de seus benefícios para a Índia. "Se, durante minha vida, os britânicos deixassem o país, minha partida precederia à deles", Casserly se lembrava de ouvi-lo dizer. "Este país não seria mais um bom lugar para se viver. Seu destino seria o caos, o derramamento de sangue e a confusão."[66]

O major visitou os Cooch Behar algumas vezes durante seu período em Buxa Duar, observando com mais atenção o *durbar* oficial anual, que, pareceu a Casserly, lembrar "uma cena magnífica de teatro":[67] era um espetáculo muito brilhante e pitoresco para ser real.

O *durbar* acontecia à noite. A fachada do palácio, uma longa linha de arcadas, era iluminada por centenas de criados vestidos de branco, segurando tochas bruxuleantes; as janelas, portas e telhados delineados por outras luzes. Os elefantes do governo, pintados e adornados com joias, feito cortesãs, ficavam pacientemente parados ao longo da passagem que ia dar no grande salão de *durbar*, alternando as patas de apoio, balançando as trombas e sacudindo as orelhas que pareciam feitas de couro. Mais à frente, nos degraus que conduziam à entrada, guardas e atendentes se aglomeravam. A banda oficial tocava no gramado lateral. Carruagens e palanquins depositavam os funcionários e a aristocracia de Cooch Behar na escada de acesso ao palácio.

O marajá, vestindo uma resplandecente casaca e um turbante de um azul pálido delicado encimado por um penacho de diamantes, símbolo de sua majestade, entrou no grande salão seguido por um cortejo de ajudantes de campo, usando uniformes em branco e dourado. Por detrás de uma tela, em uma sacada, na parte de cima, Sunity Devi, Pretty e Baby assistiam à cerimônia. Ao som de trombetas e da execução entusiástica do hino nacional de Cooch Behar pela banda oficial, Nripendra cruzou o chão de mármore, lavrado com o brasão de Cooch Behar, e subiu os degraus do estrado que levavam a seu trono de prata. Este ficava sob um pálio de brocado de ouro, oferecido a ele pela rainha Vitória, como recompensa por sua lealdade. Um dos braços do trono era esculpido em forma de leão e o outro, de tigre. Atrás, guardas faziam sentinela com suas espadas brilhantes.

O silêncio reinava quando Rajey, envergando o casaco vermelho dos Dragões de Westminster, Jit e Victor no uniforme branco, azul e dourado do Corpo de Cadetes Imperiais, e Hitendra usando um *achkan* em brocado de ouro, adentraram o salão. Altivos e elegantes, eles pararam em frente ao trono, e depois cada um deles se aproximou do pai para lhe prestar homenagem, segurando horizontalmente as espadas embainhadas diante dele, em uma saudação que significava "Coloco minha vida e minha espada em vossas mãos".[68] Nripendra tocou o cabo de cada uma delas, querendo dizer "Aceito o presente e lhe dou de volta a vida". Os príncipes subiram então o estrado e tomaram seus lugares, flanqueando o trono do pai, dois de cada lado.

Somente então, com muitos salamaleques e contramarchas, o *dewan*, os funcionários e *zamindars*, ou proprietários de terra, de Cooch Behar se aproximaram de seu rei lhe oferecendo as espadas ou moedas de ouro que ele "tocava e remitia".[69] Um servidor ficava ao lado para registrar o valor de cada presente oferecido, de forma que pudesse ser restituído mais tarde. Ao final da cerimônia, um narguilé de ouro, de 60 centímetros de altura, foi trazido até o salão e colocado próximo a Nripendra, que fumou enquanto o *dewan* se sentava a seus pés, examinando os livros contábeis. Quando ele terminou, o marajá se ergueu do trono e, seguido pelos filhos e ajudantes de campo, passou pela multidão reverente.

Meia hora depois, a família se reuniu no salão de recepções antes do jantar. Nripendra e seus quatro rapazes já tinham então trocado os uniformes por roupas mais informais.

As belas e jovens princesas mais pareciam estar disfarçadas em atraentes fantasias do que vestindo o traje nacional; pois haviam sido criadas por governantas inglesas e educadas na Inglaterra, tinham dançado nos salões de baile de Londres e Calcutá com os mais elegantes vestidos parisienses, e se sentiam tão em casa no Parque ou em uma noite de gala da Ópera quanto no próprio país.[70]

A família jantou no salão branco e dourado, em cujas paredes se alinhavam os troféus esportivos conquistados por Nripendra e os filhos, servidos por criados em librés vermelhas e douradas, e conversava com sotaque de Eton sobre polo, festas e as últimas peças de teatro.

Após o jantar, os rapazes subiram para as galerias, em cima do salão de *durbar*, para observar as dançarinas de *nautch* se moverem languidamente sobre o chão de mármore, embaixo. O cheiro doce do incenso e a música insistentemente repetida causavam, entretanto, opressão, e Rajey sugeriu que fossem dar um passeio de carro ao luar. Eles voltaram ao palácio à luz baça do amanhecer, revigorados pelo ar fresco da noite e animados pela corrida, e Casserly foi para a cama em um quarto "preparado como o melhor de qualquer *hotel de luxe* europeu".[71] Ele se sentiu arrebatado pelo que vira e experimentara em Cooch Behar naquela noite: "Tudo pareceu muito esplêndido e cintilante para ser real."[72] Isso, talvez, tenha sido o que tornou tão difícil para os filhos de Cooch Behar encontrar um caminho fora das fronteiras de seu amado estado natal. O principado era um país de contos de fada e já se tornara um anacronismo no mundo moderno e mutante com o qual estavam pessimamente equipados para lidar.

6

A acompanhante inglesa de Chimnabai, Frances West, ia deixar o serviço dos Gaekwad no começo de 1912. Ela apresentou a marani à amiga Edith Tottenham na festa que o marajá de Gwalior deu para celebrar seu noivado com Indira em Londres, em agosto de 1911. Ficou combinado que *miss* Tottenham iria a Baroda para um período de experiência, antes de *miss* West partir em janeiro.

Como o reverendo Weeden, que passara uma temporada no principado no ano anterior, *miss* Tottenham se encantou de imediato com Baroda e a família Gaekwad. O marajá fez uma visita às duas mulheres na casa que providenciara para *miss* West e que ficaria para a sucessora. "Em seu traje branco e simples, charmosa e amigavelmente, ele se sentou em uma cadeira baixa e fez um elogio explícito à vida em uma casa pequena, à falta de responsabilidades e dos empecilhos de casta ou de administrar uma comunidade; e em especial, à minha liberdade de viajar para onde o amor ou a ventura me chamassem."[1] Chimnabai não perdeu tempo em inquirir sobre as opiniões políticas de *miss* Tottenham, que eram conservadoras. "A marani disse de forma concisa: 'Eu sinto muito. Você deveria ser liberal!'"[2]

Miss Tottenham chegou à Índia a tempo de assistir ao grande acontecimento imperial do século — o *durbar* de 1911, organizado para celebrar a coroação do rei Jorge V e da rainha Maria, e a primeira visita ao país de um monarca britânico reinante. Foi nessa ocasião que se anunciou que a capital mudaria de Calcutá para Nova Délhi, que ainda não havia sido construída.

Hoje, fora do tumulto e da expansão da grande Délhi, tudo que resta do Parque da Coroação é um obelisco monumental, fincado em uma área abandonada. Ao lado, estende-se um pobre parque cercado, contendo uma escultura solitária e imensa de Jorge V, flanqueada por pedestais de arenito vazios, que ostentavam estátuas dos vice-reis da Índia. O tempo apagou seus nomes; apenas a de lorde Minto, uma entre as duas que continuam de pé, é reconhecível pelo generoso bigode de pontas caídas. O rei de mármore inspeciona seu domínio vazio bem acima da estatura humana normal. Para o olhar moderno, as ruínas parecem um triste comentário sobre a vaidade britânica, mas, em dezembro de 1911, o Parque da Coroação era o coração pulsante de uma gigantesca e aparentemente imbatível instituição colonial sem precedentes. O *durbar* da coroação foi o zênite do *raj* e do sonho imperial britânico.

As festividades começaram em 7 de dezembro, quando o rei e a rainha se instalaram no Parque da Coroação, embora os preparativos estivessem sendo feitos havia meses e os convidados chegando desde o fim de novembro. Sayajirao assistiu à recepção de abertura no primeiro dia. Após a festa, Jorge montou um cavalo branco e seguiu por oito quilômetros de pacíficas fileiras, formadas por 200 mil espectadores. A multidão que o saudava obedientemente olhava em vão para o seu rei: o povo esperava vê-lo usando coroa e montado em um elefante majestoso — aos olhos dos indianos, o único modo de transporte adequado a um soberano —, mas Jorge se recusara a fazer isso e se encontrava prudentemente protegido do sol por um sóbrio chapéu de palha indiana, circundado por uma fita cinza. Ele contou a lorde Hardinge mais tarde que ficou decepcionado por não ter sido aplaudido pelos súditos. O vice-rei registrou presunçosamente em seu diário que, pelo menos, as multidões não haviam tido problemas para reconhecê-lo: "Quando eu passava, o povo dava vivas e eu conseguia ouvi-los dizendo: 'Aquele é o lorde *sahib*, mas onde está o rei?'"[3]

Foram também organizados eventos para as mulheres em *purdah*. Chimnabai foi a uma festa *purdah*, oferecida pela rainha Maria no jardim do Forte Vermelho, no centro da velha Délhi. Atenta como sempre a suas roupas e joias, ela pensou com cuidado sobre o que deveria usar. A marani quis, registrou *miss* Tottenham, segundo suas interpretações ingênuas dos motivos de Chimnabai, "usar joias que pelo gosto e valor prestassem homenagem ao Ocidente, do qual a rainha era a maior representante".[4] Assim, ela escolheu apenas duas voltas de magníficas pérolas de Baroda. Durante a festa, uma indiana, "adornada com reluzentes pedras baratas e vulgares, incrustadas em armações de filigrana de ouro", recriminou a marani por sua simplicidade. "E isso não é nada?", replicou Chimnabai com altivez, sabendo que suas pérolas eram mais caras que qualquer outro ornamento naquele recinto. Mais tarde, ela adorou quando uma inglesa, que acompanhara a rainha na recepção, contou-lhe que Maria ficara impressionada com seu bom gosto e discernimento, ao não se cobrir de joias como suas conterrâneas menos sofisticadas.

A questão do vestir-se, tão importante nesta ocasião para Sayajirao e Chimnabai, revela a profundidade das diferenças culturais entre os britânicos e seus súditos indianos. Estes achavam que usar sapatos dentro da casa limpa era algo sujo; os britânicos consideravam pés descalços um sinal de falta de higiene. Os britânicos descobriam a cabeça como sinal de respeito, enquanto os nativos cobriam-na. A confusão se originava no fato de que não havia normas para os indianos em relação às roupas europeias: se Sayajirao usava gravata branca sem o *pugree*, turbante indiano, era considerado grosseiro; no entanto, um britânico jamais pensaria em usar chapéu estando de casaca. Os sáris mostravam a cintura da mulher, o que ia totalmente contra as ideias vitorianas de propriedade; os vestidos de gala europeus, ao exporem o busto, horrorizavam os indianos.

Achava-se que os britânicos não se banhavam o suficiente; dançar com um parceiro era revoltante; comer com utensílios, sentado em uma cadeira, era uma afronta a todas as convenções culturais e religiosas indianas. Chimnabai era sofisticada o bastante para achar graça, em vez de ficar chocada, ao ver sobre a lareira da esposa do governador-geral de Bombaim vasos de latão que eram usados nos lavatórios indianos. Não havia princípios comuns com relação a essas questões básicas, e costumes que pareciam absolutamente triviais para um grupo mas eram inexplicáveis, e com frequência muito desagradáveis, para o outro.

O alvoroço em torno da reverência "inadequada" de Sayajirao a Jorge V na cerimônia principal foi agravado pelo fato de que o marajá era conhecido por simpatizar com ativistas antibritânicos e fingia não notar a presença deles em Baroda. K. G. Deshpande, funcionário do Departamento de Rendas de Baroda, abrira uma escola e uma gráfica nacionalistas em 1907. A tentativa de assassinato a lorde e *lady* Minto em Ahmedabad, em 1909, foi feita por ex-alunos desta escola, mas Sayajirao se recusou a demitir Deshpande.

Ao longo da primeira década do século XX, o ânimo da resistência indiana ao domínio britânico se transformara. A atitude razoável e cooperativa de homens como Gokhale — que não faziam segredo de seu desejo por se autogovernarem, mas que eram gratos por alguns aspectos do Império e estavam dispostos a trabalhar com os britânicos em direção à sua meta de independência — fora substituída por uma nova intransigência, que apoiava a resistência violenta e o terrorismo. Esses revolucionários convocavam todos os indianos a se livrarem do jugo estrangeiro, usando a força se necessário. Alguns chegavam a declarar que os assassinatos políticos eram justificados por serem uma forma de autodefesa patriótica. Só em 1908, foram vinte ataques terroristas isolados, que resultaram em sete mortes. *Sir* William Curzon Wyllie, alto conselheiro do secretário de Estado da Índia, foi morto a tiros por um estudante indiano radical em Londres, em 1909, mesmo ano em que bombas de fabricação caseira foram arremessadas contra a carruagem do vice-rei em Ahmedabad. O Governo Britânico da Índia — em Calcutá e em Londres — resolveu sufocar esses atos de rebelião antes que se transformassem em guerra civil.

O número de nacionalistas declarados no governo de Sayajirao já havia provocado clamores por sua abdicação. Naquele verão, na Inglaterra, ele solicitara um encontro com lorde Crewe para limpar seu nome das acusações de deslealdade. Os rumores, porém, continuaram. Dois meses antes, um relatório britânico listou as associações do marajá com "extremistas" conhecidos, que ele encontrara em Vancouver, Nova York e na Europa, assim como na própria Índia. Aurobindo Ghose, ex-servidor de Sayajirao, ex-tutor de Indira e nacionalista ardoroso, que sancionava o uso do terrorismo para se conquistar a liberdade da Índia, era um dos nomes citados. Outro era o de Shayamaji Krishnavarma, proprietário da Casa da Índia, em Highgate, e editor do radical *Indian Sociologist*. Um terceiro nome era o de Tarkanath Das, ativista sique que operava na América do Norte.

A imprensa nacionalista indiana considerava Sayajirao simpatizante de sua causa, continuava o relatório; dizia-se que os rebeldes se sentiam seguros contra perseguições em seu estado. O marajá fora o único príncipe a não estabelecer leis contra o armazenamento, uso e fabricação de armas e explosivos, uma medida recomendada pelo Governo Britânico da Índia para debelar insurgências. A conhecida associação de Chimnabai à glamourosa revolucionária madame Cama, em Paris, no verão anterior, foi vista com desaprovação. "Nem ela nem o filho [Shivaji] tentam disfarçar sua violenta hostilidade pelo domínio britânico na Índia."[5]

Miss Tottenham, que assistiu à cerimônia do *durbar*, insistia que os únicos deslizes de Sayajirao haviam sido a distração e a preocupação de que o filho, Dhairyashil, a quem dera seu colar, brilhasse naquele dia tão importante. Ele não sentia necessidade de ostentação, dizia ela, quando o rei-imperador se mostrava tão magnífico e, tendo passado tanto tempo junto à sociedade europeia, sabia que joias faiscantes denunciavam um marajá quase tanto quanto a pintura corporal, um selvagem. "Muito caro iria o marajá de Baroda pagar por sua 'civilização'."[6] Quanto à pouco empática reverência, foi apenas um "mau momento": ele estava confuso. O biógrafo oficial de Sayajirao, em 1928, seguiu a mesma linha. O marajá esquecera de colocar a Estrela da Índia, e a "perturbação mental"[7] causada pelo caso do divórcio dos Statham lhe tomava todos os pensamentos. Não se pretendera nenhum desrespeito.

O Aga Khan não fez qualquer esforço para suavizar a conduta do amigo. Ele disse que Sayajirao se ressentiu de ter que reverenciar publicamente Jorge V e, em razão disso, prestou sua desconfortável homenagem de modo incerto e vago, chocando a todos, britânicos e indianos. Por seu lado, o rei-imperador "ficou ofendido"[8] com o incidente durante anos, apesar de ter aceitado as desculpas do marajá.

O bisneto de Sayajirao, seu mais recente biógrafo, diz que o *dewan* de tantos anos do marajá, *sir* V. T. Krishnamachary, contou-lhe que o Gaekwad havia "declarado categoricamente que se vestira e se comportara daquela maneira propositalmente" e que dirigiu o pedido de desculpas a Hardinge por saber "que o dano pretendido fora causado".[9] Isso pode ter sido uma bravata *post factum*, mas é corroborada pela acrimônia constante de Sayajirao em relação ao rígido Hardinge. Quando o vice-rei retornou à Inglaterra em 1915, o marajá se recusou a acompanhá-lo até Bombaim, como era de praxe, e enviou um telegrama após sua partida, dizendo: "*BON VOYAGE*. QUE A ÍNDIA JAMAIS TENHA OUTRO VICE-REI COMO O SENHOR."[10]

Sayajirao levaria anos para reparar o dano causado naquele dia em Délhi. Em Baroda, seu residente, Henry Cobb, aproveitou a oportunidade, em um encontro tenso, para lhe explicar nos mínimos detalhes as implicações de sua "deslealdade". O marajá demonstrou, informou Cobb, "verdadeiro alarme"[11] e protestou que ele e Chimnabai jantaram com madame Cama em Paris só porque lhes havia sido prometido comida indiana. Segundo o residente, Sayajirao lhe agradeceu de coração pela advertência; aparentemente, ele não tinha percebido a gravidade com que os britânicos viam sua atitude de não cooperação.

Com a confiança muito abalada, Baroda seguiu o conselho de Cobb. Deshpande foi demitido. Sayajirao escreveu uma série de cartas a *sir* George Clarke, governador-geral de Bombaim, em princípios de 1912, expressando-lhe lealdade e pedindo sua ajuda para mudar a impressão falsa que as pessoas tinham dele. Existe até uma rara carta de Chimnabai agradecendo a *sir* George e *lady* Clarke por terem-na recebido no Palácio do Governo. "É sempre uma satisfação poder dar uma explicação pessoal",[12] concluiu ela de forma enigmática; não há qualquer indicação de quem deu a explicação ou do que se tratava. O papel de carta da marani era em tom pastel, com o endereço "Bombaim, Gajendra-Gad" em relevo prateado, no alto à direita, e com uma coroa dourada, cravejada de joias vermelhas, aparentemente pintada à mão, sobre uma espada curva prateada, com um pequeno cabo de prata e as iniciais G, S e R entrelaçadas em um escudo prateado à esquerda.

Sayajirao também emitiu, sob pressão do Governo Britânico da Índia, a declaração contra "rebeliões" a que ele vinha resistindo desde a década passada. As palavras devem lhe ter ficado engasgadas:

> Os interesses dos Estados Nativos estão inseparavelmente vinculados aos da Índia Britânica, e todos aqueles que conspiram para subverter o governo de um ofendem de modo igual o outro. A manutenção das estimadas relações de verdadeira amizade e bom entendimento que existem entre o Estado de Baroda e o Governo Britânico tem reivindicado incessantemente toda a minha atenção. A preservação da paz e da ordem e o crescimento do bem-estar material, intelectual e moral de meu povo, que vêm sendo o objetivo constante de minha vida, dependem da continuidade dessas relações cordiais; e qualquer tentativa dentro das fronteiras deste Estado de perturbar essas relações vai merecer minha inteira desaprovação e será contida com mão firme.[13]

Todos os seus esforços foram, por um tempo, uma luta penosa. A opinião britânica estava em grande medida contra eles. As multidões vaiavam nos cinemas de Londres quando Sayajirao aparecia na tela, durante a sequência filmada do *durbar*. O *Pall Mall Gazette* noticiou em fevereiro de 1912 que o filho deles, de 14 anos (o filho mais novo tinha na verdade 19 anos e não se encontrava mais na escola), recusara-se a se inclinar diante da rainha quando esta visitou sua escola, "e, quando forçado a fazê-lo pelos professores, comportou-se de maneira digna do progenitor".[14]

As simpatias de todos, entretanto, não estavam só do lado do rei e de Hardinge. "Eu não posso dizer que ele tenha sido tratado de forma judiciosa", declarou lorde Minto, predecessor de Hardinge como vice-rei, observando que os muito respeitados marajás de Gwalior e

Bikaner haviam defendido sua causa, e que as pessoas já estavam "predispostas a esperar uma atitude desleal dele".[15] Outros amigos ingleses enfatizaram que "descontentamento não é rebelião".[16] O fundador do Partido Trabalhista, Keir Hardie, apropriando-se do debate para apoiar seus argumentos, defendeu ardorosamente Sayajirao no *Pioneer*. Hardie descreveu Baroda como um "homem robusto, sereno e calmo, vestindo uma roupa branca de mensageiro, que se movimentava com dignidade nativa, fazendo tudo que se requeria dele como cavalheiro, mas sempre lembrando que seu país se encontra na desonra, com o calcanhar do estrangeiro sobre o pescoço, e se recusa a sacramentar esta exploração beijando os pés do opressor".[17] Sayajirao deve ter ficado grato ao apoio de Hardie, o que quer que tenha achado de seu imaculado traje de corte ser descrito como roupa de mensageiro.

Os Cooch Behar viajaram para a Inglaterra em maio de 1911, por recomendação do médico de Nripendra, e o marajá se internou em uma casa de saúde para uma temporada de tratamento Nauheim,* acompanhado de Sunity; a doença os reconciliara. A terapia se mostrou, entretanto, ineficaz, e o marajá contraiu uma pneumonia que não conseguia curar. O coração e o fígado se encontravam muito deteriorados. À medida que os meses passavam, ele ia emagrecendo, e apesar da cabeça lúcida, sentia-se fraco demais para andar ou dirigir, e desfrutar do ares marinhos de Bexhill, que se esperava que pudessem trazer alguma melhora para sua condição. Durante seus dois últimos meses, a família ficou reunida em torno do leito, tentando não dar vazão às lágrimas diante dele, insistindo para que engolisse algumas colheradas de comida ou bebesse um gole de água de cevada. Poucos dias antes de morrer, ele perguntou a Sunity, sentada à cabeceira, quais eram seus planos.

— Meus planos são os seus — respondeu ela. — Quando você estiver melhor, voltaremos para casa.

---

*Tratamento para certas afecções cardíacas por meio de banhos específicos, seguidos de exercícios. (*N. da E.*)

— Eu conheço os meus planos e gostaria que você fizesse os seus — disse ele gentilmente.[18]

O fim estava muito próximo. Ele falou com cada um dos filhos. Na noite de 18 de setembro de 1911, Nripendra morreu em paz, com um sorriso suave no rosto, cercado pelos filhos e segurando a mão da esposa. A causa da morte foi dada como arteriosclerose e coração dilatado. Lá fora, no píer de Bexhill, a banda da Brigada de Rifles tocou uma marcha fúnebre.

Jorge V ordenou um grande funeral militar para seu leal servidor, com as cerimônias devidas não a um marajá indiano, mas a um coronel do exército britânico: até na morte, a aliança de Nripendra foi com o Império, em primeiro lugar. Em Bexhill, o caixão foi coberto com a bandeira britânica, tendo em cima o capacete e a espada do marajá, e guardado pelo Regimento Real de Sussex na noite que antecedeu o funeral. Na manhã seguinte, Rajey — agora marajá —, vestido com o uniforme marfim, azul e dourado do Corpo de Cadetes Imperiais, encabeçou o longo cortejo da beira-mar até a estação de Bexhill. O caixão do pai foi puxado por seis cavalos ao som da *Marche Funèbre* de Chopin. As lojas e as casas por onde passavam estavam com as venezianas baixadas, e as bandeiras da cidade flutuavam a meio mastro. Densas fileiras formadas pelos habitantes locais cercavam o caminho, comprovando a popularidade de Nripendra no lugar; o prefeito de Bexhill fazia parte da procissão. Automóveis carregando flores iam atrás.

O caixão viajou até Victoria em um vagão funerário especial e, ao chegar a Londres, seguiu à frente de um cortejo de carruagens até o crematório de Golders Green. Os hindus são sempre cremados; apesar do flerte com a cultura britânica, nada convenceria Nripendra ou Sunity a rejeitar aquele último ritual. A cerimônia religiosa foi Brahmo, e quem fez o elogio fúnebre, exaltando o marajá por sua principal característica, o amor pelos semelhantes, foi o irmão da marani. A frase favorita dele, disse Profulla Sen, era "Deus é amor", e com ele essas palavras nunca eram vazias. Um trêmulo Rajey, esforçando-se por controlar a dor, fez uma prece final sobre o caixão do pai, a mão erguida em uma saudação. "Em nome de Deus, Pai Todo-Poderoso, entrego os restos mortais de meu amado pai à Sua guarda. Que aquilo que nele é imortal viva para sempre, e o que é mortal pereça nas chamas. Deus o tenha e abençoe em Sua santa proteção."[19]

Em Cooch Behar, o cortejo caminhou descalço pela cidade em memória de Nripendra; seu elefante favorito acompanhava, e as lágrimas lhe corriam pela face enrugada.[20]

Ao dedicar um chafariz em Bexhill à memória do pai dois anos depois, Jit falou emocionado sobre a personalidade agradável do marajá, seus esforços "para reunir o Oriente e o Ocidente", e sua façanha de elevar "o pouco conhecido estado de Cooch Behar a tal proeminência".[21] À mãe, ele expressou a fé simples e fatalista que o sustentou durante a dor. "Podemos achar que o pai se foi muito rápido. Ele era jovem, forte e muitas vidas dependiam dele, mas Deus é misericordioso e sabe o que é melhor. Se Deus nos ama, Ele não fará nada que possa nos magoar. É tudo para o nosso bem, e devemos acreditar nisso."[22]

Em 13 de janeiro de 1912 — 12 dias antes de Indira Gaekwad se casar com o marajá de Gwalior, em Baroda —, Rajey foi empossado como novo chefe de estado de Cooch Behar. Em uma mudança dramática e sem precedentes, a seu pedido, ele montou um elefante e cruzou as ruas da capital, a fim de que todos os seus súditos pudessem vê-lo face a face. Demitiu o impopular *dewan* e insistiu em ser empossado de acordo com o ritual Brahmo, declarando não reconhecer distinções de casta.

Todas as homenagens foram prestadas a Sunity Devi: no primeiro *durbar* anual de Rajey, ele mandou que os tributos em *paan*, *attar* e flores fossem colocados a seus pés. Em seu segundo *durbar*, o marajá lhe disse que ele não viveria para ver o próximo. "Como ele era cuidadoso, afetuoso e devotado", disse Sunity. "Havia sempre algo de triste nele. Parecia mais um príncipe de alguma antiga lenda do que um jovem governante moderno."[23]

As preocupações pessoais que datavam do *durbar* de 1911 se mostraram tão perturbadoras para Sayajirao e Chimnabai Gaekwad quanto os acontecimentos públicos. Na primavera de 1913, foram obrigados a levar a filha, Indira, à Europa para impedir que fugisse com o príncipe Jitendra de Cooch Behar; por seu lado, após dois anos de uma apaixonada correspondência clandestina, a princesa estava mais determinada que nunca a se casar apenas com Jit.

Desafiando a oposição continuada dos pais à união, Indira estava se preparando para sua nova vida. Como se desejasse enfatizar a dramática ruptura que pretendia realizar, as roupas novas que comprava para o enxoval substituto eram europeias em vez de indianas, para grande desagrado de Chimnabai: casacos e saias justas, e pequenos chapéus apertados, de cores brilhantes. Enquanto a família se deslocava pelos *spas* europeus, Indira, com a cobertura da criada, continuava a receber telegramas e cartas misteriosas.

Em St. Moritz, o médico de família dos Baroda, que viajara com eles desde a Índia, avisou com nervosismo: "Eu soube que os Cooch Behar estão em algum lugar próximo. E, mais que isso, há dois homens que se sabe pertencerem àquele estado, hospedados no Quarto 121 aqui!"[24] Na semana seguinte, *miss* Tottenham estava com Indira no quarto quando chegou uma pequena caixa para ela, com as palavras: "Para a princesa de Baroda. Do Quarto 121." Continha dois conjuntos de roupas íntimas. *Miss* Tottenham ficou apavorada. "Meus amigos acham que eu poderia precisar de mais *lingerie* até me reunir a eles", disse Indira calmamente.

Esse foi o incidente decisivo. Ficou claro então, um ano e meio depois de Indira ter rompido o noivado com Gwalior, que ela só se casaria com Jitendra. A única forma de impedir sua fuga com ele — ou o pior — era consentir na união. Não haveria dote, entretanto; e nem Sayajirao nem Chimnabai queriam assistir às núpcias ou lhes dar sua bênção. Na verdade, até o último minuto, eles esperaram que Rajey — irmão mais velho de Jit, marajá de Cooch Behar, que se encontrava seriamente enfermo em uma casa de saúde — morresse a tempo de impedir que Indira desposasse Jit. Ela poderia fugir com um irmão mais novo, raciocinavam eles, mas nenhum marajá se casaria com a filha de outro sem seu consentimento.

Indira foi mandada para Londres, sob os cuidados de *miss* Tottenham, após se despedir de maneira emocionada de sua indiferente mãe. Caindo em pranto, ela se ajoelhou aos pés de Chimnabai, balbuciando palavras abafadas de remorso e arrependimento. A marani conseguiu se controlar até a filha deixar o quarto e depois afundou em uma poltrona, chorando descontroladamente.

Os dois homens misteriosos do Quarto 121 também estavam na plataforma da estação de St. Moritz, e quando Indira recebeu um bilhete no trem, animou-se visivelmente. "Posso te ver do meu vagão às vezes",[25] leu ela. "Alegre-se, criança. Você vai estar logo com Jit (...). Este trem está balançando demais. Com amor e um grande beijo."

Indira e *miss* Tottenham cruzaram a Europa no verão de 1913 aparentemente sem notar a crescente militarização à sua volta, enquanto a temerária diplomacia que levou à Primeira Guerra Mundial se intensificava. Londres, disse a inglesa, "estremecia naquele mês de agosto com o *frisson* do que os jornais chamavam de 'O Romance da Princesa Indiana'. Repórteres lotavam o saguão dos hotéis (...). A Inglaterra estava ansiosa".[26] "Os indianos eram raros no país, e o sári ainda era estranho o bastante para causar sensação considerável", lembra-se Rashid Ali Baig, filho do anfitrião de Indira em Londres. "Indira Devi atraía mais do que atenção, pois descrever sua beleza como estonteante não era usar um clichê batido. Os repórteres cercavam nossa casa, tiravam inúmeras fotografias, e nós, garotos pequenos, vivíamos em uma neblina de glória refletida."[27]

Antes de o casamento acontecer, era preciso garantir sua legalidade, e elaborar um contrato a fim de proteger "a primeira princesa da Índia, que estava abrindo mão de tudo"[28] por amor. Temendo que Indira se rebelasse contra esses adiamentos, os Baroda haviam dado a *miss* Tottenham permissão formal para restringir fisicamente sua protegida, evitando que ela resolvesse a questão a seu modo. Chegou-se por fim a um acordo incomum, "por meio do qual a princesa, logo após o casamento, toma posse de todos os bens e rendas do marido, e ele passa a depender dela para tudo".[29] Segundo sua filha, isto não é verdade, mas Sayaji obteve para ela um subsídio de 100 mil rupias por ano. Em 23 de agosto, o

Times anunciou que as negociações para o casamento de Jit e Indira haviam sido concluídas, e que as bodas aconteceriam na semana seguinte. "Compreendemos que as circunstâncias em ambas as famílias tornaram necessário celebrar o matrimônio com o máximo de discrição."[30]

Na noite anterior ao dia do casamento, Indira escreveu uma carta emocionada ao pai, de quem recebera um pacote muito bem-lacrado contendo um par de brincos ciganos de diamante. "Ela assegurou-lhe de seu desejo de ser digna dele como filha e de seu afeto e apreciação por tudo que fizera por ela; implorou também que não lhe fosse indiferente, manifestando a esperança de que um dia ele a perdoasse e a recebesse juntamente com Jit."[31] *Miss* Tottenham teve de insistir para que escrevesse também para a mãe, lembrando-a de como esta a amava, e quão sensível estava seu coração sob a impressão daquilo tudo. Indira rompeu em lágrimas e pegou a caneta mais uma vez.

A manhã de 25 de agosto raiou inesperadamente cinzenta. Quando *miss* Tottenham entrou no quarto para despertá-la, Indira estava lendo os capítulos marcados para ela no manual Brahmo pela mãe de Jit, Sunity Devi. "A religião me parece uma forma muito pura de nós mesmos", disse ela. "Eu acho que meu coração estará sendo honesto quando eu tiver de dizer, na cerimônia de iniciação, que renuncio à minha outra fé. Na verdade, nunca tive crença alguma, você bem sabe, e esta me parece boa."[32]

A primeira cerimônia do dia foi a iniciação de Indira na fé Brahmo. Sunity Devi deixara Rajey em uma casa de saúde em Cromer, onde fazia tratamento contra o alcoolismo. Em um sári branco e dourado, ela chegou ao hotel um pouco antes das dez da manhã. No salão de recepções, tomado pelo rico e acentuado aroma do incenso e ao som lúgubre dos búzios, Sunity acolheu Indira em sua fé. Depois, o ansioso Jit, vestindo traje de passeio cinza-escuro e chapéu de palha, estacionou o automóvel, carregado de lírios brancos e crisântemos, do lado de fora.

Ao meio-dia, *miss* Tottenham acompanhou Indira, esbelta e feminina, de vestido e chapéu de seda rosa, enfeitado com renda branca, ao cartório de registro, onde Jit e Sunity Devi aguardavam-nas. Ali os dois se casaram segundo os rituais civis britânicos. A fotografia que eles mandaram distribuir mais tarde como "lembrança de casamento", em um cartão branco amarrado com uma estreita fita prateada, mostra-os de mãos dadas, desajeitados, olhando para a máquina: Jit desconfiado e Indira incomumente meiga. Na volta ao hotel, os noivos vestiram roupas indianas — um sári cor de ouro velho para ela e um *achkan* ardósia para ele — a fim de receber a bênção Brahmo, durante a qual se deram as mãos engrinaldadas de flores brancas.

Os participantes se sentaram então para um café da manhã nupcial, diante de uma mesa enfeitada com flores vermelhas e brancas. O rosto de Indira resplandecia de contentamento quando mostrou ao marido e a *miss* Tottenham um telegrama que acabara de receber do pai, desejando-lhe "toda a felicidade e uma vida de constante utilidade".[33] Até naquele momento de realização pessoal da filha, os pensamentos de Sayajirao eram de dever e responsabilidade. Da orgulhosa Chimnabai não chegou, entretanto, qualquer palavra.

Depois de tudo que passaram, Jit não se ressentiu nem por um momento dos esforços que fizera para obter Indira, os quais, disse ele, lembravam-lhe o título de um livro popular, *Across the World for a Wife* [Através do mundo por uma esposa]. "*Tant mieux*! Um drinque ao fim de um jogo extenuante é ainda mais bem-vindo."[34] Naquela noite, os recém-casados foram de carro para Maidenhead, com o propósito de passar lá a lua de mel, uma temporada, segundo Jit, "de perfeita alegria, felicidade e beatitude".[35]

Três dias após o casamento, *miss* Tottenham retornou a St. Moritz, onde a marani aguardava ansiosamente para saber cada detalhe sobre as últimas semanas e por notícias de sua filha "perdida". Embora tenha chorado ao ver a acompanhante, Chimnabai acabou sorrindo com as histórias de detetives colocados em Cromer para informar sobre a saúde de Rajey, e ficou satisfeita com a forma discreta pela qual o *Times* apresentou a atitude dos Baroda com relação à união. Sua decisão de não ver mais Indira permanecia inabalável.

Três semanas depois do casamento, Rajey morreu de pleurisia, causada pelo alcoolismo. Eles partiram às pressas da lua de mel para ficarem à sua cabeceira em Cromer. No funeral, foi um Jit sobriamente vestido quem pôs a mão no caixão e recitou a prece final. Ele se tornou marajá de Cooch Behar e Indira, sua marani.

A última enfermidade de Rajey começara quando ele se intoxicou com ptomaína (uma substância encontrada em alimentos) em Calcutá, seis meses antes. Muito preocupada com o filho, que continuava pálido, melancólico e visivelmente doente, Sunity Devi o acompanhou à Inglaterra em maio. Em Londres, eles se separaram. Sunity foi para o Cadogan Hotel, onde ficou com Baby e Girlie; e Rajey e seu séquito se hospedaram no Curzon Hotel. "Eu raramente sabia notícias dele",[36] lembrava-se a marani. "Não sei de quem era a culpa, mas fiquei muito infeliz na época."

De Londres, Rajey foi para Derby, em um dia gelado e chuvoso, e pegou um resfriado que evoluiu para uma febre. Internado em uma casa de saúde, ele disse a Sunity que seus dias estavam contados. "Sei que chegou a minha hora. Você se lembra, mãe querida, como todos os adivinhos disseram que eu não chegaria aos 32 anos?"[37] A marani, lembrando-se das profecias, foi tomada pelo mesmo desalento: os quiromantes, ao longo dos anos, viram sempre uma linha da vida curta e nenhuma linha do casamento em sua mão. Rajey morreu alguns meses depois em outra casa de saúde, em Cromer, onde se esperava que a brisa marinha lhe fizesse bem. Seu único desejo era o de que pudesse morrer em Cooch Behar.

Suas cinzas foram enviadas à Índia e colocadas no mausoléu de mármore, construído em um jardim com rosas, às margens do rio Torsa, ao lado do pai. O monumento fica próximo a uma casa de verão em ruínas, onde as ranis de Cooch Behar costumavam se banhar e onde Nripendra recebeu suas primeiras lições. Dali se veem os distantes picos nevados do Himalaia; ao redor, florescem perfumadas rosas e lírios.

Indira e Jit adiaram o retorno à Índia após o casamento e o funeral de Rajey. Embora os pais da nova marani não tenham feito nenhuma tentativa de vê-la quando estiveram em Londres, no outono de 1913, seu irmão preferido, Dhairyashil, enfrentou a desaprovação deles e a visitou. *Miss* Tottenham gostaria de tê-la visto também, mas, como "os Cooch Behar ainda se ressentiam profundamente do 'desdém' com que foram tratados antes do casamento",[38] não o fez. Conhecendo o estado de espírito atual de Chimnabai, ela ficou até feliz pela marani não ter encontrado a filha por acaso no teatro, na rua ou fazendo compras, passatempo favorito das duas.

Jit comprou para Indira uma capa para automóveis de pele de foca com detalhes em dourado, com a inscrição "Babs", um de seus apelidos para ela, e uma escova de cabelo de prata dourada com um estojo combinando; o conjunto custou 24 libras 8 xelins e 3 *pence*. Ele era um homem sem medo de gestos românticos; para o aniversário de quatro meses de casamento, o marajá deu à esposa um pequeno envelope esmaltado em azul, escrito dentro "25 de agosto — 25 de dezembro. Com amor, Jit". Agora como posse da neta, a lembrança ainda contém uma folha de papel amarelada, de mais ou menos 5 por 7 centímetros, com as seguintes palavras a lápis na caligrafia do marido: "Para a coisinha mais linda que já pôs os pés neste mundo de Deus. Que possa haver muito mais dessas celebrações mensais [*sic*]. Com todo o meu amor, garoto J."[39]

Os recém-casados partiram para a Índia um pouco antes dos Baroda, em outubro de 1913. A chegada a Cooch Behar, no mês seguinte, dos novos marajá e marani em carro aberto, ao som sinistro dos búzios, a saudação tradicional bengalesa para uma noiva, significou o fim do *purdah* lá — exceto, como observa sua filha, na sala de bilhar com tapetes de peles de tigre.

7

O *purdah* foi abolido em Baroda quando o marajá e a marani retornaram da Europa no outono de 1913, alguns meses após o casamento da filha, Indira. Quando o trem de luxo parou na estação privativa do palácio, Sayajirao se virou para Chimnabai, que aguardava por instruções a seu lado, e disse: "Venha comigo."[1] Em geral, quando o trem parava, ela descia envolta em espessos véus, por detrás de um biombo e entrava em uma carruagem com cortinas para fazer o curto percurso até o palácio, enquanto o marido cumprimentava os funcionários que esperavam sobre o tapete vermelho para recebê-lo e depois ia para casa em carruagem aberta.

Dessa vez, uma Chimnabai descoberta seguiu o marido até cair sob o olhar do povo. Inclinando-se e sorrindo, Sayajirao desceu do trem para a plataforma; a marani, imitando-lhe os gestos, vinha logo atrás. Eles subiram em uma carruagem aberta, puxada por quatro cavalos, para vencer a curta distância que os separava de Laxmi Vilas. A tia de Chimnabai, que entrara no trem na estação, vinda em uma carruagem *purdah* para lhes dar as boas-vindas, e que jamais havia sido vista em público, transformou-se em participante pasma deste momento histórico. Mais tarde, ela contou à sobrinha que "ficou completamente cega de nervosismo, não via nada, não olhava para ninguém, só para os meus calcanhares a sua frente!".[2]

Séculos de *purdah* haviam terminado em Baroda. A extinção fora gradual. Sayajirao esperara "até que as mulheres fossem capazes de entender a transformação e soubessem como tratar os outros",[3] para remover o costume. Da mesma forma que com outros avanços que pareciam radicais aos olhos dos indianos, ele reconhecia a necessidade de uma mudança inicial de atitude imperceptível, antes que qualquer demonstração pública fosse feita. O livro de Chimnabai, *The Position of Women in Indian Life* [A posição das mulheres na vida indiana], escrito em 1911, cita *sir* Francis Bacon sobre a questão: "Seria bom que os homens, em suas inovações, seguissem o exemplo do próprio Tempo, que, de fato, inova tremendamente, mas de forma tranquila, a passos que mal se podem perceber."[4]

Apesar de Baroda ter sido um dos primeiros estados a romper com o *purdah*, a opinião pública na Índia estava tendendo na direção do pensamento de Sayajirao e Chimnabai. Antes do *durbar* de Curzon, em 1903, Nripendra Cooch Behar disse a Sunity Devi que ela só poderia participar das cerimônias fora do *purdah*, mesmo que a maioria das outras indianas, como a begume reinante de Bhopal, estivessem encobertas e enclausuradas, e mesmo que ela própria vivesse em *purdah* no seu estado. "Se não fosse possível que eu ocupasse minha posição de direito a seu lado", recordou ela, "ele não me levaria."[5] Naquele ano, também, o rajá de Nabha disse a um funcionário britânico como era importante que as meninas indianas de classe alta recebessem instrução e fossem emancipadas. "Nós educamos nossos filhos, ensinamos inglês e ideias ocidentais a eles e depois os casamos com garotas que não tiveram qualquer educação. O resultado é uma raça de mulas."

As mulheres indianas de classe média, cujos maridos bem-sucedidos levavam-nas para o exterior, haviam também entrado em contato com novas liberdades e esperavam continuar a desfrutar delas na volta para casa. "Estive na Inglaterra com meu marido",[6] evocou uma mulher entrevistada para *Mother India*, em 1929.

> Enquanto estávamos lá, ele permitiu que eu deixasse o *purdah*, pois as mulheres são respeitadas na Inglaterra. Assim, eu circulava livremente por ruas, lojas, galerias, jardins e casas de amigos, sentindo-me sempre confortável. Ninguém me assustava ou perturbava, e eu tinha conversas

muito interessantes com homens e mulheres. Ah, era maravilhoso — um paraíso! Mas aqui não acontece nada. Eu tenho que ficar na *zenana*, em *purdah*, como convém à nossa posição, sem ver ninguém, a não ser outras mulheres e meu marido. Não vemos nada. Não sabemos de nada. Não temos nada a dizer umas às outras. Nós brigamos. É *tedioso*.

O desejo de Chimnabai de romper com o *purdah* teve um papel importante na tarefa de persuadir Sayajirao a efetuar a mudança. "'Você fala sobre emancipação das mulheres, e isso e aquilo, e, no entanto, vivemos todas em *purdah*', uma das netas se lembra de ouvi-la dizer a ele. 'Tendo sua permissão ou não, eu vou parar com isso'."[7] E ela realmente parou, embora tenha continuado a insistir em que moças solteiras não deviam ser levadas a lugares públicos e que, quando chegassem homens — em particular, maratas —, deviam cobrir a cabeça com o sári. Essa sensibilidade aos costumes era típica da atitude dos Baroda em relação aos tempos que mudavam. Por exemplo, por uma questão de respeito às práticas religiosas mais estritas do amigo, o marajá de Mysore, Chimnabai e Indira raramente cavalgavam e nunca caçavam quando visitavam seu estado, embora ambas participassem abertamente desses esportes em Baroda e na Inglaterra. Quando esses amigos mais ortodoxos, como os Mysore e os Kashmir, vinham vê-los, o *purdah* era observado em consideração a eles.

Três dias após retornarem a Baroda em 1913, Chimnabai apareceu em público em uma festa ao ar livre no palácio. Ela acompanhou o marido em uma gincana no posto militar britânico e se sentou a seu lado numa cerimônia de entrega de prêmios na Suprema Corte. Em 1915, ao chegar na festa anual de Nag Panchmi, a marani desceu descoberta de seu elefante pintado. Quando a celebração terminou "ela partiu e atravessou a cidade conduzindo um coche puxado por quatro cavalos, da maneira mais anti-*purdah* possível!",[8] comentou *miss* Tottenham, que aprovava inteiramente a nova prática e instruía com entusiasmo as senhoras mais ousadas de Baroda em inglês.

Encorajada por Sayajirao, Chimnabai começou até a jogar tênis em público. O esporte era uma de suas paixões: ela praticava-o todas as manhãs às sete e meia, antes da aula de piano (outra paixão) com *miss* Tottenham. Macacos infestavam as novíssimas quadras de asfalto em Laxmi Vilas. Os boleiros vestiam uniformes verde e dourado, os homens usavam flanela, e a marani, seu sári. Sob as frondosas árvores de sombra que flanqueavam as quadras, ficavam mesinhas com bebidas geladas e cigarros para os jogadores que se cansavam. Chimnabai também gostava de patinar, uma moda do início do século XX, e costumava deslizar pelos longos corredores de mármore cor de pêssego do palácio, entre as alas masculina e feminina, o sári tremulando atrás dela como uma bandeira.

Apesar do exemplo da marani, o *purdah* ainda permaneceu em algumas partes da Índia até bem depois da Independência. Em alguns casos, declinou aos poucos, desaparecendo simplesmente; em outros, algum acontecimento súbito precipitou seu fim, surpreendendo por vezes os envolvidos. O comportamento dos príncipes e de suas esposas era crucial para a mudança dos costumes na sociedade estritamente hierárquica da Índia. Sem os exemplos da realeza, as respeitosas classes média e baixa não teriam contemplado uma ruptura tão radical com séculos de tradição. A marani de Kutch ainda vivia em *purdah*, em 1950, quando o presidente da Índia, Radha Krishnan, visitou o estado. Quando ela saiu do palácio em direção ao acortinado, ele a convidou a se juntar a ele em seu automóvel. Teria sido uma grosseria rejeitar o pedido, e ela entrou no carro. Naquele exato momento, o *purdah* acabou no estado de seu marido.

Em agosto de 1914, Chimnabai e *miss* Tottenham se encontravam na estação de águas de Carlsbad, fazendo dieta (ou "redução", como chamavam), quando a Inglaterra declarou guerra à Áustria. O arquiduque Francisco Ferdinando, herdeiro do trono austríaco, fora assassinado por um nacionalista sérvio em 21 de junho de 1914. Um mês depois, a Áustria invadiu a Sérvia; a Rússia respondeu, provocando a Alemanha, que, por sua vez, desafiou França e Inglaterra. Por toda a Europa, "Membros dos Comandos Gerais, pressionados por seus implacáveis cronogramas, tamborilavam os dedos nas mesas, aguardando o sinal para se porem em ação, com receio de que os oponentes ganhassem uma hora de vantagem".[9]

Juntamente com outros hóspedes do hotel Savoy, Chimnabai e seus atendentes ficaram presos em Carlsbad, enquanto as negociações diplomáticas sobre como fazer para que estrangeiros retornassem a seus países empacavam. Certa noite, uma multidão raivosa e violenta tentou atacar o hotel, exigindo a prisão dos cozinheiros franceses do Savoy e gritando contra os hóspedes russos e franceses. Chimnabai permaneceu oculta nas sombras de seu balcão, assistindo à multidão fazer ensaio para a guerra.

No dia seguinte, a marani redobrou os esforços para deixar a Áustria e se reunir a Sayajirao na Suíça, mas as autorizações e os salvo-condutos estavam ficando cada vez mais difíceis de se conseguir. Quando partiram, duas semanas depois, agarrando apressadamente o dinheiro e os papéis entregues pelo ministro do Exterior austríaco e pelo governador da região, tiveram de retornar a Carlsbad porque os oficiais alemães na fronteira argumentaram que a "Índia era uma possessão britânica, portanto, a marani era britânica e, sendo assim, inimiga".[10] Sem que elas soubessem, o marajá de Baroda, com os outros príncipes indianos, acabara de oferecer publicamente todos os recursos de seu estado ao esforço de guerra britânico; os soldados alemães sabiam muito bem o que era uma marani. Foi uma sorte, entretanto, elas não terem passado.

Por fim, após ficarem impedidas de partir por quase um mês, o eficiente e diplomático gerente do Savoy tomou o caso em suas mãos. Disse-lhes que deixassem todos os preparativos com ele e seguissem suas instruções ao pé da letra; ele conseguiria dois carros com motoristas de confiança, para levar a marani e sua comitiva até Zurique, via Linz e Innsbruck.

Miss Tottenham acordou cedo na manhã de 24 de agosto e supervisionou o processo de carregar os dois carros. Em um deles ia *mrs.* Burrows, a governanta, levando as joias de Chimnabai em uma sacola velha de lona; Ambergaokar, o secretário, e a criada, Yumna, carregando o dinheiro em uma caixa de metal amassada. O carro da marani, no qual ela e *miss* Tottenham viajavam, ia abarrotado de "latas de benzina [combustível], provisões, garrafas de água gasosa, maletas com estojos de toucador, almofadas, tapetes, livros e papéis".[11] As malas, amarradas na parte de trás dos carros, estavam cuidadosamente embrulhadas em papel pardo. *Herr* Aulich, o gerente do hotel, despediu-se delas com um grande buquê de rosas e uma frase embaraçosa: "Não voltem."

Era um dia de verão glorioso e pacífico. Sorveiras, carregadas de frutos vermelhos, projetavam-se sobre a estrada. No começo de agosto, o *kaiser* prometera a seus jovens soldados, de partida para o *front*, que estariam "de volta antes de as folhas caírem das árvores".[12] As colheitas iam sendo armazenadas pelos muito velhos e muito jovens. Em Pilsen, um bando de gansos barulhentos correu ameaçador, com as asas abertas, em direção aos carros em uma rua de paralelepípedos; próximo a Budweis, Chimnabai viu patos selvagens em um lago e sentiu falta de sua arma.

Elas chegaram a Linz ao entardecer. Esperaram horas para que os papéis fossem aprovados, mas por fim seu sorridente guia voltou para os carros e disse que podiam prosseguir até Gmunden. Continuaram então por mais quatro horas, cruzando vilarejos guardados por soldados empunhando baionetas. No dia seguinte, viajaram até meia-noite pelas montanhas em direção a Innsbruck, onde cartazes espalhados pela cidade proclamavam que a estrada para Paris estava aberta — Namur havia caído. Eles aceleraram rumo à fronteira suíça.

Ao se aproximarem da fronteira, em mais uma conferência de passaportes, *miss* Tottenham perguntou ao guia escolhido por *Herr* Aulich se ele precisava da "ordem aberta" que lhe fora entregue pelo governador de Carlsbad. "*Nein, nein!*",[13] respondeu ele. "'Eu tenho conseguido livrá-las da polícia com isto aqui'", e com um olhar meio travesso, ele colocou em minhas mãos os passaportes individuais devidamente visados [carimbados] em cada cidade grande onde fomos obrigadas a parar. 'Dei uma olhada neles'", continuou *miss* Tottenham, "e quase sufoquei de tanto rir. Toda a comitiva, inclusive eu, estava descrita como ÍNDIOS DO OESTE DA AMÉRICA DO SUL".

Quando a história foi explicada a Chimnabai, ela ficou calada e ofendida, enquanto os carros subiam os últimos quilômetros do Tirol em direção a Feldkirch. Aquilo esclarecia por que a luxuosa bagagem com brasão havia sido coberta com tanto cuidado e por que eles tinham conseguido chegar com tanta facilidade até tão longe de Carlsbad. O guia — talvez sob instruções de *Herr* Aulich, mas ninguém sabia ao certo — pagara a um funcionário em Carlsbad cinco *kroner* para que desse aquela classificação ao grupo: "a polícia não sabia a diferença entre as Índias Orientais e Ocidentais, e a América do Sul estava neutra".[14] Aos poucos, Chimnabai começou a se sacudir em uma gargalhada silenciosa e irreprimível.

Quando chegaram finalmente à Suíça, Sayajirao já estava em Londres, e a comitiva se viu diante de outro desafio: cruzar a França, mobilizada em preparação para uma invasão alemã. Conseguiram ir até Lyon e foram forçados a esperar lá por uma noite, a fim de conseguir um lugar no trem para Paris. Um comboio carregando soldados feridos, em estado deplorável, passou pela cidade enquanto estavam lá.

A guerra trouxe uma série de situações inéditas e desconfortáveis para Chimnabai: suas criadas dividiam o vagão com ela e, enquanto a maior parte de sua bagagem, muito contra a sua vontade, cruzava a Europa em separado, sob os cuidados de um secretário, ela teve que ajudar a carregar as próprias malas no trem. "O que suas damas em Baroda diriam se vissem Vossa Alteza fazendo isso?",[15] perguntou *miss* Tottenham enquanto passava uma pesada mala para a marani no vagão. "Elas vão chorar quando eu contar", respondeu ela, segurando a mala com força.

Paris estava silenciosa e vazia, as lojas e restaurantes fechados, as janelas pregadas com tábuas. Apenas uns poucos jornais se encontravam ainda em circulação, e tiragens de uma página apenas adornavam quiosques vazios. Bandeiras dos aliados tremulavam agrupadas enquanto a cidade aguardava a invasão. Chimnabai chegou à Galeria Lafayette um pouco antes que fechasse as portas e comprou um suprimento de meias de seda.

Espantosamente, a bagagem vinda de Carlsbad alcançou o Ritz em Paris e foi despachada para Londres. O hotel estava pondo a mobília em depósitos e o máximo que conseguia oferecer pela manhã era um café fraco e pão barato. No saguão, soldados britânicos, recém-chegados de Compiègne, discutiam a derrota de quatro dias na Batalha das Fronteiras, primeiro combate da guerra, com vozes tristes e rancorosas. Ouvia-se o disparo de armas a distância, e se dizia que os alemães estavam a 50 quilômetros da capital, enquanto o exército francês batia em retirada.

O trem no qual embarcaram de Paris para Le Havre, de acordo com o carregador, também levava documentos do Banco da França, escondidos em caixas de roupas. Nos entroncamentos, eles passavam por comboios alegremente enfeitados e decorados com grinaldas, cheios de soldados ingleses e franceses de rostos bem-dispostos, sem saber o que os aguardava. Quando alcançaram Le Havre, às duas e quinze da madrugada, o vapor para a Inglaterra já partira, e não houve como conseguir passagens por quase uma semana. Centenas de automóveis abandonados por belgas em fuga estavam parados ao lado do cais. Enquanto isso, os alemães marchavam em direção à costa. Le Havre estava sendo evacuada, e havia conversas de que a cidade despejaria seu suprimento de gasolina no mar. Por fim, elas encontraram lugar em um navio-hospital, pois um trem com soldados feridos que estava sendo esperado não chegou. Em Southampton, tiveram de aguardar pelo trem noturno do correio e só chegaram a Londres "com o leite"[16] sendo pego em Waterloo pelo porteiro uniformizado do Claridge.

A Índia respondeu à Grande Guerra com um patriotismo quase unânime. Até o praticamente desconhecido pacifista Mohandas Gandhi criou um serviço de ambulâncias na Grã-Bretanha (como fizera na África do Sul durante a Guerra dos Bôeres) no início do conflito e, ao retornar à Índia em 1915, recusou-se a apoiar novas manifestações pelo autogoverno durante as hostilidades. Ele acreditava, como tantos outros nacionalistas indianos, que depois da guerra uma Grã-Bretanha agradecida e vitoriosa recompensaria a Índia permitindo que esta se governasse, em troca de sua imensa contribuição para o esforço de guerra. Gandhi avaliava que, se o país compartilhasse as responsabilidades do

Império — mais de um milhão de indianos lutaram e 62 mil morreram na guerra — poderia esperar então gozar dos privilégios também.

Os príncipes foram especialmente fervorosos em seu apoio à Grã-Bretanha. Muitos queriam demonstrar sua gratidão aos britânicos por terem criado uma Índia na qual seus estados, riqueza e influência permaneceram garantidos. Outros viam também na guerra uma oportunidade de reviver seu tradicional papel marcial a serviço do Império. *Sir* Pratap Singh, aos 70 anos, foi um dos primeiros a chegar ao *front* europeu no outono de 1914, declarando: "quero morrer conduzindo meus homens, de espada em punho".[17] Pelo menos uma vez, o apoio foi recíproco: o marajá de Bikaner ganhou um assento no Gabinete de Guerra de Lloyd George.

Juntamente ao apoio, havia também dissensão. Fateh Singh, poderoso rei de Udaipur, recusou-se a apoiar a causa britânica. "Quando há lutas na Índia, os europeus vêm aqui lutar?"[18] Apesar disso, quando a paz foi selada, ele ainda recebeu a ordem de Grande Comandante do Império Indiano. "É o tipo de coisa que os *pattawallas* (subordinados) usam quando exercem cargos", disse ele. "Ponha isso no cavalo. Fica melhor nele que no rei."

A contribuição leal de Sayajirao ao esforço de guerra — mais no espírito de Gandhi que no de Pratap Singh — agradou ao Governo Britânico da Índia e ajudou a restaurar a confiança entre a Grã-Bretanha e Baroda. Seu residente informou, em 1916, que "ele está totalmente solidário com o império britânico nesta guerra".[19] Baroda enviou 150 cavalos para a Europa e dava 12 mil rupias por mês ao governo; doou também Jaya Mahal, sua casa em Bombaim, no alto de Malabar Hill, para ser usada como hospital para oficiais durante as hostilidades.

As relações melhoraram ainda mais depois da guerra, quando o odiado Hardinge, que se apressou ainda mais em voltar para casa após o telegrama desaforado de Sayajirao, foi substituído por lorde Chelmsford, que fez a primeira visita de um vice-rei a Baroda desde os Minto, dez anos antes. Chimnabai, cuja falta de vontade de bajular Hardinge, em Simla, originara um comentário no relatório do residente, em outubro de 1917, ficou encantada em mostrar Laxmi Vilas ao novo vice-rei.

"Após o chá, mostramos-lhe todo o palácio, e, quando ele viu os longos corredores, os pátios com palmeiras e as varandas, ficou contentíssimo",[20] contou a marani a *miss* Tottenham. "Duas vezes ele disse: 'Minha esposa vai ficar com inveja!' E repetiu uma terceira vez, quando o conduzi à minha biblioteca, meu *boudoir*, o quarto de vestir e depois a nosso quarto de dormir com os estrados de ouro. Ele ficou realmente admirado. Se querem saber", concluiu ela triunfante, "acho que o vice-rei pensava que éramos gente das selvas!"

Chelmsford, por seu lado, ficou impressionado com o bom governo de Baroda, elogiando Sayajirao não apenas como "teórico ou idealista, mas como administrador prático (...). Por promover com sabedoria um sistema de ordem social e política, visando à combinação do melhor nas civilizações oriental e ocidental. O governante de um estado nativo pode fazer muito para mostrar o caminho do progresso aos povos da Índia".[21]

Ao mesmo tempo, o residente de Baroda escreveu um relatório fervoroso a favor de Sayajirao, descrevendo-o como muito querido e cheio de entusiasmo pela administração do estado e o bem-estar do povo. "A crença comum de que a marani é quem dá as ordens no palácio é incorreta", acrescentou Wilkinson. "Ela e o Gaekwad estão com frequência de relações estremecidas e vivem separados durante dias, mas é ele quem manda na própria casa."[22] Essa nova cordialidade foi marcada pelo recebimento da ordem de Grande Comandante do Império Indiano em janeiro de 1919, e, na primavera seguinte, pela cessação dos relatórios pós-*durbar*, a cada seis meses, sobre a atitude de Sayajirao em relação aos britânicos.

O ano de 1919 marcou um ponto decisivo nas relações entre Baroda e Grã-Bretanha. Foi também um momento crítico para o Governo Britânico da Índia. Apesar de uma epidemia devastadora de gripe e da inflação galopante, após a guerra, muitos indianos estavam otimistas com a possibilidade de receberem um grau maior de envolvimento no próprio governo. Essas esperanças foram por água abaixo no Punjab, a região dos siques, ao norte de Délhi, em abril. Em Amritsar, o descontentamento com o controle repressivo dos britânicos estourou primeiro sob forma de manifestações e depois de conflitos, durante os quais três europeus foram mortos. O infame general Dyer impôs lei marcial sobre a volátil cidade e quando alguns milhares de manifestantes se reuniram em um grande jardim fechado, no centro, ele ordenou aos soldados que abrissem fogo. Estimou-se que 379 civis indianos desarmados foram mortos e outros 1.200 ficaram feridos.

Embora o governador da província tenha se recusado a condenar o massacre de Dyer, Morley, secretário de Estado, insistiu em que o general fosse afastado. Apesar dessa desaprovação oficial, Dyer voltou para casa e recebeu uma recepção de herói, além de uma subscrição de 26 mil libras, angariada pelos leitores do *Morning Post*. Os indianos, entretanto, ficaram horrorizados. Rabindranath Tagore, vencedor do prêmio Nobel, renunciou à ordem de cavaleiro que havia recebido em 1915; e, de seu *ashram* próximo a Ahmedabad, Mohandas Gandhi (que Tagore apelidou de Mahatma, ou Grande Alma) abandonou suas esperanças de conciliação ou cooperação com os britânicos.

Enquanto as relações dos indianos com o poder supremo se desintegravam, Chimnabai e Sayajirao continuavam a ter trabalho com os filhos; seus desentendimentos sobre como lidar melhor com eles eram um fator importante nas brigas que o residente de Baroda relatava. Em 1917, o caçula, Dhairyashilrao, estava reduzido a usar a irmã, Indira, ainda distante dos pais, mas se correspondendo agora com eles, como mediadora. O rapaz era "interesseiro, egoísta (...) sem qualquer noção de seus deveres", respondeu Sayajirao, "mas não lhe nutro rancor".[23] O anglicizado Dhairyashilrao, por sua vez, considerava a ideia de trabalhar em um Estado Nativo — mesmo que fosse o seu — detestável, reforçando a opinião que o pai tinha sobre ele, de que era um vagabundo. Em fevereiro de 1920, com o término das restrições que pesavam sobre oficiais nativos nos exércitos britânico e indiano, Sayajirao lhe comprou uma patente de oficial na Cavalaria Indiana.

Pelo menos, Dhairyashil não bebia. O irmão mais velho, Jayasinhrao, cujo forte sotaque americano era um legado dos seus anos em Harvard, era encantador e benquisto, "quase europeu de coração", mas com "pouca personalidade ou habilidade",[24] segundo Wilkinson, que achava que se referir a um indiano como "quase europeu" era um grande elogio. O álcool estava, contudo, destruindo-lhe rapidamente a saúde. Em setembro de 1919, por recomendação de um médico e "especialista mental" de Bombaim, Jayasinh foi levado para a Inglaterra, a fim de fazer tratamento médico contra insanidade, causada por *delirium tremens*.

O animado Shivaji, favorito de Chimnabai e o mais apaixonadamente nacionalista dos três rapazes, também sofria com o alcoolismo. Era um rebelde nato: "ele investe contra qualquer autoridade (o pai, os chefes indianos e os britânicos), acha que tudo que existe está errado e é quase sempre intratável e equivocado".[25] Suas relações ruins com Sayajirao datavam de muitos anos; ele considerava o trabalho que recebera no estado abaixo de sua capacidade, o que deixava o pai desapontado e o filho entediado e frustrado. O príncipe morreu de pneumonia em 1919.

Sayajirao acreditava que disciplina e responsabilidade eram os ideais mais altos a que a humanidade podia aspirar, mas não conseguiu persuadir nenhum dos filhos a compartilhar sua atitude. Por seu lado, eles o repudiavam por não ter nascido "na realeza"[26] e escarneciam dele por viver mais para o trabalho que para o prazer. Já que nenhum deles herdaria o *gaddi*, qual era a vantagem de servir o estado?

Isto colocava muita pressão sobre as relações conjugais dos Baroda. Sayajirao, sentindo-se triste e decepcionado, era indiferente aos pedidos de mais dinheiro ou de adiantamentos de mesada feitos pelos filhos; Chimnabai, com o coração partido por causa dessas contendas, sentia-se isolada em suas preocupações com relação a eles. Durante a doença final de Shivaji, ela perguntou ao secretário do marido o que ele estava lendo. Uma história das religiões, veio a resposta. A marani lhe perguntou qual era a religião do patrão em sua opinião. "*Sahib* marajá diz que é agnóstico, que sua religião é servir à humanidade." "Humanidade?", replicou ela com amargura. "Um homem que possui poder e dinheiro não conhece a humanidade."[27] E talvez fosse verdade que Sayajirao visse o homem como um conceito abstrato, mais fácil de se lidar que os indivíduos — em especial os próprios filhos, difíceis e problemáticos.

Naquele mês de maio, Sayajirao e Chimnabai escaparam do calor de verão em Baroda — e talvez de suas preocupações — em Ootacamund, ou Ooty, a estação de montanha mais ao sul da Índia (e, segundo *miss* Tottenham, a mais bonita). Seu "chalé" lá, Woodstock, parecia uma casa de campo inglesa, cercada por exuberantes jardins com roseiras, malvas, ervilhas de cheiro, heliotrópios, gerânios, brincos de princesa, madressilvas e miosótis. Ooty fica em Nilgri, que quer dizer montanhas azuis, por causa de suas florestas de eucalipto. Os bosques são entremeados por jardins cuidadosamente aparados onde se toma chá e plantações de cardamomo, canela e pimenta, e cortados por cintilantes riachos com trutas, comoventes quedas d'água, ravinas e lírios. Ali, no ar fresco da montanha, turistas elegantes como os Baroda jogavam tênis e golfe, cavalgavam e caçavam, usando casacos cor-de-rosa, com cães de caça *ooty*; caminhavam, pescavam e socializavam no clube.

De Ooty, os Gaekwad se dirigiram para o sul, até Kerala, à frente de um pequeno comboio de carros. Seu Rolls-Royce guiava o cortejo, seguido por outro, a fim de fornecer peças sobressalentes em caso de pane. Atrás, vinham os atendentes, em uma série de veículos com amortecedores menos eficientes. A cada vilarejo, a caravana parava para visitar escolas, hospitais e fábricas; bandas de música lhes davam as boas-vindas com mais entusiasmo que afinação; eles recebiam guirlandas de flores e assistiam a procissões de crianças de escola ansiosas, desfilando em sua homenagem.

O casal fez uma parada para caçar nas montanhas Venganad, atrás da costa de Malabar. Levados até o acampamento em *manjils* (redes suspensas em compridas varas), eles encontraram um pequeno chalé com paredes forradas de seda e tapetes macios cobrindo o chão de terra. Chimnabai acertou um elefante, com mais de 2,5 metros de altura, do chão, em vez de em um esconderijo, como era costume nas florestas ralas do Rajastão, ou de cima de outro elefante, método das regiões de selva, como Cooch Behar. Atirar do chão era perigoso e requeria coragem, além de habilidade; apenas atiradores experientes ousavam tentar. Dois dias mais tarde, ela abateu um bisão macho. Uma fotografia mostra-a ao lado do animal morto em seu sári, segurando a arma, orgulhosa.

Por fim, em Trivandrum, ponto mais ao sul da Índia, *mrs.* Raman Tampi endereçou um discurso à marani, em nome de todas as mulheres da cidade:

> As contribuições munificentes de Vossa Alteza para o desenvolvimento da educação, vosso paciente e desinteressado devotamento à causa das mulheres, e os princípios elevados e nobres que vos guiam na vida doméstica e social inscreveram vosso nome em nossos corações, em caracteres indeléveis. Considerações sectárias ou limitações geográficas não circunscrevem o alcance de vossa caridade sem ostentação.[28]

Como marajá recém-empossado de Cooch Behar, Jit se viu diante de decisões financeiras difíceis de tomar. Em 1911, seu pai deixara a Rajey dívidas de quase 37 mil libras, devia a 79 comerciantes, incluindo 1.590 libras a Asprey. Somas expressivas eram também devidas a Penhaligon, perfumistas; à loja de armas Holland & Holland e à Rolls-Royce. Por sua vez, ao morrer, Rajey legou dívidas a Jit. A família inteira devia horrores. A lista de credores parece um catálogo de seus gostos: joalherias, livrarias, fotógrafos; um fabricante de mesas de bilhar; o fabricante de equipamento esportivo Spalding; e Hilditch & Key, uma camisaria e loja de roupas masculina, na Jermyn Street. Embora o jornal nacionalista, baseado em Calcutá, *Amrita Bazaar Patrika*, tenha chamado Cooch Behar de "quase um modelo de estado, como poucos na Índia", em setembro de 1911, o principado não era grande o bastante para sustentar tantos membros de uma família real, todos querendo viver em grande estilo, como haviam sido acostumados.

Apesar de Sayajirao ter tentado garantir antes do casamento que Jit, caso se tornasse marajá, estabelecesse para Indira um estipêndio de 100 mil rupias por mês, a princípio ela não recebia dinheiro nem para pequenas despesas. Quando precisava de alguma quantia, tinha de pedi-la a um ajudante de campo. Até que um criado disse a Jit que ele deveria dar a ela uma mesada. A humilhação desse período de dependência a marcou: ela fazia questão de que todos os filhos recebessem mesada e aprendessem como economizá-la, e, quando as netas estavam crescendo, sempre enfatizava a importância de ter o próprio dinheiro "de modo que vocês não precisem pedir ao marido dinheiro para comprar absorventes íntimos".[29] Anos mais tarde, Indira estabeleceu um fundo para elas, no qual não podiam tocar até as quatro terem mais de 60 anos. Isso, explicou ela, era para impedi-las de desperdiçar o dinheiro — e a juventude — com bebida.

Muito em breve, havia outra pessoa para Jit sustentar. Ila Devi nasceu em outubro de 1914, e o nome foi escolhido por lorde Carmichael, governador de Bengala, de quem toda a família Cooch Behar era amiga. Indira lhe pediu que propusesse um nome para sua primeira filha, que começasse com "I", e ele sugeriu que a chamassem de "*it*", em latim, *illa*, aproveitando assim a inicial da mãe e rimando também com o nome do pai.

No aniversário de 23 anos de Indira, em 28 de janeiro de 1915, Jit lhe deu um livro com os próprios poemas, dedicado a ela. É um volume fino, com capa de cetim azul-escuro. Na página de rosto se vê uma fotografia em preto e branco de uma Indira atipicamente séria, vestida com um sári, fitando pensativa um buquê de rosas, depositado em seu colo. "Desejando-lhe muitos retornos felizes deste dia", diz a inscrição manuscrita, "e todas as felicidades imagináveis."[30]

Os poemas são alegres e graciosos em tom, cheios de brincadeiras, referências pessoais e divididos entre relatos afetuosos da vida em Cooch Behar e Darjeeling, uma ode de motejo aos "Lanceiros de Cooch" e até uma reflexão sobre as origens da Grande Guerra, chamada "Disse o *kaiser*". "*In Memoriam*" é um elogio à memória de Nripendra; "Para a mãe" é um relato, inspirado em Sunity, do despertar religioso. A maioria é endereçada a Indira. "Tudo que começa bem acaba bem" conta a história do namoro deles, começando:

> Once in India's coral strand
> There lived a Princess fair
> And many a chieftain sought her hand,
> But ended in despair*

"Para 'I'" descreve o arrebatamento que Jit sente quando aperta a esquiva esposa nos braços ("Lábios doces e apaixonados, / Apertados contra os meus, / Embriagam-me / Muito mais que o vinho!") e em "Seu colar", o marajá exprime o desejo de ser o colar de Indira, ficando-lhe sempre sobre o peito, e o ciúme à ideia de outro "enlaçando-a", seu "prêmio legítimo". "Incerteza do amor" é o segundo poema do livro e fornece um vislumbre da despreocupação de Jit e da dinâmica de seu relacionamento.

> I gave my heart to a maiden fair,
> With lustrous eyes and wavy hair:
> Her love with every thought and care
> I cherished!
> Her happiness was all to me;
> I thought she loved me tenderly.
> And had she not, you clearly see
> I perished.
> But now I'm not so sure about
> Her love, 'cept when her pretty pout
> Dispels in toto every doubt
> About her love for me.
> Of course *I* love her as before,
> And I would give the world and more,
> If she'd give only half just for
> Her husband T. O. T.**

---

*Certa vez na costa de coral da Índia/ Vivia uma linda princesa/ E muitos chefes buscavam obter sua mão/ Mas acabavam desanimados.

**Dei meu coração a uma bela donzela/ De olhos brilhantes e cabelos ondulados:/ Seu amor, com toda atenção e cuidado/ Tratei!/ Sua felicidade era tudo para mim;/ Achava eu que ela me amava com ternura./ E se não o fizesse, vocês me veriam com certeza/ Perecer./ Mas agora não estou tão certo/ Desse amor, exceto quando faz seu lindo beicinho/ Dissipando por completo qualquer dúvida/ Sobre o amor que tem por mim./ É claro que a amo como antes,/ Que daria o mundo e muito mais,/ Se ela desse apenas a metade por este que é/ Seu marido T.O.T.

O nascimento de Ila marcou o primeiro sinal de degelo entre Indira e Chimnabai desde sua fuga. A mãe mandou um telegrama informando os avós sobre seu nascimento, e a avó respondeu enviando um cozinheiro marata a Cooch Behar a fim de que fizesse para Indira a comida de que ela gostava desde a infância.

Ainda levaria dois anos — e o nascimento de mais um bebê — para Chimnabai ceder o suficiente e responder às muitas cartas que Indira lhe havia escrito desde a fuga com Jit, quatro anos antes. A marani, escrevendo em 1917, de Baroda, durante o Divali, o feriado hindu mais relacionado à família, falou sobre sua falta de saúde e a de Sayajirao, o casamento de uma neta, o parto iminente de Kamala, esposa de Shivaji, e perguntou ansiosamente sobre Dhairyashil, que se afastara deles em uma reação ao que via como exigências irracionais do pai, mas mantinha contato com a irmã.

Embora Sayajirao tenha visto Jit com Indira na Conferência dos Príncipes Reinantes em Délhi, em 1916, e depois em Bombaim, no final daquele ano, Chimnabai ainda não estava pronta para abraçá-lo: "Ele me causou muito sofrimento. Vamos esperar!",[31] disse ela. Só seis meses depois, no solo neutro do hipódromo de Puna (local propício para se encontrar a marani, louca por corridas, desde que seus cavalos estivessem vencendo), que eles se reconciliaram por fim.

A esta altura, o quase inevitável poder do alcoolismo já tomara conta de Jit — com apenas 32 anos em 1918 e todas as virtudes que a vida podia lhe dar, menos a moderação. Em fevereiro, tendo pedido permissão ao Departamento da Índia para se tratar no exterior, Jit, Indira e os três filhos pequenos, Ila, Bhaiya e Indrajit (mais um piano, uma máquina de escrever e um carrinho de bebê), partiram de Calcutá em direção a Marselha e de lá, por terra, até Paris e depois Londres. Na primavera, estavam de volta à Inglaterra, quando Jit terminou seu tratamento em uma casa de saúde em Folkestone e, em 23 de maio, Indira deu à luz a segunda filha, Ayesha.

O verdadeiro nome da recém-nascida era Gayatri — um bom nome hindu, contendo a letra "G", que os astrólogos reais haviam recomendado — mas quando ela nasceu, Indira estava mergulhada no best seller de Rider Haggard, de 1887, *Ela*, e só chamava o bebê de Ayesha, nome da misteriosa deusa em torno da qual gira o romance. Valentine Castlerose contou ao romancista William Gherardi "que Indira Cooch Behar era 'Ela', saída diretamente das páginas de Rider Haggard",[32] e não é difícil descobrir elementos de sua filosofia pessoal no livro. "Não confie no futuro, pois ninguém sabe o que ele trará!",[33] era a mensagem ficcional de Ayesha. "Portanto, viva cada dia e não procure fugir do pó, que parece ser o destino do homem." Assim, a filha foi, desde os primeiros dias de vida, moldada à imagem da mãe, como sucessora e, talvez, rival.

Nos primeiros anos da década de 1910, como marajá de Cooch Behar e solteiro, Rajey continuara a conferir à mãe todas as honras e dignidades devidas à marani principal. "Mãe, seus aposentos jamais serão dados a outra mulher enquanto eu viver",[34] dissera-lhe ele. "Eles serão sempre seus, e, se eu me casar um dia, construirei um palácio novo." Pode-se quase ouvir a censura implícita a Jit quando Sunity se recorda desta promessa em sua autobiografia, de 1922, mas a chegada de Indira a Cooch Behar, em 1913, significou que ela não era mais a primeira-dama lá.

A partir daí, Sunity Devi passava a maior parte do tempo em Calcutá e Londres, vestindo etéreas roupas brancas, escrevendo livros sentimentais sobre a história da Índia que ela esperava fossem esclarecer leitores britânicos sobre a distante colônia e inspirar as mulheres da Índia a levar vidas melhores. Ela concluiu a autobiografia com as palavras: "É minha maior esperança que dentro de alguns anos as indianas estejam em seu devido lugar, e mais uma vez o país gritará: 'Tenho orgulho de minhas filhas.'"[35]

Um de seus livros era uma nebulosa biografia da esposa do Buda, Yashodara, que abrangia vários dos temas favoritos de Sunity, como a virtude dos príncipes, uma devoção matrimonial que se aproximava do martírio e as buscas paralelas pelo verdadeiro amor e a verdade religiosa. Outro era uma coletânea de histórias folclóricas bengalesas e vinhetas da vida nas florestas de Cooch Behar. Em sua imaginação, as esposas eram sempre carinhosas; as crianças, inocentes; o rugido de um tigre, algo arrepiante; e o luar, suavemente radiante.

Até sua autobiografia tem um toque de conto de fadas: Sunity Devi tinha a eminente capacidade de passar por cima dos fatos que preferia ignorar. As infidelidades e as extravagâncias de Nripendra foram removidas; o frio marido de Pretty, Lionel Mander, é descrito apenas como "parecendo" ser dedicado a ela; o relato sobre a relação indócil entre Rajey e Edna May é substituído pelo desejo de que ele encontrasse uma moça de sua própria posição. Ela chega a declarar que gostava de Indira como se fosse "uma de minhas próprias filhas".[36]

A única referência à trágica fraqueza dos filhos pelo álcool (ela os descreve simplesmente como sendo "doentes") é uma velha lenda que Sunity relata a propósito de algo completamente diferente. Na história, aldeões atingidos pelo cólera foram aconselhados a colocar uma grande estátua de pedra de seu deus no Ganges, para pôr fim à epidemia. Um velho sonhou que o deus aparecia e lhe dizia que sua estátua só poderia ser carregada por alguém de coração puro, que realmente o amasse. Todos os aldeões tentaram levantá-la sem sucesso. Por fim, o bêbado do vilarejo entrou cambaleando no recinto do templo e declarou que ninguém amava mais o deus que ele. Depois, levantou a estátua como se fosse uma pluma e carregou-a para o rio, o rosto colado às guirlandas de flores sobre seu peito. A multidão, admirada, ficou muda de espanto ao ver que um pobre bêbado foi o escolhido para mostrar que, sob um manto de fracassos e fragilidades, havia um coração que permanecia puro e dentro do qual se encontrava "o reino invisível de Deus", que é todo verdade e amor.[37] Meus filhos podem ter sofrido, era a mensagem, mais por fraqueza que por maldade, mas isso pode tê-los trazido para mais perto de Deus.

Nine Ideal Indian Women [Nove mulheres indianas ideais] foi dedicado à velha amiga de Sunity, a rainha Alexandra. O livro contava a vida de nove princesas indianas virtuosas da história e da mitologia, unidas pelo amor aos maridos, feito de autossacrifício, e pela resignação fatalista à adversidade. Uma das heroínas — sua xará, Sunity — era tipicamente inocente, abnegada e bela quando foi trazida diante do futuro marido — um paralelo, sem dúvida, da verdadeira Sunity em 1878. Ela adentrou a corte do pai

> (...) com obediência e simplicidade infantis [e] como uma flor rara, deslizou até a base do trono. A margem dourada de seu sári se integrava com perfeição à esplêndida textura do *gaddi*, enquanto as pregas aderentes da seda macia escondiam e revelavam a beleza de suas formas de donzela. A cabeça estava ligeiramente inclinada, e o rosto delicado e distinto parecia um pouco sério. Os lábios trêmulos traíam o sentimento de que ser vista por tantos olhos era-lhe uma provação (...). Preciosos rubis e pérolas circundavam o lindo pescoço e os tornozelos; pequenos sinos de ouro produziam um delicioso tinido quando caminhava.[38]

O príncipe que viera desposá-la ficou extasiado: "Ele achou que sua voz era a música mais doce que já ouvira, e que o rosto, emoldurado pelo sári de seda, era como um lótus branco imaculado, flutuando em um lago de águas verdes e límpidas."

O mundo idealizado que Sunity criava nesses livros era, todavia, algo bem distante do rumo que a vida tomou para ela e os filhos. A tentação de julgar sua recusa em tratar das infidelidades do marido e do trágico alcoolismo dos filhos é irresistível e anacrônica, mas fica claro, a partir das poucas evidências que possuímos, que a marani reagia se fechando como as ostras aos problemas com os quais não queria lidar. Ao contrário de Chimnabai, uma pragmática de visão clara, Sunity Devi via o mundo através de óculos imutavelmente cor-de-rosa. Apesar do trabalho importante que realizou para melhorar as condições em que suas conterrâneas viviam, ela nunca entendeu as dificuldades que as mesmas enfrentavam porque persistia na crença panglossiana de que, contrariamente à sua experiência pessoal, tudo daria certo no final.

Essa dicotomia entre imaginação e realidade ficou clara, e com ironia cruel, na vida dos filhos. Talvez a história mais triste seja a de sua filha mais velha, a princesa Sukriti, ou Girlie, que desposara o ambicioso

Jyotsnanath Ghosal em Woodlands, com grande fanfarra em 1899. Vinte anos depois, ela o havia deixado. O comportamento imoderado da esposa havia aparentemente lhe arruinado as chances de um posto elevado no ICS. Em abril, Girlie alugou uma casa em Devon para ela e os dois filhos e a abandonou seis meses depois, não só em condições precárias como também devendo 100 libras ao senhorio. "Ela ficou famosa na vizinhança durante sua curta estada", informou o escandalizado general-brigadeiro Llewellyn ao Departamento da Índia, em 1920, "por quebrar (ou os amigos) as janelas da escola do vilarejo, pela violência e por deixar muitas dívidas na localidade".[39]

Em fevereiro do ano seguinte, Ghosal colocou um anúncio no *Morning Post*, notificando oficialmente que não era mais responsável por qualquer dívida que a esposa, de quem estava separado, contraísse. Em março, Girlie, então com 37 anos, ganhava destaque mais uma vez nos arquivos do Departamento da Índia. Ela, o filho adolescente, Archie, e o "secretário", um jovem chamado Raymond Charles Combi, contataram o cônsul-geral britânico em Paris. Estavam em uma situação "de completa penúria" — tinham apenas 4 francos — e o hotel confiscara-lhes a bagagem porque não tinham como pagar a conta. O secretário de Estado autorizou um pagamento de mil francos.

Dez dias depois, o Departamento da Índia recebeu um telegrama pedindo ajuda para o pagamento de passagens de volta à Índia. Este dizia, dramaticamente: "Sem recursos". Uma soma foi repassada a Girlie através de *mr.* Sinclair, cônsul-geral em Gênova. Ela e Combi, que Sinclair presumiu erroneamente que fosse um parente, chegaram a seu escritório em 1º de abril. O cônsul reservou uma cabine para a princesa no SS *Pilsna*, que zarpava de Trieste para Bombaim dois dias depois. Liquidou a conta do hotel em Gênova e lhe deu algum dinheiro para as despesas. Após tê-la levado até o trem para Trieste, *mr.* Sinclair descobriu que ela e Combi haviam não apenas dividido o quarto, mas recebido visitantes e deixado acumular uma conta altíssima com bebidas. Por causa de seus "hábitos", ele disse delicadamente ao Departamento da Índia que recomendava que ela viajasse com uma enfermeira.

1. O acampamento do rei-imperador, *durbar* de Délhi, 1911.

2. O pavilhão real do *durbar* de Délhi, 12 de dezembro de 1911.

3. Miss Tottenham, Chimnabai e Indira, cerca de 1911. (Com a permissão da *rajmata* de Jaipur.)

4. O noivo de Indira, marajá Scindia de Gwalior, cerca de 1911. (Lafayette)

5. Jit em 1913. (Lafayette)

6. Sayajirao em 1875.

7. O palácio de Laxmi Vilas, em Baroda.

8. Chimnabai tocando cítara com suas damas de companhia, em um pátio de Laxmi Vilas. (Com a permissão da *rajmata* de Jaipur.)

9. O palácio de Cooch Behar. (Com a permissão de Garbo Garnham.)

10. Sunity Devi na juventude. (Lafayette)

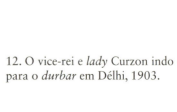

11. Indira na infância, cerca de 1895. (Com a permissão de Habi Deb Burman.)

12. O vice-rei e *lady* Curzon indo para o *durbar* em Délhi, 1903.

13. A marani e o marajá de Baroda em frente a Laxmi Vilas, 5 de julho de 1905. (Lafayette)

14. Chimnabai exibindo suas habilidades de esportista com um atípico sorriso para a câmera, cerca de 1910.

15. Hitty, Nripendra, Pretty, Baby e Jit, cerca de 1908. (Com a permissão da *rajmata* de Jaipur.)

16. Bexhill, cerca de 1909: Pretty, Nripendra, Jit, Sunity Devi e Baby. (Com a permissão de Garbo Garnham.)

17. O salão de jantar de Cooch Behar.

18. A viúva dedicada: Sunity Devi, vestida de branco, logo após a morte de Nripendra, com seu retrato. (Com a permissão de Habi Deb Burman.)

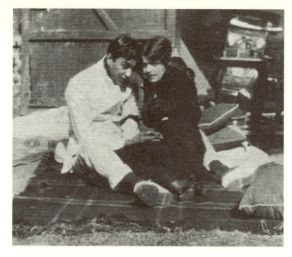

19. Jit e Indira em lua de mel, em agosto de 1913: uma época de "felicidade perfeita". (Com a permissão da *rajmata* de Jaipur.)

20. Indira e Ila, 1915. (Com a permissão de Habi Deb Burman.)

21. Sayajirao, o estadista maduro, 1919. (Lafayette)

22. Jit e Indira com a família em Bexhill um pouco antes da morte dele; as crianças, da esquerda para a direita: Ila, Menaka, Ayesha, Indrajit e Bhaiya. (Com a permissão de Habi Deb Burman.)

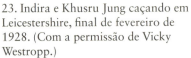

23. Indira e Khusru Jung caçando em Leicestershire, final de fevereiro de 1928. (Com a permissão de Vicky Westropp.)

24. Indira e amigos em Le Touquet, junho de 1928. (Com a permissão de Vicky Westropp.)

25. Indira e a prole em suas viagens, cerca de 1930. Da esquerda para a direita: Ila, Bhaiya, Indrajit, Indira, Ayesha, desconhecido e Kajumama. (Com a permissão da *rajmata* de Jaipur.)

26. Indira e Douglas Fairbanks com amigos em Cooch Behar. (Com a permissão da *rajmata* de Jaipur.)

27. Cortejo do Jubileu de Ouro de Sayajirao, saindo de Laxmi Vilas, 1931.

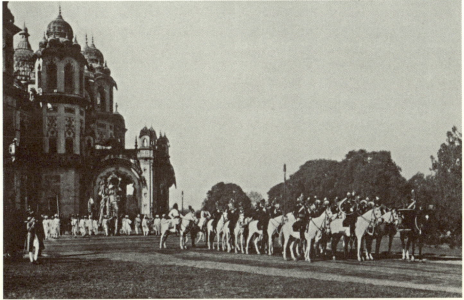

28. Recepção para Sayajirao e Chimnabai no Vaticano, 1932. Indira é a quarta a partir da esquerda, Chimnabai a quinta e Sayajirao o sétimo. (Com a permissão de Habi Deb Burman.)

29. "Ela": Indira aos 40 anos. (Com a permissão de Habi Deb Burman.)

30. Ayesha com seu cachorro em Darjeeling. (Com a permissão da *rajmata* de Jaipur.)

31. Boudoir de Indira em Cooch Behar. Ela está sentada na frente de seu retrato, pintado por De Laszlo, com a filha de Ila, Devika; no chão, está o tapete feito por Schiaparelli com peles de leopardos mortos por Ila. (Com a permissão de Devika Devi.)

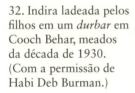

32. Indira ladeada pelos filhos em um *durbar* em Cooch Behar, meados da década de 1930. (Com a permissão de Habi Deb Burman.)

33. Ayesha e Jai dançando em Londres nos primeiros dias de namoro, cerca de 1938. (Com a permissão da *rajmata* de Jaipur.)

34. Jai, no centro da foto, é recebido por Bhaiya quando chega a Cooch Behar para se casar com Ayesha, maio de 1940. (Com a permissão da *rajmata* de Jaipur.)

35. Gandhi e Sarojini Naidu na Marcha do Sal, 1930. (Popperfoto)

36. Ayesha e Indira assistindo a uma apresentação em Cooch Behar, década de 1940. (Com a permissão de Devika Devi.)

37. Ayesha e Jai em um *shikar* em Cooch Behar, década de 1940. (Com a permissão de Devika Devi.)

38. Ayesha e Bhaiya em um elefante em Cooch Behar, década de 1940. (Com a permissão de Devika Devi.)

39. Caçada em Cooch Behar na década de 1940: Jai está no centro olhando para o tigre. (Com a permissão da *rajmata* de Jaipur.)

40. Nehru sentado no lugar mais alto da carruagem de Mountbatten, no primeiro dia da Independência da Índia, em 1947. (AP)

41. Ayesha e Jagat, em 1949. (Com a permissão da *rajmata* de Jaipur.)

42. Indira e Habi na Praça de São Marcos, em Veneza, década de 1950. (Com a permissão de Habi Deb Burman.)

43. Nehru e Indira Gandhi em 1956. (Popperfoto)

44. Jackie Kennedy e Ayesha em Jaipur, 1962. (Com a permissão da *rajmata* de Jaipur.)

45 e 46. Ayesha fazendo campanha em Jaipur, 1962. (Com a permissão da *rajmata* de Jaipur.)

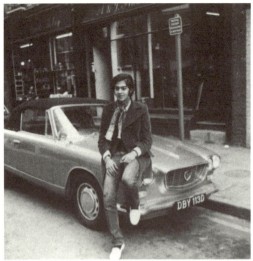

47. Jagat em Londres, no final da década de 1960. (Com a permissão da *rajmata* de Jaipur.)

48. O filho de Ila, Habi, com a esposa Moon Moon e as filhas Riya e Raima, cerca de 1985. Moon Moon e as filhas são estrelas de cinema de Bollywood – realeza indiana de outro tipo. (Com a permissão de Habi Deb Burman.)

49. Ayesha em 2002, ainda uma rainha em cada detalhe. (Com a permissão da *rajmata* de Jaipur.)

Mr. Townend, funcionário do consulado britânico em Trieste, e a esposa receberam Girlie e o "cavalheiro" com quem ela viajava na estação. Eles os levaram para ver a cidade antes de embarcarem no SS *Pilsna*. Na cabine, pediram a ela que mostrasse a passagem e o passaporte, mas Combi (sempre referido nesta correspondência como "o cavalheiro") se recusou a entregá-los ao oficial. Ele "disse que a princesa não partiria sem ele e que não tinha mais dinheiro" e desembarcou com os documentos dela. O estupefato Townend levou Girlie de volta ao hotel Savoy, recobrou o passaporte e a passagem dela de Combi e a conduziu até a estação a fim de que pegasse o trem noturno para Veneza, onde poderia reembarcar no *Pilsna*. Enquanto aguardavam na plataforma, "o cavalheiro" apareceu com a polícia, "muito exaltado", e insistiu para que *mr.* e *mrs.* Townend fossem presos por raptar "sua esposa".

Às duas e quinze da manhã, o casal, libertado pela polícia, retornou ao Savoy. Acompanhados pelo porteiro e pelo guarda-livros principal do hotel, os dois subiram até o quarto de Girlie. Ela estava na cama, e Combi vestia pijamas e um sobretudo. Townend pediu "ao cavalheiro" que saísse do quarto enquanto a princesa se vestia. Ela deixou que *mrs.* Townend a conduzisse para fora do hotel, enquanto Combi, ainda de pijama, gritava atrás dela: "Não me abandone, Girlie!" Em meio a desmaios e completamente histérica, a princesa não tinha a menor condição de viajar para Veneza, mas às oito e quinze, ela e *mr.* Townend conseguiram partir de carro para lá, onde, tendo perdido o *Pilsna* por cinco minutos, porque Girlie sofrera uma nova crise no caminho, ele a deixou sob os cuidados do vice-cônsul. Em Trieste, Combi ficou preso por um breve período e, sem um tostão, voltou para Gênova.

Mr. Sinclair, com a exasperação triunfando sobre a discrição diplomática, telegrafou ao Departamento da Índia, dizendo que a princesa era "completamente irresponsável, sem um pingo de moderação e incapaz de viajar sozinha". Ela se recusava a partir para a Índia sem Combi, apesar de o Departamento ter negado custear sua passagem, e a dela também — por razões morais e também financeiras. "O cavalheiro" chegou a

Veneza em 22 de abril; os dois deixaram o hotel no dia seguinte, e o episódio pareceu ter chegado a um insatisfatório fim.

O penúltimo registro no arquivo que tratou desse incidente é uma carta ao consulado britânico em Veneza da companhia dona do SS *Tevere*, no qual Girlie zarpou por fim para Bombaim, em 1º de julho de 1921, solicitando o ressarcimento de seus gastos com cabeleireiro, bebida e a passagem de *mr.* Combi: ele havia "embarcado clandestinamente sem ter pago seu bilhete de primeira classe". O último registro, de 1922, menciona o recebimento pelo Departamento da Índia da soma paga por Jit, referente às despesas de sua irmã na Itália.

Os arquivos do palácio de Cooch Behar contêm pastas recheadas com pedidos de dinheiro de Girlie (e de Victor e Baby). No verão de 1939, aos 52 anos, Girlie estava em Woodlands — ainda incapaz de viver com a própria mesada e ainda esperando por alguém que tomasse conta dela. A governanta dizia que ela estava sendo "uma boa menina", informava a princesa, no final de uma série de cartas em que se queixava do alagamento de sua varanda, do atraso da mesada e do carregador não ter permissão para usar a cozinha durante seu chá de manhã cedo. Seu sobrinho-neto, Habi, lembra-se de encontrar Girlie — que fugiu para Darjeeling com um motorista de táxi britânico mais ou menos na época da Independência — em festas, os bolsos tilintando, cheios de garrafas de bebida roubadas. Ele compareceu ao enterro quando ela morreu, em 1958, naquela cidade.

As antigas amigas de escola de Indira, Pretty e Baby, casaram-se com dois irmãos ingleses, Lionel e Alan Mander. Pretty foi a única entre os filhos de Nripendra a ser mencionada em seus obituários. Ela era, disse o *The Times*, popular na sociedade londrina e "notada em especial pelo charme e pela beleza".[40] Sunity Devi descreveu-a como "praticamente uma garota inglesa, embora em casa vivesse como princesa indiana";[41] uma fotografia mostra seu olhar calmo e sedutor, em um rosto oval, coberto de suave penugem. Seus gostos e modos europeus preocupavam a mãe, que sabia quão infeliz Girlie era com o marido bengalês, mas mesmo assim se sentia apreensiva com relação a casamentos inter-raciais.

Pretty acabou desposando um astro do cinema inglês, Lionel Mander, mas o casamento fracassou muito antes da morte dela em 1923.

Embora Sunity Devi dissesse que a caçula, Baby, fosse a mais voluntariosa entre os filhos — "só fazia aquilo que queria" —,[42] ela parece ter sido a que teve uma vida adulta mais feliz entre os Cooch Behar. Aos 5 anos, ficou noiva do *yuvraj* de Kapurthala, filho de um dos melhores amigos de Nripendra, um licencioso príncipe francófilo. Entretanto, ela se apaixonou pelo belo cunhado da irmã, Alan, e, contra a vontade da família, resolveu desposá-lo. Sunity Devi, tentando se conformar com a morte de Rajey, queria manter a caçula a seu lado por um pouco mais de tempo. Mais ou menos na mesma época em que os Baroda estavam levando Indira para o exterior, a fim de distraí-la da paixão por Jit, a marani levou Baby para fazer um longo cruzeiro — mas o devotado Alan as seguiu pelo mundo. Por fim, quando a moça ameaçou entrar para um convento se não conseguisse se casar com ele, Sunity Devi consentiu no matrimônio, que aconteceu em Woodlands, em fevereiro de 1914. "Agora minha vida chegou àquele estágio em que não devo mais ser ouvida", escreveu ela em suas memórias, "o meu amor deve rezar em silêncio pela felicidade de meus filhos."[43] O *yuvraj* ficou furioso: ameaçou matar Mander por esta desfeita a sua honra.

Alan voltou à Europa para lutar em setembro e, embora tenha sobrevivido à guerra, ficou traumatizado e jamais se recuperou emocionalmente. O casal viveu um tempo em Kingston, enquanto ele gastava o dote dela tentando ser piloto de corridas, e depois em Chelsea. Sunity Devi estava lá quando o primeiro filho de Baby nasceu, em julho de 1920. A casa aconchegante, lembra a segunda filha, Garbo, era um verdadeiro lar indiano, cheirando a especiarias.

Jit estava se destruindo muito rápido no outono de 1922: morreu dois meses depois em uma casa de saúde em Londres, no dia de seu aniversário de 36 anos. A viúva retornou à Índia quase que imediatamente com Bhaiya — o novo marajá —, de 7 anos, e duas de suas irmãs, Ila e Ayesha, que, segundo Indira, "vestiu-se toda de branco [a cor indiana de luto], chorando muito e se trancando em sua cabine".[44] As cinzas do pai iam com elas para serem colocadas no cada vez mais cheio jardim memorial de Cooch Behar. Jit era o terceiro dos sete filhos do estado a morrer jovem; a princesa Pretty, separada de Lionel Mander, iria segui-lo no próximo ano.

Durante toda a primavera de 1923, em Calcutá, choveram telegramas, cartas e visitantes expressando condolências pela morte de Jit e lealdade a Bhaiya, em Woodlands. Indira, viúva com apenas 30 anos e mãe de cinco filhos, tornou-se regente do estado e presidente de seu Conselho de Regência.

Embora as mulheres indianas tivessem por muito tempo ficado afastadas da companhia masculina, havia uma tradição igualmente longa de elas participarem do governo por detrás do *purdah*. Isso tinha mais a ver com a capacidade individual feminina do que com a sociedade repressiva em que viviam. Mulheres excepcionais podiam subverter os costumes, enquanto estes podiam transformar sua força e ambição em algo conveniente. As mais velhas, nas famílias muito grandes, controlavam com frequência questões e decisões domésticas; da mesma forma, assumiam às vezes responsabilidades maiores, em uma esfera mais ampla, se os pais, maridos ou filhos se viam incapazes de fazê-lo. Quando o pai de Nripendra morreu no século anterior, as ranis de Cooch Behar tentaram em vão afirmar seu controle sobre a administração do estado; o fato de não terem conseguido revela mais a determinação britânica de impor sua vontade nos quatro cantos da Índia dos príncipes do que qualquer tipo de discriminação sexual. Em Baroda, a marani Jamnabai, desembaraçada e enérgica, mas recém-saída da adolescência, fora empossada como regente enquanto se procurava um herdeiro para o *gaddi*.

Por detrás do *purdah*, as indianas sempre foram ferozmente orgulhosas de seus estados. As mulheres *rajputs*, em particular, tomavam decisões quando sua honra se encontrava ameaçada — ou quando os maridos não estavam conseguindo defendê-la. Em 1561, o general Adamkhan, a serviço do imperador mogol, conquistou Malwa. O rei hindu local, Baz Bahadur, foi traído por seus homens e fugiu da cidade.

Adamkhan solicitou uma entrevista com a rainha abandonada, Rupamati, famosa por sua poesia e beleza. Ela concordou em recebê-lo. Ele foi levado ao palácio, e guiado pelos recintos mais recônditos da *zenana* até seus aposentos, e encontrou-a reclinada em um divã, ricamente vestida e maquiada — morta.

Cerca de um século mais tarde, Jaswant Singh, marajá de Jodhpur, comandou 30 mil *rajputs* em uma batalha contra o imperador mogol Aurangzeb. Foi um massacre, e Singh retornou a Jodhpur com apenas metade de seus homens. A esposa deu ordens para que fechassem os portões da cidade e mandou o marajá voltar para "vencer ou morrer".[45] Ele levou uma semana para persuadi-la a ceder. A heroína marata Laxmibai, rani de Jhansi, vestiu-se de homem para conduzir suas tropas contra os britânicos durante a revolta dos Cipaios, e foi morta com um tiro em uma escaramuça em 1858.

Quatro begumes sucessivas ("begume" é o título islâmico para uma mulher casada de classe alta) governaram Bhopal, um importante estado muçulmano no centro da Índia, de 1820 a 1926. Sob sua liderança, Bhopal foi, como Baroda, um principado bem-administrado, cheio de hospitais e orfanatos novos, marcado por melhoras no bem-estar das crianças, na saúde pública e na educação. Um residente britânico, sensível e respeitoso, garantia as boas relações com o Governo Britânico da Índia. O fundador do estado, Nuzzar Mohammed Khan, morrera aos 28 anos deixando a esposa de 19 como regente da filha criança, a begume Sikandar, que, em 1868, legou o trono à filha, Shah Jahan. Embora fosse um estado muçulmano, apenas a última das quatro begumes, a sultana Jahan, viveu em *purdah* rígido o bastante para permanecer encoberta quando estava em público; apesar das próprias conquistas, foi uma oponente ardorosa da emancipação feminina. Ela participou do *durbar* da Coroação em 1911, por detrás de uma bandagem em brocado de ouro.

Embora mulheres como a begume de Bhopal e a marani Jamnabai tenham fornecido modelos de comportamento históricos para Indira em sua nova posição como regente, e o próprio exemplo da mãe tenha anunciado uma mudança dramática em relação a como as maranis consortes encaravam sua influência e responsabilidades, o fato de que ela governaria fora do *purdah*, e por si mesma (embora em nome do filho), não tinha precedentes.

Sua viuvez, em um país que evitava ritualmente as viúvas, era um problema à parte. A viuvez era o pior destino que uma indiana poderia ter. Os pânditas e os mais velhos do século XIX, no sul e oeste da Índia, cumprimentavam comumente as mulheres com as palavras: "Que vós possais ter oito filhos, e vosso marido sobreviver-vos."[46] A questão dos horóscopos pré-matrimoniais não era para determinar se um jovem casal era compatível, mas para sondar se a futura esposa morreria antes do marido. Se os mapas dissessem que não, o casamento era cancelado. A esposa que morria antes do marido, entretanto, era vestida de noiva com todos os seus enfeites matrimoniais e celebrada por sua virtude, mas não se esperava que o marido desse provas de seu amor se juntando a ela na pira funerária.

Sobreviver ao marido mostrava que ele não fora nutrido de maneira apropriada — era a manifestação de encarnações com mau carma — e se esperava que a viúva vivesse o restante de seus dias em penitência por seu pecado e reverenciando a memória do marido. Sunity Devi descreveu admiravelmente sua visita à marani viúva de Burdwan, quando ela e Nripendra estavam em lua de mel lá. "Ela venerava os chinelos do falecido marido, que colocava perto da cadeira dele, como se estivesse vivo e sentado ali."[47]

Tradicionalmente, as viúvas quebravam seus braceletes nupciais quando os maridos morriam e nunca mais usavam ornamentos de qualquer tipo. Raspavam a cabeça a cada duas semanas, vestiam sáris brancos de algodão simples, raramente comiam outra coisa que não fosse arroz puro em suas solitárias refeições diárias e dormiam sobre esteiras finas e grosseiras. Casar-se de novo era algo impensável, embora em 1856 as leis tenham sido alteradas a fim de permitir isso. Elas não podiam participar de nenhum tipo de comemoração familiar, pois considerava-se que sua presença trazia má sorte. Era de mau agouro que se visse o rosto de uma viúva como primeira coisa do dia.

A viuvez era mais difícil ainda para as mulheres jovens. Algumas eram ainda crianças quando os maridos morriam e, desanimadas, temerosas, eram o tipo de viúva mais suscetível aos argumentos de glorificação do *sati*, o costume no qual elas se atiravam nas piras funerárias dos consortes. A melhor coisa que uma delas podia fazer, de acordo com a teologia ortodoxa hindu, era se juntar ao marido na morte. Isso não só absolveria seus pecados — ela ficava imediatamente livre do ciclo de nascimentos e mortes — como garantiria salvação para o marido e as sete gerações que a sucedessem. O *sati* foi banido pelos britânicos em 1829, mas persistia ainda nos estados *rajputs* mais ortodoxos, embora cada vez mais raro, no século XX.

Muitas vezes, o *sati* não era visto como uma consequência cruel das pressões sociais e da comunidade, mas como o ato mais elevado de amor abnegado. Até reformadores como Sarojini Naidu viam-no através de uma aura romântica: como uma mulher que preferia morrer nas chamas a viver sem o homem que venerava. Nos fortes *rajputs*, gerações de mulheres metiam as mãos no pó vermelho, que é o símbolo de uma boa esposa, e depois estampavam-nas nas paredes de pedra, quando passavam a caminho das piras funerárias dos maridos; essas impressões pungentes e anônimas de piedade e devoção perduram até hoje. Padmini, uma princesa *rajput* de Chittor, preferiu conduzir suas damas, vestindo sáris cor de açafrão, para um *sati* em massa, chamado *jauhur*, a se render ao rei *pathan* de Délhi, em 1303. Em 1587, Chittor caiu de novo, desta vez para o imperador mogol Akbar.[48] Enquanto oito mil guerreiros *rajputs* combatiam até a morte, nove rainhas, cinco princesas, além de viúvas e filhas de dezenas de chefes, morriam nas chamas de um segundo *jahur*.

Indira, "tão cheia de fogo e graça",[49] não era o tipo de mulher para se retirar completamente da vida porque o marido, por mais amado que tenha sido, morrera. A força que ela demonstrara ao escolher se casar com Jit, contra todas as pressões da família e da sociedade na qual fora criada, não diminuíra com o casamento. Embora a união tenha sido apaixonada — confirmada pelos cinco filhos que ela teve em nove anos —, o alcoolismo de Jit se interpusera entre eles.

Anos mais tarde, Indira contou à neta que, enquanto ele estava fora bebendo com os amigos, ela ficava enrolada na cama, o nariz metido em um livro, absorvida em alguma coisa com a qual ele não tivesse qualquer ligação. Apesar de todo o seu humor e alegria, e da adoração pela esposa, Jit, como os irmãos e as irmãs, preferiu deslizar sobre a superfície da existência. A tensão entre os pais, as preocupações com dinheiro e a fraqueza trágica da família pela bebida, que não eram reconhecidas nem discutidas, deixou-os incapazes de encarar os desafios da vida. Na verdade, o poderoso glamour que possuíam como família pode ter se originado nos esforços constantes de se acreditar que tudo era maravilhoso, o tempo todo: estavam sempre representando. Esse mesmo encanto que emanavam tornava difícil que eles ficassem vulneráveis quando precisavam.

Até 1923, Indira havia assistido a dois de seus irmãos, além do marido, morrerem por abuso de álcool, mas sua reação foi muito característica. Ela abraçou a vida, agarrou o que lhe fora dado com ambas as mãos. Quando Jit morreu, estava mais convencida que nunca de que a felicidade jamais seria encontrada em outra pessoa. A família e os amigos eram importantes, os amantes seriam importantes; porém a lição mais valiosa que a vida lhe havia ensinado era que ela tinha de ser responsável por si.

8

Enquanto Indira assumia as rédeas do governo em Cooch Behar, Chimnabai continuava sua campanha para emancipar as mulheres da Índia. "Se o estado de ânimo certo conseguisse tomar conta das indianas hoje", suspirava ela para *miss* Tottenham, ecoando os sentimentos de Sunity Devi, "quantas coisas maravilhosas poderiam acontecer."[1]

O movimento das mulheres havia progredido muito desde os primeiros dias de ativismo em Bengala, quando as maranis de Cooch Behar e Baroda se encontraram pela primeira vez. As líderes do movimento ainda eram, por uma questão de necessidade, das classes sociais privilegiadas, no entanto sua organização e metas estavam muito mais sofisticadas. A Associação das Mulheres Indianas, vinculada às sufragetes britânicas, foi fundada em 1917 e exigiu pela primeira vez direitos iguais, e o Conselho Nacional da Mulher na Índia, um grupo filantrópico cujos membros pertenciam à elite feminina do país, foi estabelecido em 1925. No ano seguinte, Chimnabai aceitou sua presidência. Em 1928, foi eleita presidente mais uma vez, e, novamente, de 1930 a 1934, e de 1936 a 1937.

Em 1927, Sarojini Naidu (já então um importante membro do Congresso e uma das primeiras seguidoras de Gandhi) persuadiu Chimnabai a presidir a primeira Conferência Geral de Mulheres da Índia, em Puna. "Ninguém mais indicado que Sua Alteza para presidir nossas deliberações nesta ocasião", disse a primeira oradora do encontro, apresentando Chimnabai e descrevendo sua "ampla experiência e suas opiniões esclarecidas",[2] e os anos em que ela e Sayajirao trabalharam em prol da educação das mulheres, a fim de melhorar as condições em que vivem. A marani, que pagou a publicação do relatório da conferência, foi descrita por Sarojini como "a fada madrinha daquela Cinderela da educação indiana — os interesses das meninas".

O objetivo original do encontro era discutir a melhora da educação feminina, mas ficou claro que não se poderia tratar disso sem debater primeiro os problemas sociais que as mulheres enfrentavam no país. "Aqui, com toda esta onda de renovação da cultura indiana; no começo do que pode ser considerado um renascimento da Índia, estamos reunidas para discutir isto, que, acima de tudo, toca na raiz do reflorescimento de um grande povo", disse Chimnabai no início de sua fala na conferência. "Estamos juntas para debater as questões que são essenciais para a educação e o bem-estar geral das futuras mães de nossa raça."

Para o bem da nação, continuou ela, as mulheres precisavam ter almas tão saudáveis quanto os corpos: necessitavam ter tudo que está contido na frase (uma das favoritas de Sayajirao) *mens sana in corpore sano*. A maldição do *sati* não pesava mais sobre elas, no entanto o casamento das crianças ainda era um problema. "Se desejamos ter filhos e filhas fortes e vigorosos, precisamos de mães com força e maturidade." Quando o casamento infantil fosse erradicado, acreditava ela, a educação feminina avançaria.

Entretanto, o maior de todos os males era o *purdah*.

A mulher que vive em *purdah* é tão prisioneira quanto um pássaro na gaiola. Confinada atrás dele, vive mergulhada na ignorância, cresce e se desenvolve como um animal de estimação. Nenhum raio de luz ou qualquer tipo de esclarecimento consegue penetrar na *zenana*. Ela é dada em casamento sem poder dizer uma palavra. Certo adágio popular compara uma filha a uma vaca. Como o pobre animal, ela lambe a mão do açougueiro, que se aproxima para lhe cortar a garganta.

A questão final tratada por Chimnabai foi um apelo em nome das mulheres de sua classe — as princesas da Índia. Um jornal de Bombaim publicara recentemente uma carta anônima de uma rani, intitulada "A situação de uma princesa indiana. Uma história de pesar. (Escrita por uma delas.)"[3] (ver Apêndice, p. 333), na qual a infeliz mulher lamentava o "peso de toda uma vida sendo negligenciada e maltratada", que ela e outras mulheres pertencentes a casas reais suportavam. Inspirada pelas mudanças sociais que estavam ocorrendo a seu redor ("Até nós que vivemos em *purdah* podemos sentir o sopro da nova mentalidade (...). Ousamos também sonhar com a autodeterminação"), ela descrevia de maneira vívida as restrições e a crueldade do regime em que vivia, e implorava por compreensão e ajuda. "Ao expressar meu sincero pesar pelo fato de esta princesa, tão desconhecida para mim quanto para vocês, ter tido que adotar esse método para expor suas queixas", disse Chimnabai, "é preciso valorizar este sinal de que a situação desse grupo de mulheres em nosso país está finalmente encontrando expressão."

Enquanto Chimnabai fazia sua cruzada, o marido se voltava para dentro de si. Sayajirao sofria de gota, a qual o incapacitava aos poucos, além de neurastenia, e se encontrava cada vez mais deprimido. Seu altruísmo cívico não se traduzia em contentamento interior. Dois de seus filhos haviam morrido; outro se esvaía em uma clínica alemã, doente demais para poder ver os pais; o tão amado marido da filha, com quem ele nunca se reconciliara por completo, deixara-a viúva. As relações com a esposa haviam ficado muito deterioradas por causa de suas diferenças sobre como lidar com os filhos errantes. "O que será que eu fiz para que Deus me castigasse com tanta severidade, pois todos os meus filhos se entregaram a coisas que detesto", lamentava-se ele, "e morreram tão jovens por causa delas?"[4]

Em agosto de 1923, uma nova tragédia. Chimnabai e Sayajirao estavam em Paris quando ele abriu o jornal e leu o próprio obituário. A imprensa havia cometido um erro: foi Sayajinhrao, o filho mais velho, de 28 anos, que morreu de enfarte em uma viagem de Berlim para Flushing. O jornal, na matéria corrigida da edição seguinte, disse que o príncipe sofria de "doença cardíaca"[5] já havia algum tempo. Sayajirao ficou "completamente tomado pela dor, atordoado demais pelo choque"[6] para ir a seu funeral.

O obituário prematuro do marajá se constitui, entretanto, em uma leitura interessante.[7] Sua tentativa de assegurar uma união de sua única filha com o já casado marajá de Gwalior tinha aparentemente decepcionado os reformistas sociais que o veneravam. Ele também era criticado pela "frieza" com que recebeu instruções do vice-rei para lidar com as insurreições da década de 1910. Os acontecimentos do *durbar* de 1911 foram superestimados.

Passar mais tempo ainda no exterior era uma forma de consolo. A partir do início da década de 1920, ele e Chimnabai só ficavam em Baroda durante os meses temperados de inverno. A travessia marítima da Índia até a Europa podia agora ser feita em apenas duas semanas, e alguns dos trechos no continente, percorridos de avião — em março de 1921, Sayajirao voou de Londres a Paris em um Farman Goliath. Cada vez mais, ele temia que tivesse negligenciado a família por causa do estado e ansiava por fazer uma compensação. O marajá comprou a antiga casa de lorde Tennyson, Aldsworth, em Surrey, em 1920, e trouxe toda a família de Baroda — inclusive netos e bisnetos — para passar um verão inglês com muito críquete e chá no gramado.

No inverno de 1924, Sayajirao comprou uma casa em Paris, perto do Parc Monceau. Quando a saúde permitia, ele e Chimnabai continuavam a circular pela Europa. Em 1928, quando Indira alugou uma casa de campo na Inglaterra para caçar raposas, o marajá caçou com cães pela primeira vez, aos 65 anos. Eles se encontraram com o presidente Roosevelt em Washington, em 1934; admiraram o espírito nacionalista (assim parecia) das Olimpíadas de Berlim, em 1936; caçaram animais de grande porte no leste e centro da África, em 1937; e, neste mesmo ano, fizeram um cruzeiro até a Islândia.

O interesse do marajá por arte, cultura e música aumentava. N. H. Spelman, crítico de arte de *The Times*, comprou quadros de Rubens, Ticiano, Fragonard, Romney, Turner e Poussin para sua coleção. De 1916 até sua morte, organizou-se um festival em Baroda durante o Holi, que atraía os melhores cantores, dançarinos, mágicos e mímicos da Índia, além de músicos do primeiro time.

À medida que envelhecia, as opiniões do marajá foram se afastando das tendências modernas do pensamento político indiano. O homem que um dia fora aclamado como potencial primeiro-ministro de uma Índia independente era agora criticado por grupos nacionalistas de esquerda, em virtude das longas ausências de Baroda e de suas extravagâncias pessoais ocasionais, e era ostensivamente lembrado de suas obrigações para com o povo. Pela primeira vez, revolucionários de classe média, cada dia mais confiantes, ousavam questionar o direito dos príncipes de governar (e viver à custa de) vastas porções da Índia; o fato de que Sayajirao já fora considerado um chefe de Estado exemplar e liberal não o isentava deste novo e rigoroso escrutínio.

Em 1927, Katherine Mayo perguntou a um grupo de hindus bengaleses, pró-autogoverno, em Délhi, o que fariam com os príncipes quando a Índia se tornasse independente. "'Vamos varrê-los do mapa!', exclamou um deles e os outros assentiram."[8] Material incendiário atacando-os era publicado com frequência cada vez maior. "Todos nós temos várias maneiras de começar o dia",[9] bradava um desses livros, publicado em 1930. "Os ingleses começam com ovos e bacon, os alemães com salsichas, os americanos com cereais. Sua Alteza prefere uma virgem."*

Sayajirao e Chimnabai sempre tinham sido respeitados pelos membros do Congresso. Por meio da amizade com pessoas como Sarojini Naidu, mantinham-se em contato com a nova onda de ativistas. Contudo, sua posição era um obstáculo automático: como poderiam um marajá e uma marani apoiar de fato reformas quando faziam parte da antiga ordem que era necessário derrubar? Naidu era amiga de Mohandas Gandhi, filho de um *dewan* de um pequeno estado gujarate próximo a Baroda, e estava se tornando a figura mais importante do movimento de independência da Índia. Embora a política do Congresso fosse, até 1937, de não interferência nos estados dos príncipes, a oposição de Gandhi a

---

*Tratava-se de um ataque ao marajá de Patiala, cujo enorme apetite sexual era notório.

eles era tão forte quanto à que fazia aos britânicos. Ele os via como "marionetes, criados ou tolerados para manutenção e prestígio do domínio britânico".[10] Sua autoridade sem limites era considerada "provavelmente a pior mancha da coroa britânica". "Não há qualquer mérito para os príncipes ao se permitirem exercer poderes que nenhum ser humano, consciente de sua dignidade, deve possuir, nem para o povo, que sofre calado a perda de liberdades humanas elementares."[11]

Para os indianos nacionalistas de opiniões mais moderadas, Sayajirao permanecia uma inspiração. Os jovens imitavam "as maneiras, a pontualidade, a aspiração nacional, o destemor, a erudição e o conhecimento de Sua Alteza",[12] lembra-se um nababo de Hyderabad.

Os príncipes, juntamente com muitos políticos indianos, tinham apoiado o esforço de guerra britânico, em parte na esperança de que o país recebesse o status de possessão com governo próprio, na mesma condição de Canadá e Austrália, depois que se chegasse à paz. Eles esperavam traçar um novo destino para si em uma Índia livre. Um Sayajirao cheio de dignidade proferiu um discurso ao vice-rei Chelmsford, na primeira Conferência dos Príncipes Governantes, em Délhi, em 1916. Ele concluiu manifestando a esperança de que fosse formado um conselho de príncipes com responsabilidades e poderes de verdade.

Isso não aconteceu; cinco anos mais tarde, Baroda foi um dos dez estados importantes que se recusou a participar da Câmara dos Príncipes, órgão meramente consultor, estabelecido pela conferência. Sayajirao tivera esperanças de que uma câmara composta por príncipes teria alguma voz na forma que tomaria uma Índia independente, mas se desiludiu logo ao vê-la dominada por um grupo de estados do norte, chefiado por Patiala e Bikaner, e também pela limitação das propostas feitas. A câmara era um prêmio de consolação às aspirações dos marajás, além de uma tentativa dos britânicos de fortalecê-los, para usá-los como contrapeso ao crescente poder do Congresso, não um primeiro passo em direção ao autogoverno.

Se as sessões da Câmara dos Príncipes na década de 1920 e 1930 se revelaram politicamente ineficazes, elas eram ao menos um bom divertimento para os espectadores. Os carros em que os marajás chegavam eram esplêndidos. A descrição que se segue tem sido usada tantas vezes por comentaristas da Índia principesca que se tornou um exemplo das excentricidades e extravagâncias de uma era passada, resumindo tudo o que se imagina sobre aquelas vidas:

> Havia carros dourados e prateados, com capota de alumínio escovado e carroçaria de madeira de lei, roxos, lavanda, azul-celeste, cor de laranja, verde-esmeralda, vermelhos, forrados de cetim, veludo e brocado. Um deles tinha sobre a capota um holofote tão grande quanto os que se veem nos destróieres; outro era equipado com janelas de aço, presume-se que para proteger o dono contra tentativas de assassinato; um terceiro trazia no estribo um pequeno órgão no qual um atendente tocava as canções favoritas do patrão.[13]

O carro dourado era o macio Lanchester do marajá de Alwar, fabricado de acordo com suas especificações em 1924. A parte de trás era um fac-símile do coche britânico usado nas coroações; dois lacaios se equilibravam ali, como se fosse uma carruagem de verdade. O volante era feito de marfim. Quando Alwar morreu em 1937, seu corpo foi levado ao local da cremação nesse veículo.

No inverno de 1930, o Gaekwad era um dos 16 representantes dos principados em uma Primeira Mesa-Redonda, organizada em Londres, na qual se pretendia inaugurar um debate integrado sobre o futuro da Índia. Nessa época, a ideia de uma federação, da qual Sayaji era um dos idealizadores — um país independente formado por uma união de estados, com as províncias britânicas governadas de forma democrática e os principados regidos constitucionalmente por seus monarcas tradicionais — era considerada por muitos como a opção mais viável para o governo da Índia.

O Congresso se recusou a mandar delegados à convenção por achar seus objetivos inadequados e porque seu líder, Gandhi, estava preso em razão de uma recente marcha de protesto contra o imposto britânico sobre o sal. A não participação do Congresso negava qualquer autoridade ao encontro. Como V. P. Menon observou: "Uma mesa-redonda para elaborar uma constituição para a Índia sem a participação do Congresso era como encenar *Hamlet* sem o príncipe da Dinamarca."[14]

Na Segunda Mesa-Redonda, no outono de 1931, Mohandas Gandhi representou o Congresso, acompanhado por Sarojini Naidu. Bhimrao Ambedkar, o garoto sem casta cuja educação Sayajirao financiara, estava lá falando pelas castas "pisoteadas". O poderoso triunvirato de principados, composto por Baroda, Mysore e Hydebarad exigiu sem sucesso um grau de influência na associação, proporcional à sua população e importância. A última Mesa-Redonda, no ano seguinte, atraiu apenas 46 delegados. Mais uma vez, quando ficou claro que os esforços para influenciar o governo britânico haviam sido efetivamente ignorados, a desilusão foi total.

Sayajirao não sentia mais qualquer prazer na política, nem na administração; ele se desencantara com o mundo. *Miss* Tottenham o surpreendeu sublinhando a frase "um longo período de anos cinzentos à sua frente"[15] em um livro que estava lendo. Todavia, seu fascínio por religião comparativa e verdade objetiva era um consolo à medida que o tempo passava. O Gaekwad foi o primeiro presidente da Sociedade Mundial de Crenças, movimento inspirado por *sir* Frances Younghusband. O marajá chegou a criar uma cátedra de religiões comparativas no Baroda College. Em 1933, ele discursou no Segundo Parlamento Mundial das Religiões, em Chicago. A mudança de foco sugerida por Sayajirao era defendida nos textos hindus antigos. Na adolescência, o homem devia estudar; na juventude, casar, sustentar a família e ser um membro ativo de sua comunidade; na meia-idade, devia se dedicar a novos estudos e às práticas espirituais; na terceira idade, devia renunciar ao mundo e se tornar santo.[16] Segundo esse sistema, as mulheres tinham dois estágios de vida: primeiro como filhas e depois como esposas.

Apesar das exigências do marajá por independência do controle britânico nunca se calarem, a opinião britânica estava aos poucos entrando em sintonia com a sua. Na década de 1930, Sayajirao se viu na situação de filho preferido do império britânico, um velho estadista cujas opiniões se buscava conhecer, contra um novo cenário político de desobediência civil generalizada e temores de uma revolução violenta. Essa aprovação não procurada surgiu a despeito de seus elogios públicos a Gandhi e de sua recusa em sancionar a prisão do líder, quando atravessava o território de Baroda em sua marcha para o mar, como protesto contra o imposto britânico do sal, na primavera de 1930.

Em seu Jubileu de Diamante, em 1935, uma torrente de homenagens foi despejada sobre ele por amigos e associados, britânicos e indianos; o extrovertido vice-rei, lorde Willingdon, participou das celebrações em Baroda, em janeiro de 1936. "Algumas das suas diferenças com as autoridades de Délhi se deviam a mal-entendidos, e a prova de que não restou qualquer azedume pode ser vista nos tributos que sucessivos vice-reis lhe têm prestado",[17] disse o *Times of India*. Um escritor americano o descreveu, aos 60 anos, como "um cavalheiro sorridente e angelical":[18] muito distante do flagelo pintado por lorde Hardinge em 1911. O mais importante de tudo era o fato de ele ser visto como tendo "destruído o mito do fardo do homem branco",[19] provando que os indianos podiam ser tão eficientes quanto os colegas europeus ao governar a si mesmos.

Ele começou a sair impune de discursos — até diante de vice-reis — que vinte anos antes teriam ameaçado seu trono. Quando lorde Reading visitou Baroda em sua viagem como vice-rei, em 1926, Sayajirao o saudou com as seguintes palavras:

> Nestes novos tempos, os Estados indianos reivindicam um lugar ao sol e, acreditando na justiça do povo britânico, esperam que seus direitos e dignidades sejam restabelecidos por completo. No que se refere ao meu, tenho todas as esperanças de que sua soberania original seja restaurada (...). Completaram-se cem anos de paz, progresso e ordem sob a orientação dos britânicos. No interesse do bom governo, e, com o máximo de solicitude pelo bem do Império, sugiro ao Governo Britânico da Índia que os antigos privilégios sejam agora restituídos de todo a seus velhos amigos e aliados.[20]

Em 1906, isso teria causado, no mínimo, um incidente diplomático; em 1926, Sayajirao e Reading se compreenderam mutuamente.

Enquanto aqueles que lutavam pela liberdade tornavam a associação entre autogoverno e reforma política cada vez mais explícita, muito ainda dependia das boas relações pessoais entre os príncipes e seus aliados britânicos. Lorde e *lady* Willingdon habitaram o Palácio de Governo, projetado por Lutyen, em arenito vermelho, de 1931, ano em que ficou concluído, até 1936. Eles foram o casal de vice-reis mais extravagante — e, de acordo com a irmã de Jawaharlal Nehru, Krishna, o mais impopular — a morar lá. Os Willingdon já eram antigos na Índia; ele fora governador de Bombaim antes de ser transferido para Nova Délhi. Ali, a irredutível vice-rainha não perdeu tempo para redecorar a nova casa em tons de sua cor favorita, malva. Lutyen a viu em 1934: "Disse-lhe que se ela fosse dona do Parthenon, ela lhe acrescentaria sacadas. *Lady* Willingdon respondeu que não gostava do Parthenon."[21] Ela deu um baile a fantasia durante o último Natal em que estiveram no cargo, no qual o casal, aparentemente sem o menor traço de ironia, personificava Luís XVI e Maria Antonieta, acompanhado pelos funcionários mais antigos como cortesãos, vestidos de lilás.

Quando *lady* Willingdon visitou Baroda, fizeram-se preparativos elaborados para garantir que tudo estivesse como ela gostava; ou seja, que tudo fosse púrpura — inclusive o papel higiênico do trem oficial. Foi impossível encontrar o da marca Bronco, cor de malva, que a vice-rainha importava aos caixotes, então alguns rolos tiveram que ser pintados. Mais tarde, ela disse a Sayajirao: "É tudo maravilhoso em seu vagão, mas tem algo errado com o papel higiênico porque estou toda manchada de púrpura."[22] Quando houve uma confusão, em Calcutá, e a pequena Ayesha lhe entregou as rosas vermelhas que eram para a esposa do governador de Bengala, enquanto Menaka dava flores cor de malva para a esposa do governador, *lady* Willingdon disse com firmeza: "Não, querida, acho que estas não são para mim."[23]

Chimnabai também teve que fazer preparativos especiais para a estadia de *lady* Willingdon em Baroda. A vice-rainha (assim como a rainha

Maria) era conhecida por admirar *objets* nas casas que visitava e esperar recebê-los de presente, mas a marani não tinha a menor intenção de se separar de seus tesouros. Ela escondeu suas pérolas em uma caixa forrada de veludo e mandou enterrá-la no jardim.[24] Os Willingdon ficaram até o início da estação das chuvas, e quando Chimnabai fez com que se desenterrasse a caixa, esta se encontrava cheia de água e os engastes das pérolas haviam apodrecido.

Mesmo não usando mais as restrições do *purdah* como pretexto para evitar ver esposas de funcionários britânicos, a marani não perdera nem um pouco da dignidade inabalável que sempre demonstrara com relação a elas. Em 1934, ela retribuiu em Délhi a visita de *lady* Willingdon.[25] Quando pararam em frente à residência do vice-rei, um ajudante de campo abriu a porta do Rolls-Royce para Chimnabai e a nora, Kamala, saltarem. A marani, orgulhosamente ereta em seu assento, não se mexeu do lugar até a vice-rainha sair da casa para recebê-la.

O nacionalismo impaciente de Chimnabai não se abatia à medida que a perspectiva da independência indiana se aproximava. Ela gostava de citar o sultão Tipu, derrotado pelos britânicos sob o comando do futuro duque de Wellington, em 1798, que declarou ser melhor viver um ano como tigre do que mil como ovelha.[26] Em 1938, o romancista americano Louis Bromfield publicou *As chuvas vieram*, que se passa em um Baroda ficcionalizado e escrito, de acordo com a dedicatória, uma parte em Cooch Behar, em 1933. A majestosa marani de "Ranchipur" era uma "senhora (...) arrogante"[27] que adorava jogar e detestava funcionários britânicos. "Aos 67 anos, era ainda bela, pois sua beleza era daquele tipo indestrutível que jaz nos ossos do rosto", escreveu o autor, descrevendo "os olhos grandes e fogosos", o "rosto vívido e cambiante" e a "orgulhosa curvatura do nariz furiosamente esculpido".

Ao passo que a surpreendente beleza e o fascínio de Indira impressionavam todos à sua volta, Chimnabai não fazia a menor concessão ao mundo, e seu rigor aumentava com a idade. Quando se olha de perto seu rosto nas fotografias, pode-se notar que ela possuía a mesma estrutura óssea requintada, boca generosa e olhos misteriosos de Indira, mas sua expressão é sempre contra o fotógrafo. Ela parece propositalmente austera e formidável. Contudo, na intimidade, quando sua gargalhada travessa se abria sem controle — "aquela incrível gargalhada silenciosa, a face contorcida, o corpo balançando como gelatina, e nenhum som lhe escapando da boca" —[28] diante do ridículo de alguma situação, seu rosto devia se acender como uma casa iluminada para o Divali, mais preciosa ainda pela raridade.

Sayajirao empreendia uma guerra constante contra Chimnabai por causa de sua paixão pelo jogo e pelas corridas. Quando ficavam hospedados no Dorchester, recorda-se uma neta, ela esperava o marido ir para a cama e escapava para o cassino; ele, por sua vez, demorava horas antes de se recolher, sabendo que assim que dissesse boa noite, ela sairia.[29] Se perdia o dinheiro que trazia consigo no carteado, o marajá se recusava a lhe adiantar mais; ela guardava as somas que ele lhe dava para comprar joias, a fim de pagar suas perdas.[30] Em Bombaim, onde Chimnabai era frequentadora assídua das corridas, seu Rolls-Royce púrpura era o único carro que tinha permissão de entrar na própria pista. Ela gostava de ser magistralmente conduzida ao longo da raia na mesma velocidade em que os cavalos corriam do outro lado da cerca.

Na primavera de 1923, Indira estava tomando posse do novo cargo de regente de Cooch Behar. Ela queria "um homem mais velho [como residente britânico] em quem pudesse depositar absoluta confiança durante suas ausências do principado que, devido a seu estado de saúde, podiam ser frequentes",[31] explicou seu amigo, o vice-rei, a lorde Lytton, governador-geral de Bengala. Uma vez que sua saúde, até os últimos anos de vida, não era em geral ruim, é provável que estivesse usando isso como uma desculpa antecipada para se afastar de Cooch Behar como e quando quisesse, diante das críticas do Governo Britânico da Índia.

Mesmo do exterior, Indira resistia aos esforços britânicos para interferir no governo de Cooch Behar. Lorde Lytton se queixava de que ela achava que ser regente era o mesmo que ser um "Chefe Reinante". Suas cartas a ele contêm palavras fortes e são bem-argumentadas. Nunca lhe faltou confiança ou dignidade em suas relações com o Departamento da Índia e, entre os indianos, era vista como uma "governante muito capaz, enérgica e benevolente".[32] A aprovação que significava mais para ela era, entretanto, a do pai, que "costumava dizer que gostaria que ela tivesse sido seu filho mais velho, porque tinha uma cabeça muito boa para governar".[33]

Em 1927, preocupada que Bhaya estivesse ficando mimado em Cooch Behar — as suspeitas se originaram do fato de que os amigos nunca o derrotavam nas partidas de críquete —, Indira passou por cima do desejo de Jit de que os filhos crescessem no estado e levou a família para a Inglaterra. Com eles foi um vistoso nobre de Hyderabad, o nababo Khusru Jung, amigo íntimo da regente e controlador do estado de Cooch Behar, e sua filha pequena. Indira adotou a criança, Kamala, apelidada de Baby, que foi imediatamente integrada à família e se tornou uma espécie de sexta filha de Cooch Behar. Bhaiya entrou para a escola preparatória de St. Cyprian, em Eastbourne, e Ila para a ex-escola da mãe, Ravenscroft, também em Eastbourne, enquanto os quatro irmãos menores foram para externatos em Londres.

Um ano e três meses após a família ter se ausentado de Cooch Behar, em julho de 1928, o Governo Britânico da Índia pediu a Indira que retornasse ao estado para desempenhar seus deveres oficiais. Eles disseram que ela os prevenira de que ficaria fora por apenas oito meses, e o dobro deste período já havia decorrido. A secretária da marani respondeu que ela já tinha decidido deixar a Europa, mas que voltaria para passar os feriados de Natal com os filhos, que ficariam em suas escolas inglesas.

Sua intransigência induziu lorde Birkenhead a lhe enviar uma carta mais firme, ordenando que voltasse para casa e ficasse lá por pelo menos um ano. Indira foi até o Departamento da Índia em Aldwych, Londres, para discutir — ou argumentar — sobre este assunto e exigiu ver uma cópia do *kharita*, ou acordo, de 1816, entre lorde Moira, governador-geral da Índia, e o então rajá de Cooch Behar, pelo qual os britânicos "concordavam em se abster de qualquer interferência, a não ser sob forma de conselho ou representação, no manejo ilimitado das questões de Estado".[34] Ela não tinha intenção de desistir.

A próxima carta nos arquivos do Departamento da Índia, do governador de Bengala, *sir* Francis Jackson, datada de janeiro de 1929, trata da ida de Bhaiya para a escola, em Harrow, e conclui que: "O vice-rei acha que seria bom ter cuidado ao encaminhar o caso à intervenção de Sua Majestade. Entretanto, ele diria à marani que o rei [Jorge V] ficou muito aborrecido quando soube dos rumores sobre sua conduta que chegaram da região de Melton Mowbray."[35]

No final da década de 1920 e início da de 1930, Melton, cidade central da região de caça à raposa, em Leicestershire, era o parque de diversões de inverno da aristocracia britânica. Durante o dia, todos caçavam com cães; à noite, ocorriam festas animadas, muitas vezes a fantasia, jogava-se cartas com apostas altas e frequentemente convivas se balançavam nos lustres. Melton era frequentada, segundo o príncipe de Gales, por "pessoas ricas que haviam descoberto que a porta do estábulo era um atalho curto, embora caro, para a sociedade [e] por mulheres para quem a perseguição à raposa era apenas uma fase de outra perseguição mais intensa ainda, aquela por romances".[36] Indira alugou uma casa no local para as estações de 1927-28 e 1928-29; dizia-se que ela "veio da Índia só para seduzir"[37] Hugh Molyneux, futuro conde de Sefton, caçador ardoroso e namorador. Ela pode ter mirado ainda mais alto: talvez o dissoluto duque de Kent ou o mal-afamado[38] príncipe de Gales, grande admirador da marani, possa ter sido o amante britânico não identificado, de sangue real, por causa de quem, diz sua família, ela foi solicitada em particular a deixar a Inglaterra daquela vez, e que se encaixaria na mensagem ambígua do Departamento da Índia, enviada pelo rei.[39]

Nos arquivos, consta uma relação detalhada dos gastos dos Cooch Behar durante o verão de 1929, uma reação às preocupações do Departamento da Índia com o alto nível das despesas de Indira. Internamente, naquele mês de fevereiro, eles haviam discutido tirar de suas mãos o controle sobre as finanças do Estado e exigir que ela ficasse na Índia por um ano como condição para manter a regência. Os Cooch Behar alugaram um apartamento em Londres, onde a marani, seus seis filhos, suas governantas, um ajudante de campo, um tutor e um carregador indianos foram morar. As roupas das crianças custavam 600 libras por ano e as despesas com lavanderia, 200. Havia também a casa de campo em Melton Mowbray, Stavely Lodge, mais alimentação e cuidados para oito cavalos, e os salários de sete criados e quatro cavalariços. Um mês no Continente era orçado em mil libras. São especificadas despesas com escolas, visitas a médicos e com o carro, mas não há qualquer menção aos gastos pessoais de Indira — com roupas, bacará, joias e diversão. Embora fosse extravagante, ela pagava escrupulosamente até a menor dívida.

As discussões com o Departamento da Índia sobre o estipêndio de Indira e se as crianças deveriam morar na Inglaterra ou na Índia se estenderam pelo outono de 1929. A marani deixou claro que se oporia a quaisquer esforços para reduzir sua pensão e influência no conselho e foi contra a permanência de Indrajit, o segundo filho, na escola, na Inglaterra, quando ela retornasse à Índia. O primeiro boletim de Bhaiya, em Harrow, foi brilhante. Ele foi o primeiro da turma e considerado "promissor" e "excelente". Contudo, o Departamento da Índia, como sempre, conseguiu encontrar um defeito: "O boletim é extremamente satisfatório", diz uma nota escrita a lápis.[40] "O garoto só vai se sair bem, entretanto, se pudermos preservá-lo de apartamentos em Londres e cassinos no Continente durante as férias."

Em abril de 1930, Indira começou a se corresponder diretamente com o vice-rei, lorde Irwin, sobre os negócios de Cooch Behar. Escrevendo do "Palácio, Cooch Behar" — talvez, como era seu costume, sentada de pernas cruzadas no grande trono de mármore, coberto de almofadas, que ficava em uma fresca varanda fora de seus aposentos — ela externou sua preocupação de que Bhaiya e Indrajit estivessem esquecendo o bengalês do outro lado do oceano, na Inglaterra, e manifestou a esperança de que pudessem retornar à Índia para as férias de verão e, de novo, entre o Natal e a Páscoa do ano seguinte, mesmo que isso significasse perder um semestre na escola. Os receios que haviam atormentado a mãe de Nripendra e as outras ranis de Cooch Behar, e Sunity Devi também, com relação à educação de seus amados filhos, ainda existiam no tempo de Indira: era melhor tirar os garotos de casa, na Índia, e arriscar que se sentissem como estranhos na própria terra para o resto de suas vidas, ou privá-los da chance de receber uma educação e um verniz britânicos, que lhes permitiriam serem tratados como iguais em qualquer lugar do mundo?

A questão de seu estipêndio também foi tratada. Durante os primeiros anos de viuvez, ela ficara de luto fechado e não tinha precisado de muito dinheiro. Todavia, seus gastos agora eram muito maiores, e fora forçada a pedir emprestado 10 mil libras ao pai. Segundo ela, sua vida era simples e sem gastos. "Infelizmente, na Inglaterra, os hotéis de segunda classe não são confortáveis, e sou forçada a viver nos de primeira."[41] Ela não fazia uso de vagões privativos nos trens. "Não tenho sequer recebido pessoas da classe que convém a minha posição." A marani enviou a Irwin uma lista de despesas indianas que deveriam ser pagas, achava ela, pelo tesouro e não descontadas de sua pensão. Entre estas estavam uniformes para a criadagem e ajudantes de campo, gastos com médicos e viagens, com carros oficiais, com a biblioteca do estado e com lazer no palácio de Cooch Behar; Woodlands, em Calcutá; e Colington, em Darjeeling.

No total, Indira dirigia uma casa luxuosa com uma equipe de aproximadamente quatrocentas pessoas, de jardineiros e boleiros até três cozinheiros — um europeu, um marata e outro bengalês — cada um com a própria cozinha. Eles viajavam com ela para pegarem novas receitas na Europa; serviam a mesma refeição inúmeras vezes até fazê-la à perfeição. O majestoso chefe dos mordomos, Jaffar, era famoso por seus esplêndidos coquetéis. Sua comitiva pessoal consistia de duas secretárias, uma datilógrafa, damas de companhia e algumas criadas, uma delas suíça.

Isso contrastava com o regime cada vez mais austero de Baroda, onde o número de criados domésticos em Laxmi Vilas declinara de duzentos, em 1883, para apenas quarenta, em 1926. À medida que Sayajirao e Chimnabai iam envelhecendo, preferiam viver de maneira mais simples, embora os antigos hábitos fossem difíceis de extirpar. Eles ainda ficavam na suíte costumeira, no Dorchester, quando iam a Londres e viajavam pela Índia em seu vagão particular; na década de 1920, o marajá pediu a Jacques Cartier que montasse toda a sua coleção de joias em platina, embora os joalheiros oficiais do estado tenham conseguido impedir isso.

Como suas extensas ausências de Cooch Behar demonstram, havia muito mais coisas na vida de Indira, em fins da década de 1920 e na de 1930, que os deveres governamentais em nome de Bhaiya e o cuidado com as crianças. Embora ela nunca tenha se tornado ocidentalizada ou afetada, como os que habitam esse mundo costumam ser, Indira — ou Ma, como todos a chamavam então, amigos e família — era uma figura de proa do cenário social que circulava entre Londres, Paris e Hollywood no entreguerra, e que incluía Noël Coward, os Douglas Fairbanks Senior, Jimmy Stewart, a arquiteta de interiores Elsie de Wolfe (que morava na *villa* Trianon, em Versalhes) e vários membros suspeitos da família real britânica e da aristocracia europeia. O hedonismo deles estava uma geração à frente do devotamento disciplinado dos pais de Indira ao dever.

Os príncipes indianos abasteciam este proto-*jet-set* de exotismo, celebrado em uma canção popular da década de 1930:

> There was a rich Maharaja of Mogador
> Who had ten thousand camels and maybe more
> He had rubies and pearls and the loveliest girls
> But he didn't know how to do the rhumba
>
> (Chorus) Rhumba lessons are wanted for the rich
> Maharaja of Mogador*[42]

Ao contrário de muitos príncipes indianos e suas esposas, Indira preenchia o abismo entre Índia e Europa "com uma graça toda especial. Os marajás mais ortodoxos fingiam depreciar sua europeização; mas,

---

*Havia um rico marajá de Mogador/ Que tinha dez mil camelos ou mais/ Ele tinha rubis, pérolas e as garotas mais bonitas/ Mas não sabia dançar rumba/ (Refrão) É preciso aulas de rumba para o rico/ Marajá de Mogador.

na vida real, consultavam-na sobre seus negócios e convidavam-na a modernizar as esposas, mental e socialmente, com seu exemplo. Para as mulheres indianas, ela simboliza progresso social. Ela é, a seus olhos, uma heroína".[43] A filha Ayesha perguntou certa vez a um amigo da mãe com quem ela se dava. "Ah, com todo mundo, do príncipe de Gales para baixo", respondeu ele.[44]

"Ela fazia parte do grupo europeu quando estava na Europa, mas sempre a seu modo",[45] diz Ayesha, e essa independência se revelava em seu senso de estilo. Após um breve flerte com as roupas ocidentais no final da adolescência — ao que parece, mais para aborrecer a mãe —, Indira se tornou conhecida como a mulher indiana mais chique de sua geração. Seu método de usar o sári foi adotado por toda a Índia moderna.

Antes dela, existiam tantas variações regionais de trajes que era possível localizar a área de onde vinha uma mulher, com margem de erro de apenas algumas centenas de quilômetros, olhando-se para suas roupas. Os sáris maratas, do tipo que Chimnabai sempre usou, têm uma espécie de cauda pregueada que passa entre as pernas; em Gujarat, eles são justos, melhores para se trabalhar no campo; no sul, os sáris são passados em volta do pescoço, presos por um alfinete no ombro e nunca cobrem a cabeça; no Punjab, as mulheres vestem o *shalwar kameez*; e no Rajastão, usam saias compridas, chamadas de *ghagras*, com corpetes justos e véus de lantejoulas. O método de Indira é padronizado hoje: o pano é enrolado em volta das pernas, formando a saia, depois a ponta surge em torno da cintura, abaixo do braço direito, cruza o corpo na diagonal e desce pelas costas, por sobre o ombro esquerdo. Esta longa ponta é às vezes usada, ao estilo do Maharashtra, para cobrir a cabeça.

Indira foi também pioneira no uso do *chiffon* de seda, até então restrito apenas aos chambres, para fazer sáris. Sua imagem — em um sári de *chiffon* cor de alguma flor, tendo como acessório uma volta de pérolas — é hoje o uniforme instantaneamente reconhecível das indianas sofisticadas no mundo todo. *Monsieur* Erigua, em Paris, fabricava *chiffon* para ela do comprimento ideal para um sári, com 1,15 metro de largura por 5,5 de comprimento. A associação imediata do *chiffon* com a *linge-*

rie encantava Indira ("vestir roupa de baixo como sári — era inédito",[46] diz seu neto, achando muita graça); era incomum — e ousado — uma viúva indiana usar roupas coloridas e joias, apesar de ela sempre ter tido o cuidado de não usar cores como o vermelho, considerado inapropriado para uma viúva.

Da mesma forma que seu modo de usar o sári era uma mistura idiossincrática do antigo com o original, Indira adorava as cores esplêndidas das joias indianas — rubis cor de sangue de pombo, esmeraldas como asas de papagaio, safiras azul-escuras como o pescoço de um pavão — mas preferia engastes europeus modernos aos pesados e esmaltados colares, braceletes e pingentes para o nariz que abundavam nos tesouros reais. Segundo os ensinamentos tradicionais indianos, as joias eram muitas vezes desenhadas para fazer pressão em pontos do corpo: anéis para os dedos do pé, por exemplo, eram considerados como tendo poder de tornar uma mulher mais tímida — qualidade desejável em uma esposa. Porque o ouvido era visto como um microcosmo do corpo, os brincos eram tidos como muito eficazes. No Ayurveda, o sistema de medicina da Índia antiga, as joias eram usadas como terapia dos cristais: as esmeraldas têm efeito laxante e os rubis reduzem a flatulência e o excesso de bílis. Embora preferisse *designers* como Cartier e Asprey, Indira usava escrupulosamente roupas e joias das cores específicas do dia da semana dedicado a cada divindade do hinduísmo: às segundas, amarelo para Shiva, por exemplo; às terças, coral para Hanuman, o deus macaco. Aos sábados, que receberam seu nome por causa do poderoso e turbulento planeta Saturno, ela vestia azul para Shani.

Até seus sapatos eram obras de arte fabulosas. Ela encomendava centenas de pares feitos sob medida a Salvatore Ferragamo, sapateiro artista das estrelas, enviando-lhe sacolas de pedras preciosas para adorná-los. Um desses pares, que ela chamava de "Nymphia", era feito de camadas de lona, branca como lírios, impregnada com fósforo, de forma que os sapatos brilhavam no escuro; outro era de veludo verde, com uma espiral de pérolas subindo na parte de trás; um terceiro, em veludo preto, tinha fivela de diamante e duas fileiras retas de brilhantes no salto.[47] Apesar de Indira adorar sapatos, quando visitava o palácio de Buckingham para apresentar seus cumprimentos à rainha, em uma manifestação de orgulho nacional, aproximava-se do trono descalça, como mandava a tradição indiana, e, em vez de fazer uma reverência, curvava a cabeça e unia as palmas das mãos, em um *namaste*.[48]

O dramático senso de estilo de Indira se estendia a todas as áreas de sua vida. Em seu *boudoir*, no palácio de Cooch Behar, havia um tapete redondo de leopardo, confeccionado pela estilista Elsa Schiaparelli, a partir da pele de 14 destes animais mortos pela filha mais velha, Ila. Sua cama, em Calcutá, era feita de presas de elefante esculpidas. Ela dava festas maravilhosas, impregnadas da verve que caracterizava tudo o que fazia. Há histórias que a descrevem dançando em cima de mesas nos *bals masqués* de Paris, coberta apenas com esmeraldas — boatos impossíveis de se confirmar hoje, mas uma indicação do glamour exótico que a cercava.

Como a mãe, Indira era uma jogadora inveterada, embora nenhuma das duas parecesse ganhar muito. Conta-se que chegou a perder um Rolls-Royce para o amante. Um amigo descreveu como foi ver pela primeira vez "a jovem indiana mais fabulosamente bela, segurando a mais longa piteira, que já vi",[49] no cassino, em Le Touquet. Ela estava:

(...) completamente absorvida pelo pôquer e tinha diante de si uma pilha de fichas para atestar seu sucesso. Para completar o quadro, havia uma pequena tartaruga viva, cujo casco era enfeitado por três fileiras de esmeraldas, diamantes e rubis, e que ela usava aparentemente como talismã. De vez em quando, a criatura se afastava por sobre a mesa, mas ela a agarrava trazendo-a de volta, enquanto a multidão a observava hipnotizada.

Sua vida amorosa é lendária mas misteriosa. "Ela adorava ir para a cama com homens atraentes", recorda uma amiga austríaca. "Em nosso círculo, nós a chamávamos de marani de Couche Partout".[50] Entretanto, em tudo que fazia, sua graça e dignidade naturais nunca ficavam comprometidas: ela era protegida não só pela riqueza, posição e beleza, mas também por uma aura de confiança que desafiava qualquer julgamento ou desaprovação. "Ela sempre se safava", diz a neta.[51]

Por volta de 1929, Indira convidou o romancista William Gerhardi, que conhecera em Paris, em um jantar oferecido por Douglas Fairbanks Senior e a esposa, Mary Pickford, para ir à Índia. Eles embarcaram em um hidroavião que caiu no Mediterrâneo, em frente a Alexandria. Ninguém se afogou, mas o avião ficou destruído e toda a bagagem ensopada. No barco de resgate, Gerhardi escreveu: "a marani, molhada dos pés à cabeça, sentou-se a meu lado, fumando um cigarro e rindo sozinha das emoções que a vida oferecia sem que ninguém pedisse".[52] Até em um momento de crise, ensopada e com sorte de estar viva, Indira permanecia calma, divertindo-se à parte, saboreando o desenrolar dos acontecimentos. "Com ela, nada era entediante, e as pessoas sentiam que a qualquer momento algo podia acontecer."[53]

Sua aparência e estilo cativantes fizeram dela uma musa, além de ícone. Ela foi fotografada por Lee Miller, pelo estúdio Lenare e por Cecil Beaton.[54] Alfred Jonniaux a pintou em Paris, em 1932, reclinada languidamente em um sofá de veludo, com suas pérolas de Cooch Behar e um sapato vermelho escapando de um de seus belos pés. Em 1935, o famoso retratista húngaro, Philip de Laszlo (que também a pintara em 1919 e 1925), fez dois esboços a óleo, cabeça e ombros, dela e do elegante marajá de Jaipur, um de seus amigos mais chegados durante aquele período. Seu rosto frágil, em forma de coração, e os cabelos negros ondulados, estão emoldurados por um sári verde-mar; o pescoço envolto por um pesado colar de diamantes e esmeraldas; os enigmáticos olhos, sombreados, parecendo conter todas as alegrias e dores do mundo. Oswald Birley a pintou de lado, um fiapo de mulher em um sári vermelho, segurando uma flor cor-de-rosa, olhando para a frente com um meio sorriso triste e parecendo respirar um ar mágico. Contudo, como diz sua filha, nenhum de seus retratos "capturou aquela vitalidade elétrica que a tornava o centro das atenções onde quer que fosse".[55]

Escritores, também, tentaram descrever seu espírito. A heroína do romance *Maharajah*, de 1953, era uma princesa moderna chamada Indira, "com ar de jovem conquistador",[56] que assinava suas cartas com a inicial, "I", exatamente como a verdadeira Indira fazia, e estava determinada a se casar por amor. Boêmia, inquieta e esquiva, a princesa do livro mantinha relacionamentos amorosos com um ator de cinema, um duque e um milionário americano, dono de cavalos de corrida. Havia até uma sugestão de incesto — a Indira ficcional, ao contrário da real, amava o irmão mais do que qualquer amante ou marido — refletindo os rumores mais picantes que a rondavam e que rondavam também sua família, além da aura negra que a cercava por causa de sua orgulhosa recusa em se conformar com as expectativas da sociedade respeitável.

A única pessoa que permanecia inabalável ao fascínio de Indira era a sogra, Sunity Devi, que sustentava opiniões firmes sobre como as viúvas — em particular aquela de seu adorado filho — deveriam se comportar. Em 1922, ela escreveu: "Se uma viúva ri alto ou se veste de forma que possa ser tachada de chamativa, comentários cruéis partem de todos os lados, e, se ela for hindu, ao adquirir má reputação, sofrerá muito nas mãos do próprio povo e daquele do falecido marido";[57] isto foi quase uma profecia do ressentimento que surgiria entre ela e a alegre viúva de seu filho.

Esse ressentimento já fervilhava enquanto Jit estava vivo, agravado pelas finanças precárias de Cooch Behar. Em 1921, os credores de Sunity contataram o Departamento da Índia para falar sobre a falta de pagamento de certas dívidas, inclusive a vários joalheiros. Jit não estava se responsabilizando por elas: "O marajá se encontra na Inglaterra agora, e eles [uma joalheria] dizem que o não pagamento não se deve a qualquer falta de dinheiro, porque sabem que ele está gastando um bocado em outros lugares. Eles creem que isto tenha origem na influência da esposa, a filha do Gaekwar de Baroda."[58]

Em 2 de junho de 1922, seis meses antes da morte de Jit, Sunity Devi fez seu testamento. Seus bens seriam divididos por igual entre Sudhira, a filha Gita e as noras de Victor. Não só Indira e os filhos não receberiam nada, como o testamento reclamava intencionalmente um colar de pérolas dado a Sunity pelo seu amado Rajey, "agora em custódia ou posse de minha nora, a marani Indira Devi".[59]

Após a morte de Jit, Sunity Devi deixou Cooch Behar para sempre, dividindo o tempo entre Calcutá e Londres, e se dedicando à família e à vida religiosa. Disputas por dinheiro à parte, a notável falta de devoção ao bramoísmo de Indira era um elemento importante da antipatia que existia entre ela e a sogra, para quem a religião do pai era uma verdade inquestionável. A filha de Sudhira diz que a mãe, como Sunity, nunca perdoou a cunhada por permitir que Cooch Behar voltasse ao hinduísmo. Entretanto, as concepções espirituais de Indira, apesar de sustentadas com profundidade, não eram evangelizadoras, e insistir em que o povo acreditasse e praticasse aquilo que ela impusesse era ir contra seus princípios. Se eles queriam ser hindus em vez de Brahmos, que o fossem então.

Em maio de 1928, Sunity Devi fez sua última visita a Londres, acompanhada por Victor, o único filho sobrevivente, que estava em processo de separação da mulher. Enquanto estava lá, ela adoeceu e retornou à Índia no ano seguinte. Os médicos aconselharam-na a se internar em uma clínica de Ranchi, em Bihar, para um tratamento de repouso. Ali ela morreu, no hotel Bengal Nagpur Railway, em novembro de 1932, com o irmão e o cunhado a seu lado. Foi cremada em Calcutá, e suas cinzas trazidas para Cooch Behar, embora exista um monumento de mármore no terreno de Lily Cottage, ao lado daquele dedicado ao pai, Keshub Chunder Sen.

Duas semanas após sua morte, uma cerimônia fúnebre foi realizada em Londres, em Caxton Hall. "Com sua veste branca indiana, o cabelo grisalho, muitos de nós vamos nos lembrar dela como testemunha do poder das coisas mais elevadas deste mundo",[60] disse o reverendo Sparham em seu elogio. "Ninguém era capaz de ficar muito tempo em sua companhia sem se tornar consciente de uma força espiritual tremenda. Toda a sua atitude em relação à vida e às coisas era imbuída de um espírito de gentileza e boa vontade."[61] Uma amiga indiana elogiou seu trabalho social. Embora ela fosse "a mulher indiana mais popular da sociedade londrina",[62] Sunity seria mais bem-lembrada por "sua obra na esfera das reformas sociais e da educação feminina na Índia, [que] permanecerá para sempre como um grande monumento a sua memória e inspiração para a geração atual e as futuras".

A marquesa de Dufferin e Ava, vice-rainha muitos anos antes, prestou-lhe uma homenagem emocionante. Sua amizade, disse ela, foi de quase cinquenta anos, e ela sempre ficava impressionada com o fascínio de Sunity Devi. "Sua dignidade e graciosidade eram a expressão natural de um coração afetuoso e uma alma firme (...). Para mim, ela é sempre *a marani*."[63]

Enquanto Indira brigava com o Governo Britânico da Índia pelo controle de Cooch Behar, na década de 1920, as mulheres em todo o país se envolviam cada vez mais com o movimento pela independência. O desejo por emancipação havia impelido apenas uma minoria privilegiada à ação, mas o desejo por autonomia despertou um novo espírito de coragem e determinação nas anteriormente tímidas mulheres indianas. O movimento de desobediência civil de Mohandas Gandhi, ou *satyagraha*, lançado em dezembro de 1920 e que cresceu em intensidade ao longo das duas décadas seguintes, foi abraçado pelas mulheres. Enfatizando o "sofrimento silencioso e digno",[64] usando com eficácia boicotes, protestos públicos, greves, jejuns e a não resistência diante da força e das prisões, a oposição não violenta e pacífica de Gandhi era uma técnica para a qual as indianas de todas as classes eram especialmente adequadas, e que lhes permitia protestar contra a dominação britânica ao mesmo tempo que mantinham os traços de sua modéstia.

As mulheres, que compravam comida e roupa para as famílias, foram também as agentes principais do *swadeshi*, o boicote a produtos estrangeiros como forma de protesto político.* O uso de roupas indianas,

---

*O pai de Jawaharlal Nehru, Motilal, e seu grande amigo, o político nacionalista bengalês Chittaranjan Das, juraram abandonar suas bebidas favoritas, respectivamente o uísque escocês e o conhaque francês, em nome do *swadeshi*. Das morreu logo depois e Motilal, ao saber da notícia, quebrou a promessa e pediu um uísque, dizendo "Não quero morrer jovem como Das" (entrevista com Swarupa Das em 06/04/2002).

em especial aquelas feitas de *khadi*, ou algodão caseiro, era uma manifestação de solidariedade aos que batalhavam pela liberdade da Índia. Em Baroda, uma das netas de Chimnabai se recorda de vestir sáris de algodão "porque precisávamos encorajar a indústria indiana de teares manuais".[65]

Gandhi, defensor dos oprimidos, louvava a força moral, a capacidade de resistência e de sacrifício, e a coragem das mulheres: "Se a não violência é a lei de nosso ser, o futuro está com a mulher."[66] Ele as via como iguais aos homens e as encorajava a fazer o mesmo também. "A mulher", disse ele, "tem tanto direito a moldar o próprio destino quanto o homem."[67] Um elemento importante da contribuição de Gandhi à política indiana foi sua inclusividade e amplitude de poder de atração: sob sua influência, pela primeira vez, os ativistas não eram apenas homens e mulheres bem-educados e de classe média, oriundos dos centros urbanos sofisticados das províncias britânicas, como Calcutá, Puna e Bombaim, mas de toda a Índia, de ambos os sexos, de todos os clãs e de fora das castas.

As mulheres chegavam a romper com o *purdah* para desempenhar um papel mais ativo no movimento de protesto. Enquanto Jawaharlal Nehru estava na prisão, em 1932, sua mãe — uma hindu de casta alta, de meia-idade e saúde delicada, que vivera enclausurada a maior parte da vida — permitiu-se ser atacada por policiais com cassetetes de bambu enquanto se sentava firme e imóvel, à frente de uma manifestação. As pessoas que tentaram protegê-la foram presas; ela foi derrubada e atingida por várias bastonadas. Desmaiou, e um corte aberto em sua cabeça espalhou sangue pela rua. Por fim, foi recolhida e levada para casa por um policial. "Ela ficou muito feliz e orgulhosa por ter compartilhado com nossos voluntários, rapazes e moças, o privilégio de receber golpes de bastão e cassetete",[68] recordava-se Nehru. Na cruzada daquelas mulheres, liderada pela indomável Sarojini Naidu, mais de cinco mil delas foram presas entre 1929 e 1933.

O ativismo feminino não era sempre tão contido quanto o de Swarup Rani Nehru. Em dezembro de 1931, duas colegiais indianas pediram para ver um magistrado britânico, em Comilla, sob pretexto de obter sua permissão para se registrarem em uma prova de natação; elas o mataram a tiros. Dois meses depois, Bina Das disparou sem sucesso cinco tiros contra o governador de Bengala, enquanto recebia o diploma na Universidade de Calcutá. "Meu objetivo era morrer e, se conseguisse, morrer de maneira nobre, lutando contra este sistema de governo despótico que vem mantendo meu povo em sujeição perpétua."[69] Naquele mesmo ano, 1932, Pritilata Waddedar conduziu um grupo de ataque composto por 15 jovens até o clube Pahartali Railway Officers, em Chittagong, durante o qual uma mulher morreu e outras 12 pessoas ficaram feridas. Toda a gangue escapou exceto Pritilata, que engoliu uma cápsula de cianeto de potássio na cena do ataque.

Apesar desses casos extremos, o ativismo feminino foi recompensado pelo Congresso em 1933, com a promessa de direitos iguais em uma futura Índia independente, registrada na Resolução dos Direitos Fundamentais. O Governo Britânico da Índia decretou em 1919, no ano seguinte ao que as mulheres britânicas passaram a fazer parte do eleitorado, que as províncias da Índia Britânica podiam decidir individualmente se permitiriam ou não que as indianas votassem. Ao longo da década de 1920, o sufrágio feminino foi estendido a toda a Índia, mas apenas para aquela classe de mulheres que eram bem-educadas e possuíam propriedades. Nas eleições de 1937, um sexto da população adulta da Índia, que incluía seis milhões de mulheres, havia obtido o direito de votar nas eleições legislativas das províncias, para a qual elegeram oitenta mulheres, inclusive a irmã de Jawaharlal Nehru, Nan Pandit. O Congresso ganhou 716 das 1.161 cadeiras nas eleições de 1937.

"O grito pela liberdade sempre teve um significado duplo para elas", disse Nehru, "e o entusiasmo e a energia com que elas se atiraram na luta tinham sem dúvida origem no desejo intenso mas, entretanto, vago e pouco consciente de se livrarem da escravidão doméstica também".[70] Margaret Cousins, a ativista feminista que foi fundamental para a fundação da Associação das Mulheres Indianas e da Conferência das Mulheres Indianas, foi ainda mais longe que Nehru ao identificar explicitamente a emancipação feminina no país com a independência. "O movimento para o progresso e a liberdade das mulheres indianas é o movimento para o progresso e liberdade da própria Índia",[71] declarou ela em 1939.

Winston Churchill era um homem cuja desaprovação dos direitos das mulheres era quase tão intensa quanto sua reprovação à Índia se tornar independente. Ele via Gandhi como um insulto ao conceito de império que ele venerava, descrevendo em 1931 "o espetáculo nauseante e humilhante de ver este ex-advogado de Inner Temple transformado agora em faquir rebelde, subindo seminu os degraus do palácio do vice-rei para negociar em termos de igualdade com o representante do rei-imperador".[72] A confusão de Gandhi com relação aos britânicos tinha um tom mais gentil: quando lhe disseram que lorde Irwin, o vice-rei, rezava antes de tomar qualquer decisão importante, ele disse, sorrindo: "Que pena Deus lhe dar tão maus conselhos."[73]

Os políticos nacionalistas estavam sendo saudados, na década de 1920, com o mesmo tipo de pompa e adulação popular reservado em geral aos marajás. Em 1928, Motilal Nehru, eleito presidente do Congresso Nacional Indiano, chegou a Calcutá com a família para a convenção anual.

> Eles se dirigiram para a abertura do encontro em um cortejo, com Motilal, Jawaharlal, Kamala e Indira em uma carruagem puxada por 34 cavalos brancos, seguidos por voluntários do Congresso, montados, mulheres que marchavam em sáris de bordas verdes e vermelhas, uma unidade médica e, por fim, uma procissão de motociclistas liderada pelo líder radical do Congresso de Bengala, Subhas Chandra Bose.[74]

Apesar da facilidade com que se moviam nos círculos europeus e indianos, os Cooch Behar filhos eram nacionalistas cheios de orgulho. Todos possuíam miniaturas de rocas, o símbolo da autossuficiência indiana; gritavam palavras de ordem do Congresso enquanto brincavam; Mohandas Gandhi e Jawaharlal Nehru eram seus heróis. Quando

Bhaiya foi para Harrow, ficou emocionado ao saber que seu quarto já pertencera a Nehru, cujo nome estava inscrito na cabeceira da cama. "Pessoalmente, sempre achei que o primeiro dever de um príncipe indiano era o de ser nacionalista",[75] declarou Hamidullah, nababo de Bhopal, em 1931. Da mesma forma que as mulheres foram capazes de passar por cima de séculos de humildade enraizada para lutar pela independência de seu país, a maioria dos príncipes indianos colocava os interesses de sua nação emergente acima dos seus.

9

Embora tivessem viajado muito com a mãe desde pequenos e frequentado escolas no subcontinente e na Europa, o lugar de que os Cooch Behar filhos gostavam mais era seu próprio estado. O palácio e a área em torno eram como um parque de diversões mágico e vasto. Os dias eram sempre cheios. As crianças acordavam cedo para cavalgar antes do café. *Miss* Hobart e *miss* Oliphant, governantas inglesas recomendadas pela rainha Maria, ensinavam-lhes história inglesa, literatura e francês; dois tutores bengaleses lhes davam lições de história indiana, matemática, bengalês e sânscrito. Eles jogavam tênis, praticavam tiro e perambulavam de bicicleta pelos jardins do palácio, visitando os filhotes de elefante na *pilkhana*, ou se balançando, quatro de uma vez, no balanço que pendia de uma imensa figueira-de-bengala. Jit mandara construir para Ila uma pequena casa, caiada de branco, com dois andares e teto em forma de abóbada, na qual as crianças aprendiam a cozinhar e ofereciam chás. Eles tinham também animais de estimação que adoravam — macacos, filhotes de cães e de panteras, um veado ferido, de que Ila cuidou até ficar bom; até Ma era dona de um dálmata desobediente.

A torrente constante de hóspedes era uma fonte infinita de diversão, em especial quando os estrangeiros vestiam roupas indianas ou falavam em péssimo hindi com os criados. A marani adorava dar bailes a fantasia, nos quais os criados do palácio sempre recebiam ordens para se vestirem de mulher. Os forasteiros tinham de seguir normas domésticas estritas quando iam para o *shikar*: mulheres eram proibidas de se despir para tomarem sol quando montavam elefantes nas florestas, e nenhum empregado — de varredores a ajudantes de campo — tinha permissão de entrar, sob nenhum pretexto, nas tendas dos convidados. Hóspedes americanos se queixavam às vezes de que essas restrições eram invasões de privacidade, para não dizer que eram antidemocráticas, mas não se faziam exceções.

Ila, com seus olhos grandes e expressivos, herdara o humor do pai e seu dom para mímica; Bhaiya, louco por esportes, logo superou sua arrogância anterior, embora ainda gostasse de ser chamado de "*yuvraj*" ou príncipe coroado; Indrajit era o "levado, sempre fazendo as travessuras mais cheias de imaginação";[1] Ayesha, a menina moleca, adorava Bhaiya, que a protegia das implicâncias de Ila e Indrajit; a suave Menaka ia atrás dos irmãos e das irmãs. Quando o escritor William Gerhardi visitou Cooch Behar em fins da década de 1920, ficou impressionado com a "intensa hospitalidade" de Bhaiya e Indrajit, "que contrastava com sua natureza gentil e encantadora, voz suave e olhos tristes".[2] Apesar de todo o gosto pela diversão, os Cooch Behar eram sempre descritos como tendo olhos tristes.

Quando criança, Ayesha era conhecida como a "*pagly rajkumari*", ou princesa louca, por causa do interesse que nutria pelas vidas e pelo bem-estar dos criados do palácio. Com seriedade, ela indagava sobre quanto ganhavam, como eram suas condições de vida e planejava em detalhes melhorias para eles. Os elefantes eram sua maior paixão, "as criaturas mais importantes e amadas do mundo".[3] Ela passava horas com os *mahouts* na *pilkana* do palácio, ouvindo suas canções plangentes e aprendendo histórias que passavam de geração a geração. Como os irmãos e as irmãs, ela sabia montá-los empoleirada em seus pescoços, como um *mahout*, e adorava nada menos que se deitar entre as enormes orelhas, "sentindo uma leve brisa, toda vez que eles as balançavam, ouvindo o zumbido das abelhas, saturada do cheiro peculiar dos elefantes e pela sensação da selva ao redor".[4]

Como nos tempos de Nripendra, os *shikars* eram o centro das atenções da vida em Cooch Behar. Duas ou três grandes caçadas aconteciam a cada inverno nas reservas florestais do estado, em Patlakhawa ou

Takuamari, embora pudesse a qualquer momento chegar ao palácio a informação de que algum animal selvagem tinha adquirido gosto por animais domésticos, ou até por carne humana, e precisava ser eliminado. Essas caçadas de improviso eram regalos ansiosamente esperados: as aulas eram canceladas e os elefantes de *shikar* preparados para a expedição.

As crianças passaram os primeiros verões após a morte de Jit no chalé do Gaekwad, em Ooty, com os avós e primos Baroda. Quando Bhaiya e a família saíam de Cooch Behar, todos os tribunais, escritórios, escolas e universidades fechavam por um dia; ao retornar, os alunos do Victoria College se alinhavam ao longo da alameda do palácio, dos portões de ferro blasonados (encimados, de um lado, por um leão de pedra pintado e, do outro, por um elefante) até o pórtico, para aplaudir sua chegada em casa.

A viagem de 1.500 quilômetros até Ooty levava mais de uma semana, em uma caravana que incluía trinta cavalos (e seus trinta cavalariços), bagagem que enchia quatro caminhões, e inúmeros servidores:

> (...) uma criada para cada uma das meninas e valetes para os meninos, parentes diversos e acompanhantes, dois ajudantes de campo e suas famílias, seis mordomos, quatro *jamedars*, ou lacaios, oito guardas, uma governanta inglesa, dois professores indianos, nosso chofer, sua esposa e filha, quatro motoristas indianos, duas costureiras, um médico assistente, um cozinheiro inglês e um indiano, quatro ajudantes e um chefe de cozinha, o controlador doméstico, seu secretário, um contador e seu secretário.[5]

Um garoto de 13 anos, gordo e infeliz, convidou-se para almoçar em Ooty, em um dia de verão de 1925, com a ressalva de que lhe servissem comida indiana e não inglesa. Ele era o recém-empossado marajá de Jaipur e estava desesperado por um pouco de comida caseira, porque seus tutores britânicos haviam-no restringido a uma dieta simples de cozinha europeia. Isso estava em harmonia com uma descrição dele na entrega de prêmios do Mayo College, dois anos antes, sentado na primeira fila "gordo, mal-humorado e magnífico".[6]

Jai (abreviação de Jaipur, mas que significa também vitória em hindi), como ficou conhecido, era filho de um *thakur*, ou senhor, aparentado à família real de Jaipur. O estado era um principado *rajput*, com salva de 17 tiros. O idoso marajá Sawai Madho Singh não possuía herdeiro legítimo (dizia-se que ele temia uma maldição que previa sua morte seis meses após ter um filho) e escolheu Jai para sucedê-lo em um processo similar ao de Baroda, quando Sayajirao chegou ao trono. Os dois filhos do *thakur* foram chamados à corte real para conhecer o marajá. De acordo com a tradição, os garotos lhe estenderam uma moeda de ouro como símbolo de sua fidelidade.

A lenda que corre em Jaipur é que, enquanto o irmão de Jai se manteve de pé, esperando da maneira apropriada, ele, que tinha apenas 10 anos, impacientou-se com a vagarosidade do marajá em aceitar o tributo, deixou cair as mãos e pôs a moeda de ouro no bolso.[7] Aquilo impressionou tanto o governante, como sinal de independência e caráter adequados a um príncipe, que ele adotou o menino mais novo.

Só quatro meses depois, quando Jai foi despertado no meio da noite e levado para a *zenana* do palácio de Jaipur, na cidade, contaram a ele que fora o escolhido como herdeiro do *gaddi*. Em março de 1921, foi formalmente adotado e recebeu o nome de Man Singh. Após a morte de Madho Singh, um ano e meio mais tarde, ele ascendeu ao trono, embora só tenha sido investido com poderes plenos em 1931. A rivalidade entre as famílias nobres de Jaipur significava que Jai tinha de ser protegido para a própria segurança; os ritos e a formalidade da corte do estado implicavam ainda mais restrições. Sozinho e indeciso, essa foi a época mais difícil de sua vida, quando "ficou cada vez mais gordo e triste".[8]

Antes de morrer, o pai adotivo de Jai acertou dois casamentos para ele, com uma tia e uma sobrinha de Jodphpur, outro antigo estado *rajput* vizinho. Em 1924, o infeliz colegial desposou Marudhar Kanwar, 12 anos mais velha. A distância, sua sobrinha de 5 anos, Kishore Kanwar, viu a tia se casar com o próprio noivo — que ela própria só iria conhecer no dia do matrimônio, oito anos depois. Marudhar foi morar na *zenana* de Jaipur com as outras mulheres do palácio, e seu rechonchudo marido adolescente recebeu permissão para visitá-la a cada duas semanas. Ela lhe deu uma filha, Prem Kumari, apelidada de Mickey pela babá inglesa, em 1929, e um filho, Bhawani Singh, em 1931. A celebração de seu nascimento teve tanto champanhe que ele recebeu o apelido de Bubbles (Bolhas). No ano seguinte, Jai se casou com Kishore, de 12 anos.

Em 1929, o jovem marajá foi enviado à Inglaterra para frequentar a Royal Military Academy, em Woolwich. Jai prosperou em seu novo meio. Ele adorou Woolwich e Londres também: danças, festas e garotas. "Sua vida a partir daí", observou o biógrafo de Jai, "dividiu-se em duas existências separadas — as responsabilidades na Índia e a 'diversão' no exterior".[9] Um elemento importante desta vida nova e excitante era a vivaz marani de Cooch Behar, Indira, que lhe servira comida indiana em Ooty, tantos anos antes.

Jai veio ficar com a família Cooch Behar em Calcutá, pela primeira vez, no ano em que Bubbles nasceu. A época do Natal era o ponto alto do ano para a alta sociedade indiana. Ele, famoso como jogador de polo, pelo título antigo e pela riqueza fabulosa, trouxe seu time para competir no Campeonato da Associação Indiana de Polo. Sessenta reluzentes cavalos, cada um com seu cavalariço, usando um turbante *rajput* de cor brilhante, chegaram a Woodlands, vindos de Jaipur. Depois, apareceu Jai em um Rolls-Royce verde conversível, uma figura esbelta e elegante, extremamente bem-apessoado. "Todo mundo em Calcutá achava-o charmoso e descontraído; ele emanava um ar de segurança e boa educação que o tornava muito atraente. Ria e brincava com todos — a fala baixa, um pouco arrastada — e gostava muito de flertar, o que o deixava mais fascinante ainda."[10]

O polo era a obsessão esportiva da Índia, o jogo nacional, e Jai era talvez o melhor jogador do país, com uma vantagem de nove pontos a cada dez. Seu jogo era rápido, elegante e agradável de assistir. Durante a década de 1930, seu time venceu o campeonato da Associação Indiana de Polo por seis anos seguidos, e ele o levou para a Inglaterra em 1933, onde permaneceram invictos. Os Cooch Behar filhos, loucos por esporte, consideravam Jai um herói, e Ayesha, uma princesa, sonhava em segredo conseguir "por milagre, ser transformada em cavalariço, a fim de poder segurar o cavalo para ele, lhe entregar o taco, e sua mão tocar sem querer a minha".[11] O marajá se tornou o foco romântico de todas as suas esperanças.

Por seu lado, Jai adorava a atmosfera de simpatia da família Cooch Behar, algo de que sentira tanta falta ao ser levado para morar no palácio de Jaipur, na cidade, aos 10 anos de idade. Ele deixava as crianças o derrotarem no tênis, desafiava-as para corridas de bicicleta, contava-lhes piadas e as deixava bebericarem seu champanhe. Desde o início, ele escolheu Ayesha. Quando venceu o torneio de polo no inverno de 1931, Indira lhe disse que poderia escolher o que quisesse como prêmio; ele pediu que Ayesha, com 12 anos então, sem ser adulta o bastante para vestir um sári, acompanhasse-o para jantar no Firpo, o restaurante mais elegante de Calcutá. Quando ela matou a primeira pantera, Jai lhe enviou um telegrama de congratulações, "quase tão emocionante quanto a presa".[12] Ele a levava para cavalgar e lhe oferecia conselhos sobre como montar, que ela era orgulhosa demais para aceitar. O marajá exclamava de bom humor para as criadas de Ma, que o adoravam e contavam tudo o que dissera para uma ansiosa Ayesha: "Ah, essa princesa de vocês! Como pisa duro ao andar! Será que ela não tem feminilidade?"[13]

Em 1932, a família Cooch Behar passou uns dias com Jai em seu recém-reformado palácio de Rambagh, em Jaipur. No passado, este compreendia uma série de pavilhões e jardins de lazer fora da cidade velha, mas Jai o transformara na última palavra em conforto moderno. Ayesha ficou estonteada com a beleza desértica de Jaipur: como descreveu um visitante do século XIX, é "uma cidade cor-de-rosa, erguida às margens de um lago azul e cercada pelos contrafortes vermelhos [das montanhas] de Aravali".[14] Ela "achou que era o lugar mais bonito que já tinha visto na vida".[15] Logo após esta visita, Jai contou a Indira que desejava desposar Ayesha quando ela tivesse idade para tal. Indira riu dele e disse: "Eu nunca escutei uma bobagem tão sentimental."[16]

No ano seguinte, 1934, Ayesha, Ila e Baby (acompanhadas apenas por um ajudante de campo, a esposa, os filhos e uma criada) foram enviadas para Santiniketan (a Morada da Paz), a escola dirigida por Rabindranath Tagore, próximo a Calcutá. Ayesha morava no dormitório das meninas, onde ela e as outras alunas "dormiam em esteiras no chão, tomavam banho frio de balde e usavam uma latrina do lado de fora".[17]

Quem também estudava em Santiniketan em 1934 era a jovem Indira Gandhi. Indira Nehru nascera em 1917, dois anos antes de Ayesha, no mês, como observou seu pai, em que a Revolução Russa começou. Para a nova onda de nacionalistas indianos, sua linhagem era tão nobre quanto a de Ayesha. O avô paterno, Motilal, foi um advogado hindu aristocrata, um dos homens mais ricos e sofisticados de Allahabad (murmurava-se, falsamente, que ele mandava seus ternos, feitos em Savile Row, serem lavados na Inglaterra), e um dos primeiros membros influentes do Congresso Nacional Indiano. O pai de Indira, Jawaharlal, foi educado em Harrow e Cambridge e se formou advogado. Em 1916, um ano antes de Indira nascer, ele conheceu Mohandas Gandhi, recém-chegado da África do Sul, no encontro anual do Congresso. Gandhi radicalizou Jawaharlal, e, na década de 1930, os dois se tornaram ativistas empedernidos, militantes veteranos e líderes do movimento de desobediência civil, presos a todo o momento pelos britânicos. Indira Nehru, cuja primeira lembrança era uma fogueira simbólica de roupas importadas na casa dos avós, em Allahabad, tornou-se herdeira dessa tradição revolucionária.

Santiniketan era uma escola experimental alternativa, onde as aulas aconteciam do lado de fora, sob a sombra de frondosas mangueiras e figueiras, nas quais Tagore pendurava suas pinturas. Professores e alunos andavam descalços. Tagore era um universalista: todos os aspectos da cultura indiana eram valorizados, mas as obras europeias não eram excluídas. O poeta, vestido com roupas cor de açafrão e de barba branca, que parecia viver em outro mundo, era uma figura lendária que, embora não lecionasse mais, nutria um interesse ativo e afetuoso por todos os alunos de Santiniketan. Ayesha costumava ir de bicicleta para vê-lo na cabana em que vivia, escrevia e pintava. Ele a admoestava por causa da caligrafia (ela não se acostumava a escrever o "s" inverso do bengalês) e dizia a ela e a irmã, Ila, que parassem de fazer o *puja* de Shiva, que Indira insistia com elas para realizarem a fim de encontrar bons maridos; "Gurudev [Tagore] não acreditava na adoração de ídolos".[18] A marani também não tinha fé no culto a imagens — a não ser nesta questão vital.

O *puja* de Ila teve uma eficiência mais imediata do que Indira pretendia. Em Santiniketan, ela conheceu e se apaixonou por outro aluno, Romendra Kishore Deb Burman, primo do marajá de Tripura, um principado das selvas do leste ainda mais selvagem e remoto que Cooch Behar. Embora sua descendência fosse antiga (o marajá era o 180° de sua linhagem), a família real de Tripura era uma patrona progressista das artes. Rabindranath Tagore fora "descoberto" por um marajá de Tripura.

Na primavera de 1936, logo depois de Ila e Baby terem partido para a Europa aos cuidados de Chimnabai, alguém em uma festa perguntou a Indira se era verdade que Ila estava casada. A marani riu, mas, para ter certeza, fez algumas indagações. Sua filha e Romendra haviam realmente se casado em um cartório de Calcutá. Ila, quando perguntada sobre o assunto mais tarde, disse saber que Ma não teria consentido na união porque o noivo era ainda estudante; fora melhor então lhe apresentar o *fait accompli.*

De acordo com o filho caçula de Ila e Romendra, Habi, uma das razões pelas quais seu pai não era considerado um pretendente adequado era o fato de ser abstêmio. Romendra começou a beber para ser "aceito no rebanho"[19] e morreria, em 1975, por abuso de álcool "quase para satisfazer um desejo da família".

Indira ficou furiosa com o casamento secreto. Quando chegou à casa dos Baroda em Paris, ela e Chimnabai levaram Ila para um quarto a fim de ter uma conversa. Logo, uma Ila sorridente saiu, fechando a porta atrás de si; o som de vozes altas ainda podia ser ouvido do lado de dentro. Ela explicou a uma surpresa prima, que esperava ansiosa por ela, ter "levado a conversa para o casamento de Ma e agora, esta e [Chimnabai] estavam revivendo iradas aquele conflito e seu afastamento, minuto por minuto, e tinham esquecido tudo em relação a Ila".[20]

Depois de preparar um enxoval para a filha em Paris e Londres, Indira a levou de volta para a Índia a fim de que se casasse apropriadamente, deixando Menaka, Baby, Indrajit e Ayesha em Londres, sob os cuidados de Chimnabai, que estava hospedada em sua suíte costumeira no Dorchester. Naquele verão, Jai levou Ayesha, com 17 anos então, para uma volta de carro em torno do Hyde Park e, sem preâmbulo, com os olhos fixos na rua enquanto dirigia, contou-lhe que decidira havia muito que queria se casar com ela. O que achava? Ele tinha que fazer alguns preparativos, se ela concordasse, e necessitava de um pouco de tempo para acertar tudo. Ela precisava estar consciente de que, por ele jogar polo e andar de avião, poderia sofrer um acidente; se isto acontecesse, ela ainda gostaria de ficar com ele? Tudo que a incrédula e extasiada Ayesha conseguiu dizer foi sim.

Eles mantiveram o noivado em segredo no início e só se encontravam clandestinamente. Ayesha tinha que usar uma cabine telefônica da Pont Street, em Knightsbridge, para telefonar a Jai, porque a guardiã das garotas escutava todas as suas conversas no apartamento. Ela dizia que ia ao cinema com uma amiga da Monkey Club, a escola que frequentava, ou com uma das irmãs, e escapava para encontrá-lo na dispensa do hotel Berkeley. Jai lhe deu um anel que ela usava apenas quando estava só, à noite. Foi um período embriagador. "Olhando para trás agora, vejo que aquela época foi muito mais divertida do que um namoro comum e aprovado teria sido. Havia o desafio de enganar os mais velhos, combinar encontros secretos, imaginar como pôr cartas no correio sem o conhecimento de ajudantes de campo, governantas ou secretários", lembra-se Ayesha.[21] "E a todo o momento, havia a liberdade maravilhosa e inédita de dar um passeio de carro no campo com Jai, de um jantar às escondidas no Bray, ou de passear de barco no rio."

Ayesha e Menaka foram de férias para Dinard naquele verão como planejado, e depois a primeira delas iria para outra escola, Brillantmont, em Lausanne. Por fim, ela tomou coragem de escrever para a mãe falando sobre o pedido de Jai; ele estava preocupado com o comprometimento da noiva, porque quando havia visto Indira na Índia, ela não tocara no assunto com ele. "Acho que o marajá de Jaipur deve lhe ter dito",[22] escreveu Ayesha finalmente. "Espero que não se importe com o fato de acertarmos tudo sem lhe falarmos antes. Quando Sua Alteza me pediu de forma direta que me casasse com ele, não havia nada que eu pudesse fazer, então concordei." Ela ainda tinha tanto respeito por ele que mal ousava dizer seu nome diante de outras pessoas.

Indira respondeu que deviam esperar mais dois anos para ver como ficavam as coisas. Ela se sentia dividida com relação ao relacionamento por várias razões. Adorava Jai e estava emocionada com a perspectiva de tê-lo como genro — ele já passara tantas temporadas com elas desde aquele Natal de 1931, que era como se já fosse um membro da família — mas não gostava da ideia de Ayesha ser sua terceira esposa e de ter que viver em *purdah*, em um estado atrasado, onde cada movimento seu ficaria restringido. Além disso, ela gostava da segunda esposa de Jai, Kishore Kanwar, e não desejava vê-la magoada. Ela "previu sombriamente que eu [Ayesha] me tornaria apenas 'a última aquisição para a maternidade de Jaipur'".[23] Era preciso mais tempo para ver se o compromisso dos dois era sério, e esperar que ela conhecesse alguém novo — de preferência, solteiro.

Os irmãos e irmãs de Ayesha também relutavam em dar seu assentimento total ao casamento. Indrajit, sempre implicante, professava descrença de que Jai, seu herói, fosse se rebaixar casando-se com "um cabo de vassoura", como sempre chamara a pouco feminina irmã.[24] Ila achava que Ayesha estava "caída" demais pelo marajá para poder lidar com seus flertes. As preocupações de Bhaiya eram mais básicas: ele disse a irmã, que ficou indignada, não conseguir imaginar Jai "desistindo de todas as suas garotas". "Ele não vai deixar de gostar de outras mulheres e de sair com elas porque se casou com você", disse-lhe de forma direta. "E você não deve se importar com isso, de verdade."[25]

Uma amiga de Ayesha, Sher Ali Pataudi, acreditava que a atitude de Jai a respeito do terceiro casamento era de praticidade e não tinha a ver com sentimentos. "Para ele, casar-se era uma necessidade, e ter filhos, um dever com relação ao estado e à linhagem. Então, uma [esposa] a mais não fazia a menor diferença, mesmo que ela montasse bem e lhe fizesse companhia na vida esportiva e ao ar livre."[26] Ayesha era ideal por ser "uma princesa moderna e atraente, com uma família muito interessante, bem-relacionada e com o tipo de educação que ele queria — atual, europeia e ainda pertencendo ao mesmo grupo".

Os parentes rajastanis de Jai, entretanto, opunham-se à união. Apesar de uma princesa de Cooch Behar ter se casado com um marajá de Jaipur 350 anos antes, e da família descender de *kshatriyas rajputs*, eles eram vistos como corrompidos por gerações de casamentos com princesas de estados tribais das montanhas. A ligação com os Baroda também não impressionava os *rajputs*, obcecados por linhagem, que consideravam os clãs governantes maratas vulgares, violentos e arrivistas. O gosto recente da família pelo *jet-set* europeu e sua proximidade dos escândalos selaram seu desdém.

Outro casamento — desnecessário, já que as esposas de Jai já haviam lhe dado filhos — ofenderia também a família de Jodhpur, de onde vinham as duas, e que era aparentada das famílias *rajputs* reinantes de Bikaner, Udaipur, Dungarpur e Jamnagar. O vice-rei, lorde Linlithgow, advertiu Jai que desposar Ayesha poderia prejudicar seriamente suas relações com os príncipes vizinhos. Ele replicou que, embora o vice-rei pudesse depô-lo, não podia interferir em sua vida pessoal. "O vice-rei, vendo sua determinação, apertou-lhe a mão desejando boa sorte."[27] O governo britânico, contudo, ainda se recusava a sancionar a união. "Parabéns e votos de boa sorte"[28] deveriam ser proferidos apenas "em particular", e nenhum funcionário britânico compareceria ao casamento.

Jai teve de ir a Udaipur a fim de persuadir o *maharana*, o mais importante dos príncipes *rajputs*, a lhe dar sua bênção. Amer Singh, seu tutor, que sempre se preocupara com aquela amizade com Indira, disse-lhe que se casasse com uma moça de uma "boa família *rajput*",[29] ele assistiria às bodas com prazer, "mas que não se casasse com alguém daquela família". Jai cumprira, no entanto, seu dever ao desposar as mulheres que o pai adotivo escolhera para ele; agora, estava resolvido a se casar por amor.

Em 1936, Indira convidou os pais, Chimnabai e Sayajirao, para visitarem Cooch Behar pela primeira vez. O casal não ia a Calcutá desde dezembro de 1906, quando a marani abriu a Conferência das Mulheres Indianas, de forma que eles planejaram combinar uns dias na cidade com a estadia no principado da filha. Um panfleto publicado mais tarde em Baroda descreveu a viagem nos mínimos detalhes.

A comitiva do Gaekwad era atipicamente grande e oficial. Além de Sayajirao, Chimnabai e seus criados pessoais, o grupo incluía o *dewan* de Baroda, um secretário, um contador, um médico e dois valetes. O vagão particular da família foi atrelado ao Frontier Mail, na estação privativa do palácio, para a viagem de 24 horas a Nova Délhi. Lá, "Sua Alteza [e os outros, sem dúvida] foi conduzida de carro até a Casa Baroda na cidade e jantou no hotel Imperial".[30] Após esta pausa na viagem, eles partiram mais uma vez para outra jornada de trem, de 24 horas, até Calcutá. Em Woodlands, "*mr.* e *mrs.* Sandford, ligados à prática do polo, *mr.* Holmes, milionário anglo-americano e *mr.* More O'Ferrall, famoso especialista em equinos",[31] aguardavam sua chegada. Uma agenda cheia estava à espera do grupo.

Em 23 de dezembro, Sayajirao recebeu o título de Bhupati-Chakravarty do reitor do Sanskrit College, em reconhecimento a uma vida de serviços a Baroda e à Índia. Ele estava em nobre companhia: apenas três outros homens — Rabindranath Tagore, *sir* M. N. Mookerjee e *sir* Francis Younghusband — tinham recebido aquela honra.

A esfuziante temporada de Natal de Calcutá estava em plena atividade quando os Baroda chegaram. Bhaiya lhes ofereceu um jantar no Firpo. Eles foram às corridas — passatempo favorito das duas famílias — e participaram de festas em Belvedere, o palácio branco do governador de Bengala, em frente a Woodlands, e no Palácio Vice-real. O marajá de Tripura ofereceu um coquetel em sua honra, e o marajá de Kapurtala os convidou para jantar na passagem do ano-novo de 1937. O famoso time de Jai derrotou o do estado de Bhopal no polo.

A cidade de Cooch Behar estava enfeitada com flores e embandeirada para a chegada de Chimnabai e Sayajirao, e quando o trem parou na estação, uma salva de 21 tiros foi disparada. Uma multidão animada enchia as ruas. "Naturalmente, ela [Indira] estava muito feliz por receber o pai e a mãe pela primeira vez em Cooch Behar, e eles, por sua vez, estavam encantados de estarem com a filha em sua casa e verem Cooch Behar moderno e progressista",[32] diz o relato da visita. "No geral, foi um dia memorável para todos." "Um palácio tão grande para um estado tão pequeno",[33] teria comentado Sayajirao.

Indira, com 45 anos então, ainda era uma personagem sedutora e sofisticada. Era anfitriã famosa, e todos os seus talentos foram utilizados para demonstrar aos adorados pais, que haviam se mantido distantes de seu novo lar por tanto tempo, que ela construíra uma família — e administrava um estado — de que podiam se orgulhar. No interior do palácio, como sempre fazia quando recebia hóspedes, ela se deitara em cada cama para ter certeza de que as luzes de cabeceira estavam colocadas no ângulo certo e de que tinham uma lâmpada forte o bastante para a leitura. Verificara se as flores estavam combinando com a decoração, se as garrafas de água e latas de biscoito nas mesas de cabeceira estavam cheias, se as camas tinham travesseiros firmes e macios, se os tinteiros sobre as escrivaninhas continham tinta vermelha e azul e se os mata-borrões eram novos e sem marcas — ela sempre se preocupava que marcas indiscretas de cartas de amor não ficassem para trás.

Naquela noite, no jantar, Sayajirao retribuiu o discurso de boas-vindas de Bhaiya em um tom que punha de lado toda a hostilidade dos anos passados, como se nunca houvesse existido. Talvez, tendo visto a própria família crescer ainda mais dividida ao longo do tempo, ele estivesse determinado a construir pontes.

Conheço o estado de Cooch Behar desde o tempo de seu avô e sua avó. Esta última foi uma mulher muito prendada, de caráter adorável e modos encantadores. Seu avô era um homem alto e belo, de constituição excelente, mente liberal e um progressista [para Sayajirao, o maior dos elogios], e acima de tudo, um grande esportista. Conheci seu pai e os irmãos dele na infância, de forma que minha ligação com Cooch Behar, longe de ser algo novo, está profundamente enraizada no passado.[34]

Como sempre com Sayajirao, a visita não se limitou apenas a diversões e jogos. Em 5 de janeiro, ele colocou a pedra fundamental da seção de raios-X Sua Alteza, o Marajá Gaekwad de Baroda, no hospital de Cooch Behar, e doou 10 mil rupias. As máquinas de raios-X eram uma das paixões de Sayajirao: ele deixara Chimnabai enfurecida, em uma de suas viagens à Europa, ao usar o dinheiro que dera a ela para comprar joias em Paris, adquirindo uma para o hospital de Baroda.[35]

Bhaiya se formou em Cambridge naquele ano e retornou para ser empossado como marajá de Cooch Behar em um elaborado *durbar*, usando uma ordem de precedência que datava do século XIX. A cerimônia foi o ponto alto dos dois dias de festividades. A parada militar (dos "Lanceiros Coochie") começou às 8h15 da manhã, em frente ao palácio, e foi seguida por um rali de escoteiros. Às 9h30, soou uma salva de tiros de aniversário e depois as preces e as devoções rituais começaram nos templos, mesquitas e *masjids* de Cooch Behar. O *durbar* teve início no grande salão do palácio às 11h30. Pediu-se aos convidados que usassem qualquer cor, exceto o preto. À direita de Bhaiya, estavam seus 62 funcionários de Estado, e à esquerda, a família encabeçada por Indrajit. Às duas da tarde, distribuíram-se esmolas para os pobres. Naquela noite, a cidade e o palácio foram iluminados por centenas de pequenas luzes cintilantes, e o céu, por uma chuva de fogos de artifício. No dia seguinte, Bhaiya ofereceu uma festa ao ar livre no clube de Cooch Behar, após uma exibição esportiva nos jardins do palácio. Indira declarou que, daquele momento em diante, não seria mais chamada de marani Indira Devi ou de marani-regente *sahiba*, adotando o título mais grandioso de Sua Alteza, a marani *sahiba*.

Em novembro de 1937, menos de um ano após a viagem a Cooch Behar, Sayajirao ficou mais doente que o normal, embora a moléstia não fosse tipificada, uma espécie de sonolência. Ele estava desesperado para voltar ao lar. Chimnabai e Indira fretaram então um avião e o levaram da Europa para Baroda, onde a família se reuniu, em Laxmi Vilas. O marajá morreu em 6 de fevereiro de 1938. Cooch Behar decretou luto oficial: uma salva de 75 tiros foi disparada; escritórios, tribunais e escolas ficaram fechados; o *Gazette de Cooch Behar* saiu com uma tarja preta e até o cinema não funcionou por uma noite. O reitor do Victoria College elogiou Sayajirao por seu "governo longo e beneficente, sua alta cultura, visão ampla e grande simpatia de coração por todos. [Ele] ocupou uma posição única entre os príncipes e deixou uma tradição frutífera como ideal do governante indiano".[36]

Seu corpo foi levado para a margem do rio próximo a Kirtir Mandir, o memorial que ele construíra perto de Laxmi Vilas para marcar seu quinquagésimo aniversário como marajá, e colocado sobre a pira, com os pés apontando na direção de Benares. Mais madeira foi colocada por cima, despejando-se *ghee* sobre tudo. Quando se pôs fogo, ela explodiu subitamente em chamas com um efeito "tão impressionante e imprevisto, que senti meu coração bater como se alguma aparição sobrenatural tivesse surgido diante de meus olhos".[37] Os participantes ficaram assistindo ao fogo queimar. Uma parte das cinzas foi jogada no rio, e outra colocada em uma urna que ficou em Kirti Mandir.

Embora fosse inconcebível que ela viesse algum dia a ter um emprego, como parte de sua educação católica, Ayesha fazia um curso de secretariado em Londres, em 1938. Ela aprendia taquigrafia como *"miss Devi"* durante o dia e à noite, ia a coquetéis e casas noturnas com os amigos ingleses e vários membros de sua família, que também se encontravam na cidade, inclusive Indrajit — apelidado de Diggers — e os tios Victor e Dhairyashil. Pela primeira vez na vida, era independente, livre da presença constante de ajudantes de campo e criados. Ia ao cinema e andava de metrô, sentindo-se parte da multidão apressada no final do dia. Quando ela e Menaka voltaram para casa na primavera de 1938, após a morte de Sayajirao, tiveram de se submeter novamente às velhas restrições: embora não vivessem, e nunca tivessem vivido, em *purdah*, na Índia as princesas não podiam sair desacompanhadas, nem para comprar um lenço.

O que compensava essas pequenas limitações em sua conduta era o fato de estar de novo com Jai. Apesar de virem mantendo contato constante desde o noivado secreto um ano e meio antes, eles tinham se visto apenas raramente. Em janeiro de 1938, quando Ayesha estava em Cooch Behar, a tensão estava começando a crescer. "Estou me sentindo abatido e infeliz sem notícias suas", escreveu Jai. "Então, escreva-me uma linha (...) se puder, porque você sabe que uma palavra sua que seja faz toda a diferença para mim. Eu não preciso dizer como me sinto por sua causa, nem um momento se passa [*sic*] em que você não esteja nos meus pensamentos e tudo que quero é te ver de novo."[38]

Em 1937, entretanto, Jai conseguira visitá-la em sua escola na Suíça, fingindo ser um primo, e mais tarde, naquele mesmo ano, passou uns dias com os Cooch Behar em Cannes. Em 1938, ele se juntou a Ayesha, a mãe e aos irmãos em Budapeste, em junho. Para ela, tudo ficava banhado em uma luz rósea quando estava com o marajá; até a ameaça de guerra parecia de pouca importância. O fato de que ele estava na Índia — levando Indira e Ayesha para coquetéis no gramado do Willingdon Club, em Bombaim, hospedando-se com a família dela em Woodlands no Natal, caçando com eles em Cooch Behar — fazia tudo ficar bem.

Indira alugou Moon House, em Srinagar, no verão de 1939, quando as amendoeiras estavam em flor. Ila trouxe o filho pequeno, Bhim, e a filha, Devika, para ficar em uma casa flutuante; o marido estava no exterior servindo ao primo, o marajá de Tripura, como ajudante militar. Bhaiya e Indrajit (que fez 21 anos enquanto estavam lá) vieram para jogar polo. Chimnabai e sete netos Baroda alugaram uma casa perto. Jai conseguiu passar alguns dias na Caxemira também. Eles faziam piqueniques, caçavam ursos, andavam de barco no lago Shalimar; cavalgavam, jogavam tênis, críquete e hóquei. "Lembro-me disso tudo como o último idílio de minha vida de solteira", escreveu Ayesha.[39]

Sher Ali Pataudi (tio do jogador de críquete Tiger Pataudi), amigo de Bhaiya e depois seu comandante na guerra, passou algumas semanas despreocupadas com a família na Caxemira. Ayesha encantou-o: ele achou que ela era uma alma perdida, distante, insondável, com ar de quem "suportava a vida em vez de desfrutá-la",[40] enquanto esperava para se casar com Jai, que, disse ele, era idealizado e adorado por ela. No entanto, isso não a impediu de flertar com Pataudi. Como Jai, ele a cortejava com dicas de montaria, enquanto ela se queixava a Baby: "Que falta de sorte a minha, ele tinha de ser casado!" Pataudi leu sua mão com premonição surpreendente: "Você vai alcançar o que quer, mas não há limites para o querer. No final, vai conseguir o que lhe é caro, mas a um preço também caro. Vai viver muito — uma vida muito longa, ainda tentando descobrir o que é a vida real."[41] Enquanto caminhavam juntos, ele recitou para ela um poema urdu, com tradução sua:

> I will never forget that yawning stretch of yours,
> Like beauty itself taking off to its source.
> And then you stopped short — having raised your hands.
> When you saw me looking, smiled and dropped your hands.[42]*

A guerra estourou na Europa enquanto eles estavam na Caxemira, embora ninguém tivesse a menor ideia do que aquilo significaria. Hitler invadiu a Polônia em 2 de setembro de 1939, e, no dia seguinte, França e Grã-Bretanha declararam guerra à Alemanha. No mesmo dia, sem consultar o Congresso — agora a principal força política do país, após a introdução gradual de um governo mais representativo na Índia Britânica, em meados da década de 1930 —, o vice-rei, lorde Linlithgow, declarou guerra à Alemanha em nome da Índia. Apesar de o Congresso se

---

*Nunca vou esquecer você se espreguiçando a bocejar,/ Como a própria beleza que retorna à fonte./ E então você parou de repente — tendo levantado suas mãos./ Quando me viu olhando, sorriu e deixou cair suas mãos.

opor ao fascismo e ao nazismo, e de deixar clara sua simpatia pela causa britânica, os nacionalistas rejeitavam o princípio que dava ao vice-rei o direito automático de engajar o país em uma guerra "estrangeira".

Para Ayesha, um fato mais sombrio que a perspectiva de guerra foi o recente acidente envolvendo Jai. Seu avião caíra, matando o piloto e deixando-o inconsciente, com os dois tornozelos fraturados, e tendo de ser retirado das ferragens. Como não estavam oficialmente noivos, ela não podia correr para seu quarto de hospital. Em sinal de gratidão pela recuperação, Jai mandou instalar portas de prata no templo de Shila Devi, do século XVII, em Amber, e sua segunda esposa, Kishore, ofereceu à deusa um par de pernas em prata de lei, para comemorar o fato de as dele terem sido preservadas.

A revista anual de Cooch Behar, de 1939, menciona as atividades de cada um dos filhos de Jit e Indira.[43] Bhaiya recebera seu brevê de piloto; participara da Câmara dos Príncipes, da qual era membro ativo e respeitado do comitê permanente, em suas três sessões, em Bombaim, Simla e Nova Délhi; aumentou sua vantagem no polo por um gol e continuou apoiando alguns clubes esportivos. Anos mais tarde, ele seria capitão do time de críquete de Bengala. Indrajit se qualificou na Academia Militar Indiana, em Dehra Dun, e obteve uma comissão no regimento de Bhaiya, o 7º da Cavalaria Ligeira, em Bolarum. Ila estava morando em Agartala com os filhos. Menaka se recuperava de uma enfermidade. Finalmente, naquele ano, o noivado de Ayesha foi anunciado.

No inverno, Jai já estava recuperado o bastante para ir a Calcutá desfrutar a temporada. Ele disse a Indira que os dois anos que ela determinara haviam passado. A guerra tinha transformado tudo, e ele queria se casar o mais breve possível. A marani respondeu que as bodas poderiam ser realizadas naquele ano, mas Jai desejava uma solução mais rápida. Quando a encontrou pouco tempo depois em Délhi, ele insistiu de novo. Dessa vez, ela lhes deu sua bênção. O marajá e Ayesha ficaram formalmente noivos em Cooch Behar, em março de 1940 (Jai voou para lá no próprio avião), e a data do casamento foi fixada pelos pânditas em 17 de abril.

Embora Ayesha tenha caído doente com difteria semanas antes do enlace e os médicos aconselhado o adiamento da cerimônia para que ela pudesse se recuperar, Jai se recusou a esperar mais. A única coisa que faltava organizar era o enxoval. Indira tivera a precaução de comprar roupas de cama e banho para a filha na Tchecoslováquia, sapatos e bolsas em Florença e finas camisolas em Paris, mas não conseguia se lembrar para onde havia despachado estes artigos. Por fim, eles foram encontrados no Ritz de Paris, quando a *drôle de guerre*, ou pretensa guerra, chegou ao fim e a cidade sitiada se preparava para outra invasão alemã. Por milagre, o enxoval chegou à Índia antes do casamento.

Ayesha se interessava mais por roupas esportivas que por sáris, mas ela foi até a Glamour, uma loja em Calcutá, para comprar os muitos sáris que precisaria para seu novo papel como marani de Jaipur. A cada um que escolhia, o queixo do proprietário ia caindo mais, e quando ela saiu da loja, ele correu para telefonar a Indira e lhe pedir que desse uma olhada na seleção de cores berrantes que Ayesha fizera. "Lixo, lixo!",[44] exclamou ao vê-los, e escolheu ela mesma mais de duzentos magníficos sáris para aquela filha algo masculina, "de *chiffon* liso e estampado, com ou sem bordas, uns bordados à mão, outros com apliques, uns entrelaçados com fios de ouro e outros de sedas simples e pesadas".

"A forma como Ayesha veste sáris, receio eu, não se aproxima nem um pouco da mãe",[45] disse um amigo da família, especulando que ela sempre viveu à sombra da adorada mãe, definindo-se como seu oposto, ao mesmo tempo que temia não conseguir estar à altura de seu exemplo. Ayesha "instintivamente, e sem ter consciência disso, tentou copiá-la a vida toda". Embora lhe faltasse talvez o garbo irresistível da mãe, ela possuía uma graça leve toda própria, ao vestir um casaco vermelho escuro, de Jacques Fath, com gola de pele sobre um sári, ou quando parecia fresca e descontraída em seus trajes esportivos, adotando o que queria dos estilos indiano e europeu. A princesa sempre parece viçosa nas fotos e nos velhos filmes caseiros, como se tivesse acabado de entrar em casa.

Os presentes de casamento foram muito mais excitantes que o enxoval; o nababo de Bhopal lhe deu um Bentley preto, e Chimnabai, uma casa em Mussorie, nos contrafortes do Himalaia; Jai ganhou um par de elefantes. Ayesha ficava indiferente às extraordinárias joias que se davam tradicionalmente de presente a uma noiva indiana. Sua falta de interesse por pedras preciosas fazia um tremendo contraste com Indira e Chimnabai; quando o noivado foi anunciado, a Gem Palace, joalheria mais famosa de Jaipur, conhecendo o gosto e os gastos de sua mãe e avó, esfregou as mãos de contentamento, mas se decepcionou em breve com a nova marani. Alguns anos depois, Jai deu a Ayesha uns brincos esplêndidos e imensos de diamantes. Ela usou-os para ir a um pequeno coquetel, horrorizando a mãe, que também estava presente. "Você não sabe se vestir?",[46] perguntou Indira à filha. "Esses brincos são demais para um coquetel. Agora, se você estivesse indo ao palácio de Buckingham, eles seriam perfeitos... Se eu fosse jornalista", continuou ela, "descreveria você como 'a exageradamente vestida marani de Jaipur'."

Os preparativos para o casamento — que custaram 350 mil rupias, e exigiram uma equipe de 59 pessoas — estavam completos, e a família já se aprontava para deixar Calcutá em direção a Cooch Behar, quando o irmão de Indira, Dhairyashil, o único dos três que permanecia vivo, caiu de uma escada e morreu mais tarde, durante aquela noite. A família ficou devastada, e o casamento foi adiado. Os sacerdotes disseram que a próxima data auspiciosa seria o 9 de maio, um dia antes do exército alemão romper a Frente Ocidental rumo a Paris.

Nas 24 horas que precederam o casamento, Ayesha jejuou. Exatamente como Chimnabai fizera meio século antes, ela se untou com óleos perfumados, teve a pele esfregada com pasta de cúrcuma e realizou os *pujas* e as preces tradicionais de uma noiva. Menaka e Baby ficaram com Ayesha aquela noite, da mesma forma como as irmãs de Sunity Devi o haviam feito 65 anos antes. Quando ela acordou, ouviu a salva de 19 tiros disparada à chegada de Jai. "Foi então que eu acreditei, com convicção total, que após todos aqueles anos de espera, iria casar com meu amado."[47]

Aquele dia pareceu interminável, enquanto ela era vestida e enfeitada, segundo o ritual, por um grupo barulhento de mulheres casadas, excitadas e falando sem parar, usando sáris de cores brilhantes, dados a elas para a ocasião. Os pés de Ayesha foram pintados com desenhos elaborados em hena, e braceletes *rajputs* de marfim foram passados por sobre suas mãos. A testa foi ungida com uma pasta de sândalo vermelha, chamada *sindur*, que indicava o caminho reto e virtuoso que trilharia como esposa. Ela foi enrolada no sári vermelho tradicional e salpicada de elaboradas joias matrimoniais em ouro. Em seu colo foi colocada uma folha de bananeira contendo alguns itens simbólicos que, de acordo com os costumes de Cooch Behar, abençoariam o casamento, garantiriam longevidade a Jai e muitos filhos a Ayesha: um búzio coberto de prata, pó vermelho misturado com arroz e um pequeno espelho de prata com sementes de areca e bétel amarradas ao cabo.

Enquanto os canhões eram disparados e a música tocava, Jai chegou precedido de um cortejo de bandas musicais, escoteiros, dançarinas e quarenta elefantes ricamente ajaezados, guiando quarenta de seus nobres com os respectivos servidores. Os pés de uma noiva bengalesa não podiam tocar o chão no dia do casamento, de forma que Ayesha foi carregada para encontrar Jai no *mandap*, ou pavilhão matrimonial, um palanquim de prata conduzido por seus familiares homens. Bhaiya entregou-a. Os rituais religiosos demoraram tanto que no final o impaciente noivo — que já tinha, afinal de contas, passado duas vezes por cerimônias semelhantes — pediu aos sacerdotes que se apressassem.

Houve mais uma semana de comemorações após as bodas, mas os recém-casados ficaram por dois dias apenas, antes de partirem em lua de mel. Eles formavam um casal muito bonito. "Pessoalmente, não consigo pensar em um casal mais impressionante e atraente do que Jai e Ayesha quando se casaram",[48] recordou-se lorde Mountbatten muitos anos depois.

Quando eles chegaram à estação de Calcutá, Ayesha percebeu pela primeira vez o que significaria viver em *purdah*. Antes do casamento, ela estava tão apaixonada que se recusava a ver a preocupação dos amigos e da família. Agora, seu vagão de trem se encontrava completamente cercado por biombos, enquanto ela era levada para o carro que a aguardava, cujas janelas também eram protegidas; outra cortina separava os assentos dos passageiros da visão do motorista. "Aquilo me deprimiu muito porque eu não esperava",[49] disse ela mais tarde. Indrajit, que viajava com eles para se juntar a seu regimento, cutucava-a dizendo: "Ei, espero que você não vá viver assim o tempo todo." Mesmo passando a noite em Woodlands, todos os criados do sexo masculino foram afastados da nova marani — que eles tinham conhecido a vida toda.

A casa onde eles ficaram em Ooty pertencia à família real de Jodhpur, à qual as duas primeiras esposas de Jai pertenciam. Na atmosfera informal de férias da estação de montanhas, o *purdah* mal era um problema; como sempre tinham feito, Ayesha e Jai jogaram tênis, cavalgaram, caçaram e saíram para piqueniques. Entretanto, quando Jai ia a recepções formais no Palácio de Governo, não levava a esposa porque não desejava que ficasse constrangida por ser a única marani presente. Ele prometeu que ela não viveria enclausurada para sempre: "Quando as pessoas se acostumarem gradualmente à ideia, você poderá abandonar o *purdah*."[50]

No final da lua de mel, Jai deixou Ayesha em Ooty enquanto ia a Bangalore jogar polo. Ele ficaria com Kishore e os quatro filhos e disse a ela que o esperasse entrar em contato, para saber se deveria ir a seu encontro ou aguardá-lo ali mesmo. Após alguns dias, o marajá escreveu dizendo que sentia falta dela e lhe pediu que fosse para Bangalore.

Sozinha e muito nervosa, Ayesha dirigiu até a cidade. Jai estava jogando polo quando ela chegou, e um ajudante de campo a levou até os aposentos que dividiria com o marido. O oficial voltou logo depois com um chamado de Sua Segunda Alteza, que se encontrava no salão de visitas e mandava dizer que ficaria contente se Ayesha fosse tomar chá com ela. Elas já haviam se encontrado antes, mas aquela era uma situação inteiramente nova. Kishore a recebeu composta e graciosa como sempre, mas foi só quando Jai chegou que seu bom humor descontraído fez tudo parecer natural. Naquela noite, Ayesha, Jai, Jo Didi (Jo significava uma abreviação de Jodhpur e era como o marajá chamava Kishore, e Didi queria dizer irmã mais velha, de forma que depois disso, ela foi sempre

Jo Didi para Ayesha) e Bhaiya jantaram juntos *en famille*. Era o começo de uma grande amizade que nenhuma das duas poderia ter imaginado.

Em Bangalore, como em Ooty, Ayesha não precisava observar estritamente o *purdah*. Os divertimentos eram informais e íntimos: se saíam para jantar, ela acompanhava Jai, e se vinham pessoas para jantar com eles, a nova marani as recebia. "Embora eu sentisse que Jo Didi podia se ressentir com minha presença, ela nunca demonstrou e talvez não houvesse tanto motivo para que levasse isso a mal, afinal de contas."[51] Kishore continuava conduzindo sua vida como sempre fizera, atrás do *purdah*, em seus próprios aposentos, com os filhos — Joey estava com 7 anos e Pat com 5 —, aonde Jai ia visitá-la como de costume. Ayesha não a substituiu na vida dele, porque ela nunca vivera realmente com o marido, e sua generosidade facilitou a adaptação da nova esposa à vida em Jaipur.

Uma visitante bem-vinda em Bangalore foi Chimnabai, que veio para dar à neta alguns conselhos sobre como ser rainha. "Isso significava, entre outras coisas, nunca ir a coquetéis, nunca permitir que ninguém me chamasse pelo primeiro nome, como da maneira sem dignidade que minha mãe o fazia, e nunca, como eu tinha o costume, usar esmeraldas com sári verde, já que ficavam muito melhor com cor-de-rosa."[52] Os conselhos da avó não ajudaram muito a medrosa e indecisa esposa, quando o trem de Ayesha e Jai parou na estação de Jaipur algumas semanas depois. As persianas foram baixadas, e "muito gentilmente Jai me disse que cobrisse o rosto".[53]

As primeiras semanas de Ayesha em Jaipur se passaram em uma sucessão de apresentações, cerimônias e recepções. Ela se instalou em sua suíte, ao lado da de Jai, no palácio de Rambagh, que ele redecorara para ela em cor-de-rosa, e conheceu seus aposentos na *zenana* do palácio da cidade, onde ficava durante as inúmeras ocasiões cerimoniais de Estado. Como as de outras maranis, suas dependências se concentravam em torno de um pequeno pátio e possuíam um salão de *durbar* privativo, iluminado por lustres de vidro azul.

Cerca de quatrocentas mulheres viviam na *zenana* de Jaipur em 1940 — viúvas, esposas, filhas, irmãs, tias e sobrinhas dos príncipes, cada uma com sua própria comitiva. A mulher mais importante ali era a marani Maji Sahiba, viúva do pai adotivo de Jai, que era tratada por todos com o máximo de deferência. Apenas durante o *durbar* das mulheres, no aniversário do marajá, as esposas tinham permissão de descobrir o rosto na frente dela. Elas acompanhavam tudo que ele fazia com um interesse apaixonado e afetuoso. "Quando o time de Jai venceu o Campeonato de Polo da Índia, por exemplo, saias e xales foram bordados com tacos; quando recebeu o brevê de piloto, as mulheres, que nunca haviam posto — e provavelmente jamais poriam — os pés em um avião, enfeitaram suas roupas com motivos de aeronaves."[54]

Em Rambagh, Ayesha vivia em semi-*purdah*. De manhã, era despertada por pavões barulhentos nos jardins do palácio. Depois, ela e Jai saíam para cavalgar juntos antes de tomarem café em volta da piscina. A marani tinha toda a liberdade na extensa área do palácio, mas, fora dali, precisava ser acompanhada, protegida por véus ou por detrás do vidro fumê dos carros de *purdah*. Como ela não falava hindi, sentia-se, e parecia, uma estrangeira. A formalidade da corte de Jaipur significava que todos se submetiam a Ayesha; ela queria que alguém discordasse dela, chamasse-a pelo nome, para sentir um pouco de proximidade. As sorridentes mulheres da *zenana*, entretanto, apenas balançavam gentilmente a cabeça para ela. Este tratamento a fez se sentir tão importante com o tempo que, quando Indrajit veio passar uma temporada com ela, um ano após o casamento, ele exclamou com sinceridade de irmão: "Quem você pensa que é, a rainha Maria?"[55]

Naquele estranho isolamento, Ayesha e Jo Didi construíram uma amizade especial. Sua Primeira Alteza passava a maior parte do tempo em Jodhpur com a família. Sua Segunda Alteza, Jo Didi, era apenas três anos mais velha que Ayesha. Ela ensinou à nova marani os rituais confusos e elaborados observados pela corte de Jaipur e a iniciou nos prazeres da vida em *purdah* — um dos quais era poder ir ao cinema, onde sentavam atrás de uma proteção especial, de pijama e penhoar.

Para Ayesha, a vida com Jai era dominada pelo polo. Em Jaipur, à noite — na hora da "poeira das vacas", assim chamada porque o sol poente iluminava as partículas de pó levantadas pelo gado trazido para casa —, ela saía de carro para ver o marido jogar. Ela adorava aquele jogo tanto quanto ele, encarando-o como um esporte artístico, mas não conseguia relaxar enquanto assistia, por causa do temor constante de que Jai se machucasse. Eles iam a Calcutá para acompanhar os torneios de dezembro e janeiro, e para a Inglaterra no verão. Durante a temporada de polo de Jaipur, em março, os jardins de Rambagh se tornavam um vasto acampamento de tendas, habitado por um dilúvio de times visitantes e as respectivas equipes de atendentes. Seus amigos eram os companheiros de jogo de Jai e as esposas, com quem podiam ficar mais descontraídos do que entre os cerimoniosos nobres de Jaipur, que não permitiam às esposas conhecer a jovem e moderna esposa do marajá.

A religião e os rituais eram partes importantes da função pública de Jai como governante e, apesar de não ser supersticioso, ele realizava devotada e escrupulosamente esses ritos e esperava que as esposas fizessem o mesmo. Govind Devji, uma encarnação de Krishna, era a divindade de Jaipur; Jai começava todos os discursos ao povo do estado com as palavras "Súditos de Govind Devji".[56] Os hóspedes estrangeiros ficavam às vezes surpresos de vê-lo entrar em seu Bentley, guiar até a fortaleza de Amber e sacrificar um bode com as próprias mãos diante do templo de Shila Devi. Até quando se encontrava no exterior, o marajá realizava seu *puja* diário; durante a guerra e antes das partidas de polo, ele rezava para a deusa Durga, padroeira das vitórias. A despeito de sua instrução religiosa mesclada — do bramoísmo apaixonado de Sunity Devi à crença pessoal de Indira, do interesse antiquado de Chimnabai por pânditas à inclusividade de Sayajirao — Ayesha acabou se tornando uma devota hindu. Ela não deixava a mãe tocar o fio sagrado que usava em torno do pulso porque o toque de Indira — uma viúva — o macularia; evitava viajar, tomar decisões ou iniciar algo nos dias considerados inauspiciosos pelos pânditas.

A grande paixão da vida de Jai era realmente Jaipur. O glamour que emanava dele por causa de sua habilidade no esporte, riqueza, boa aparência e encanto natural encobria a seriedade com a qual ele encarava suas responsabilidades como marajá. Nas palavras de seu penúltimo *dewan*, ele era "um governante esclarecido".[57] Talvez, como seu colega adotado, Sayajirao, ele compreendesse melhor que muitos príncipes os caprichos da sorte, e isto o enchia de compaixão; talvez a solidão de sua infância tivesse lhe ensinado a importância de estender a mão ao próximo; ou quem sabe o velho marajá tenha escolhido bem seu herdeiro. "Tudo que temos e somos devemos a Jaipur", dizia ele a Ayesha, "e precisamos retribuir o máximo que pudermos."[58] Ela via que o povo do principado tinha uma afinidade especial com o marido. Eles sabiam que podiam parar seu carro ou jipe a qualquer momento, por qualquer motivo, e ele escutaria suas queixas ou perguntaria por suas famílias. "Jai simbolizava as qualidades de afeto, proteção e justiça benevolente que eles associavam ao ideal de um pai",[59] disse Ayesha anos depois, lamentando a perda desse tipo de intimidade respeitosa e de preocupação mútua entre governantes e governados, na Índia moderna.

10

Quando começou a Segunda Guerra Mundial, em setembro de 1939, o vice-rei disse desejar que os príncipes da Índia permanecessem em seus estados, a fim de organizarem lá o esforço de guerra, levantando fundos e recrutando tropas para enviar à Europa. Do ponto de vista dos governantes *rajputs* em particular, com suas antigas e ilustres tradições militares, isso equivalia a estarem presos. O marajá de Bikaner falou no *durbar* de seu sexagésimo aniversário, em 22 de outubro de 1939, que "o maior desejo do meu coração, como um *rathore rajput*, é tomar meu lugar na linha de batalha (...). Há muito tempo, também coloquei minha espada e a do marajá Kumar [príncipe coroado] à disposição de sua Majestade Imperial (...). Admito que não sou mais tão jovem nem tenho a mesma saúde de quando fui lutar na França, em Flandres e no Egito, há um quarto de século. Nenhum *rajput*, entretanto, é tão velho que não possa lutar".[1]

Embora tenha telegrafado a Linlithgow no dia em que a guerra foi declarada, pedindo para ser enviado a uma frente de batalha, Jai foi a princípio incorporado ao 13º dos Lanceiros, estacionado em Risalpur para treinamento, e Ayesha recebeu permissão para acompanhá-lo como esposa comum de oficial. Após o opressivo decoro da vida em Jaipur, ela adorou ser uma dona de casa, com apenas seis criados, em oposição às centenas que possuía em Rambagh, e receber pessoas informalmente, em condições iguais às outras esposas de oficiais. "E o melhor de tudo, havia a liberdade total de ser o que se é."[2]

Um pouco antes do Natal de 1941, o regimento de Jai foi convocado para serviço ativo na Fronteira Noroeste. Os países do Eixo vinham tentando estabelecer uma base de poder no Afeganistão desde o final da década de 1930, na esperança de substituir o amir pró-britânico pelo *ammanullah* deposto, que se encontrava no exílio em Roma Por seu lado, os britânicos suspeitavam que alemães e italianos estavam tentando desviar sua atenção das frentes no Egito e no Sudão, ao provocar desassossego no Afeganistão, mas não podiam permitir que o Eixo montasse uma base de operações ali.

Ayesha retornou sozinha a Jaipur no Natal. Por causa das governantas e babás inglesas das crianças, o feriado era celebrado com a pompa tradicional: árvore decorada, presentes e, a *pièce de résistance*, um Papai Noel rosado e de barba, locomovendo-se pelos impecáveis gramados de Rambagh sobre um enorme elefante oficial. Embora Ayesha sentisse uma falta terrível de Jai, os filhos dele ajudavam a compensar sua ausência. Todos os quatro estavam lá, e ela começou a conhecê-los, levando-os para passear em seu carro, montando e caçando com eles, andando de bicicleta ou jogando pingue-pongue, exatamente como fizera durante a infância em Cooch Behar.

Mesmo assim, Ayesha sentia falta de sua família, e Jai encorajou-a a ir passar o ano-novo em Calcutá, como uma admissão tácita da dificuldade de se adaptar à nova vida. "Deve ser horrível para você ficar trancada em casa, assediada por maus pensamentos o tempo todo. Por favor, querida, vá e se divirta. Lembre-se de que vivo só para você e mais ninguém."[3] Ela chegou a Calcutá no dia do ano-novo de 1942, a tempo de comemorar o noivado de Indrajit e a última festa de Ma em Woodlands, antes de a casa se transformar em hospital militar.

Quando os japoneses tomaram Cingapura em fevereiro daquele ano, a guerra se tornou algo imediato para a Índia e os indianos. Nos meses que se seguiram, o exército japonês marchou em direção a Burma e à Malásia, onde foi saudado pelo povo como libertador, e depois se dirigiu à Índia com o lema "a Ásia para os asiáticos", que soava como algo sinistro aos ouvidos britânicos. Os soldados indianos começaram a desertar aos milhares para se juntar a um Exército Nacional Indiano, controlado pelos japoneses. Pela primeira vez, desde que os britânicos haviam consolidado seu poder e criado uma estrutura para o conceito de nação, em meados do século XIX, a segurança da Índia, interna e externa, tornou-se perigosamente incerta.

Foi uma época solitária e desconfortável para Ayesha, recém-casada e distante do marido. Longe de Jai, ela ficava insegura sobre como agir. Seu casamento atraíra muita atenção; ela se sentia como se estivesse sendo constantemente observada por pessoas que esperavam vê-la cometer um erro e obter provas de que sua felicidade era falsa. Sentia-se também sozinha. Como mulher casada, não era mais incluída nos divertimentos, nas festas informais e nos passeios que Menaka e Baby organizavam.

Jai retornou da fronteira afegã naquela primavera, mas, ainda ansioso por participar de alguma ação no Oriente Médio, conseguiu persuadir Jorge VI a deixá-lo se juntar aos British Life Guards, aos quais estivera vinculado em Londres, na década de 1930. Ele foi o primeiro nativo a receber uma comissão na Household Cavalry, e ficou mais orgulhoso de ser o primeiro príncipe da Índia a ser capitão no Life Guards do que se tivesse sido nomeado tenente-general ou major-general honorário do Exército Indiano. Jai enviou ao rei um telegrama efusivo de gratidão reafirmando "minha lealdade inflexível e meu eterno devotamento, e de minha casa, à pessoa e ao trono de Vossa Majestade Imperial".[4]

Jai e Ayesha foram a Mahabaleshwar, uma estação de montanha perto de Bombaim, para que ele pudesse se despedir de Chimnabai. Todas as manhãs, a velha marani e Mohandas Gandhi se encontravam durante suas caminhadas. Gandhi, ao mesmo tempo que desaprovava o conflito, e zangado pelos britânicos não terem consultado a Índia antes de declararem guerra em seu nome, havia dado sua sanção à luta contra as potências do Eixo. Ele ficou satisfeito de poder dar uma pausa ao movimento pela independência no país, enquanto a guerra decorria. Quando aquele ardoroso imperialista, Winston Churchill, tornou-se primeiro-ministro em maio de 1940, ele rejeitou a linha de ação adotada na Índia — a ideia relativamente conciliadora de que o *status* de domínio seria garantido assim que possível, após a guerra — e as esperanças do país foram por água abaixo mais uma vez.

Embora Ghandi e Jai nunca tivessem se encontrado, em 1937, os britânicos haviam dito ao marajá que o prendesse quando viajava por Jaipur, o que ele não conseguira fazer. "Ah, você é o garoto levado que tentou me prender? Finalmente conheço você",[5] disse-lhe Gandhi com sua naturalidade típica quando Chimnabai os apresentou.

A marani desaprovou com veemência a partida de Jai. Ela "me passou um longo sermão [sobre] a minha estupidez em ir para a guerra servindo no exército britânico. Eu devia permanecer em casa, onde havia muito trabalho a ser feito";[6] disto se podia inferir o trabalho de preparação para o dia em que a Índia ficasse livre.

Ayesha e a mãe foram com Jai até Bombaim para se despedir dele, no dia de seu primeiro aniversário de casamento, em maio. "Uma visão que jamais vou esquecer foi a dela parada de pé no píer",[7] recordou-se ele, anos mais tarde. O marajá foi enviado para Gaza e depois, ao Cairo, onde o nomearam oficial de ligação nas Forças de Estado da Índia.

Em agosto de 1942, Gandhi pediu a todos os membros do Congresso que se unissem ao movimento *Quit India* [Deixem a Índia]. "Nós libertaremos o país ou morreremos tentando", declarou ele. "Não viveremos para ver a perpetuação de nossa escravidão."[8] A reação britânica foi imediata. Toda a liderança do Congresso foi presa, apesar de 12 políticos fundamentais — incluindo Jawaharlal Nehru, Asaf Ali, Vallabhbhai "Sardar" Patel e o então presidente do Congresso, Abul Kalam Azad — ficarem detidos no mesmo local, onde aproveitavam o tempo para formular políticas futuras. Gandhi foi mantido em separado, no palácio do Aga Khan, onde cabras ficavam amarradas no jardim para lhe fornecerem leite. Membros importantes do Congresso, inclusive Sarojini Naidu e Kamaladevi Chattopadhyaya, também foram detidas. Através de toda a Índia Britânica, greves e agitação provocavam embates cada vez mais violentos com a polícia, e centenas de manifestantes eram mortos enquanto os britânicos mantinham seu inflexível controle. Esta repressão intransigente "minou severamente a base moral do domínio britânico e do próprio esforço de guerra".[9] No final de 1942, 60 mil pessoas tinham sido presas.

Como os ativistas concentravam sua campanha contra os britânicos nas províncias da Índia Britânica, os estados dos príncipes escaparam em grande parte dessa nova onda de turbulência doméstica e continuaram apoiando a causa dos Aliados. Em Jaipur, Ayesha trabalhava no esforço de guerra. Ela ia a festas da Cruz Vermelha no Clube Feminino e começou a conhecer mulheres que não havia encontrado na *zenana* — vindas de todas as classes. Sua presença encorajava outras a financiar o clube, que logo se tornou o centro da vida social e filantrópica de Jaipur. Até as mulheres que viviam em *purdah*, encorajadas por Jo Didi e Ayesha, tricotavam meias para as forças do estado no exterior. A marani organizava rifas, torneios e coletas para os soldados indianos na Europa e para os feridos britânicos na Índia, levantando 10 mil rupias para o esforço de guerra com um fundo de joias de prata.

Essas atividades, sob o pretexto de patriotismo e dedicação aos homens, promoveram o fim do *purdah* no estado. "Existem senhoras em Jaipur hoje que dizem ter sido Ayesha sua libertadora, quem abriu para elas um mundo que de outra forma jamais teriam conhecido", registrou o biógrafo de Jai em 1985. "Enquanto algumas ficavam gratas, outras se horrorizavam."[10] Os avós dela, pelos dois lados, legaram-lhe, entretanto, um sentimento de responsabilidade paternal, um desejo de retribuição à comunidade que a enaltecia, e ela sempre se esforçou para estar à altura desse legado.

Ayesha também direcionou suas energias para a reforma da administração doméstica do palácio de Rambagh. Descobriu, com grande surpresa, que artigos comestíveis eram encomendados "não apenas aos caixotes, mas às dezenas de caixotes".[11] Extravagâncias sem controle haviam levado a um desperdício terrível e à corrupção de subalternos. Jo Didi, por exemplo, mandava encomendar água mineral Evian da França para seu uso; Ayesha descobriu então que até os cachorros da governanta bebiam daquela água. Se o cozinheiro ia fazer *crème brulée* para quatro pessoas, pedia um quilo de creme; ao ser questionado, "ele respondeu com um ar superior que, para o marajá, nenhuma quantidade de creme era demais".[12]

Seu novo regime se tornou impopular em certos setores, e descobriram-se formas sutis de fazer com que essa impopularidade viesse à luz. O ministro do Interior chegou para uma reunião com Jai e pediu um café gelado; responderam-lhe abruptamente que "Sua Terceira Alteza proibiu que se oferecessem aos visitantes bebidas com leite".[13] "A nova marani estava fazendo coisas inimagináveis",[14] escreveu *mrs.* Bhartiya, a supervisora das escolas de Jaipur.

> Ela começou indo à cozinha para supervisioná-la; estava nas quadras jogando *badminton* e tênis; usava rolinhos nos cabelos; vestia calças; dirigia carros, assistia aos jogos de polo; e podia ser vista cavalgando, não só no palácio de Rambagh, mas também nas estradas, ao lado do marajá. Comentava-se que funcionários e empregados domésticos estavam pisando em ovos por causa dos olhos atentos e perspicazes desta impossível "Ela".

O sucesso do Clube Feminino fora um primeiro passo para incentivar as mulheres de Jaipur a abandonar o *purdah*; o próximo seria uma escola para meninas. Como as mulheres mais bem-nascidas eram as mais enclausuradas, Ayesha decidiu que o estabelecimento deveria ser para garotas da nobreza, que até então passavam a infância em uma *zenana* e a idade adulta em outra. A escola Marani Gayatri Devi (MGD) abriu em 1943, com 23 alunas.

Se Ayesha estava mudando a vida das mulheres de Jaipur, o brilhante *sir* Mirza Ismael, nomeado *dewan* por Jai em 1942, começava a transformar a vida da população inteira. Sob sua orientação, e com todo o apoio de Jai, o estado até então autocrático se encaminhava em direção à monarquia constitucional. O primeiro-ministro começou a presidir as reuniões de gabinete; duas câmaras eleitas, o Conselho Legislativo e a Assembleia Representativa foram estabelecidos em 1944. "Sem violar a tradição ou pôr em risco a eficiência",[15] sem distanciar o povo de seu marajá ou ele de seus súditos, a vagarosa marcha rumo à democracia fora iniciada em Jaipur. *Sir* Mirza era também um conservador convicto, descrito por Cecil Beaton, que visitou o estado durante seu mandato, como "arqui-inimigo das habitações improvisadas".[16] Os quatro anos (1942-46) em que trabalhou com Ismael transformaram a atitude de Jai em relação ao governo, e lhe deram "uma ideia definitiva do rumo que ele desejava que as coisas tomassem — e uma ideia também do rumo que as coisas teriam de tomar no mundo do pós-guerra".[17]

Enquanto o esforço de guerra mundial se intensificava em 1942-43, e a importância estratégica da Índia era reconhecida, as exigências e as agruras do tempo de guerra dominavam cada vez mais a vida de todos. Em Nova Délhi, o palácio de Jaipur foi entregue às Mulheres do Serviço Real Naval Britânico. Tendas surgiram por toda a vasta cidade para acomodar o pessoal do quartel-general do Comando do Sudeste da Ásia, do Apoio Tático dos Estados Unidos, do Serviço Conjunto de Inteligência, do Comando Indiano e do Distrito de Délhi. Homens que tinham visto a guerra como um parque de diversões perigoso mas excitante experimentavam agora sua terrível realidade. Os oficiais de um regimento prestes a partir para o Extremo Oriente contaram a Jai que estavam levando seu equipamento de polo; dois meses depois, ele e Ayesha souberam que eles tinham sido feitos prisioneiros pelos japoneses.

Havia as tristezas familiares também. Em 1944, Sua Primeira Alteza Real morreu de insuficiência hepática. Coube a Bubbles, com 13 anos então, a terrível responsabilidade de acender a pira funerária da mãe. Quando o menino e o irmão, Joey, vieram depois para os aposentos de Ayesha, ele se mostrou calado. "Meu coração estava a seu lado naquele momento de choque e tristeza, e prometi a mim mesma sempre tomar conta dele no futuro."[18] Bubbles, apenas 12 anos mais jovem que a madrasta, tornou-se sua sombra dedicada, chamando-a afetuosamente de "mãe".

No ano seguinte, houve uma nova tragédia. Ila, tão inteligente e vibrante, morreu (segundo diferentes informações) de envenenamento por ptomaína ou pneumonia. Os três filhos, que não sabiam de sua morte, foram levados até Indira em Darjeeling. "Ninguém teve coragem de lhes contar o que acontecera, e nós também não."[19] Ayesha levou os dois mais velhos, Bhim e Devika, para Jaipur com ela, "e aos poucos, ainda sem qualquer informação direta minha, eles começaram a entender que a mãe partira para sempre".

Em Cooch Behar, cada vez mais perto da ação, Bhaiya servia no Comando do Sudeste da Ásia desde 1943, sob comando de lorde Mountbatten. Duas semanas depois de saber que receberia este "posto surpreendente", o britânico escrevera afetuosamente ao velho companheiro de polo, Jai, pedindo-lhe que se juntasse a seu Estado-maior. "Sempre me lembrarei da vibração e do prazer de jogar polo com você e sinto que, juntos, sustentaremos um placar alto contra os japoneses."[20] Quase imediatamente, Mountbatten recebeu um telegrama codificado do vice-rei, lorde Wavell, aconselhando-o a não nomear nenhum príncipe reinante, inclusive de Jaipur, para seu Estado-maior.

O esforço de guerra ao longo da fronteira com Burma era crítico. Os britânicos tinham de combater o Exército Nacional Indiano e as tropas do Eixo ao mesmo tempo. Subhas Chandra Bose, um nacionalista bengalês que se recusou a acatar o chamado de Gandhi pela não violência, viu o envolvimento britânico na guerra como uma oportunidade de atacar os opressores da Índia quando estavam fracos. As mulheres acorreram à luta: influenciadas por Bose, em outubro de 1943, em Cingapura, um grupo de lutadoras pela liberdade, o Regimento Rani de Jhansi, foi formado, homenageando a rainha marata que morrera resistindo aos britânicos em 1857. "Nós não tínhamos ódio",[21] disse Aruna Asaf Ali, esposa de um líder muçulmano do Congresso, preso com Nehru, e combatente da resistência. "Na verdade, era o contrário — foram os valores deles [britânicos] que nos fizeram entrar em rebelião."

A cada 15 dias notícias locais sobre a guerra eram publicadas, carregadas de propaganda britânica. Foi uma época assustadora. "O inimigo está muito próximo de nós e não sei o que o futuro encerra para nosso país",[22] escreveu Indira, em Cooch Behar, para a rainha Maria, rainha-mãe então, em maio de 1942, quando Cingapura, Malásia e Burma caíram sucessivamente. "A Índia é tão aberta e vasta, tão despreparada de muitas formas para uma invasão, que não pode haver nada à frente para nós a não ser um massacre impiedoso. Entretanto, os japas parecem estar agora ocupados em liquidar a China. Podemos respirar em paz por mais alguns meses."

A estrada para a frente de Burma passava por Cooch Behar. Uma base do exército dos Estados Unidos foi aberta na cidade, que ficou conhecida como o "Shangri-La dos soldados americanos".[23] Bhaiya, dividindo o tempo entre Cooch Behar e Calcutá, fez amizade com um piloto americano, Peter Goutiere, que descreveu seu primeiro encontro com o marajá, no bar do Clube 300, em Calcutá:

> Ele era alto e belo, parecia muito com Stewart Granger. Vestia uniforme preto, com gola alta abotoada, dragonas prateadas e franjadas sobre os ombros. As calças eram azul-escuras, com uma lista vermelha do lado. As botas pareciam de verniz, com esporas. Era um indivíduo de aparência fascinante e parecia apreciar sua companhia com risadas [sic].[24]

Até suas calças tinham um corte elegante, meio militar e meio *cowboy*.

O palácio sob a supervisão de Bhaiya tinha um aspecto mais esportivo e masculino, concentrado nos *shikars* que ele, assim como o avô, Nripendra, adorava organizar para os amigos, soldados em trânsito, jóqueis e pilotos, e também outros príncipes *playboys* como Jai e Aly Khan. Bhaiya possuía uma comunhão especial com os elefantes e era um caçador generoso, nunca disparando um tiro se o animal não estivesse ferido ou não fosse perigoso.

Como Jai, Bhaiya pedira permissão para participar do serviço ativo durante a guerra, mas foi só em maio de 1945 que recebeu permissão de largar seus deveres oficiais em Cooch Behar, "para experimentar emoções"[25] (como ele dizia) na frente de Burma. Ele serviu conscienciosamente, impressionando tanto seu oficial comandante que este escreveu ao marechal de campo, *sir* Claude Auchinleck, "sobre sua dedicação ao dever e como todos que tinham contato com ele o respeitavam e apreciavam".[26] Esta recomendação valeu ao marajá uma condecoração de Cavaleiro Comandante do Estrela da Índia, algumas semanas depois.

Entre 1943 e 1944, o leste da Índia teve de lidar com uma escassez de alimentos, além do esforço militar e da luta acirrada pela independência. A inflação do tempo de guerra, as exigências de suprimentos para os soldados, tsunamis devastadores, um ciclone e a perda de 1,5 tonelada de arroz, importado anualmente de Burma (agora nas mãos dos japoneses), causaram uma fome generalizada em Bengala. Embora o vice-rei, Archibald Wavell, batalhasse muito junto a um relutante Churchill para conseguir grãos extras para a Índia, seus esforços não puderam aliviar a atmosfera de desconfiança e desespero, provocando assim mais um passo em direção ao caos administrativo.

Bhaiya procurou proteger Cooch Behar dos estragos da fome, emitindo uma proclamação que proibia os fazendeiros de vender o excedente da produção de arroz para fora do estado. Centenas de milhares de vidas foram perdidas, mas o principado escapou do pior da catástrofe. Havia falta de roupas tanto quanto de comida: "a todo momento, lemos sobre mulheres que cometeram suicídio por não poderem se cobrir",[27] informou Indira à rainha Maria, em 1945.

A marani levou vinte meninas e cinco meninos, todos órfãos por causa da fome, para morar com ela no palácio de Cooch Behar. As meninas aprenderam a cozinhar e costurar, e Indira acertou casamentos para elas. Aos garotos, ensinaram-se ofícios, e um deles se tornou seu cozinheiro. Isso era típico da maneira como ela gostava de ajudar as pessoas. A marani sempre dizia que preferia dar 5 mil rupias a alguém, o que faria realmente uma diferença, do que dar 100 para cinquenta pessoas, o que seria um desperdício.

"Mas com a paz na Europa",[28] continuava a carta de Indira, escrita duas semanas após o Dia da Vitória e mais ou menos à época em que o Exército Nacional Indiano, apoiado pelos japoneses, rendeu-se em Rangoon, "todos no Oriente sentem mais coragem para enfrentar as adversidades, esperando pela paz aqui também e em breve". A vitória sobre o Japão ocorreria dentro de três meses, mas ainda seria um longo caminho até a Índia poder dizer que estava em paz.

Após tantos anos de espera, a independência chegou para o país de repente e de modo brutal. A eclosão da guerra e o mandato conservador de Churchill se combinaram para protelar tanto as reformas democráticas nas províncias da Índia Britânica, como as conversas sobre o formato que um futuro governo tomaria em todo o subcontinente. No começo da década de 1940, o conceito de Império, apoiado por uma falange leal de príncipes, estava mais uma vez em ascensão diante dos olhares oficiais britânicos, oposto apenas por um Gandhi inflexível e seu movimento Deixem a Índia.

Com a paz em 1945, e um governo trabalhista administrando um país ressecado pela guerra, veio uma mudança dramática na atitude do governo britânico em relação à Índia. Os líderes do Congresso foram libertados da prisão e se dirigiram a Simla para se encontrar com o vice-rei, lorde Wavell. Em fevereiro de 1947, o primeiro-ministro, Clement Attlee, enviou o lorde-almirante Mountbatten, bisneto da rainha Vitória, à Índia na suposição de que ele seria o último vice-rei a governar o país em nome do rei-imperador.

O ambicioso Mountbatten fizera um giro pela Índia em 1921, como ajudante de campo de seu primo, o príncipe de Gales, e chefiara o Comando do Sudeste da Ásia, em Délhi, durante a guerra, de forma que conhecia bem o país. Apesar de suas relações sociais elevadas — acessório crucial para os vice-reis, em especial no que tocava os príncipes indianos — sua política era liberal o bastante para agradar os políticos trabalhistas que só queriam a Grã-Bretanha fora da Índia, e seus modos, suficientemente informais e inclusivos para encantar políticos do Congresso, como Nehru. Seus críticos consideravam-no um intrigante vaidoso e "louco por publicidade",[29] que carecia das qualidades vitais de sensibilidade e concentração que caracterizavam seu antecessor, lorde Wavell. Mountbatten, entretanto, possuía uma personalidade magnética com amplos poderes de persuasão; isto, combinado à sua determinação de entregar a Índia rapidamente, tornava-o muito eficaz na situação difícil que se apresentava diante dele.

Em fevereiro de 1947, Attlee declarou que o governo britânico abriria mão do poder na Índia em agosto de 1948. Em junho, Mountbatten anunciou que se chegara a um acordo entre os líderes do Congresso, a Liga Muçulmana e os siques, de que o subcontinente independente seria constituído não de um, mas dois domínios, um país predominantemente hindu, a Índia, e um país muçulmano, o Paquistão. Ao mesmo tempo, para sua própria surpresa, o vice-rei encurtou a data da independência em um ano, para 15 de agosto de 1947.

O item mais importante da agenda de Mountbatten era a Partição, a divisão das ex-províncias britânicas e dos principados entre Índia e Paquistão. Em 1947, os habitantes do subcontinente indiano representavam cerca de um quinto da população mundial. Destes, 275 milhões eram hindus (um quarto dos quais, sem casta); 50 milhões muçulmanos; sete milhões, cristãos; seis milhões, siques (a maior parte vivendo no Punjab, a noroeste de Délhi); 100 mil eram parses; e 24 mil judeus. Sob controle dos britânicos e nos principados, estes grupos diferentes tinham coexistido em relativa paz, unidos por sua sujeição ao domínio estrangeiro ou pela lealdade ao governante tradicional. Com a aproximação da independência, ressentimentos e hostilidades entre hindus, muçulmanos e siques cresceram em uma velocidade preocupante e, ao longo da década de 1940, partes da Índia foram salpicadas pelo sangue que jorrava de tumultos populares, que os enfraquecidos britânicos tinham cada vez menos forças para prevenir.

A desconfiança do povo sempre fora uma característica ameaçadora do pensamento nacionalista desde o fim do século XIX. Os britânicos tinham plena consciência dos problemas em potencial entre os grupos religiosos indianos e, de tempos em tempos (em especial na década de 1920 e princípio da de 1940), tentavam explorá-los a fim de implementar algum tipo de controle sobre o movimento de independência, jogando a Liga Muçulmana contra o Congresso, da mesma forma que tentavam fortalecer os príncipes para contrabalançar sua influência.

A Liga Muçulmana fora fundada em 1906 por um grupo de nobres, liderados pelo nababo de Dhaka (capital moderna do Bangladesh muçulmano), leal à coroa britânica e que esperava usar esta associação com os britânicos para proteger os próprios interesses, em um estado de Bengala recém-dividido. Grato pelo apoio, o vice-rei, lorde Minto, endossou a ideia de eleições em separado para as minorias, inclusive os muçulmanos;[30] elas foram instituídas em 1909 e estabeleceram um precedente para a divisão do povo, que alguns hindus modernos veem como a pedra fundamental das exigências muçulmanas por um Estado separado.

Mohammed Ali Jinnah, o meticuloso arquiteto do Paquistão, nasceu em Gujarat — próximo a Baroda e ao local de nascimento de Gandhi — por volta de 1876. Após um estágio como advogado na Inglaterra, ingressou no Congresso Nacional Indiano em 1904, como secretário de Dadabhai Naoroji, primeiro membro indiano do parlamento britânico, para cuja eleição Sayajirao contribuíra com fundos em 1892. Motilal Nehru, em cujo escritório de advocacia o jovem Jinnah trabalhara, aclamou-o como uma das estrelas em ascensão do movimento de independência. Ele foi um dos primeiros indianos a ter assento no Conselho Legislativo Central de lorde Minto, em 1909-10, onde não se furtava a falar contra as políticas britânicas que desaprovava. Em 1913, Jinnah ingressou na Liga Muçulmana, embora sua lealdade ao Congresso e a ideia de uma Índia unida fossem coisas ainda não questionadas. Até 1928, ele insistia em que muçulmanos e hindus deveriam lutar pela independência lado a lado.[31]

Naquele ano, ele dirigiu um requerimento ao Congresso — que estava na época redigindo sua Constituição para um país independente, em reação às propostas da Comissão Simon que haviam sido rejeitadas —, a fim de garantir os direitos das minorias, em especial a muçulmana, em uma Índia livre. Alguns líderes o apoiaram, mas os nacionalistas hindus de linha dura refutaram suas reivindicações de imediato, e a proposta foi recusada. Jinnah se retirou da política nacionalista e retornou à sua extremamente bem-sucedida prática legal, em Bombaim, e a partir de 1930, em Londres.

Enquanto isso, a ideia de um Estado muçulmano em separado estava se cristalizando na mente dos muçulmanos indianos que se ressentiam de um homem santo hindu, Gandhi, arrogar-se o direito de falar por todos os cidadãos do país e temiam se tornar cidadãos de segunda classe em uma Índia dominada pelos hindus. Em 1933, Choudhry Rahmat Ali inventou o nome Paquistão, significando a "terra dos puros" e também um acrônimo das províncias do noroeste que ele acreditava formariam a nova nação: Punjab, Afegão (a província da fronteira noroeste), Caxemira, Sind e Baluquistão. Os muçulmanos também eram maioria em Bengala — apesar de Rahmat Ali não ter incluído a região em seus planos —, e em 1947, o Paquistão foi criado com duas "seções", Leste e Oeste, ambas administradas pelo Paquistão Ocidental.

Em 1935, o clima havia mudado de forma tão dramática que Jinnah decidiu retornar à Índia e ao movimento de independência. Ele não estava mais interessado em conciliação. Sob sua liderança, de 1937 até sua morte em 1948, a Liga Muçulmana, enquanto aliada do Congresso, na teoria, contra o domínio britânico (embora ele não endossasse o movimento Deixem a Índia), criou um argumento forte a favor da divisão, ao declarar que os muçulmanos jamais desfrutariam do mesmo *status* que os hindus em uma Índia unida. Jinnah se recusou a apoiar qualquer acordo. Quando Mountbatten chegou à Índia, a força do comprometimento de Jinnah à sua causa já tinha sobrepujado a determinação do Congresso de criar uma Índia unida, e a ideia de independência se tornara indistinguível da Partição. O domínio da lei estava sucumbindo no país, e a violência popular vinha aumentando de forma incontrolável.

Em 2 de junho de 1947, Mountbatten presidiu um encontro de oito homens. Três eram líderes do Congresso — Jawaharlal Nehru, Vallabhbhai Patel e Acharya Kripalani; três representavam a Liga Muçulmana — Jinnah, Liaquat Ali Khan e Rab Nishtar; e um falava em nome dos siques da Índia, Baldar Singh. O vice-rei perguntou formalmente a Jinnah, pela última vez, se ele aceitaria um país independente unido; com a mesma formalidade, ele recusou. Então Mountbatten obteve o consentimento de cada um dos grupos para a Partição, com a fronteira entre

Índia e Paquistão sendo traçada por um inglês. Dez milhões e meio de pessoas ficariam do lado "errado" da fronteira, sem posses e sem raízes.

No dia seguinte, os oito homens se encontraram mais uma vez. De forma dramática, Mountbatten colocou diante deles um documento volumoso intitulado "As Consequências Administrativas da Partição". Tudo na Índia Britânica (com apenas três meses para se chegar a uma conclusão, o futuro dos principados ainda não estava decidido; eles eram o próximo item da lista do vice-rei de "Coisas Para Fazer") tinha de ser dividido de maneira igual entre as duas novas nações, do exército ao ouro no Banco da Índia (e a vasta dívida de guerra da Grã-Bretanha com sua colônia), até livros individuais nas bibliotecas: volumes alternados da *Enciclopédia Britânica* foram para a Índia e o Paquistão. Uma moeda provisória para este último foi criada por funcionários de banco, que carimbaram imensas pilhas de notas de rupia com a palavra "Paquistão".

Qualquer um teria adivinhado a tensão administrativa de se criar dois países, a partir de uma coleção de províncias coloniais em um espaço de poucos meses, mas, apesar de alguns previrem a enormidade do banho de sangue que mancharia o nascimento das duas nações, nenhum esforço sério foi feito para impedir sua escalada. Segundo o historiador Andrew Roberts, a convicção de Mountbatten de que "uma grande perda de vidas era inevitável"[32] foi uma negligência terrível de suas responsabilidades para com o povo indiano.

Alegria e orgulho jorraram em todo o subcontinente na noite de 15 de agosto de 1947, mitigados logo depois pelo conhecimento de que haviam custado centenas de milhares de vidas. Durante seis semanas, enquanto refugiados indianos do Paquistão se esforçavam para alcançar a Índia, e refugiados muçulmanos da Índia tentavam chegar ao Paquistão, incêndios, estupros, mutilações e carnificinas devastavam o Punjab e ameaçavam contaminar Bengala também. Pais matavam os filhos e depois a si mesmos para evitar o destino pior da captura, tortura e morte. Nas sarjetas de Lahore, corria sangue. Em ambos os lados da fronteira, trens silenciosos chegavam a estações com vagões cheios de corpos, o sangue escorrendo por sob as portas.

Cooch Behar, onde 40% da população era de muçulmanos, demonstrara, como a maioria dos estados de fé mista, que era impossível para as duas religiões viver lado a lado. Após a Partição e criação do Paquistão Oriental (hoje Bangladesh), na fronteira sul de Cooch Behar, milhões de refugiados deixaram suas casas entre cenas trágicas de pânico e desolação. Bhaiya em pessoa garantiu a segurança dos muçulmanos em seu estado se escolhessem ficar, e impediu as lutas entre o povo, mas a devastação causada na região foi impressionante.

Jaipur se saiu melhor. Um terço da população da cidade (assim como seu recente *dewan*, *sir* Mirza Ismael) era muçulmana, mas Jai patrulhava as ruas à noite em um jipe aberto para mostrar seu compromisso com a proteção deles no estado, e punia os hindus que os molestassem. Deixando claro seu ponto de vista, ele se sentou ao lado do coronel muçulmano de um dos seus regimentos. Quando um oficial lhe perguntou se deveria matar manifestantes muçulmanos, Jai respondeu: "Certamente que não. Eles são meus súditos. Proteja-os."[33] Seus esforços foram bem-sucedidos: a maioria dos muçulmanos de Jaipur (cerca de 20 mil, ou 10% da população) permaneceu no estado e a violência popular foi evitada.

Menos de seis meses após a Independência, em 30 de janeiro de 1948, enquanto se dirigia a um encontro para preces que incluiria, como sempre, cristãos, muçulmanos e budistas, além dos hindus, Mohandas Gandhi, de 78 anos, foi assassinado por um extremista hindu que se opunha à sua tolerância religiosa. A Partição não havia saciado o fanatismo que maculou o novo alvorecer da Índia.

11

A pós decidir separar Índia e Paquitão, Mountbatten dirigiu suã atenção ao problema dos príncipes. Ninguém se entendia sobre como fazer a integração dos principados aos novos domínios.

O Congresso era firmemente democrático, com uma tendência socialista, e desaprovava as monarquias na prática e por princípio. Nas últimas décadas, os príncipes tinham sido repudiados como "aliados imperiais".[1] Havia uma violenta oposição, assim como ao governo britânico, à ideia de uma Índia fragmentada em dezenas de pequenos principados juntamente com as ex-províncias britânicas agora unidas. Embora alguns príncipes, seguindo o exemplo de Sayajirao, tivessem a princípio admirado Gandhi e apoiado o Congresso contra os britânicos, de 1937 a 1939, Gandhi estendeu, entretanto, sua campanha de desobediência civil aos principados, além de à Índia Britânica, não restando aos marajás qualquer ilusão sobre o tratamento que poderiam esperar de um Congresso sem entraves.

Ao longo das décadas de 1920 e 1930, os príncipes haviam tentado utilizar instituições como a Câmara dos Príncipes para coagir os britânicos a definir que formato uma nova Índia tomaria e que papel eles desempenhariam nela, mas suas rivalidades internas impediram-nos de formar um grupo de pressão unido e eficaz. O governo britânico era um defensor incerto dos príncipes, que haviam (com algumas exceções) apoiado seu domínio por tanto tempo. Conversas a respeito de uma federação na década de 1930 não deram em nada. Eles se ressentiam da aparente falta de interesse dos britânicos sobre seu futuro, enquanto estes se sentiam abandonados pelos príncipes, que se recusaram a ser transformados em um contrapeso político ao Congresso. No final da guerra, quando a Câmara dos Príncipes veio a Simla se encontrar com lorde Wavell, em 1944, eles nutriam "sérios receios e apreensões com relação ao futuro".[2] Consciente de que os "estados eram provavelmente incompatíveis com uma entrega de poder sem traumas", Wavell não conseguiu aplacar seus temores.

Em 1945, com a independência despontando, a maioria dos príncipes percebeu que não podia continuar governando de forma absoluta, em monarquias pessoais. Nos dois anos seguintes, os estados mais importantes — como Jaipur — promoveram mudanças em direção a um governo mais representativo. Essa não era, entretanto, uma tendência uniforme.[3] Em março de 1947, apenas um terço dos estados debatia a instituição de limites constitucionais sobre o estipêndio pessoal dos marajás, tradicionalmente inseparável do erário público.

Os príncipes receberam garantias do governo britânico, em maio de 1946, de que todos os poderes dos quais haviam aberto mão nos tratados originais do século XIX lhes seriam devolvidos, de que a supremacia não seria transferida automaticamente dos britânicos para o novo governo indiano e de que cada estado poderia negociar de forma individual seus termos com a nova autoridade.

Mountbatten, contudo, convenceu-se pelos argumentos de Jawaharlal Nehru e Vallabhbhai Patel de que os príncipes tinham que se juntar à Índia. "Logo que dei minha atenção ao problema dos principados [em julho de 1947], tornou-se evidente para mim que a causa da sua independência (...) não valia um centavo, a menos que tivesse o apoio de um ou de outro dos Domínios [Índia e Paquistão]",[4] disse ele mais tarde. A fim de persuadir os príncipes, Mountbatten empregou uma combinação de duplicidade, oratória carismática, forte propensão ao drama, uso judicioso de agrados (insinuações sobre quão grato seu primo, o rei, ficaria ao saber do sacrifício de um príncipe pelo bem maior da Índia) e de intimidação (advertências lúgubres sobre a "ameaça comunista").

Todos menos três* dos homens que ele chamava reservadamente de "um grupo de parvos"[5] por resistirem em negociar com o Congresso antes da Independência, em 15 de agosto de 1947, cederam a seus argumentos.

No geral, o acordo foi generoso. Apenas defesa, política externa e comunicações permaneceriam com o governo central, como haviam estado sob o domínio britânico; toda a administração doméstica ainda seria conduzida, como no passado, pelo governo do marajá. A democratização era necessária, mas poderia ser gradual. Limites territoriais seriam respeitados, e nenhum dos 18 estados mais importantes, inclusive Jaipur e Baroda, teria de se fundir. Na teoria, da mesma forma que sob o controle britânico, os estados ainda seriam internamente autônomos. A liderança do Congresso, no entanto, não tinha planos de manter suas promessas.

Apesar dos termos do acordo, muitos príncipes se sentiam aflitos em relação a abrir mão de sua independência para um Congresso declaradamente hostil, temendo se tornarem vítimas de alguma perfídia e preocupados com o bem-estar de seu povo. Contudo, eles não eram unidos o bastante para se oporem em bloco, e qualquer resistência individual era impossível. Com o que Naveen Patnaik chama de "o último grande gesto de magnanimidade real",[6] os príncipes desistiram de tudo aquilo em que acreditavam para proteger seus povos da guerra civil e garantir a eles independência da hegemonia estrangeira. O neto e sucessor de Sayajirao, que não era admitidamente um exemplo de bom governante, caiu em lágrimas nos braços de V. P. Menon após ter assinado o acordo. Oito marajás do Punjab assinaram juntos em uma cerimônia fúnebre. Um príncipe da Índia central teve um ataque cardíaco e morreu segundos depois da assinatura. Na vez do marajá de Jodpuhr, ele apontou um pequeno revólver (habilmente oculto em uma caneta) para Patel, dizendo que o "mataria a tiros como a um cão se ele traísse o faminto povo de Jodhpur".[7]

---

*Os três que resistiram foram Junagadh, um pequeno estado na costa oeste, Hydebarad e a Caxemira, todos invadidos e anexados pela Índia em 1947-48.

Alguns funcionários britânicos mais graduados achavam que seu governo havia de forma enganosa abandonado os príncipes. A marani-viúva Chimnabai disse abertamente a um funcionário público britânico, no início da década de 1940, que "ficou surpresa ao saber que estávamos agora propondo que eles entregassem o poder na Índia àquelas mesmas pessoas com as quais o marido fora acusado de se associar".[8] Providências mínimas foram tomadas pelos britânicos para facilitar a transição dos príncipes para a nova Índia — muito pouca gratidão por quase um século de apoio financeiro e político. Eles tiveram apenas um gesto de lealdade para com os marajás: Conrad Corfield, que desistiu de ser o elo entre os príncipes e a Seção Política do Departamento da Índia, em junho de 1947, e preferiu deixar o país a ver os príncipes perderem direitos que ele achava que deveriam ter sido protegidos pelo governo britânico, recebeu permissão para queimar toneladas de documentos do Governo Britânico da Índia, relacionados à vida pessoal dos príncipes, impedindo assim que o novo governo usasse informações coletadas pelos britânicos para chantageá-los.

"Embora eu aceitasse a ideia de que faríamos parte da Índia independente, nunca me ocorreu que nossas vidas mudariam de forma tão radical quando nossos estados perderam suas identidades especiais", disse Ayesha. "De algum modo, eu imaginava que manteríamos para sempre nosso relacionamento particular com o povo e continuaríamos a ter uma função pública a desempenhar."[9] Em vez disso, para grande pesar, seu estilo de vida sofreria uma erosão gradual e a forte identificação pessoal com Jaipur e seu povo enfraqueceria. Metas sociais elogiáveis não conseguiram, todavia, apagar vínculos seculares da noite para o dia. Em Dhrangadhara, o marajá convocou os velhos de seu pequeno estado para lhes dizer que decidira se unir à Índia. "Está tudo muito bem, senhor, já sabemos o que vós fizestes", disse um dos anciões, chefe de uma aldeia, "mas quem enxugará nossas lágrimas agora?"[10]

Talvez a última fanfarra da Índia principesca tenha sido o casamento da única filha de Jai, Prem Kumari, chamada de Mickey, com o marajá Kumar de Baria em 1948, que o *Livro Guinness de Recordes Mundiais* classificou como "o casamento mais caro do mundo".[11] Oitocentos convidados reais desembarcaram em Jaipur de aviões, trens ou frotas de automóveis particulares para as comemorações, que duraram duas semanas. Cada família visitante recebeu um carro e um ajudante de campo para seu uso. Até os cardápios dos criados foram meticulosamente planejados e seus lugares para assistir ao cortejo nupcial marcados. Um manual de instruções de cinco centímetros de espessura detalhava cada cerimônia, divertimento e recepção que seriam realizados, assim como os programas individuais para cada grupo de visitantes. Henri Cartier-Bresson, viajando pela Índia na época, registrou as bodas em filme.

Terminado o casamento, Ayesha e Jai foram para os Estados Unidos, em sua primeira viagem ao exterior juntos, como marido e mulher. Nenhum dos dois havia estado lá, nem antes nem depois da guerra. Eles ficaram "muito impressionados com a qualidade de tudo — comida, lojas, carros e roupas que as pessoas usavam".[12] Os americanos não se impressionaram menos com eles e ficaram fascinados com sua organização doméstica. Na primeira vez que perguntaram a Jai quantas esposas tinha, o casal sorriu; logo, a pergunta se tornou cansativa. Ayesha, contudo, ficou encantada com os americanos, sua simpatia, seu entusiasmo e sua polidez. Ela adorou ouvir as vendedoras chamando-a de "meu bem", e achou graça no chofer de táxi que, ao saber que ela viera da Índia, insistiu em lhe contar com grandes detalhes todas as coisas que poderia fazer em Nova York de graça. "Eu me perguntei", comentou ela, "se parecia uma refugiada."[13]

Após o retorno, Jai continuou trabalhando para garantir que a integração de Jaipur à nova Índia se desse de modo suave. A Índia Britânica e os principados encaravam desafios diferentes diante do choque do governo independente. Para os ex-domínios dos marajás, as alterações foram fundamentais e transformadoras, requerendo não só uma mudança ideológica e constitucional da monarquia para a democracia, como também a transição do estado de nações semi-independentes para o de regiões de um país muito maior. "Se se perguntasse a um habitante da Índia Britânica antes de 1947 quem o governava, a resposta teria sido com toda a probabilidade, simplesmente: 'Os britânicos'", observou Ayesha.

"Se a mesma pergunta fosse feita a algum habitante de principado, a resposta seria com certeza 'O marajá'."[14] Isso era resultado do fato de que a vasta maioria da população indiana era analfabeta e não politizada.

Assim que os príncipes assinaram o original do Instrumento de Adesão, em maio de 1948, Patel e Menon começaram a pressionar para que assinassem outros, transferindo a Délhi seu direito de criar leis. Eles não tinham outra escolha, então, a não ser abrir mão da maior parte de suas riquezas e posses herdadas, juntamente com a autonomia dos estados e a própria autoridade. Jawaharlal Nehru disse publicamente: "Incitarei a rebelião em todos os estados que forem contra nós."[15] A maioria deles se juntaria ou se amalgamaria em unidades administrativas maiores: Jaipur, junto com outros estados *rajputs* aparentados, que incluíam Jodhpur, Bikaner e Uidapur, formariam o Rajastão; Baroda se tornaria parte de Gujarat. O pequeno Cooch Behar foi um entre os seis estados que retiveram as fronteiras originais, mas eram administrados por Bengala. A democratização seria imposta, e a subordinação a Délhi total.

Em retribuição, os príncipes mais importantes teriam permissão para manter os títulos e alguns privilégios — inclusive feriados nacionais nos ex-estados em seus aniversários, placas de carro vermelhas, salvas de tiro, isenção de impostos, tarifas alfandegárias, direito à posse de armas, a ostentar bandeiras em casa e no carro, caçar nas antigas reservas de caça, receber honras militares em seus funerais — e um estipêndio no tesouro pessoal determinado pelo tamanho do principado. O Artigo 363 da Constituição garantia que qualquer governo futuro honraria essa decisão.

Dos mais de 600 estados, 284 tiveram direito a um caixa particular; destes, 11 receberam mais de 10 *lakhs*, e 91, entre um e 10 *lakhs*. O menor caixa pessoal equivalia a apenas 192 rupias por ano, para Katodia, em Saurashtra; o maior, para Baroda, era de 26,5 *lakhs*. Quando Jaipur se fundiu à Índia, o valor do dinheiro, das propriedades e dos bens de que Jai teve de abrir mão foi estimado em 15 milhões de libras; ele recebeu um caixa pessoal de 18 *lakhs* de rupias anuais (cerca de 200 mil libras), das quais ele reservou 150 mil rupias em um Fundo Beneficente para seus ex-servidores.

Tanto Ayesha quanto Jai aceitaram a fusão como algo inevitável. Muito tempo depois, Mountbatten contou aos autores de *Esta noite a liberdade* que Ayesha "e seu muito sensato e bem-informado marido não tinham qualquer ilusão de que esta [Índia principesca] pudesse continuar a existir".[16] Saber disso intelectualmente não livrava, entretanto, Jai da sensação de que desistir do trono seria trair uma confiança sagrada.[17] Em 1948, ele escreveu uma carta formal justificando sua decisão a Bubbles, seu herdeiro, que ficaria efetivamente deserdado com sua assinatura nos documentos de cessão. "O sacrifício que parece tão grande hoje pode no final não ser sacrifício nenhum", argumentou ele.

> Eu pessoalmente sinto que todo sacrifício vale a pena ser feito se for para servir melhor ao país e por uma causa maior. Quando digo SERVIR, falo no sentido real da palavra e não em ser apenas uma figura de proa. Se eu não puder orientar o destino de meu povo como governante, ao menos estarei na nova estrutura servindo-o e cuidando de seus interesses, o que significa mais prestar um serviço do que desistir completamente.[18]

Embora Jai "detestasse a ideia de ter que abrir mão de Jaipur e renunciar à grande responsabilidade que sentia em relação a seu povo",[19] ele sabia que precisava pôr os sentimentos de lado para o bem maior da Índia. Ayesha era menos ambivalente: ela não suportava a ideia de não vê-lo mais governando Jaipur e se ressentia de qualquer violação de seus poderes ou privilégios. Nenhum marajá achou fácil entregar seu estado. "Não se tratava meramente de uma questão de perder as possessões ou do direito hereditário de governar", escreveu a marani de Gwalior, "eles eram atormentados por um profundo sentimento de culpa, de que haviam deixado escapar uma obrigação legada a eles pelos antepassados, e mais ainda (...) de que tinham faltado com seu povo."[20]

Em dezembro de 1948, o Congresso — agora o partido político dominante na nova Índia — realizou seu encontro anual em Jaipur. Jai estava se recuperando de outro acidente sério de avião, mas isso não impediu que ele e Ayesha convidassem Jawaharlal Nehru e Sarojini Naidu para ficar com eles em Rambagh. A irrefreável Naidu provocava Nehru sem piedade e contava histórias irreverentes sobre a velha guarda dos líderes do Congresso. Nehru, passional e incisivo, despertava em todos o entusiasmo pelo que chamava de "grande experimento": construir uma nação nova, livre, justa e poderosa. Muitas vezes lhe perguntavam, disse ele, qual havia sido o período mais excitante de sua vida; "ele sentia que era *este*. *Este* momento em que tomaríamos todos parte na tarefa mais importante e emocionante, que justificava todos aqueles anos na cadeia, as reuniões, as marchas, a agitação e os discursos".[21]

Uma das maneiras pelas quais Menon e Patel persuadiram os marajás mais importantes, como Jai, a ceder à República foi lhes oferecendo cargos de governador das recém-formadas províncias do estado. A posição de *rajpramukh* equivalia à de governador de estado, com poderes totais de supervisão sobre a província, embora os deveres fossem basicamente aqueles cerimoniais, conduzidos pelos marajás. De início, os *rajpramukh* teriam caráter perpétuo, ocupados pelas famílias governantes que os haviam recebido, mas isto foi modificado antes de serem instituídos de fato, e eles passaram a ser vitalícios apenas. A princípio, também, os *rajpramukhs* deveriam ser comandantes em chefe das forças provinciais; também este privilégio foi retirado.

Em março de 1949, Jai foi nomeado *rajpramukh* da União do Grande Rajastão, a área administrativa da qual a cidade de Jaipur era agora capital, e o estado de Jaipur foi absorvido pela Índia. Uma antiga lenda dizia que o principado duraria o tempo que uma imagem de Narsingh permanecesse em um templo das montanhas fora da cidade de Jaipur. O ídolo desapareceu alguns dias após Jai ter assinado o novo Instrumento de Cessão, elaborado por Menon.

Em 1950, o novo Governo da Índia já efetuara sua revolução completa, e sem derramamento de sangue. Os principados, com toda a sua extravagância, excentricidade e contraditório renome, já eram então uma coisa do passado.

No verão de 1949, Ayesha estava esperando um bebê, e como ela já havia tido dois abortos, seu médico lhe disse para ter cuidado. Ela permaneceu em Jaipur com Jai, enquanto este se adaptava às novas obrigações como *rajpramukh*. Em outubro, Ayesha foi a Bombaim ficar com Indira, aguardando a chegada do bebê. Ele veio duas semanas antes do prazo, pequenino mas saudável, enquanto as luzes e os fogos do Divali iluminavam a cidade. O menino foi chamado de Jagat. Um antigo costume rezava que a pessoa a contar ao marajá sobre o nascimento de um filho homem era regiamente recompensada. Assim, em Bombaim, Baby e uma das damas de companhia de Ayesha correram para o telefone — mas ele não estava funcionando. O ajudante de campo que acabou informando Jai sobre o nascimento de Jagat ganhou um carro novo; a dama de companhia que contou a Indira recebeu um par de brincos de rubis e diamantes.

Durante os anos que se seguiram, a vida em Rambagh, agora residência oficial do *rajpramukh*, quase retornou à rotina de antes da guerra. Hóspedes importantes, como os Mountbatten, Nikita Kruchev, Jackie Kennedy e a rainha Elizabeth, vinham passar temporadas, muitos atraídos à Índia tanto pela perspectiva de ficar com Ayesha e Jai, quanto por obrigações diplomáticas ou pelo desejo de conhecer o local. Eleanor Roosevelt chegou a Jaipur durante o animado festival de primavera do Holi. Para evitar que ela fosse atingida, como mandava a tradição, por dolorosas pelotas de cera e recebesse jatos de água colorida, Jai lhe disse que colorisse o rosto de tinta assim que chegasse à cidade, a fim de que quem quer que a visse "achasse que ela já tinha experimentado sua parcela da exuberância do Holi (...) *mrs.* Roosevelt alcançou Rambagh, com o rosto pintado de vermelho, sentindo-se embaraçada, mas incólume".[22]

Jai ainda encontrava tempo para o polo. Em 1950, um time argentino veio à Índia e participou de torneios disputados em Bombaim, Délhi e Jaipur. Na Inglaterra, com o príncipe Philip sendo um jogador entusiasmado, o interesse por aquele esporte foi revitalizado. Todos os anos, Jai e Ayesha ofereciam um coquetel após a Copa da Rainha, em Windsor, a que Elizabeth e o príncipe Philip sempre compareciam. Quando Bubbles, Joey, Pat, e mais tarde Jagat, estavam em Harrow, Ayesha e Jai passavam muitos verões felizes na Inglaterra com os garotos, em geral esperando até que as flores do jacarandá-violeta abrissem, em maio, para deixar a Índia.

Na Inglaterra, eles dividiam o tempo entre suas casas de campo. Primeiro, em East Essex (Saint Hill, em estilo georgiano) e depois em Berkshire (King's Beeches, próximo a Ascot), além do apartamento em Grosvenor Square. Um convidado de um jantar oferecido a eles na Inglaterra, na década de 1960, lembra-se do glamour que cercava a figura de Jai e Ayesha.

> Senti a atmosfera na sala se transformar quando eles entraram. As pessoas pararam de falar; havia um sentimento de expectativa, de excitação. É claro que os dois eram extremamente belos: altos, esguios, ele em um casaco indiano formal, o *bandh-gala* [preto, de colarinho alto] e ela de sári prateado. Eles se moviam juntos pelo salão, dando atenção a todos e sem perder uma gota de sua aura de privacidade e mistério.[23]

Quando perguntavam a Jai por que enviava os filhos para escolas inglesas, ele respondia com o pragmatismo típico: "O que mais um governante indiano pode fazer pelos filhos hoje em dia, a não ser lhes dar uma educação cosmopolita? É improvável que eles se tornem ricos quando crescerem. Ao menos, podem se tornar bons diplomatas."[24] Talvez porque ele tivesse sentido muita falta da família durante seus anos de formação, ou porque marajás simplesmente não tenham muito que fazer com os filhos quando são pequenos, as relações de Jai com eles, em especial os três garotos mais velhos, sempre foram distantes. Ele nunca os criticava; parecia apenas não saber se aproximar deles. Os filhos, por sua vez, idolatravam-no. Quando se tornaram adultos, ele se permitiu ficar mais descontraído com eles, mas ainda relutava em repreendê-los. Um amigo inglês censurou um dos filhos de Jai por beber demais. O jovem disse: "Se meu pai me pedisse para parar de beber, eu pararia."[25] O marajá, entretanto, nunca pediu. Ele ficava igualmente inibido com Mickey, que teve um casamento infeliz e mais tarde se entregou à bebida. "Jai sabia sobre os problemas dela, solidarizava-se, mas se sentia incapaz de ajudar",[26] escreveu Quentin Crewe, seu biógrafo. "Era como se ele achasse que a vida da filha fosse um problema dela, e que ela tinha que lidar com aquilo sozinha."

Jai era mais brando com Jagat do que foi com os mais velhos; o relacionamento com ele também era distante, mas menos formal. Todos os filhos viviam em um estranho vácuo de tempo, não importa quão "modernos" Jai e Ayesha fossem: o estilo de vida no qual haviam nascido — e isso se aplicava tanto a Jagat quanto aos outros — desaparecera, e eles tinham que se adaptar à vida em um mundo novo, em que os antigos valores e modos de se fazer as coisas não tinham mais muito significado. Essa transição não foi fácil para nenhum deles.

Isso também era verdade com relação ao próprio relacionamento de Ayesha e Jai. O casamento deles era romântico; eles haviam se apaixonado e esperado que esse amor sustentasse sua vida conjugal. Embora ele gostasse do ideal moderno de matrimônio e a tivesse desejado porque queria uma esposa que fosse parceira e em pé de igualdade, Jai ainda vivia pelo mesmo código de Nripendra Narayan, que desejava ter "namoradas" (como Ayesha as descrevia), além da esposa. Mesmo que Jai não fosse radiantemente belo e charmoso, muitas mulheres ainda sentiriam dificuldades em dispensá-lo, com sua riqueza e posição: a combinação era uma mistura potente e irresistível. Como poderia alguém rejeitá-lo? Com sua educação e herança cultural, como esperar que fosse fiel? E, apesar de se conformar ao mesmo código aristocrático de discrição, como poderia Ayesha aprender a não se importar?

Bhaiya advertira a irmã antes do casamento de que não deveria esperar que Jai fosse fiel, e que precisaria aprender a não se aborrecer por causa disso. "O fato de ele se casar com você não significa que vá deixar de lado todas as suas garotas", disse-lhe ele com seriedade. Ayesha ficou horrorizada: quando Jai se casasse com ela, protestou, é claro que mudaria. "Mesmo então, por trás de meus protestos, eu sabia de alguma forma que Bhaiya estava certo."[27] Ela mesma o questionara durante o noivado, motivando uma carta "infeliz",[28] em janeiro de 1939, na qual ele protestava que nunca havia escondido nada dela e prometia lhe escrever de novo, contando tudo, desde que ela confiasse e acreditasse nele. Em março, a paz foi restaurada entre eles; Jai assinou uma carta com "todo o meu lindo amor, e eu penso em você todos os segundos da minha vida".[29]

A questão continuaria a ser espinhosa pelo resto de sua vida conjugal. Jai simplesmente não acreditava que a fidelidade fosse importante. Escrevendo à esposa de um amigo chegado, ele a urgia a não deixá-lo ir "pelo mau caminho": "Eu só tenho medo de que ele comece a beber, já que você sabe que essa fraqueza está presente em toda a nossa família e nós todos, uma hora ou outra, sucumbimos a ela. As outras coisas não importam tanto."[30]

Em dezembro de 1946, Indira e Chimnabai — apenas ligeiramente debilitada pela artrite — estavam hospedadas no palácio de Jaipur, em Nova Délhi. Indira enviou uma carta e um estojo mogol de jade, para essências, à rainha Maria, por intermédio do jornalista Chips Channon, que estava retornando à Inglaterra. "A Índia se encontra hoje em dia em um estado triste", escreveu ela, "e é muito difícil para a nossa classe nos adaptarmos aos novos tempos."[31] Embora sempre tivesse desejado a liberdade de seu país, Indira nunca se conformou com a nova Índia. Em 1962, ela chamou Darjeeling de cidade "medonha". "Que deterioração desde a Independência, é difícil de acreditar",[32] escreveu ela à neta, Devika. Meio brincando, ela chamava o Dia da Independência indiana de "Dia do Juízo Final para os principados".[33]

A independência, não importa quão ansiosamente esperada, trouxera consigo a destruição da cultura dos príncipes, na qual Indira crescera e prosperara. Essa perda a deixou doente de nostalgia e sem um lar espiritual. A nova ordem ficava ainda mais difícil de engolir quando ela via o amado filho mais velho se esforçando para se adaptar a um mundo no qual não tinha mais qualquer função. Isso a fazia querer se voltar para a religião, dizia ela. "Vejam o caso do meu pobre Bhaiya", escreveu Indira a Jai em 1951, "ele vai fazer 36 em dezembro e ainda não tem juízo. Ver esta deterioração é de partir o coração de qualquer um. Esses dois anos sem fazer nada, desde a fusão [de Cooch Behar com a Índia], fizeram um estrago (...). Sinto-me muito desanimada e sem esperança!"[34]

Sua preocupação com Bhaiya nem sempre era expressa de forma construtiva, de acordo com seu neto. Em um jantar formal em Cooch Behar, mais ou menos nessa época,

(...) o mordomo-chefe serviu a oferenda ao templo, de doces e frutas, primeiro a Sua Alteza, como chefe da família, a qual Bhaiya rejeitou dizendo que não acreditava naqueles rituais. Ma, sentada a seu lado, retorquiu, na frente de todos os convidados, que ele deveria então abdicar, abrindo mão do título e dos privilégios, já que não seguia os costumes e tradições do estado — ele não podia fazer as coisas como bem queria. Bhaiya se levantou da mesa sem dizer nada, mas vovó continuou regalando [os hóspedes dizendo] como o filho era fraco — misturando-se apenas com prostitutas e jóqueis e nunca com mulheres estrangeiras de sua própria posição, como Doris Duke e Barbara Hutton, que o admiravam.[35]

Indira se desesperava com a falta de interesse de Bhaiya por mulheres de classe. No final da década de 1940, ela se recusou a conhecer sua namorada, uma atriz principiante chamada Nancy Valentine, e contou de propósito a um amigo dela que, se eles se casassem, Bhaiya perderia o título e ela nunca seria marani. "É claro que ele pode se tornar chofer de táxi",[36] disse ela ao tal amigo, sabendo que ele repetiria tudo para Nancy. "Mas que Deus ajude os passageiros!" "Felizmente, o governo da Índia desaprova esse tipo de alianças infelizes e se recusou a reconhecer a dama em questão", escreveu Indira à rainha Maria em dezembro de 1951, "o que resolveu a situação. Espero que ao longo do tempo ele encontre uma moça indiana apropriada para casar e se estabelecer."[37]

O gentil e tímido Bhaiya se encontrava em uma situação difícil. Fora criado em uma atmosfera informal e sem restrições, mas justamente por causa de todo este glamour, não havia muitas garotas indianas em posição semelhante. Ele queria se divertir, e as mulheres indianas de boa educação — excetuando suas irmãs — não praticavam esportes ou bebiam; elas não iam a suas festas ou achavam graça em suas piadas de mau gosto, nem se sentiam confortáveis com seus amigos. É difícil imaginar uma princesa indiana da década de 1940 usando calcinhas, como Nancy Valentine, que mandava bordar a frase "Só para Bhaiya", na parte da frente das suas.

Da mesma forma que a Partição deixara milhões de pessoas desamparadas no lado errado da fronteira indo-paquistanesa, o nascimento da

República da Índia havia criado refugiados, entre os príncipes, que não conseguiam se encaixar na nova ordem. Como os irmãos de Indira e os filhos de Jai, Bhaiya era um remanescente de outra era, educado para ser moderno sob alguns aspectos, mas incapaz de se libertar do passado sob outros; isto o deixou encalhado entre dois mundos.

Indrajit foi outra vítima. Ele morreu em 1951. Uma temporada em uma clínica em Bihar, onde tentou fugir com a esposa do médico, não o curou, e ele retornou a Cooch Behar. Lá, todos estavam proibidos de lhe dar álcool. Em uma noite trágica, desesperado por uma bebida, ele foi até o carro, nocauteou o motorista e dirigiu oito horas até Darjeeling. Mais tarde, o cigarro que estava fumando na cama pôs fogo aos cobertores. Os criados ouviram-no gritar, mas não correram em seu auxílio porque ele se tornava violento quando estava bêbado. Morreu queimado. "Vivi anos com receio de um acidente desse tipo, e quando a catástrofe aconteceu, eu já estava consideravelmente preparada",[38] escreveu Indira mais tarde.

Uma atmosfera de solidão cercava agora Indira. Como os pais, ela adorava viajar e continuou a circular pela Europa até uma idade avançada. A marani ainda fazia parte daquele círculo glamouroso de *socialites* que conhecera antes da guerra, cujas fileiras haviam então engrossado com o surgimento do príncipe Rainier de Mônaco e Grace Kelly, de Aly Khan e Rita Hayworth, e de Ayesha e Jai. Indira fazia sempre questão de visitar a rainha-mãe, Maria, quando estava na Inglaterra. Ela se correspondeu com May (como era chamada) com bastante regularidade ao longo das décadas de 1940 e 1950, até a morte da rainha em 1953, e sentia um respeito por sua "imensa cortesia",[39] como dizia ela, que jamais nutrira por "qualquer outra pessoa de sua alta posição".

Como um eco das antigas restrições sobre os movimentos dos príncipes, também era necessário obter permissão formal para sair da nova Índia. Swarupa Das, uma amiga da família, ajudou Indira a preencher o formulário para sua primeira viagem ao exterior depois da instalação da República. O documento perguntava as razões da viagem. A marani ditou a ela: "Eu sempre fui à Tchecoslováquia comprar minhas toalhas, a Ferragamo para comprar meus sapatos...”[40] “Tia, a senhora não pode escrever isso!”, protestou *miss* Das. “Nunca tive de dar explicações para nada”, disse Indira indignada. “Casei-me com o homem que eu queria, sempre vivi do jeito que quis.”

Ela levava consigo o neto adolescente, Habi, a Paris e Roma, fazendo-o se sentar nos restaurantes com seus cozinheiros, que trazia à Europa para que experimentassem a comida que queria que fizessem para ela, e se sentava sozinha em outra mesa. “Não quero que as pessoas pensem que eles são meus namorados”,[41] dizia aos 70 anos. Habi se lembra das viagens com Indira em meio a um afeto pesaroso. Quando lhe perguntavam o nome no setor de imigração dos aeroportos, ela anunciava “Indira de Cooch Behar”. Se o funcionário ousava pressioná-la pelo sobrenome, ela respondia: “Não tenho sobrenome. Como o senhor chama a rainha da Inglaterra? Eu sou Sua Alteza Indira de Cooch Behar.” Certa vez, em um avião, uma aeromoça bonita ofereceu bife à marani e a Habi na hora da refeição. “Vovó, em um de seus terríveis dias de mau humor (como Chimnabai), ficou furiosa e repreendeu a funcionária por insultar a nós, hindus”, lembra-se Habi. “A aeromoça se desculpou e trocou prontamente as bandejas por outra com biscoitos e queijo. Aquilo deixou vovó ainda mais enfurecida, que revidou dizendo que o fato de sermos hindus não significava que éramos ratos.”[42]

Em Florença, Indira levou Habi e sua irmã Devika, filhos de Ila, à festa de debutante de uma princesa italiana. Paralisado pela timidez em uma sala cheia de pessoas que não falavam muito inglês, Habi ficou completamente bêbado pela primeira vez na vida. No final, desmaiou e teve de ser carregado para casa. Quando contou a Indira o que havia acontecido, ela chorou copiosamente, e lhe disse que trinta anos antes, Indrajit, com 17 anos então, apaixonara-se em uma festa e ficara bêbado porque era muito tímido. Como Habi, ele fora levado para casa inconsciente. Foi o início de seu envolvimento com a bebida, que o matou.

Quando envelheceu, Indira odiava ficar sozinha e podia se tornar afetuosamente insistente nos seus pedidos àqueles que lhe eram próximos. “Eu sou uma órfã”,[43] disse a Habi quando este tentou sair uma noite sem ela ("Uma órfã de 70 anos!"). "Você não pode me deixar aqui sozinha." Nas próprias festas, ela podia se tornar "bem irascível, insistindo em que um de nós [netos] ficasse perto dela, já que alguns de seus contemporâneos, que não haviam tido sucesso junto a ela no passado, podiam tentar molestá-la".[44] A marani passou meses seguidos em seu apartamento de Queen's Gate, em Londres, mas estava contente por voltar para casa, em Bombaim, no outono de 1964, disse ela a Devika. "Estou feliz por retornar e ficar com vocês todos. É triste deixar este apartamento lindo, mas assim é a vida! Veja meu apartamento de Calcutá comparado a Woodlands [demolido após a guerra]! Esse é o castigo de se ter filhos de cabeça fraca!"[45]

Quando Devika estava esperando o primeiro bebê, Indira lhe deu alguns conselhos sobre se manter desapegada dos filhos, o que pareceu uma censura à própria família. "Lembre-se de que eles são divertidos enquanto bebês e depois também, enquanto crescem, mas uma vez adultos, não são mais seus!",[46] escreveu ela.

> Todo amor, carinho e ansiedade que os pais passaram são esquecidos e eles saem para o mundo sozinhos. Em alguns casos, é diferente, como Chotomashima [Menaka], sua mãe [Ila] ou até Chotomama [Indrajit], mas Baramama [Bhaiya] e Baramashima [Ayesha] pensam neles primeiro! Se eu tivesse que viver [minha] vida [de novo], não dependeria de ninguém, não me casaria com ninguém, e com certeza não teria filhos; mas daria meu afeto àqueles cujo temperamento combina com o meu, e deve haver muita gente neste vasto mundo, que precisa de afeição, ajuda e compreensão.[47]

Mais tarde, Indira começou a engordar; dizia que a comida era o único prazer que lhe restava. Sua saúde foi piorando gradualmente com o passar dos anos, deixando-a, aos 60, cheia de dores, dependente de uma quantidade de medicamentos homeopáticos e alopáticos, com muitos pivôs (dentes postiços) e usando muletas, que ela chamava de "palitos", quando não estava na cadeira de rodas. Ela "adorava remédios — no fundo, acho que era um pouco hipocondríaca",[48] diz a neta. "Ela nunca se queixava, mas adorava tomar comprimidos, daqueles coloridos."

O declínio físico não lhe diminuiu o fascínio. Sua amiga Ann Wright levou o filho de 6 anos para conhecer Indira em Bombaim, na década de 1960, quando já estava velha, sem firmeza e gorda. "Mamãe", disse ele espantado, "ela é tão bonita."[49] A marani adorava crianças, nunca falava rispidamente com elas, e as fazia se sentirem importantes ouvindo suas opiniões e perguntando sobre suas vidas. Ela conseguia conversar com qualquer um sobre qualquer coisa. No dia seguinte a uma festa cheia de personalidades, ela podia ser encontrada ouvindo os problemas das empregadas com a mesma atenção que concedera aos elegantes convidados da noite anterior.

Em Bombaim, nas décadas de 1950 e 1960, Indira acordava em geral tarde; sempre foi noctívaga. Quando estava doente, podia ficar na cama até a hora do almoço, escrevendo cartas e falando ao telefone, dando "audiências"; mas sempre mantinha as aparências. "Mesmo que estivesse com quase 39 graus de febre, usava joias."[50] Gostava de começar o dia com uma grande xícara de alguma infusão em vez do café da manhã; depois, tomava banho — a marani adorava se banhar, chegava a levar com ela uma banheira no trem — e fazia seu *puja*. Pesava-se em uma balança antiga, com pequenos pesos de metal. O ato de se vestir podia levar uma manhã inteira; ela era meticulosa com relação a cada detalhe de sua aparência. Não usava muita maquiagem, mas adorava o creme para rosto de Elizabeth Arden.

Antes do almoço, tomava um *dry martini* — sempre com gim Gordon's. Às vezes, para desespero dos netos, o almoço durava até a hora do chá. Após a refeição, como sua mãe fazia, ela preparava com cuidado o *paan*; também adorava um doce de leite bengalês chamado *prahara*. À tarde, ia ao cinema, olhando a tela através de seus *lorgnettes* de ouro incrustados com diamantes e pérolas, ou às compras. ("Suas compras costumavam me matar!",[51] diz uma neta.) Trocava de roupa para jantar e tomava então outro martíni. Fumava alguns cigarros por dia, da marca 555 mentolados à mão, em uma longa piteira de ouro e marfim.

Indira levava com regularidade os netos para almoçarem com Chimnabai em Bombaim. Após a morte de Sayaji, Chimnabai deixara Baroda, dividindo o tempo entre Puna e Bombaim. Ela se dava tão mal com o neto, Pratapsinhrao, o novo marajá de Baroda, que, em 1945, Indira escrevera à rainha pedindo ajuda ao Governo Britânico da Índia para refrear seus desatinos. "Ela tem sofrido tanto mentalmente, devido ao tratamento indelicado por parte de meu sobrinho, o marajá, que sucumbe com muita facilidade e de maneira séria a qualquer pequena indisposição",[52] escreveu. "Mesmo descontente com as disposições feitas para o Estado de Baroda após a morte de meu pai, ela foi se conformando aos poucos com o destino. Hoje, no entanto, o marajá está sempre pronto a lhe dar novas preocupações tão pequenas e tão numerosas, que nem vale a pena mencioná-las." Os britânicos mantiveram sua política algo inconsistente de não interferência nos negócios pessoais dos príncipes nestes casos, apesar de o trio formidável, Chimnabai, Indira e Ayesha, confrontar o vice-rei, lorde Wavell, pedindo-lhe ajuda. Entretanto, o verdadeiro problema era que ninguém conseguiria se manter à altura do legado de Sayajirao. Como disse um ajudante de campo de seu sucessor: "Ele foi um homem extraordinário. O meu marajá era um homem ordinário."[53]

A casa de Chimnabai em Bombaim dava para a Pedder Road, em frente ao apartamento de Indira. Quando a filha estava lá, elas se viam quase todos os dias. As crianças tinham que se comportar da melhor maneira possível: os netos e bisnetos de Chimnabai ficavam intimidados com ela como acontecia com as mulheres *raj* meio século antes. Sua voz começou a falhar com a idade, o que não ajudou em nada a torná-la mais abordável: era forçada a gesticular imperiosamente para expressar seus desejos, os olhos faiscando de determinação frustrada. Até Indira, que não tinha medo de nada, "tremia como criança pequena"[54] diante da mãe até o fim de sua vida, e costumava mandar as crianças dizerem à avó que ela ia com eles à *matinée* do cinema, para que não tivesse que ficar depois do almoço e ouvir saraivadas de censuras maternais. Seu casamento permaneceu uma questão espinhosa até o fim: Chimnabai fazia questão de não dar qualquer dinheiro à filha, nem quantias pequenas, porque havia sido deserdada ao se casar com Jit.

Um dia ela perguntou a Habi, o filho mais novo de Ila, o que estava estudando na escola. Ele respondeu: "Sobre Shivaji, o Rato da Montanha."[55] Houve um profundo silêncio de choque em torno da mesa. Shivaji, o grande herói marata, unira seu povo para desafiar os mogóis, sob comando de Aurangzeb, proclamando-se "Defensor dos Deuses Hindus" em sua fortaleza na montanha, em Raigarh. Os britânicos haviam dado a ele aquele apelido depreciador Chimnabai, marata orgulhosa, virou-se furiosa para Indira e disse: "Tire-o dessa escola!"

A velha marani morreu em Bombaim aos 87 anos. É difícil imaginá-la encarando a morte, seu último desafio, sem a dignidade e a coragem que iluminaram toda a sua vida.

12

Em Jaipur, na década de 1950, Ayesha aceitou a presidência da Associação de Badminton da Índia e a vice-presidência da Associação de Tênis. Esses foram seus primeiros cargos oficiais e primeiros passos hesitantes na vida pública. Ela também abriu uma escola que ensinava mulheres a bordar e costurar, a fim de prover sustento para as refugiadas do Paquistão; hoje é uma escola politécnica especializada em secretariado e prendas domésticas. Organizou uma exposição de artes e ofícios de Jaipur (incluindo as tradicionais cerâmicas em azul e branco, pintura de afrescos e tapeçaria), em Délhi, que foi aberta pelo primeiro-ministro, Jawaharlal Nehru.

Apesar do compromisso ideológico com o socialismo, o aristocrático Nehru, fã de polo, tornou-se amigo dos Jaipur durante os primeiros anos da independência. "Ele era um hóspede que sabia apreciar as coisas de forma maravilhosa, com muito charme e um entusiasmo quase infantil."[1] Durante aquele período, ele sempre trazia a filha Indira, colega de Ayesha em Santiniketan, para ficar em Rambagh. Segundo os Mountbatten, a jovem Indira Gandhi era interessante, mas possuía uma língua muito ferina, sempre criticando os príncipes e seu estilo de vida.

Ayesha seguiu o exemplo de Chimnabai e se envolveu com a Conferência das Mulheres Indianas (que absorvera a Associação das Mulheres Indianas) e sua luta contínua em favor das mulheres do país. Embora direitos iguais entre os sexos tivessem sido incluídos na nova Constituição, os preconceitos sociais contra as liberdades femininas — o direito à educação, à propriedade, a se casar de novo e ao divórcio —

encontravam-se profundamente arraigados na cultura indiana e eram muito difíceis de eliminar.

Um dos encontros da Conferência em particular mostrou a Ayesha o estranho híbrido em que ela havia se transformado durante seus anos em Jaipur, "entendendo e simpatizando com o modo de pensar das *zenanas*, mas ainda em grande parte um produto da educação cosmopolita de Ma".[2] Ayesha escutou com aprovação os clamores das delegadas para que as mulheres hindus herdassem bens, as viúvas tivessem permissão para se casar de novo e as esposas de entrarem com ações de divórcio; estes direitos foram incluídos no Código de Leis Hindus de 1954-55. A seu lado, estava sentada uma de suas damas de companhia, profundamente preocupada com as discussões. "Por que as delegadas querem introduzir o divórcio?",[3] perguntou ela. "As mulheres indianas estavam muito melhor antes. Se elas se divorciarem dos maridos, quem vai se casar com elas? Quem lhes dará roupas, comida e um telhado?" Tendo vivido em estado de semi-*purdah* no conservador Jaipur por mais de uma década, Ayesha conseguia compreender essas apreensões também.

Jai estimulava todos os projetos de Ayesha com a generosidade de espírito que lhe era característica. "Que sorte você tem de possuir um marido que te apoia em tudo",[4] Indira dizia a ela. "Você acredita que alguns homens têm ciúmes das esposas?" Ele precisou de apoio também. Em outubro de 1956, sem qualquer aviso, foi informado de que o cargo de *rajpramukh*, para o qual fora nomeado vitaliciamente uma década antes, e que fora incluído na Constituição da Índia, estava para ser extinto. Como consolo, ofereceram-lhe (e ele recusou) o posto de embaixador na Argentina, do outro lado do mundo. O marajá se sentiu traído pelo país no qual depositara sua confiança e para o qual prestara tantos serviços, mas não havia nada que pudesse fazer, exceto se submeter calado. Ele considerou a ideia de concorrer ao parlamento, pedindo um encontro com Nehru para discutir o assunto, mas a resposta do líder político foi desencorajadora, porque temia que Jai fosse se opor ao Congresso. Além disso, o marajá não conseguia abrir mão de duas convicções: primeiro, que como representante de seu povo, ele tinha de ficar acima da política;

e segundo, que apesar da oposição que fazia às políticas do Congresso, Jaipur sempre fora um estado aliado do poder dominante em Délhi.

Como outras antigas famílias de governantes da Índia, os Jaipur se esforçavam para se reajustarem ao mundo em mudança no qual se encontravam. A marani de Gwalior, cujo marido havia, como Jai no Rajastão, sido *rajpramukh* de Madhya Pradesh, disse que nos anos seguintes à Independência:

> Tentamos nos acostumar à atitude mental que parecia ser esperada de nós, a de que nossa herança histórica, da qual nos orgulhávamos, era algo de que se devia ter vergonha; de que precisávamos compensá-la por meio de bom comportamento, o que significava subserviência inquestionável a nossos governantes; de que Jawaharlal Nehru e seus companheiros, que acabaram com os principados, eram nossos verdadeiros benfeitores.[5]

Um dos resultados desse rebaixamento foi a decisão de Jai, em 1956, de vender o palácio de Rambagh para a família de hoteleiros Oberoi.* Ele foi o primeiro marajá a transformar seu palácio em hotel, e muitos desaprovaram seu ato. Jai achava, todavia, que era desnecessário viver com tanto luxo sem estar exercendo uma função oficial. A venda fez parte de uma redução geral de despesas que ocorreria ao longo dos próximos anos — ele também vendeu seu avião Dakota e abriu mão do Palácio de Jaipur em Nova Délhi —, além de ser uma consequência do sentimento de que Rambagh merecia ser propriamente cuidado e receber uma utilização pública, que não teria mais se fosse mantido como propriedade particular. Ayesha considerou as mudanças difíceis a princípio: ela gostava do avião dele — era útil para voar até Délhi a fim de fazer o cabelo —, e nos primeiros anos costumava colocar uma empregada na entrada da piscina em Rambagh, para manter os hóspedes do hotel afastados enquanto dava seu mergulho matinal.

---

*Na verdade, Jai desistiu da venda antes que ela acontecesse, e Rambagh se transformou em hotel através do Grupo Taj, com o qual a família Jaipur tem estado intimamente associada desde então. Assim, o hotel Rambagh permanece nas mãos da família Jaipur.

Na tentativa de encontrar espaço no Palácio da Cidade a fim de guardar os tesouros para os quais não tinham espaço na casa nova e menor, Rajmahal, os depósitos foram esvaziados e seu conteúdo, de panelas para cozinhar até trajes *rajputs* antigos, foi leiloado. O que eles mantiveram — de pesados adornos cerimoniais para elefantes, com seus arreios de brocado, a belíssimos quadros mogóis e *rajputs* em miniatura — formou a parte principal da coleção do Museu do Palácio da Cidade. O salão de *durbar* de Jai se transformou em uma galeria de arte. Outro salão foi convertido em biblioteca, contendo manuscritos que datavam do século XII, e outras casas abrigaram roupas e tecidos primorosos, que adornaram pessoas e aposentos de gerações de marajás de Jaipur e suas ranis. Esses panos — musselinas finíssimas de Dhaka, xales valiosíssimos de *shatush* da Caxemira, uniformes de polo em veludo com pesados alamares de ouro, casacos forrados de pele e faixas decoradas com delicados bordados de flores mogóis — estavam guardados no palácio havia séculos, mantidos em boas condições por serem regularmente arejados e dobrados com ervas e folhas variadas, nas diferentes épocas do ano. Jasmim era usado na primavera; essência de rosas e *khus*, uma erva de cheiro adocicado, no verão; *mitti*, que emana uma fragrância como aquela liberada pela terra seca quando caem as primeiras gotas de chuva, durante as monções; e deliciosas henas no inverno.[6]

Jo Didi, mais ainda que Ayesha, não conseguia imaginar a vida fora de Rambagh, e sua morte, no verão de 1958, antes de deixarem o palácio, significou que não precisaria fazer a dolorosa mudança. Ela adoeceu com um problema na vesícula biliar e proibiu as criadas de chamarem médico. Estas, "obedientes demais para fazerem isso por iniciativa própria",[7] apenas observaram-na morrer.

Com a morte de Jo Didi, após a da marani-viúva Maji Sahiba e da marani Marudhar, a *zenana* perdera a moradora mais importante e sua função; a partir daí, foi desaparecendo aos poucos. Anos depois, Ayesha ainda deu de presente um rádio transistor a uma das remanescentes. Após alguns meses, entregou-lhe mais pilhas — e descobriu que a mulher não tinha qualquer ideia sobre o que era um rádio, muito menos como usá-lo. No entanto, ela acendia incenso e oferecia flores a ele todos os dias, porque a marani o havia dado de presente. Quando foi finalmente ligado, ela saiu correndo aos gritos.

A remoção de Jai de seu cargo, a morte de Jo Didi, a venda de Rambagh e a mudança para Rajmahal — embora não muito distante —, tudo em questão de dois anos, enfatizaram as mudanças ocorridas em Jaipur desde a Independência. Fisicamente, também, o ex-estado estava mudando para pior. As arcadas para pedestres do centro histórico estavam sendo fechadas, criando extensões para as lojas atrás delas; sacadas e terraços iam desmoronando das fachadas das construções; o lixo se empilhava nas sarjetas; placas de propaganda surgiam em todos os lugares; parques e praças estavam sendo construídos. A gota d'água para Ayesha foi ver os muros e portões ameados que haviam cercado Jaipur por centenas de anos, mantidos afetuosamente pintados de rosa por Jai e seus predecessores, serem demolidos com conhecimento e permissão do governo do estado. Ela escreveu diretamente a Nehru, que se comunicou com o ministro-chefe do Rajastão, Mohanlal Sukhadia, e embargou as obras. Por um momento, a beleza de Jaipur foi preservada, mas era como tapar um buraco em uma represa cheia de furos.

Foram questões como essa que politizaram Ayesha. Em 1957, Sukhadia — o mesmo homem que, um ano depois, aprovaria a derrubada das muralhas de Jaipur — perguntou-lhe se ela se candidataria a uma cadeira no parlamento como candidata do partido do Congresso. Surpreendida, mas interessada, Ayesha começou a pensar sobre política de uma outra maneira. Sua formação, pelos dois lados — a herança combinada dos avós, de Chimnabai em especial —, dava-lhe a "coragem moral e sinceridade de propósitos"[8] que a faziam sentir que devia "servir ao povo em seu sofrimento". Ela "não conseguia ficar olhando sem fazer nada".[9]

Sua primeira decisão foi que não queria ter nada a ver com o partido do Congresso. Seu monopólio do poder político desde a Independência permitiu que seus membros praticamente incontestáveis se acomodassem na influência e no privilégio de que dispunham. Embora o Congresso buscasse de forma ativa o apoio dos ex-marajás, consciente da adesão popular que tinham à disposição em seus antigos estados, logo que os príncipes engrossaram as fileiras da oposição, foram acusados de desgoverno antes da Independência. Em Jaipur, onde o povo ainda ovacionava Jai de forma arrebatada sempre que aparecia em público, os ministros desconfiavam dele e sentiam ciúme, mesmo tendo ele o cuidado de permanecer escrupulosamente neutro.

Não existia uma oposição coerente ao poder do Congresso até o respeitado intelectual Chakravarty Rajagopalachari, que sucedeu Mountbatten como primeiro governador-geral da Índia independente, formar o partido Swatantra, ou Independente. Amigo de longa data de Gandhi e membro importante do Congresso desde antes da Independência, ele rompeu seus vínculos com a casa em 1959, por causa da questão da propriedade cooperativa da terra. Nehru, o idealista radical que já havia declarado, em 1952, que os príncipes e seus estipêndios pessoais eram anacronismos, quis usar sua posição como primeiro-ministro da Índia (que ocupou de 1947 até sua morte, em 1964) para conduzir o país em direção ao verdadeiro socialismo. Ele impôs um plano econômico com duração de cinco anos, inspirado no sistema soviético, e buscou como aliados a China comunista e a União Soviética.

Rajagopalachari era um conservador liberal, um capitalista que acreditava que a maior segurança dos indivíduos eram a propriedade e a liberdade de prosperar economicamente, e queria ver a Índia livre de um governo socialista intervencionista. Ele formou o partido Swatantra na crença de que, para a democracia sobreviver no país, era necessário haver uma oposição florescente para contrabalançar o monolítico Congresso, e os indianos descontentes correram para se filiarem.

Em janeiro de 1961, a rainha e o príncipe Philip eram esperados para uma visita a Jaipur. Um pouco antes de chegarem, no dia da cerimônia de noivado do filho de Jai, Pat, com a filha de Ila, Devika, Ayesha perguntou ao marido se podia se tornar membro do Swatantra. Ele disse que sim. Então, ela pediu ao secretário do partido que viesse a Rajmahal naquela manhã. A marani lhe perguntou como alguém se filiava a um partido político; ele disse que bastava apenas preencher um formulário e pagar uma contribuição. Ela e Pat se associaram na hora e depois foram para o salão de recepções no Palácio da Cidade para o noivado. Um filme caseiro da cerimônia mostra o salão sob uma luz difusa, rósea, abarrotado de homens vestindo *achkans* brancos e turbantes, em todos os tons das auspiciosas cores de açafrão, amarelo girassol, tangerina, coral, fúcsia e carmim. Não havia nenhuma mulher presente, nem mesmo Devika, a futura noiva de Pat; todas as cerimônias envolvendo as mulheres ocorriam na *zenana*.

Durante a recepção, Ayesha contou a uma amiga da família, Swarupa Das, ou Buchie, que ela acabara de entrar para o partido Swatantra. Buchi ficou horrorizada e disse a ela que, com a rainha fazendo uma pausa em sua viagem oficial para vir a Jaipur, aquilo pareceria uma afronta deliberada ao governo, dominado pelo Congresso. Ayesha ficou preocupada e, quando chegou em casa, perguntou a um ajudante de campo se alguém havia telefonado. Ele respondeu que os jornalistas tinham telefonado a manhã toda para saber se os rumores sobre sua filiação ao partido Swatantra eram verdadeiros. Sem saber ao certo, ele os negara, conseguindo manter o fato em segredo até depois da visita da rainha.

Jaipur estava *en fête* para a chegada da rainha e do príncipe Philip. Ayesha recebeu Elizabeth no pavilhão de audiências cor de pêssego, aberto dos lados, no grande pátio cor-de-rosa do Palácio da Cidade, onde se enfileiravam elefantes, cavalos, camelos, e carros de boi, todos ricamente ajaezados. Eles ofereceram um pequeno jantar em Rambagh, antes de partirem para o chalé de caça. "Nós não usamos os pratos de ouro para o jantar com a rainha", disse Ayesha, "só os usávamos em grandes ocasiões."[10]

Quatro anos depois, o príncipe Philip, companheiro de polo de Jai, viria novamente a Jaipur sozinho durante a animada festa de primavera do Holi. Ao contrário de Eleanor Roosevelt, não lhe deram trégua. "Jamais experimentei algo como a semana passada em minha vida",[11] escreveu ele mais tarde em agradecimento. "Cada momento foi de pura alegria, e só as contusões do polo e as manchas cor-de-rosa em meus dedos permanecem para me convencer de que tudo foi apenas um sonho maravilhoso." No ano seguinte, ele enviou um telegrama com votos "multicoloridos"[12] de um bom Holi, dizendo que estava "verde de inveja [por não estar lá] e rosa de nostalgia". "Passar a festa do Holi em Jaipur, na companhia de Jai e Ayesha, significava ter um vislumbre da universalidade da raça humana."[13]

Depois que a rainha e o príncipe Philip foram embora de Jaipur, Ayesha escreveu a Rajagopalachari para contar que havia ingressado em seu partido. Ele lhe agradeceu, acrescentando que ela era uma mulher de coragem. A marani ficou intrigada — o que havia de tão extraordinário em uma pessoa se filiar a um partido político em um país democrático? —, mas entendeu quando a notícia se tornou pública. O ministro-chefe do Rajastão, que a convidara a se tornar membro do Congresso quatro anos antes, disse à Assembleia do Estado que todos os príncipes que se envolvessem com política teriam seu estipêndio pessoal revogado. Ele foi silenciado por um membro independente que lhe perguntou se aquilo se aplicaria também aos príncipes que eram membros do partido do Congresso.

A princípio, Ayesha não tinha intenção de concorrer a cargos. Seu primeiro discurso, apresentando Rajagopalachari em um encontro público, realizado no partido Swatantra do Rajastão, deixou-a quase paralisada de nervosismo. Embora não vivesse mais em *purdah*, ela raramente aparecia em público desde seu casamento vinte anos antes. Jai lhe disse, entretanto, que como se filiara ao partido, tinha obrigação de trabalhar por ele, e deu seu consentimento para que comparecesse ao encontro. Este transcorreu sem problemas e, quando Rajagopalachari falou, Ayesha ficou paralisada por suas palavras inspiradoras.

No outono de 1961, o partido Swatantra convidou formalmente Ayesha a concorrer às eleições no ano seguinte e lhe deu a responsabilidade extra de garantir os votos de todo o antigo estado de Jaipur. Isso significava que, além de disputar uma cadeira no parlamento para si, ela estava encarregada de trabalhar para que outras quatro cadeiras, além de mais quarenta na Assembleia do Estado do Rajastão, fossem obtidas. Jai, imparcial por princípio, recusou-se a se filiar ao partido e concorrer a uma delas, mas Joey e Pat ficaram do lado da madrasta.

Ma enviou a Ayesha um cartão antes da eleição que dizia: "Eu estou ficando histérica e você ficando histórica."[14] Ela achava que a entrada dos ex-príncipes na política seria seu fim, porque "se tivessem se contentado em manter seus privilégios e desempenhar um papel de pouca relevância, o governo não se teria voltado contra eles e tomado tudo que lhes restava".[15] Indira sempre procurara ficar acima da política, mesmo como regente de Cooch Behar. Mesmo assim, enviou um cheque para ajudar a financiar o partido Swatantra.[16]

Nos dois meses anteriores à eleição, Ayesha cruzou centenas de quilômetros de estradas esburacadas e sem asfalto para fazer campanha no empoeirado interior do Rajastão, proferindo inúmeros discursos, no seu hindi precário e angustiadamente traduzido, em pequenos vilarejos, para pessoas que andavam às vezes enormes distâncias para vê-la. Por escolha, ela abandonou as joias vistosas, usando apenas uma volta de pérolas e braceletes de contas de vidro, mas as mulheres do interior ficavam desapontadas, horrorizadas de ver que sua marani não trazia nem as humildes tornozeleiras que as mais pobres delas possuíam. Em todos os lugares, Ayesha ficava sensibilizada pela dignidade e pelo respeito próprio dos aldeões que encontrava, apesar da dureza de seu quotidiano, e a "profunda segurança [que eles tiravam] de uma filosofia de vida inclusiva [a fez] sentir admiração, de uma certa forma, quase inveja".[17]

Foi, disse ela, uma "campanha de amor". Era recebida com arcos de festa, canções de boas-vindas, homenagens e afeto. A hospitalidade é uma questão de honra e tradição entre os *rajputs*, por mais pobres que sejam e, em cada vilarejo, havia não só cantos e danças para saudá-la como xícaras de chá, copos de preciosa água, cestas com frutas ou legumes frescos, oferecidos pelos habitantes em suas roupas mais festivas. Aquilo era, no entanto, mais que mero costume; era uma demonstração espontânea de amor pela família real de Jaipur. Ayesha ficou profundamente emocionada com o calor dessa acolhida por causa de Jai, mas aterrorizada também à ideia de que não pudesse ser capaz de corresponder às esperanças que aquelas pessoas estavam depositando nela. Ao votar em Ayesha e seus candidatos, elas estavam dizendo: "*Você* é responsável por nós. É nossa mãe e nosso pai [Ma-Baap, uma forma tradicional de tratamento aos marajás]. *Você* vai se encarregar de que possamos receber a atenção que merecemos."[18] Estavam esperando milagres que ela poderia apenas tentar fazer.

Da mesma forma, estava convencida de que aquelas pessoas sabiam quanto desejava ajudá-las. Um pouco antes da eleição, Ayesha falou a um grupo de líderes regionais sobre suas preocupações, dizendo que retiraria sua candidatura se eles achassem que havia outra pessoa que pudesse representá-los melhor. Os aldeões disseram que queriam vê-la concorrendo. "Será que é porque sou a esposa de seu marajá?",[19] perguntou. "Eles disseram que, em parte, sim. E depois acrescentaram: 'E por outro lado, a senhora está fazendo isso por nós e não por si mesma, ou não estaria na Oposição, seria como os outros príncipes que se juntaram ao Congresso.'"

Na noite antes da eleição, em um discurso em que demonstrou seu amor e apoio a Ayesha, Jai suspendeu sua imparcialidade política e falou para 200 mil pessoas em um comício do partido Swatantra em Jaipur, tratando a vasta multidão de forma familiar:

Há muito, minha família vem governando vocês, e construímos muitas gerações de afeto. O novo governo tirou meu estado, mas por mim, podem tirar até minha camisa, desde que eu possa manter este vínculo de confiança e amor. Eles me acusam de ter imposto minha esposa e meus filhos para a eleição. Eles dizem que se eu tivesse 176 filhos [número de cadeiras na Assembleia do Rajastão], eu os imporia todos também. Mas eles não sabem, acho eu, que tenho muito mais de 176 filhos.[20]

Quando as pessoas urraram sua aprovação e lhes atiraram rajadas de flores, Ayesha soube que seria eleita.

No dia seguinte, ela experimentou a atmosfera de feira popular de um dia de eleições na Índia, ao passar por vendedores de doces, astrólogos e encantadores de serpente, ansiosos por tirar vantagem da multidão reunida em torno das urnas, vestindo suas melhores roupas. Havia um clima de feriado, com famílias inteiras indo votar juntas, pondo um "x" ao lado da figura que representava seu partido: dois bois emparelhados sob uma cangalha, simbolizando cooperação, para o partido do Congresso; uma frondosa figueira-de-bengala para os socialistas; uma foice com três ramos de trigo para os comunistas. O símbolo do Swatantra era uma estrela; usada por todos os condutores de camelo em Amber, a antiga fortaleza de Jaipur.

A vitória foi em uma escala que eles nunca teriam imaginado. Em todo o Jaipur, apenas um candidato do Congresso foi eleito; a oposição virou a mesa. Joey e Pat conseguiram suas cadeiras, e Ayesha venceu por uma maioria de 175 mil votos — segundo o *Livro Guinness de Recordes Mundiais*, proporcionalmente a mais ampla maioria já obtida em uma eleição democrática. As ruas de Jaipur transbordaram com a multidão celebrando a vitória, acenando das janelas e dos telhados para a procissão de jipes e caminhões cruzando a cidade, buzinando. Quando o cortejo passou pela sacada do Palácio da Cidade na qual Jai estava de pé, atirando moedas de ouro para o povo, Ayesha, que seguia na frente, "soube que aquela era na verdade uma vitória do marido".[21]

Ao seguir para Délhi mais tarde, em 1962, para tomar assento no Lok Sabha, ou Câmara Baixa, estava acompanhada não só de Pat, também tomando posse de sua cadeira pela primeira vez (a de Joey era na Assembleia do Rajastão, em Jaipur), mas também de Jai, que fora eleito pelo parlamento para a Câmara Alta, ou Rajya Sabha.* Bubbles estava lá também, na qualidade de ajudante da guarda pessoal do presidente. Depois das mudanças drásticas da Independência, eles todos festejaram aquele momento de triunfo familiar.

Embora as eleições de 1962 tenham sido as primeiras em que o partido Swatantra concorreu, eles se tornaram o segundo maior partido no parlamento e o principal de oposição. Apesar de Ayesha protestar que o Congresso contava com muito mais membros das famílias principescas

---

*A Índia possui um sistema de duas casas: uma Câmara Baixa maior (Lok Sabha) de representantes de cada região e uma Câmara Alta (Rajya Sabha).

do que o Swatantra, Nehru o apelidou de o "Partido dos Príncipes", e o nome pegou. Alguns dos príncipes afiliados ao Congresso, que haviam em muitos casos sido convidados por ele a concorrer, ansiosos por explorar seu apelo popular, disseram a Ayesha: "Se nós [querendo dizer nós, príncipes] estivéssemos na Oposição, teríamos maioria." "E por que vocês não estão?",[22] replicou ela.

As antigas famílias reais abraçaram a política na nova Índia, esperando tirar vantagem do domínio do Congresso em relação a privilégios e patrocínios ou se opondo a seu monopólio de poder. Mais de um terço das 284 famílias que receberam garantias quanto a seus estipêndios pessoais, em 1948, forneceram candidatos para o Lok Sabha e ainda mais para o Rajya Sabha. Entre 1957 e 1960, 43 membros de famílias de príncipes participariam de eleições, em nível estadual ou nacional; nos próximos cinco anos, este número subiria para 51; entre 1967 e 1970, chegaria a 75. A metade foi em algum momento membro do Congresso. Os políticos das famílias reais constituíam (e permanecem) um ativo político valioso: possuem um índice de aprovação nas urnas de 85% e superam em geral os outros candidatos por uma margem de vinte pontos percentuais. Os resultados sem precedentes nas áreas em que concorrem têm contribuído indireta mas significativamente para a politização de regiões atrasadas da Índia rural.[23]

Não é nenhuma surpresa que a família que vem produzindo os candidatos mais politizados seja a Gaekwad, com sua atitude "progressista e participante"[24] em relação à vida pública: cinco dos netos e bisnetos de Sayajirao, três dos quais foram educados por ele em Baroda, entraram para a política. Ayesha foi a única que se opôs ao Congresso.

Em março de 1962, Jackie Kennedy e a irmã, Lee Radziwill, eram esperadas para uma visita à Índia. Embora *mrs.* Kennedy fosse a primeira-dama dos Estados Unidos, tratava-se apenas de uma visita semioficial. Quando Lee contou a Jai que estavam planejando ir ao país, ele as convidou para visitarem Jaipur. O embaixador americano na Índia, John Kenneth Galbraith, soube pelo governo indiano que Jai e Ayesha estavam tentando tirar "capital político" do que, insistiam eles, tratava-se de uma visita informal de uma amiga e da irmã, que era por acaso a mulher mais famosa do mundo. O governo estava "determinado a frustrar"[25] aquela manobra clara. Na esperança de evitar uma situação difícil, Galbraith escreveu ao presidente Kennedy aconselhando-o a convencer Jackie a não incluir Jaipur em seu itinerário. Kennedy se recusou a interferir nos projetos pessoais da esposa, e a primeira-dama e a irmã foram a Jaipur como planejado.

"No que dizia respeito a Jai e a mim", escreveu Ayesha, "a visita era algo pessoal, amigável e informal (...). Nossos planos eram o de divertir nossas hóspedes com visitas a locais interessantes, uma partida de polo, descontração em torno da piscina, e passeios a cavalo."[26] Quando a anfitriã disse a Jackie que havia projetos de uma festa no Palácio da Cidade, ela disse com sua voz sôfrega e meio infantil: "Mas, Ayesha, disseram-me que não tenho permissão para ir lá."[27] Galbraith advertira a primeira-dama que permitir a Jai lhe mostrar o Palácio da Cidade, seu lar ancestral e ainda propriedade sua, seria interpretado como uma tentativa de se apresentar ainda como governante de Jaipur.

No final, após longos telefonemas a Délhi, Jackie recebeu permissão para visitar o museu e o palácio, sob condição de que tudo fosse feito da maneira mais discreta possível — "uma situação absurda",[28] comentou Ayesha, "já que tudo que Jackie fazia era notícia". Assim, depois de uma festa em Rajmahal, durante a qual a primeira-dama ligou o toca-discos e ensinou os outros convidados a dançar o *twist*, Jai a levou de carro, juntamente com Galbraith, à meia-noite, pela cidade silenciosa, até o Palácio da Cidade, onde foram recebidos por Ayesha. O casal passou então algumas horas mostrando a eles o palácio iluminado pelo luar.

Galbraith achou Ayesha "cheia de vivacidade e extremamente bela" e, de forma algo condescendente, detectando nela "uma certa vontade de se informar".[29] Ele a sondou sobre política: "ela é a favor da livre empresa e de mais e melhores serviços públicos; da proteção de todos os privilégios feudais existentes, mas de mais democracia também". "Jackie e Lee estavam em seu hábitat [em Jaipur]; Galbraith, o intelectual, menos",[30] escreveu a biógrafa de Jackie, Sarah Bradford, citando o então embaixador: "A conversa girava em torno de cavalos, amigos em comum, acontecimentos sociais e polo, o que não era exatamente minha especialidade." A visita da primeira-dama a Jaipur cimentou sua amizade com os anfitriões, e eles ficaram encantados ao aceitar seu convite para ficar com ela e Jack em Washington, mais tarde, naquele ano.

Ao mesmo tempo que a vida social e esportiva ainda ocupava grande parte do tempo dos Jaipur, Ayesha mergulhava em suas obrigações políticas, lidando com os milhares de solicitações de ajuda que recebia, em questões que variavam de queixas sobre sogras tirânicas a pedidos de dinheiro para hospitais, estradas, escolas e eletricidade. O fundo para caridade que Jai estabelecera para os súditos do antigo estado de Jaipur, com a doação de 1,50,000 rupias por ano de seu tesouro particular, permitia que ela atendesse a muitos desses pedidos diretamente. Em um caso, a fim de fornecer trigo a preços acessíveis aos pobres do estado, ela abriu um entreposto de grãos que realizava vendas a preço de custo. Ayesha também fez campanha em favor de outros candidatos do Swatantra, fora do Rajastão, e até para Acharya Kripalani, ex-secretário do Congresso, que representara o partido ao lado de Nehru e Patel nas negociações de 1947, e estava agora concorrendo como independente. Essas vitórias a deixavam orgulhosa porque sabia terem sido ganhas mais por mérito que por apelar aos antigos aliados da família Jaipur.

Jai e Ayesha chegaram a Washington em outubro de 1962, quando a crise dos mísseis cubanos alcançava o clímax. Os Kennedy cancelaram o baile que haviam planejado em sua homenagem e, em vez disso, ofereceram um jantar, ao qual compareceram (entre outros) Lee Radziwill; o embaixador britânico, David Ormsby-Gore, e a esposa; e Benno e Nicole Graziani. Benno era um jornalista do *Paris-Match* que acompanhara Lee e Jackie à Índia. O presidente Kennedy recebeu Ayesha com as palavras: "Ah, eu soube que você é o Barry Goldwater [o excêntrico e independente republicano que faria campanha para presidente dos EUA em 1964] da Índia."[31] Apesar da gravidade da situação que estava enfrentando, ela achou seu charme de menino tão contagiante e fascinante que ficava difícil se lembrar que ele era presidente. Por volta da meia-noite, Nicole fez ovos mexidos para o grupo. "Ele [Jack] segurou-lhe a mão", lembra-se Graziani, "e disse: 'Talvez amanhã estejamos em guerra.'"[32]

Tanto Jackie quanto Kennedy estavam determinados a não permitir que aquelas preocupações tivessem impacto sobre suas vidas. No dia seguinte, quando a primeira-dama estava mostrando a Ayesha e Jai os jardins da Casa Branca, o presidente bateu na janela do Salão Oval e chamou a marani, apresentando-a a um grupo de senadores como "a mulher que obteve a mais surpreendente maioria que alguém já conseguira em uma eleição".[33] A pequena Caroline Kennedy também achou Ayesha maravilhosa: "Mamãe", disse ela, "ela é mais bonita que você."[34]

Eles deixaram uma crise nos Estados Unidos para encontrar outra no retorno ao próprio país. Em 20 de dezembro de 1962, foi declarada a guerra entre China e Índia. Desde meados da década de 1950, a "ingenuidade magnânima"[35] de Nehru vinha deixando-o cego em relação à ameaça que os chineses significavam na fronteira norte do país. Desejando uma aliança forte entre duas potências socialistas, ele sempre insistiu em que chineses e indianos eram irmãos. Enquanto isso, entretanto, os vizinhos estavam construindo em segredo uma estrada para passar com suas tropas, através da remota região do Himalaia, de Ladakh e, em 1959, anexaram o Tibete, forçando o Dalai Lama a buscar asilo na Índia. Quando as tropas silenciosamente reunidas da China começaram a entrar na Índia, em setembro de 1962, cruzando Assam e Ladakh, Nehru não ficou aparentemente preocupado. Em 20 de outubro, os chineses lançaram uma invasão em larga escala em território indiano, marchando para o sul enquanto passavam por tropas locais mal-equipadas, que não suspeitaram de nada.

Nehru apareceu no parlamento "de cabeça baixa, muito diferente de sua confiança e casualidade habituais, incapaz de explicar nossa falta de preparo".[36] O exército indiano fora humilhado por sua incompetência em repelir os chineses, e a autoconfiança e prestígio da Índia ficaram seriamente abaladas. Em 21 de novembro, os chineses declararam de súbito um cessar-fogo e se retiraram, retendo grandes áreas de território indiano. A guerra estava acabada, mas a Índia sofrera uma dura humilhação, e este foi um golpe do qual Nehru jamais se recuperou.

Ayesha foi direta em suas críticas ao primeiro-ministro, condenando a cobertura do governo às repetidas incursões chinesas no país ao longo dos últimos oito anos, e o uso do Ato de Defesa da Índia para calar a oposição interna. Quando se manifestava contra Nehru, ela vestia um sári açafrão — cor da coragem, do sacrifício e da renúncia, tradicionalmente usado pelas mulheres *rajputs* ao cometerem o *jauhur*, quando seus homens eram derrotados nas batalhas.[37] Ao ser perguntada sobre isso, Ayesha, com ar malicioso, dizia que não lembrava a cor do sári que havia vestido: não houvera nada proposital.

Apesar de suas discordâncias políticas com Jawaharlal Nehru ao longo do tempo, quando ele morreu, dois anos mais tarde, Ayesha, como o restante do país, lamentou o falecimento de um dos fundadores da nação. Ela foi escolhida pelo Swatantra para falar sobre sua morte em nome do partido, e lembrou seu amor pela Índia e o amor da Índia por ele; o que sentia na verdade, escreveu ela mais tarde, era "que a coisa mais extraordinária sobre o pândita Nehru estava em sua capacidade de se sentir em casa em qualquer lugar: em um palácio, em uma festa de adolescentes ao som do *rock'n'roll*, ou em uma choupana em algum vilarejo remoto".[38]

Mesmo antes de Nehru morrer, já um pouco do brilho da dinastia se ofuscara. "A tragédia da família foi do tipo quase clássico: eles proclamaram e acreditaram nos princípios da social-democracia, apoiando e promovendo seu partido pelo uso dos aspectos mais nocivos de um capitalismo irrefreável e desonesto. [O próprio Nehru] em seu cansaço final era muito consciente da bajulação e corrupção que o cercavam, e permaneceu calado enquanto elas floresciam porque era muito vaidoso para reconhecê-las e muito fraco para combatê-las."[39]

Nehru foi substituído como primeiro-ministro por Lal Bahadur Shastri, homem suave e moderado, que carecia do faro do antecessor, mas não da paixão pela melhoria de vida dos indianos. Ele fora até a filha de Nehru, Indira Gandhi (nenhum parentesco com Mohandas), três dias após a morte do primeiro-ministro e incitou-a a sucedê-lo como líder do Congresso, mas ela recusou. Mais tarde, entretanto, aceitou um posto em seu gabinete como ministra das Relações Exteriores, e um grupo se formou em torno dela, em meados da década de 1960, indicando-a como substituta.

Shastri persuadiu Jai a assumir a embaixada da Espanha. Isso colocou Ayesha em uma situação complicada: ela não queria ficar longe do marido, mas desejava desesperadamente cumprir suas obrigações com os eleitores. No final, foi falar com o primeiro-ministro sobre seu dilema e sua preocupação de que Jai estivesse sendo mandado para o exterior por membros do partido do Congresso, que temiam sua influência política em casa. Shastri tranquilizou-a e, quando saiu, perguntou: "Você tem que fazer realmente parte da Oposição?"[40] Por seu lado, ela desejou que mais políticos do Congresso fossem como ele.

Ayesha e Jai haviam acabado de começar sua nova vida em Madri, em 1966, quando souberam que Shastri morrera de ataque cardíaco, e Indira Gandhi fora escolhida para substituí-lo como líder do Congresso e primeira-ministra da Índia. As mulheres da embaixada indiana na Espanha ficaram orgulhosas de que uma mulher fosse chefiar o país. A história da Índia sempre tinha sido dominada por suas dinastias de governantes; a República moderna, tão fortemente associada aos Nehru, mostrava que não era diferente. A Índia pretendia ser uma democracia, mas a nova primeira-ministra, apesar de seu envolvimento próximo com o regime de 15 anos do pai, ainda não concorrera a um cargo político sequer.

Os Jaipur estavam felizes em Madri. A paisagem seca e montanhosa da Espanha, seus fortes e castelos com ameias, faziam Ayesha lembrar do Rajastão, da mesma forma que a cultura e a música ciganas e o cheiro de jasmim nas noites cálidas de verão. A todo o momento, contudo, eles se viam separados, quando ela retornava à Índia para desempenhar suas obrigações políticas. Como sempre, as cartas de Jai daquele período eram afetuosas e cheias de apoio. "Lembre-se que sempre estarei do seu lado e jamais a decepcionarei", escreveu ele da Espanha, chamando-a de "minha companheira de toda a vida".[41]

Em 1965, no aniversário de 25 anos de casamento, eles conseguiram ficar juntos no dia, em uma festa em Cannes. Quando voltavam de avião para casa, Ayesha refletia sobre como havia mudado, desde a década de 1940, e quanto devia a Jai e sua força naqueles anos todos. "Eu não era mais a pequena esposa tímida, terrivelmente apaixonada e espantada com o marido e sua vida, com medo que sua família e o povo de Jaipur não a quisessem e não gostassem dela. O que me tornei agora — uma mulher independente, ativa e politicamente consciente — foi, em grande parte, obra de Jai."[42]

A festa de aniversário na Inglaterra, naquele verão, recebeu destaque nas colunas sociais da *Vogue* americana, que chamou Ayesha de uma das dez mulheres mais bonitas do mundo. "A festa dos Jaipur foi encantadora (...) muito pequena — apenas amigos íntimos como a rainha!",[43] derramava-se o texto.

> A marani parecia um sonho, vestindo um sári com joias, o cabelo preso no alto (...) Sua Alteza, o marajá, um ás do polo, caçador de animais de grande porte, homem erudito e viajante consumado (...) a festa, bodas de prata dos Jaipur, em King's Beeches, Sunninghill (...). Ao estilo inglês, começou com mesa para 24 pessoas na sala de jantar (...) deslocou-se para o gramado em declive e iluminado, onde, em uma tenda indiana do tipo *shamiyana*, assava o churrasco (...) lacaios de turbante vestindo casacos claros (...) ceia deliciosa, sob um aconchegante toldo branco com flores, candelabros de prata (...) duzentos convidados do *jet-set* internacional (...) a coleção de mulheres mais bem-vestidas de qualquer festa na temporada inglesa (...) no salão, danças, abertas por Sua Majestade, a rainha Elizabeth, usando rendas douradas e brancas, e o marajá; Sua Alteza Real, o príncipe Philip, e a marani (...) depois todos, de todos os lugares, dançaram, dançaram e dançaram.

Os convidados destacados nas fotos eram Gianni e Marella Agnelli, os Stavro Niarchos, Lee Radzwill e vários membros da realeza europeia.

Recapitulando sua vida, Ayesha viu 1965 "como o último ano de felicidade e sucesso sem obstáculos que vivi".[44] Apesar das tragédias que representaram as mortes de Ila e Indrajit, ela sempre conseguiu se aprumar após as crises, dando-se uma espanada em regra e seguindo em frente. Ela não questionava a retidão ou a importância de seu envolvimento na política, e com o apoio de Jai, teve capacidade "para prosseguir, embora eu continuasse profundamente perturbada pela sensação de que estava fracassando em fazer justiça à minha vida pública ou pessoal, ao tentar estar em dois lugares ao mesmo tempo".[45]

À medida que a década de 1960 foi passando, a paixão de Ayesha pela política ia aos poucos arrefecendo. Uma das razões por que se sentira atraída de início pelo Swatantra era seu secularismo, mas em 1966, ele formou uma aliança com o partido religioso de direita hindu Jana Sangh (antecessor do Bharatiya Janata Party ou BJP), a fim de oferecer uma ameaça mais viável ao Congresso, na pessoa de Indira Gandhi, que dominava cada vez mais o governo e a política. Preocupada e trabalhando demais, longe de Jai em Madri, Ayesha caiu seriamente doente e perdeu duas semanas críticas de campanha, antes das eleições de 1967.

Era a primeira eleição em que Indira Gandhi concorria a uma cadeira no parlamento, embora tivesse feito campanha para o pai e o marido no passado. Ela viajou incansavelmente por todo o país em nome do Congresso, inclusive a Jaipur, onde um grupo do Swatantra protestou durante seu comício. Indira atacou os agitadores:

> Não vou ficar intimidada. Eu sei quem está por detrás dessas manifestações e sei como me fazer ouvida (...). Vão perguntar aos marajás quantos poços cavaram para o povo em seus Estados quando os governavam; quantas estradas construíram; e o que fizeram para combater os britânicos. Se vocês somarem o valor de suas conquistas antes da Independência, vão ver um grande zero.[46]

Em Orissa, manifestantes do Swatantra atiraram pedras nela enquanto se dirigia a uma multidão. Uma delas acertou-a em cheio no rosto, quebrando-lhe o nariz. Ela continuou a campanha com ele envolto em gaze branca, marca de sua determinação corajosa de vencer.

Se Indira possuía inimigos, ela também ganhava milhões de seguidores, apresentando-se de forma cabal como "Mãe Indira", guardiã e protetora do país. Como seu mais recente biógrafo explica, aquele era um caminho político perigoso de se seguir, baseado mais na personalidade que na política:

> Seu relacionamento com "o povo" era íntimo, maternal e paternal, e sem ligação com instituições políticas. Os filhos não escolhem os pais; os pais, bons ou maus, possuem uma autoridade natural sobre eles. Até que ponto Indira tinha consciência daquela estratégia e de suas implicações? Sem dúvida, ela via isso como um meio de sobrevivência política, mas é improvável que, àquela altura, compreendesse plenamente suas nuances subversivas e antidemocráticas.[47]

Em todo o país, os resultados foram extremamente apertados. O Congresso perdeu 95 cadeiras, ficando com uma pequena maioria de apenas 44 dos 520 assentos do Lok Sabha. O partido também perdeu sua maioria em seis estados, sem contar o Rajastão. Lá, o Congresso ganhou 89 cadeiras e os partidos de oposição combinados, 95. O governador, cuja responsabilidade era convidar o partido com maioria a formar o governo do estado, atrasou o cumprimento dessa obrigação no tempo permitido. Ayesha e seus copartidários acreditavam que ele estava sendo pressionado pelo Congresso, em Délhi, a adiar uma tomada de decisão a fim de lhes dar tempo para conquistar os membros indecisos da oposição, de forma que o partido retivesse o controle no Rajastão. Tendo perdido seis estados, vencer no Rajastão seria uma vitória crucial.

Os membros da oposição — tendo seus números reduzidos em um — retiraram-se para um forte no interior, fora de Jaipur, e longe das propinas que anteviam fossem ser oferecidas pelo Congresso para que mudassem de lado. Enquanto estavam lá, ficaram sabendo que o governo tinha imposto um regulamento antimotim proibindo reuniões com mais de cinco pessoas na área de Jaipur, onde o governador e os ministros moravam. No dia seguinte, o governador do Rajastão solicitou ao líder do Congresso que formasse o próximo governo.

Ayesha e os outros líderes da oposição se reuniram no centro da cidade, de onde planejavam ir até a casa do governador lhe pedir que revertesse sua decisão. Uma multidão já havia se reunido, protestando que a democracia estava sendo assassinada. Ayesha falou pedindo-lhes que não seguissem os líderes da oposição enquanto faziam o protesto, desafiando a nova proibição, mas a turba que se avultava insistia em acompanhá-los pela cidade. A polícia estava esperando por eles na área restrita; a multidão foi rechaçada, e um toque de recolher de 24 horas foi imposto na cidade de Jaipur. Todos os líderes da oposição foram presos, exceto Ayesha.

Ela e Jai voaram até Délhi para discutir o caso de Jaipur com o presidente e o ministro do Interior. Este prometeu abolir o toque de recolher, e o presidente garantiu a Ayesha que ela e seus aliados teriam a chance de provar que eram maioria quando a assembleia do estado se reunisse. Entretanto, quando o toque de recolher foi suspenso, a polícia — não aquela que era comum em Jaipur, mas forças convocadas em estados vizinhos — abriu fogo sobre as pessoas quando elas começaram a retornar às ruas, alegando que não haviam sido informados sobre a suspensão do toque de recolher. Nove morreram e 49 ficaram feridas; a primeira vítima foi um garoto de 14 anos.

Quando Ayesha e seus copartidários se reuniram para decidir qual seria o próximo passo, foi decretada a autoridade do presidente sobre o Rajastão, dando o controle temporário do estado ao governo central. Eles foram informados de que o recente derramamento de sangue havia revoltado de tal forma o povo de Jaipur, que o líder do Congresso não conseguiu formar um governo. Em vez de pedir ao líder da oposição que fizesse isso em seu lugar, o governador solicitou a autoridade do presidente, o que significava na prática passar o poder para Indira Gandhi e seus seguidores do Congresso, em Délhi — protelando os acontecimentos até que a frágil maioria da oposição pudesse ser seduzida com ofertas de cargos públicos e dinheiro. Ayesha, desanimada e irônica, aceitou a derrota e foi se juntar a Jai na Espanha, onde ficou sabendo que um número suficiente de membros da oposição havia desertado, a fim de dar ao Congresso maioria no Rajastão, permitindo-lhes formar o governo apesar da derrota inicial nas urnas.

"O nepotismo e a corrupção chegaram ao limite (...) e as vítimas como sempre são os pobres inocentes. E isto vindo de um partido que se declara socialista!",[48] escreveu Ayesha em seu diário, em 9 de janeiro de 1967. "É irônico, triste e de partir o coração ver o que está acontecendo com o maravilhoso povo da Índia. Gente boa e orgulhosa sacrificada pela cobiça e avidez de uns poucos. A justiça não existe. A verdade é algo de que se deve rir. A honestidade é uma bobagem. No entanto, a fome e a necessidade são reais. Se algum dia eu desistir da política, será porque dói demais ver isso tudo."

Uma estiagem severa no Rajastão foi mais uma causa de desespero impotente. O trabalho do governo para aliviar a fome consistiu em fazer os aldeões cavarem tanques para armazenar água, mas que ficavam vazios, e limpar estradas que logo se cobriam novamente de areia, em vez de desenvolver programas de eletrificação e irrigação que ajudariam a mitigar os longos períodos de seca.

Decepcionada como estava com a política, não foi surpresa para Ayesha descobrir que os membros mais radicais do Congresso, intimidados pelo fato de que 24 antigos príncipes ou membros de suas famílias tinham sido eleitos para o Lok Sabha nas eleições de 1967, estavam se mexendo para que os estipêndios pessoais dos príncipes fossem abolidos. Foi por causa dessa questão que Jai decidiu retornar à Índia. Ele queria estar envolvido quando as mudanças inevitáveis fossem impostas, e se tornou membro ativo, embora moderado, da Consulta de Governantes dos Estados Indianos em Acordo pela Índia, que representava os interesses dos ex-governantes diante do atual governo.

"É rebaixante ter o próprio nome retirado de si",[49] observou o biógrafo desse período de Jai. Ele e os outros príncipes se sentiram traídos, diminuídos e desvalorizados vendo o país pelo qual haviam dado tudo lhes subtrair seus últimos privilégios, as últimas coisas que os tornavam diferentes. "Atos como este talvez fossem necessários no contexto da nova ordem mundial", disse a tia de Indira Gandhi, Nan Pandit, "mas a mudança poderia ter sido feita com mais elegância e menos pressa. Os príncipes eram sensíveis, em especial a essas pequenas alfinetadas, como abrir mão de usar títulos que haviam ostentado com orgulho durante séculos, e cuja manutenção não teria feito mal a ninguém."[50] Talvez o pior de tudo tenha sido o fato de aquilo de que haviam aberto mão de boa vontade jamais poder ser recuperado.

Os príncipes sentiam que Indira Gandhi estava sendo movida mais por uma antipatia pessoal e rancorosa do que por necessidade política. A marani de Gwalior descreveu os extremos a que a primeira-ministra chegou para privá-la da reitoria da Universidade de Sagar: ela suprimiu o direito da universidade de eleger o próprio reitor apenas para se ver livre de alguém que não gostava. Ayesha, ex-colega de colégio de Indira, tornou-se um foco específico de seu ódio: a primeira-ministra se referia a ela como a boneca de louça e chegou a chamá-la de cadela no parlamento.

Em setembro de 1970, Indira Gandhi propôs uma emenda à Constituição que abolia os estipêndios pessoais, que passou pelo Lok Sabha por 339 votos a 154, mas foi rejeitada pelo Rajya Sabha por um voto. Impávida, a primeira-ministra usou uma cláusula originalmente inserida por Mountbatten nas provisões da acessão (que permitia ao presidente retirar o reconhecimento oficial de qualquer príncipe que cometesse crime ou delito grave) para humilhar ainda mais os príncipes. Ela fez o presidente escrever oficialmente a cada um deles, não mais os reconhecendo e lhes retirando não só seus estipêndios pessoais como também os títulos. Oito príncipes entraram com processo: quando o Supremo Tribunal declarou que o desreconhecimento dos príncipes era inconstitucional, Indira dissolveu o parlamento um ano antes e convocou eleições que lhe dariam novo mandato para impor aquela lei.

13

Em 1966, durante a celebração do casamento de Bubbles com Padmini, uma princesa de Sirmur, Bhaiya sofreu um acidente sério jogando polo. O cavalo caiu e rolou por cima dele. O marajá sobreviveu durante semanas em uma unidade de tratamento intensivo, mas nunca se recuperou inteiramente, tornando-se inválido, preso a uma cadeira de rodas e dependendo por completo de outras pessoas até sua morte, quatro anos depois. "Seu tio melhora a cada dia", Indira contava a Devika em maio, "mas a tia Gina quer fazer tudo do seu jeito, o que vem causando uma série de problemas a Chota Mashima [Menaka]. Ela e o marido estão encarregados de verificar qualquer coisa errada que tia Gina possa fazer. Eu acho que ninguém consegue mudar as pintas de um leopardo, por mais generoso e bom que se seja com o animal."[1]

Em Londres, alguns meses depois, Bhaiya parecia melhor, "mas mentalmente longe do ideal".[2] Sua esposa, que pensava ter se casado com um glamouroso príncipe *playboy*, viu-se amarrada a um inválido, e isso não melhorou suas relações com a família do marido. Bhaiya se casou com Gina Egan, uma modelo inglesa, na década de 1950, contra a vontade de sua família. Indira ficou horrorizada com a união. Quando tomava antipatia por alguém — algo que acontecia em um piscar de olhos —, era para sempre, e a marani não fazia qualquer esforço para ter um bom relacionamento com o objeto de sua animosidade. "Ela se comportou muito mal com Gina",[3] contou uma amiga, descrevendo como as matérias nos jornais sobre o casamento deixaram Indira tão doente, que o recém-casado Bhaiya não conseguia sair do seu lado para ficar com a esposa.

Gina e Bhaiya pediram a Indira que deixasse o palácio de Cooch Behar, e ela teve de engolir. Gina também se livrou de Kajumama, o dedicado ajudante de campo e parceiro de aventuras do marido. Bhaiya via Ayesha e Jai cada vez menos, e cada um culpava o outro pelo afastamento. "Sendo o cavalheiro que era, ele defendia o ato de se casar com a pessoa com quem o fez, de modo obstinado, e ficava chateado quando a esposa era de alguma forma esnobada."[4] Amargurado por causa da atitude de sua família em relação a Gina, deprimido por ter se tornado inválido, gentil e sensível, Bhaiya bebia cada vez mais para aliviar o sofrimento.

Ayesha retornou à Índia no outono de 1968 para ver Indira, cuja saúde vinha se deteriorando nos últimos dois anos. Suas cartas da década de 1960 só falam de incômodos e dores, dos vários tratamentos que experimentava e de sua resignação ao destino. Em 1967, ela contou à neta que tomava remédio para gota, recebia massagens, fazia tratamento homeopático e alopático, além de "curas espirituais, e se com toda esta parafernália eu não melhorar, é porque não tenho como, definitivamente. Isto é óbvio".[5] Ela se encontrava presa a uma cadeira de rodas e sofrendo muito com uma asma cardíaca. Ainda assim, cercava-se de pessoas jovens e mantinha sua curiosidade apaixonada e alegria de viver.

Ayesha chegou à Índia alguns dias antes de Jai, em 6 de setembro, e ligou para Ma de Délhi. Indira lhe pediu para estar em Bombaim no prazo de cinco dias e disse que também pedira à outra filha, Menaka, para vir. Ayesha atrasou sua partida em um dia. Na manhã em que tomaria o avião, Menaka telefonou para dizer que as condições de Indira haviam piorado de repente. Enquanto aguardava a partida, ela observava os ponteiros do relógio se movendo vagarosamente e desejava que andassem mais depressa. Um pouco antes de se dirigir ao aeroporto, ficou sabendo que Ma havia morrido.

Ela e Menaka receberam os visitantes que vieram oferecer condolências, tentando não imaginar "o salão com Ma dentro dele, centro de uma torrente contínua de convidados, enchendo o palácio com sua simpatia e seu humor naturais. Mesmo quando estava doente, seu envolvimento com a vida fora tão intenso que era impossível assimilar o fato de que estava morta".[6] Elas puseram seus assuntos em ordem e separaram suas coisas; a pequena caixa de ouro onde colocava o *paan* ainda estava sobre a mesa francesa, ao lado de sua cadeira favorita; as flores que arrumara murchavam agora nos vasos; e seu retrato feito por Lazlo parecia fitá-las sonhadoramente. "Aquela era Ma no momento em que o mundo todo parecia ser seu domínio e em que todos os homens eram apaixonados por ela. A qualquer momento, poderia dar seu famoso sorriso e fazer uma de suas observações inesperadas, escandalosa ou de infinita bondade. Ela não podia estar morta."[7]

Indira já havia doado a maioria de seus bens; uma parte de sua filosofia era "Não acumule": desfrute as coisas por um tempo, ela dizia a Devika, e depois deixe outra pessoa aproveitar. Todavia, quando seu neto Habi pediu para ficar com alguns de seus retratos, ela recusou com jovialidade: "Querido, as meninas [Ayesha e Menaka] têm palácios, eles vão ficar melhor em um deles",[8] explicou ela. "Você vai morar em algum cubículo, não vai ter espaço para eles, e quem iria vê-los?" Seu verdadeiro legado, outro neto me disse, "foi o espantoso dom de não se importar com nada";[9] foi também a habilidade de fazer todo aquele com quem entrava em contato se sentir especial, de levar alegria para os que amava, e de compartilhar com eles a curiosidade apaixonada e a animação que sentia pela vida.

Em 1969, Ayesha se internou em um hospital para ser operada. Enquanto se recuperava, na primavera de 1970, ela recebeu notícias de Calcutá de que a condição de Bhaiya estava se deteriorando. Ela ainda estava muito doente para ir até lá vê-lo, mas eles combinaram de se encontrar na Inglaterra no mês seguinte. No entanto, Bhaiya não melhorou. Antes de morrer, ele chorou porque não havia transmitido seu conhecimento sobre elefantes para ninguém.

Bhaiya e Gina não tiveram filhos (mesmo que houvessem tido um, comentou Ayesha, ele não seria reconhecido como marajá pelo povo de Cooch Behar. "Os antigos costumes demoram a desaparecer na Índia, em especial nos principados"),[10] de forma que o filho de Indrajit, Viraj, foi nomeado o próximo marajá pelo sacerdote do palácio — um pouco antes de todos os antigos títulos serem abolidos para sempre.

O pior golpe ainda estava por vir. No verão de 1970, como de hábito, Jai e Ayesha estavam na Inglaterra. Embora tivesse sofrido uma queda havia alguns meses e não tivesse mais jogado polo, em um dia chuvoso, no final de junho, Jai decidiu jogar uma partida em Cirencester. No intervalo, Ayesha estava sentada em seu carro conversando com Bubbles, assistindo ao movimento dos cavalos, jogadores e cavalariços do outro lado do campo. De repente, viu um grupo de pessoas em torno de uma figura deitada no chão; era Jai. Ela saiu do carro e correu até ele. "Lembro-me, em algum lugar de mim, de observar que alguém chutou seu capacete para fora do caminho e aquilo me enfureceu muito e de forma irracional."[11]

Quando colocaram Jai na ambulância, ele estava inconsciente, mas quando chegaram ao hospital já tinha morrido. Ayesha não podia crer na sua perda; nas semanas seguintes, tudo pareceu irreal, como em um sonho. "Só quando chegamos a Jaipur, a cidade que guardava tanto de nossa vida em comum, me dei realmente conta de que Jai se fora para sempre."[12] Nos seus aposentos de Rajmahal, Ayesha ouviu o som abafado dos tambores e os 19 tiros disparados na tradicional salva, quando o cortejo fúnebre deixou o Palácio da Cidade. Na noite anterior, seus quatro filhos, vestidos de branco, fizeram vigília ao lado do corpo, enquanto o povo de Jaipur vinha lhe prestar as últimas homenagens. "A cidade inteira veio homenageá-lo durante toda a noite, em um fluxo interminável de homens, mulheres e crianças, cheios de pesar."[13]

O caminho até o cenotáfio de Gaitor era de 1,5 quilômetro. O corpo de Jai, a cabeça erguida de forma que todos pudessem ver seu rosto quando passava, foi conduzido através de Jaipur em um carreto de caminhão e acompanhado por homens portando tochas acesas, seiscentos oficiais, uma dezena de antigos príncipes, pelo ministro-chefe do Rajastão e os membros de seu gabinete, bandas da polícia (os instrumentos ostentando tarjas pretas), camelos, cavalos e elefantes ricamente ajaezados. O *mahout* chefe conduzia a procissão, carregando o bastão de ouro dado à família Jaipur pelos imperadores mogóis. Os quatro filhos caminhavam atrás do corpo do pai, seguidos pela nobreza de Jaipur e os ministros do Rajastão. "Mas aquele dia não tinha realmente nada a ver com o Rajastão"[14] e tudo a ver com o antigo Jaipur. Meio milhão de pessoas lotaram as ruas, muitos pendurados em postes de telégrafo ou trepados em árvores para ter um último vislumbre do corpo de seu amado ex-marajá. No local da cremação, Bubbles acendeu a pira funerária, como fizera pela mãe 26 anos antes. Em Londres, um mês depois, após *Song of India*, de Rimsky-Korsakov, ter sido executada, lorde Mountbatten leu um tributo emocionado a Jai durante seu serviço fúnebre na Guards Chapel. Ele concluiu com o grito triunfante "Maharaja Man Singh ki Jai" (vitória a Man Singh, o grande rei), que havia ressoado em Jaipur por mais de cinquenta anos.

Embora o funeral e o serviço fossem públicos e oficiais, a dor de Ayesha era pessoal. Ela perdera o homem que tinha adorado desde os 12 anos, e que, apesar das infidelidades, "provou no final que a amou da mesma forma, se não mais",[15] de acordo com sua velha amiga, Sher Ali Pataudi. "Ela devia ter algo em si para ter inspirado aquela afeição tão profunda nele, que era tão estranha naquele tipo de pessoa."

A morte de Jai pusera fim àquela "parceria maravilhosa", nas palavras de Mountbatten, e Ayesha não sabia como iria sobreviver sem ele. "Não há palavras com as quais eu possa agradecer adequadamente o emocionante e maravilhoso tributo que o senhor prestou a Jai",[16] escreveu ela a Mountbatten. "Agora, ao menos, eu sinto que posso continuar e sei o que devo fazer, mesmo que a razão e o centro de minha vida tenham ido. Obrigada por tudo que disse; vou tentar ser digna da memória de Jai (...). Por favor, cuide-se bem", concluiu ela. "O senhor tem agora uma nova responsabilidade — a viúva de Jai e sua família. Viva bastante para nos ajudar e guiar."

As homenagens a Jai não paravam. O príncipe Philip falou sobre a grande felicidade que sua amizade havia sido para ele:

Nas coisas que fizemos juntos, como jogar polo, caçar ou ficar sentados conversando sob o luar de Jaipur, (...) Jai possuía uma qualidade serena, uma espécie de calma alegre, o que (...) era uma característica muito prazerosa e agradável. Ele combinava a isso uma qualidade muito rara nos homens, era extremamente civilizado. Generoso e modesto, com um instinto infalível para seguir os padrões mais altos das ambições e da conduta humana.[17]

O homem que havia tomado conta dos cães do marajá por quarenta anos descreveu a felicidade que sentia ao assistir a Jai andando pelo jardim: "Eu ficava muito triste quando ele ia para a Inglaterra. Ficávamos todos radiantes com a notícia de que estava voltando. Eu ficava procurando o avião (...). Eu era o homem mais feliz do mundo quando *sahib* marajá retornava. Ele sempre gostou de mim. Sempre vou me lembrar dele."[18] Após um relato entusiástico de sua habilidade no jogo de polo, que atraíra "um número incalculável" de fãs ardorosos, um jardineiro muçulmano elogiou o tratamento que Jai dera aos muçulmanos de Jaipur:

Ele também amava muito seu povo. Considerava um dever ajudar pessoas em dificuldades. Não fazia diferença entre hindus e muçulmanos. Quando algum de nós queria deixar Jaipur durante os motins populares [em 1947], ele nos parava e dizia: "Nenhum muçulmano deve deixar Jaipur e partir. São todos como os pelos do meu peito." Os muçulmanos de Jaipur jamais esquecerão isto.[19]

O ministro-chefe do Rajastão foi talvez o único a suspirar de alívio: "o tigre se fora".[20]

Devastada por sua perda e com a notícia de mais mortes na família — a filha de Jai, Mickey; o primo de Ayesha, Gautam; o irmão mais velho de Jai, Bahadur Singh — somente fazendo aumentar seu sentimento de desânimo e isolamento, Ayesha se refugiou em Rajmahal. Ela estava pensando em se retirar totalmente da vida pública e política quando recebeu duas cartas, uma da avó do marajá de Jodhpur e outra da *rajmata* de Bikaner, instando-a a deixar a dor de lado e concorrer ao parlamento mais uma vez. A eleição de 1971, convocada mais cedo por Indira Gandhi a fim de consolidar seu poder, foi "um referendo sobre a própria primeira-ministra".[21] Os partidos de oposição se uniram em uma campanha sob o lema de "Afastem Indira". Ayesha era vista como alguém que poderia se opor à sua influência ameaçadora.

Ainda de luto, Ayesha fez campanha por todo o Rajastão em janeiro e fevereiro de 1971. Daquela vez, a atividade não a ajudou a esquecer os problemas. Ela escreveu a Pat pedindo que voltasse a Jaipur e a auxiliasse na campanha. "Quanto a mim, a vida é muito triste e me sinto muito, muito sozinha, exceto quando os garotos estão aqui, então acho que algo dele está comigo."[22]

Ayesha ficou pasma no dia da eleição ao descobrir que os nomes de milhares de seus seguidores haviam sido retirados dos registros eleitorais. Um fiscal lhe mostrou uma lista na qual os nomes dos eleitores foram simplesmente riscados; ele sugeriu "que deve ter sido a caneta que escorregou",[23] mas nenhum esforço foi feito para retificar a situação. Todos os nomes *rajputs* tinham sido suprimidos das listas; nenhum funcionário de Rajmahal, Rambagh ou do Palácio da Cidade recebera permissão para votar.

Táticas como essa, juntamente com a poderosa cruzada de Indira e seu lema — "Acabemos com a pobreza" —, deram a vitória à primeira-ministra. Cento e cinquenta milhões de pessoas votaram, e ela voltou ao poder com maioria de dois terços no Lok Sabha. Foi um momento triunfante para Indira Gandhi, pois ela, "a mulher — em vez do Congresso, o partido — foi a vitoriosa".[24] Ayesha obteve sua cadeira, mas o partido Swatantra perdeu 27 de seus 34 assentos anteriores.

Dessa posição inatacável, Indira Gandhi poderia legislar como quisesse. Tendo já nacionalizado os bancos em 1969, ela tratou de fazer o mesmo com as empresas de seguros e a indústria do carvão. Enfraqueceu de propósito o Judiciário que ousara desafiá-la na questão do não reconhecimento dos príncipes no ano anterior, e instituiu o Ato de Manutenção da Segurança Interna, que permitia ao governo deter e prender pessoas sem julgamento por até um ano. Algumas dessas reformas eram ostensivamente inconstitucionais, antidemocráticas e antiliberais, mas em nome do "interesse do povo", Indira podia fazer qualquer coisa.

A lei que retirava o reconhecimento dos príncipes e abolia seus direitos constitucionais também foi aprovada. "Podemos estar privando-os do luxo", disse Indira Gandhi, que não costumava ela própria se furtar à suntuosidade, "mas estamos lhes dando a oportunidade de serem homens."[25] O que os príncipes viam como sua contribuição patriótica à criação da nação indiana independente foi desconsiderado por fim. Agora eles eram nada mais que cidadãos comuns de um país pelo qual sentiam que haviam sacrificado tudo e recebido em troca ingratidão e traição. "Vinte anos antes, neste mesmo lugar, nós fomos chamados de cofundadores da Índia independente",[26] disse Fatesinhrao, marajá de Baroda, bisneto de Sayajirao. "Hoje, somos tachados de anacronismo e, mais tarde, ficaremos conhecidos como obstáculos reacionários à fundação da sociedade igualitária."

Na primavera de 1971, as tensões entre o Paquistão Oriental e o Ocidental alcançaram um ponto de crise. Embora o primeiro tivesse uma população maior e economia mais forte que o outro, desde a Independência o Paquistão Ocidental vinha dominando o governo e usando as receitas do Oriental para criar hospitais, estradas e escolas no Ocidental. Depois, declarou que o urdu seria a língua nacional do país, embora fosse muito pouco falada no leste bengalês. Quando um movimento de desobediência civil foi lançado no Paquistão Oriental, no inverno de 1971, o exército paquistanês foi enviado para esmagar o levante, matando, pilhando e estuprando de forma brutal milhões de bengaleses. O país mudou o nome para Bangladesh e se declarou independente, obtendo apoio incondicional de Indira Gandhi no parlamento indiano. No final do ano, 10 milhões de refugiados desesperados tinham cruzado a fronteira da Índia.

Em dezembro, o exército paquistanês bombardeou nove bases aéreas indianas no norte e oeste do país. A Índia, que se abstivera de intervir nas questões entre Bangladesh e Paquistão por mais de seis meses, via-se agora envolvida no conflito. Indira declarou guerra oficialmente e anunciou o reconhecimento da Índia ao estado de Bangladesh. O exército paquistanês, exausto e mal-equipado, resistiu por apenas 14 dias antes de se render.

Esse foi o auge do poder de Indira Gandhi. A "vitória embriagante"[27] sobre o Paquistão e seu populismo radical conquistaram até seus críticos. "Ela era a líder incontestável do país; o cinismo dos intelectuais dera lugar à admiração; as massas a idolatravam ainda mais", escreveu o jornalista Kuldip Nayar. "Ela era saudada como o maior líder que a Índia já tivera."[28] Em uma pesquisa Gallup conduzida em 1971, a primeira-ministra foi eleita a pessoa mais admirada do mundo.

A Índia, entretanto, desiludiu-se logo com seu regime. Aos custos da guerra e do apoio aos refugiados se somaram os da escassez de alimentos em 1972, quando não houve monções. Ao longo dos próximos anos, o preço do petróleo e dos alimentos disparou, greves paralisaram o país e a agitação fermentava. A corrupção era inevitável; tornara-se algo institucionalizado. Indira, identificando sua impopularidade com a campanha "Peguem Indira", conduzida pela união dos partidos de oposição, reagiu com medidas cada vez mais repressivas e montou uma campanha de retaliação.

Em 11 de fevereiro de 1975, Ayesha fazia seus exercícios matinais de ioga no terraço de Moti Doongri, um pequeno e belo forte, acima da cidade de Jaipur, no qual vivia desde a morte de Jai, e depois se sentou à mesa para tomar café, aproveitando o ar fresco da manhã. Cinco anos após a morte do marido, estava começando a se sentir ela mesma e a ter mais uma vez esperança no futuro. Enquanto comia, a empregada veio dizer que havia visitas.

"Somos fiscais do Imposto de Renda",[29] anunciaram eles. "Viemos revistar o local." Ela disse que ficassem à vontade, mas que teria de sair logo para atender seus compromissos. Eles replicaram que ninguém tinha permissão para deixar o local. Enquanto revistavam a casa, Pat telefonou e contou a Ayesha que Rajmahal, que era agora residência de Bubbles, o Rambagh Palace Hotel, o Palácio e museu da Cidade, as casas de Pat e Joey em Jaipur, e a casa funcional de Ayesha como parlamentar, em Délhi, haviam todas sofrido batidas. As inspeções, ali e em Gwalior, outro ex-estado principesco cuja *rajmata* também se opunha ao Congresso, se estenderam por meses. Pisos inteiros de mármore de carrara foram arrancados, placa por placa, e amontoados ao acaso em pilhas. Moedas de ouro e joias fabulosas — todas declaradas — maravilharam fiscais incrédulos. Eles levaram nove anos para decidir que nenhuma parte do ouro que encontraram em Gwalior fora "contrabandeado".[30]

Pousado sobre o velho palácio de Amber, o forte Jaigarh, onde o tesouro de Jaipur ficara guardado por guerreiros da tribo *meena* por gerações, também estava na mira. Desde os primeiros anos da dinastia Jaipur, cada marajá só tinha permissão de entrar em Jaigarh uma vez na vida, logo depois da ascensão. Ele era guiado pelos guardas, com uma venda nos olhos, através do labirinto de túneis e corredores e recebia permissão para escolher uma coisa apenas para levar consigo. Esse costume reforçava a crença milenar de que o marajá era apenas o guardião dos tesouros do Estado. Muitos anos antes, o antecessor de Jai levara de Jaigarh um papagaio de ouro maciço, de 30 centímetros de altura, com o peito cravejado de diamantes, rubis nos olhos e uma esmeralda pendendo do bico, que ficava em cima da lareira, no salão de visitas de Rambagh. Quando os fiscais de renda chegaram ao forte em 1975, os guardas disseram que eles só entrariam passando por cima de seus cadáveres, embora tenham sido persuadidos no final a lhes permitir o acesso.

Outro alvo das vistorias, o herdeiro do marajá de Alwar, recusou-se a permitir que os fiscais tivessem acesso a sua casa, a antiga residência temporária de caça do avô, onde ele e a mulher viviam cercados por uma fauna que adoravam, composta de elefantes, tigres e leopardos, além de cães e cavalos. Quando os inspetores chegaram, ele soltou os animais e trancou as portas. O gás e a água da casa foram cortados, e os fiscais ficaram esperando ele se entregar. O príncipe resistiu uma semana e depois, desesperado pelos gritos de seus adorados animais, foi até o santuário da família com seu ajudante de campo, um grande amigo. Tiros foram ouvidos. Quando os criados correram para lá, encontraram os dois mortos, cada um com um buraco de bala na cabeça.[31] A rendição jamais lhes passara pelo espírito; o *yuvraj* era um romântico típico, que buscou a solução *rajput* para a insolúvel dificuldade em que se viu.

Em 12 de junho de 1975, a eleição de Indira Gandhi, de 1971, para o parlamento foi anulada pela Suprema Corte de Allahabad, em virtude de práticas eleitorais ilegítimas. Sua eleição como membro do parlamento por Rae Bareilly, em Uttar Pradesh, foi invalidada e ela proibida de exercer cargos eleitorais por seis anos. Indira apelou, e seu advogado requereu uma suspensão incondicional do veredicto em Allahabad, mas tudo que ela conseguiu foi o direito de permanecer no cargo sem eleição parlamentar.

Seus inimigos estavam determinados a forçá-la a renunciar, mas suas ameaças de começarem a agir lhe deram o pretexto que precisava para suspender a normalidade governamental. Em 25 de junho, ela declarou estado de emergência, assumindo o controle absoluto do governo. Cortes de energia nas redações dos jornais calaram as críticas da imprensa, enquanto líderes da oposição eram detidos e presos sem acusação em batidas noturnas. Indira Gandhi admitiu mais tarde que pessoas foram detidas "sem nenhum motivo, só por causa de inimizades pessoais".[32] "Nenhuma crise a não ser a da sua própria sobrevivência política necessitava da decretação do estado de emergência",[33] escreveu um de seus primeiros biógrafos. A tia de Indira Gandhi, Nan Pandit, não fazia segredo de sua oposição ao novo regime da sobrinha, dizendo: "A essência da democracia é o direito à dissensão."[34]

Em fins de julho, Ayesha foi a Délhi para assistir à Sessão de Monção do parlamento. A bancada da oposição estava praticamente vazia; os membros do Congresso, do outro lado do plenário, pareceram surpresos ao vê-la. Naquela tarde, de volta à casa, Ayesha foi presa. Seu crime — do qual nunca foi acusada formalmente — foi o de posse de moeda estrangeira quando da batida a Moti Doongri: 19 libras esterlinas, 10 francos suíços e algumas moedas estrangeiras que haviam sido encontradas em sua penteadeira, durante os meses de revista. Aquilo excedia o limite permitido, e foi a única violação da lei que os fiscais conseguiram encontrar, embora sua falta de cooperação (ela se recusara a permitir que eles comessem o almoço em seu jardim) tenha sido um elemento não oficial que enfureceu todos eles. Ela recebeu permissão de fazer uma mala pequena, mas não de telefonar para o advogado. Quando Bubbles, que estava com Ayesha, protestou junto aos policiais, também foi preso.

Como as cadeias estavam cheias, "apinhadas feito hotéis em tempo de férias",[35] Ayesha e Bubbles foram levados para a famosa prisão de Tihar, nos arredores de Délhi. "Enquanto estávamos passando pelos portões, fiquei surpresa em ver um jardim grande, cheio de árvores. Eu disse então ao inspetor: 'Isso não é tão ruim', ao que ele retorquiu: 'Mas existem muros em volta.'"[36]

Ayesha foi colocada em uma sala de um prédio usado pelos médicos visitantes para examinar os doentes. Ao longo de uma parede corria um esgoto a céu aberto. Nos primeiros dias, ela teve a companhia de outra prisioneira política, Srilata Swaminathan, mas depois ficou sozinha. Alguma movimentação, entretanto, era permitida dentro da prisão. Ayesha solicitou e recebeu permissão para caminhar todas as noites no pátio, com Bubbles. Dois meninos pequenos chamados Ismael e Islam traziam rosas para ela e a mãe, também prisioneira, Laila Begum, ofereceu-se para limpar sua cela, que não possuía água corrente nem pia, de forma que Bubbles tinha que mandar água quente da sua para ela se lavar. Os jornais eram entregues, mas censurados; havia também uma biblioteca razoável. Embora ela e o enteado tenham conseguido ver seus advogados cerca de uma semana depois, por detrás de grades, não havia muito que fazer por eles em vista do estado de emergência. A situação de Ayesha atraiu muita simpatia, na Índia e no mundo. Amigos em altas posições, como Mountbatten, que haviam sido um apoio tão grande desde a morte de Jai, tentaram intervir. Pat teve de pedir às pessoas em Jaipur que não fizessem manifestações em público, a fim de não piorar a situação dela e de Bubbles.

Os dias passavam. Da Inglaterra, Jagat enviou à mãe uma tela para bordar. Ela recebia cartas de amigos e partidários do mundo todo. Solicitou livros didáticos e uma lousa para dar aulas às muitas crianças que estavam na prisão com as mães, e também lhes ensinou a jogar críquete e futebol. "Era maravilhoso ver a animação que trazia para a vida deles e ouvir suas gargalhadas; não havia nada que aquelas crianças não fizessem por ela."[37] Ayesha jogava *badminton* com os prisioneiros mais jovens, na maioria batedores de carteira e prostitutas. Alguns, no entanto, tinham histórias mais violentas — a "rainha" de Tihar tinha 24 processos contra ela, quatro deles por assassinato. À noite, as mulheres cantavam canções de protesto e desafio. Duas vezes por semana, Joey fazia visitas, trazendo notícias do mundo exterior e da campanha por sua libertação. Ela se sentia muito infeliz na prisão, diz a sobrinha Devika, mas era muito corajosa, sempre brincando com suas visitas e amenizando as más condições em que se encontrava.

Mais ou menos um mês após a chegada de Ayesha a Tihar, outra *rajmata* apareceu por lá, a ex-marani de Gwalior, nora do homem que Indira rejeitara em favor de Jit Cooch Behar. Ela, como Ayesha, era uma importante opositora do governo, mais tarde fundadora do BJP, ou Bharatiya Janata Party, um partido de direita, ardorosamente nacionalista hindu. Primeiro, os inspetores lhe perguntaram se dividiria a cela com Vijayaraje, mas ela protestou que seus interesses iriam se chocar; a *rajmata* meditava duas horas por dia, enquanto Ayesha acordava cedo para fazer ioga, gostava de ouvir seu toca-fitas e lia até tarde da noite. Então, ela os ajudou a preparar outra cela para Vijayaraje. "Nós nos inclinamos uma para a outra e juntamos as mãos diante da testa, como faríamos em um acontecimento social",[38] lembra-se a *rajmata*, "mas as palavras que ela me dirigiu foram de muita preocupação: 'Como você veio parar aqui? Este lugar é horrível!'"

A cela dada a Vijaya era muito úmida, já que era a estação das monções, e ela terminou dormindo na varanda da de Ayesha. Todas as noites, esta ouvia baixinho as notícias da BBC no pequeno rádio que Joey havia introduzido às escondidas em Tihar para ela. "Quando eu desligava, a *rajmata* perguntava se havia alguma coisa sobre a Índia. Nunca havia."[39] Como ela e Vijaya ainda eram, teoricamente, membros do parlamento, receberam convites para uma recepção organizada para uma delegação britânica ao país e, rindo, perguntaram-se se teriam permissão para comparecer.

Bubbles foi solto da prisão dois meses e meio depois, mas justamente quando o caso de Ayesha estava para ser julgado, o *habeas corpus* foi revogado no país. "As portas da justiça foram fechadas",[40] e ela começou a perder a esperança. Em setembro, Ayesha descobriu um caroço no seio e se convenceu de que iria morrer ali. "Só meu cadáver sairá daqui",[41] costumava dizer, e Vijaya, fingindo ter poderes de premonição, dizia-lhe a data em que seria libertada. "Mas quando passava o dia, ela sempre comentava que minha profecia não se realizara. Sem graça, eu confessava que errara nos cálculos e lhe dava outra data."

À medida que os meses passavam, a festa de outono do Dussera foi comemorada em Tihar, e, do lado de fora, as lanternas foram acesas para o Divali, no começo do inverno. Em novembro, os advogados de Ayesha entraram com uma petição na Suprema Corte, em Délhi, argumentando que sua detenção era política e advertindo que ela precisava de cuidados médicos; a contradeclaração do governo dizia que as violações legais cometidas por Ayesha eram tão perigosas que não podiam se tornar públicas. Ela passou o Natal comendo um pote de caviar enviado por um amigo inglês e ouvindo Cole Porter no seu toca-fitas portátil.

Antes do ano-novo, foi internada em um hospital; além do receio de câncer de mama, precisava ser operada para retirar pedras na vesícula. Ayesha se recusou a ser operada enquanto estivesse na prisão, e, em 11 de janeiro, Joey e Menaka levaram-na para casa. Ela permanecera em Tihar por 156 noites, o maior período de tempo que já passara de forma consecutiva em um mesmo lugar em sua vida. Apesar do desconforto que sofrera, ela vê aquele tempo com equanimidade e bom humor. "Eu teria ficado muito ofendida se ela não tivesse me considerado suficientemente importante para pôr na cadeia."[42] A única coisa que guardou desse tempo foi o pote de caviar que recebeu, que fica agora em seu banheiro.

Em casa, em Délhi, Joey levou Ayesha até o jardim para avisá-la de que as linhas de telefone estavam grampeadas. Ao chegarem em Jaipur, ela foi proibida de usar transportes públicos para que as pessoas não fizessem manifestações ao vê-la. Todavia, seiscentas delas esperavam em frente à sua casa para aplaudir seu retorno. Embora tivesse sido solta da prisão, ainda estava em liberdade condicional e tinha de informar as autoridades todos os seus movimentos. Essa restrição era quase insuportável e frustrante, contou ela a Mountbatten dois anos depois. "É um desperdício tão grande estar viva e não poder fazer nada por Jaipur e pela Índia."[43] Pior ainda, ela não via Jagat havia dois anos e meio.

Suas memórias, *A Princess Remembers*, saíram em 1976. "Querida Ayesha, pensamos tanto em você, e eu realmente admiro sua coragem, força e excelente exemplo de boa conduta",[44] escreveu Mountbatten a ela. "Eu gostaria de que seu livro não estivesse sendo publicado. Nunca gostei muito de biografias e esta não vai ajudar muito agora. Na verdade, haverá muito mais o que dizer em uma biografia daqui a algum tempo, que incluiria tudo que aconteceu a você durante os últimos dois anos." "Não conseguimos impedir que o livro fosse publicado",[45] replicou Ayesha. "Ele traz tantos erros!"

Como estava em liberdade condicional, Ayesha não pôde fazer campanha contra Indira Gandhi nas eleições de 1976. Na noite do pleito, o telefone tocou em sua casa. Disseram-lhe que havia alguém querendo falar com ela, mas que não desejava se identificar. Quando pegou o aparelho, uma voz de mulher disse: "'Parabéns. Indira Gandhi perdeu o cargo'. Era a telefonista. Joguei o fone para cima, peguei de novo e disse: 'Tem certeza?'"[46] Sabendo que a notícia não seria anunciada oficialmente até o último momento, ela ligara para dar a boa-nova a Ayesha, que correu para a central de apuração de votos de Jaipur, onde a contagem estava sendo processada, e ouviu uma multidão jubilosa gritar: "Nós nos vingamos pelo que ela fez a você."[47]

Pouco tempo depois, Ayesha estava saindo de uma festa no Alto Comissariado Britânico em Délhi, quando o carro de Indira Gandhi parou a seu lado. Ela baixou o vidro, e as duas mulheres se cumprimentaram em silêncio, juntando as mãos diante da cabeça, na saudação indiana tradicional.

Embora não tenha se candidatado, Ayesha fez campanha para os candidatos da oposição à Assembleia Legislativa do Rajastão, em 1977. Naquele ano, foi nomeada diretora da Agência para o Desenvolvimento do Turismo no estado. Ela fez campanha novamente nas eleições de 1984, após o assassinato de Indira Gandhi, mas desde então se retirou da vida política ativa.

Quando Sanjay Gandhi morreu em 1980, Ayesha telefonou a Indira para oferecer suas condolências; a ligação não foi atendida. As duas mulheres, nascidas com diferença de dois anos, ambas herdeiras de grandes famílias políticas indianas, ambas veneradas por milhares de pessoas, mas que se detestavam, estavam destinadas a tristezas semelhantes. Educadas de modo igual, moveram-se em círculos sociais parecidos, buscando significado e validade na vida política. Orgulhosas, passionais e exigentes, ambas ganharam admiradores e fizeram inimigos. Ambas travaram suas batalhas pessoais em público. Ambas veriam seus adorados e difíceis filhos morrerem. Mas no fim de tudo, Ayesha foi capaz de estender a mão do perdão, mas Indira Gandhi não aceitou.[48]

Conclusão

Antes de ser presa, Ayesha se encontrava no processo de mudar de casa, de Moti Doongri para Lily Pool, que ficava no terreno do palácio de Rambagh. No final da década de 1930, Jai mandara construir um pavilhão moderno em um jardim muito verde e cheio de sombra, próximo às quadras de tênis, que era usado para receber hóspedes informalmente. Chamado de Lily Pool por causa de uma casa que Jai vira em um artigo de revista, tornou-se um local favorito para jantares ao ar livre no verão, festas após partidas de tênis ou para churrascos, no inverno. Em 1968, Jai resolveu converter Lily Pool em uma casa para Ayesha. Simples, espaçosa e elegante, encontra-se cheia de fotografias de família em molduras de prata, de quadros e dos delicados *objets* de jade e quartzo rosa que ele distribuíra pelos aposentos que ela usava como sua esposa no palácio, a apenas alguns metros de distância. "Eu gosto daqui porque é tão aberto — claro e arejado — é como morar ao ar livre",[1] diz Ayesha. "Eu detesto portas fechadas e não me importo que as andorinhas sujem as cúpulas dos meus abajures, nem que os esquilos roam a fímbria das minhas cortinas."
Quando a bandeira está hasteada em frente a Lily Pool,

(...) as pessoas sabem que estou em Jaipur e aparecem para me pedir ajuda. Quando é uma escola, um poço, posto de saúde ou qualquer coisa de mérito, eu procuro escrever à autoridade competente. Se os pobres pedem auxílio financeiro para casamentos, tratamento médico e até para habitação, fornecemos ajuda por meio do Fundo de Beneficência Sawai Jai Singh. Às vezes, me pedem terra, dinheiro para despesas com eleição, publicação de livros, passagens de trem e todo tipo de coisa. Eu peço à minha secretária que as direcione ao governador ou ao ministro-chefe do Rajastão.[2]

Há sempre crianças em torno da casa, jogando tênis ou críquete. Ayesha continua com a tradição real de manter a casa aberta; nunca está ocupada demais para o povo de Jaipur ou Cooch Behar. Ela conseguiu transpor os conceitos tradicionais de responsabilidade régia, de acordo com os quais foi educada, para a era moderna, criando uma função para si, a de modelo de uma realeza progressista. Ela é incansável em seus trabalhos de caridade, totalmente dedicada às causas e pessoas que apoia e uma atração turística glamourosa.

Ayesha mantém o interesse pelas instituições que criou, como a escola MGD, cuja diretoria ainda preside. Em 2003, foi comemorado seu Jubileu de Diamante; a esposa de Joey, seu enteado, Vidya (filha do adorado ajudante de campo de Indira e Bahiya, Kajumama) continua o trabalho de Ayesha lá. A marani também fundou uma escola rural fora de Jaipur, chamada Lalitya Bal Niketan, em homenagem à sua neta. Essas escolas são instituições muito necessárias: no censo de 1991, os índices de alfabetização na Índia eram de 63,86% entre os homens e 39,42 para as mulheres, com percentuais bem mais baixos nas áreas rurais. Elas são o trabalho de que tem mais orgulho e em que deposita mais esperanças. "A educação não é necessária apenas para se ganhar o sustento (...). Esses alunos também aprenderam a viver em um mundo onde dignidade, entendimento e sensibilidade pelos outros conta. Este tipo de educação, espero, será a chave para um futuro melhor."[3]

Ayesha ainda é intensamente comprometida com o bem-estar das crianças, da mesma forma que o era na infância, a *pagli rajkumari* de Cooch Behar, procurando sempre melhorar as condições de vida dos criados do palácio e dos *mahouts*. Em abril de 2003, horrorizada com a devastação causada pelos bombardeios americanos no Iraque, ela se comprometeu a pagar o tratamento de Ali, um garoto de 12 anos que perdeu os dois braços e ficou severamente queimado durante um ataque aéreo.

Sua outra paixão de infância, os animais, permanece com ela também. A menina que matou a primeira pantera aos 12 anos cresceu e se tornou uma ardorosa preservacionista, fazendo campanhas para proteger seus amados elefantes e o hábitat natural que a vida selvagem indiana precisa com urgência para sobreviver. Ela se desespera com a deterioração de Jaipur e visita com frequência Cooch Behar, lamentando seu declínio e pobreza desde a Independência. Detesta ver a cidade que parecia imaculada inchando e se tornando indigente; e o palácio onde no passado ecoavam as risadas de sua família, vazio. "Às vezes ainda cantarolo a melodia de uma canção que descrevia a prosperidade e suave beleza de Cooch Behar, como a morada dos deuses nos contrafortes do Himalaia."[4]

Em sua vida pessoal, continua com o haras que ela e Jai começaram, criando cavalos para polo e, agora, cavalos de corrida; ela visita a propriedade diariamente quando está em Jaipur. Ayesha sente grande prazer em apresentar a Copa Cooch Behar no clube de polo Cowdray, em Sussex. Ela costuma passar cinco ou seis meses por ano na Inglaterra, assistindo a jogos de polo e tênis, vendo velhos amigos lá e na Europa. No início, ela achava a vida no exterior mais fácil que em Jaipur — livre da lembrança devastadora de Jai e da política da vida indiana. "A vida aqui é agradável e descomplicada. Sem maledicência como na Índia!",[5] escreveu de Londres, em 1982. No entanto, dois anos depois, ela estava, disse, "louca para voltar à Índia, apesar de toda a intriga e atmosfera ruim".[6]

A vida familiar de Ayesha tem sido uma fonte de tensão e sofrimento nos últimos anos. A antiga família real de Jaipur se encontra profundamente dividida. Em 2003, Bubbles declarou o filho de sua única filha herdeiro, enquanto Joey e Pat acham que ele deveria ter escolhido um dos filhos deles, a fim de que a linhagem masculina continuasse. O testamento de Jai foi desrespeitado, e uma batalha legal complexa e agitada se arrasta. Ayesha é aliada ferrenha de Joey e Pat, e mal fala com Bubbles — que quando jovem adorava a mulher que chamava de "mãe". Há também disputas a respeito da herança de seus netos. Nada é simples nessa família; apesar de todo o seu charme, ela é capaz de ser intransigente e vingativa como qualquer outra. Como a mãe e as avós,

Ayesha possui uma força de caráter formidável e sua susceptibilidade a títulos pode torná-la difícil de se lidar.

Em maio de 1978, Jagat se casou com Priya, filha do príncipe Piya e da princesa Vibhavati da Tailândia. A rainha compareceu à recepção em Londres. O casamento terminou logo, e "o problema das crianças"[7] foi um peso para Jagat ao longo da década de 1990. Ele morreu em 1997, enfraquecido por anos de alcoolismo. Em seu elogio fúnebre, o amigo, o escritor Mark Shand, descreveu-o como um *bon viveur* irreverente e otimista, "o deslumbrante príncipe de longas madeixas e olhos faiscantes, usando joias e *jeans*, turbantes e camisetas",[8] para quem nada era trabalhoso se fosse para um amigo e cujo sorriso contagiante encantara tantos.

A morte de Jagat fez com que Ayesha entrasse em depressão profunda:

> Foi uma perda terrível quando meu querido e adorado filho Jagat faleceu. É algo que não consigo superar. E muitas vezes me pergunto se, se eu tivesse tomado conta dele com mais afinco, ele ainda poderia estar conosco hoje. Ele era uma pessoa tão bonita, charmosa e inteligente, e muito popular; chegava a ser generoso demais (...). Jamais vou esquecer tê-lo visto em sua cama de hospital, sem respirar mais, e saber que se fora. Não consigo descrever a dor daquele momento, e a todo instante ela retorna, e me sinto culpada, perguntando-me o que é a vida e a morte.[9]

A morte de Jagat foi o pior golpe a atingir Ayesha após a de Jai e a deixou profundamente triste. Contudo, embora tenha perdido o marido adorado e o único filho, seus enteados, Joey e Pat, e suas famílias, proporcionam a ela alegria e consolo na velhice. Na tradição principesca da família indiana, a que ela adquiriu pelo casamento acabou significando tanto quanto a sua própria.

Apesar de todos os seus tormentos, Ayesha, nos seus 80 anos, leva uma vida cheia e movimentada. Ela ainda é considerada uma das mulheres mais atraentes do mundo, e em uma votação recente, na *Eastern Voice*, ficou em quarto lugar na eleição da mulher mais bonita do século passado. Uma jornalista da publicação americana *Woman's Wear Daily* telefonou para Lily Pool há alguns anos, quando Mark Shand estava lá de visita. "Nós gostaríamos de perguntar a *rajmata* como ela vem mantendo sua beleza todos esses anos",[10] disse. Mark repetiu a pergunta para Ayesha, que parou para pensar um instante no alto da escada. "Diga a ela que uso graxa preta para sapato nos cabelos", respondeu ela maliciosamente, "e que bebo uma garrafa de uísque por dia."

Uma vida passada diante dos olhares do público tornou Ayesha uma celebridade nacional na Índia; seu rosto é mais familiar à maioria dos indianos que o do presidente. Enquanto estava na Índia em 2002, em uma de minhas viagens de pesquisa, saiu uma edição especial do jornal *Rajasthan Plus*, homenageando grandes personalidades do Rajastão. A *rajmata* estava na capa e no centro, com uma fotografia dez vezes maior que a de qualquer outra celebridade e um parágrafo elogioso que terminava: "Sem mencioná-la, este seria um presente incompleto."

Os interesses múltiplos, a família grande e os muitos amigos preenchem seus dias; sua energia não se esgota. É extremamente divertido estar com ela: curiosa, cativante e cheia de vida. Embora seja despreocupada e descontraída, nunca perde a dignidade e graça da realeza que lhe são tão naturais quanto o ato de respirar. Uma irreverência divertida lhe assoma aos olhos toda vez que algo a diverte. É fácil fazê-la rir; como Chimnabai, tem facilidade também para se zangar e se irritar, mas para se desculpar da mesma forma.

Ela fez um discurso em uma escola fora de Jaipur recentemente. Seu hindi ainda não é fluente, de forma que precisou ler o que havia escrito em inglês e depois traduzir. Na metade, parou e olhou para as crianças sentadas, impecáveis em seus uniformes escolares, em frente a ela, impacientes. "Eu detesto fazer discursos", disse ela. "O que vocês gostam de fazer?" Assim que falou diretamente com elas, obteve sua atenção e se animou ao perceber que as havia tocado.

Certo dia, cheguei em Lily Pool e encontrei Ayesha saindo da quadra de tênis ao lado da casa. Ela estivera ensaiando algumas jogadas — embora não jogasse tênis, disse, havia vinte anos — porque fora convidada a inaugurar uma quadra municipal para as crianças de Jaipur, e estava decidida a bater a primeira bola por sobre a rede. "Eu vou ter que pedir a eles para começarem a cerimônia um pouco mais tarde", disse ela rindo, "estou muito enferrujada para conseguir fazer isso antes das onze da manhã."

Passeando de carro com ela por Jaipur — pelas muralhas que salvou; pelo Clube Feminino que fundou; pela escola MGD, hoje uma das instituições educacionais para meninas mais conceituadas da Índia; por lojas que vendem artesanato para turistas, que ela incentivou os refugiados da Partição a fazer; pelos hotéis cheios de hóspedes atraídos a Jaipur tanto pelo glamour que ela e Jai introduziram na cidade, quanto pelo cenário ou pelas lojas — é possível ver sua marca em tudo. Seu legado está em todos os lados.

Com frequência, ela lembra da juventude com nostalgia, aquele mundo perdido e mágico, que habitou.

> Uma das lembranças mais queridas da minha infância em Cooch Behar é a de voltar para casa em um elefante ao anoitecer, cansada da excitação de um dia de caça. O ar era carregado do cheiro das flores de mostarda, e a distância se ouvia o som agradável de uma flauta. Para o norte, ao longe, ainda visível à luz do poente após um dia bastante claro, erguiam-se os semicírculos brancos do Himalaia. Quando lembro desse momento, volto imediatamente à felicidade e segurança da minha infância, a uma época em que minha vida ainda não havia sido tocada pelas mudanças e pela perda das pessoas que me eram mais caras. Às vezes, ao adormecer à noite, durante o calor úmido das chuvas de monção, parece que ainda estamos todos lá, Ma e Bhaiya, Ila e Indrajit, meu marido Jai, e que Menaka e eu não somos as únicas a permanecerem vivas.[11]

Hoje, tudo que sobrou daquele mundo desaparecido são lembranças. Os palácios de mármore em que Ayesha e sua família viveram estão caindo aos pedaços ou povoados por turistas ricos; as joias que um dia adornaram os marajás, vistos pelo povo como deuses vivos, agora brilham na escuridão dos cofres de banco. Por mais de um século, as famílias dos príncipes indianos viveram em um extraordinário casulo de privilégios e magnificência, protegidas da democratização em massa que anunciou a era moderna, por sua complexa associação com o império britânico. Embora a libertação da Índia de seus vínculos coloniais fosse algo muito desejado por seus compatriotas, para os príncipes a independência foi um prêmio ambíguo, e se ajustar a ela significou rejeitar tudo aquilo que os identificava no passado. Mesmo Sayajirao e Chimnabai, Nripendra e Sunity, Indira, Ayesha e Jai, soberanos progressistas e esclarecidos e, de várias formas, modelos da monarquia moderna, ficaram assustados com a dicotomia entre seus papéis tradicionais de marajás e maranis e as exigências que lhes foram impostas por aquele mundo novo, em que se viram de repente habitando.

Histórias de maldições que cercam as famílias dos príncipes indianos: a neta de Sunity Devi, Garbo, contou-me que uma das esposas de Narendra Narayan, devastada pelo assassinato do filho pequeno nas mãos de uma rani rival, atirou suas estimadas pérolas no *ghat* localizado no centro da cidade de Cooch Behar e amaldiçoou a linhagem masculina da família. Outra lenda relata como, muitos séculos atrás,[12] um príncipe de Cooch Behar conquistou partes do principado vizinho, Assam, inclusive um templo em Guawahati, a capital, onde se conta que o *yoni*, ou vagina, da deusa Kali caiu. O templo era, então, um dos mais misteriosos e poderosos da Índia, mas o marajá da época violou seu recinto sagrado, molestando uma sacerdotisa ou simplesmente olhando para alguma delas quando não deveria. Os sacerdotes do templo amaldiçoaram sua família: qualquer membro da linhagem de Cooch Behar que voltasse ao templo estaria condenado.

Habi, neto de Indira e sobrinho de Ayesha, contou-me essa história e listou um catálogo de desastres relacionados a ela. Nenhum membro da família podia sequer olhar na direção do templo sem experimentar uma catástrofe, disse ele. O acidente de Bhaiya no polo ocorreu dois meses depois de ele visitar Guwahati, em 1966. Viraj, o último marajá, que tinha negócios na cidade, morreu depois de seis meses indo lá; seu pâncreas, já reconhecidamente frágil, parou de funcionar. O próprio Habi quebrou a perna um dia depois de ir a Guwahati e ficou seis meses de cama.

A morte de Jagat foi a última de uma longa sucessão de tragédias. Muitas mortes nessas três famílias — Baroda, Cooch Behar e Jaipur — foram prematuras, e o alcoolismo, se não a única causa, foi um fator que contribuiu significativamente em tantas delas. Eles caíam de escadas, envenenavam-se com comida, contraíam pneumonia, tinham os corações fracos: direta ou indiretamente, o álcool pôs suas vidas em perigo e, embora conscientes desta fraqueza, pareciam incapazes de lhe resistir. Eles pareciam viver sob uma nuvem de melancolia desconhecida ou de maus pressentimentos, que só a bebida conseguia aliviar. Apesar de toda alegria, bom humor e gosto por diversão, os Cooch Behar foram sempre descritos como tendo olhos tristes; e os que conheci comprovam isso. Mukul Narayan, membro da família que encontrei em Cooch Behar, em 2002, disse com pesar: "Nenhum de nós é feliz."[13] Talvez a coisa mais triste de todas para eles agora seja que, como a maldição da rani previa, não existe herdeiro do sexo masculino para dar prosseguimento à linhagem.

Não sei se acredito em maldições — ou em contos de fada — mas essas mulheres extraordinárias, tão aquinhoadas de inteligência, carisma, beleza, riqueza e posição, parecem de alguma forma condenadas também, como se os deuses tivessem inveja daqueles que abençoaram. Talvez o conceito indiano de *karma* ajude a compreender um pouco, que elas passaram por grandes sofrimentos juntamente com as bênçãos que receberam, segundo algum sistema misterioso e preordenado. Talvez seja apenas um lugar-comum de que riqueza e privilégios não conseguem proteger ninguém da dor.

E, no entanto, Chimnabai, Sunity, Indira e Ayesha nem sempre puderam conservar a felicidade que buscaram para si, mas conseguiram trazer uma grande parte dela para as vidas de outras pessoas. Apesar dos defeitos e das fraquezas individuais, essas quatro mulheres se mantiveram à altura de sua posição, acreditaram apaixonadamente no conceito de dever que as guiou e tentaram da melhor forma possível compartilhar seus privilégios de educação e emancipação com outros, mesmo em meio a dificuldades pessoais. Cada uma a seu modo, elas foram ícones, modernizadoras e revolucionárias, passando por cima das limitações culturais que restringiam suas compatriotas e inspirando uma redefinição do papel da mulher na Índia atual. Elas foram realmente maranis, "grandes rainhas".

Agradecimentos

Em primeiro lugar, gostaria de agradecer aos membros atuais das famílias Baroda e Cooch Behar, em especial a Gayatri Devi, *rajmata* de Jaipur — a quem me refiro sempre, com familiaridade, como Ayesha — que foram tão generosos com relação a tempo, lembranças e hospitalidade. Sua ajuda e seu entusiasmo tornaram este livro possível — e também transformaram o processo de escrevê-lo em um imenso prazer.

Todas as pessoas que conheci na Índia — amigos, descendentes, parentes e contatos de Chimnabai, Sunity, Indira e Ayesha — fizeram de tudo para me ajudar, emprestando-me livros, fotografias e papéis, contando-me histórias, anedotas e respondendo pacientemente a todas as minhas perguntas, além de me oferecerem deliciosos pratos indianos, servirem-me uísque, pondo em ordem meus complicados planos de viagens e com muita frequência, de forma tão generosa, hospedando-me. Obrigada de coração a: Habi Deb Burman e Moon Moon Sen; Mota Chudasama; Swarupa Das; Devika Devi; Menaka Devi; Udaya Devi; Urvashi Devi; Anadrao e Sangeeta Gaekwad; Ranjitsinh e Shuphangi Raje Gaekwad; *mrs.* Sen Gupta; Joey e Vidya Jaipur; Pat Jaipur; Dharmendar Kanwar; Gita Mehta; Mukul Narayan; Ambikar Rai; Devyani Raje; *mr.* Ranubaba, da Biblioteca Distrital de Cooch Behar; Reeta Roy; Ajit Sinh; Bunny Lakshman Singh; Madhu Singh; Nangeeta Singh e Chandan Sinha; Pratap Singh; coronel Shamsher Singh; Vijit e Meenakshi Singh; Roshan, Billy, Anisha e Ruku Sodhi (e Jubri, Matches e Esky); Sunil e Surekha Kejriwal; Deepak Vaidya; e Bob e Ann Wright.

Fora da Índia, também, muitas pessoas se deram ao trabalho de oferecer conselhos, sugerir pistas, responder minhas perguntas, acelerando no geral o processo de conclusão do livro. Sou imensamente grata a: Arabella, dos Arquivos Lee Miller; Rob Albert e Revel Guest; Charles Allen; Indiajane Birley; Hamish Bowles; Miranda Brankin Frisby; David Rosanna e Hannah Bulmer; Graydon Carter; Willa Chetwode; *miss* Pamela Clarck; Sarah Cox; Ursula D'Abo; William Dalrymple; Patrick French; Garbo Garnham; Michael Goedhuis; Sarah Henderson; Jermina Khan; Sandra de Laszlo; Amabel Lindsay; James Lindsay; Ed Manners e Saskia Nixdorf; John e Julia Moore; Com Normanby; Julian Porter; Stefania Ricci; Charles Schieps; Nick Scott; Mark Shand; Robert Skelton; Andrew Stock; Hugo Vickers; Harry e Vicky Westropp; Victoria Weymouth; e Haydn Williams.

Gostaria de agradecer a todos na Penguin (do passado e do presente), em Londres e Nova York, que trabalharam no livro, especialmente a Andrew Kidd, Leo Hollis, Kate Barker e Wendy Wolf; também a Juliet Annan; Elizabeth Merriman e sua equipe; e Hillary Redmon. Jeevan Deol fez com muita generosidade a revisão tipográfica do livro, Oula Jones revisou o índice, John Gilkes foi responsável pelos mapas, Alex Hippsley-Cox fez o trabalho de imprensa, e mais uma vez Bela Cunha fez um trabalho fantástico de edição.

Muito obrigada também a todos na Janklow and Nesbit, em especial a Tif Loehnis e Eric Simonoff.

Finalmente, quero agradecer a minha família e dedicar este livro à minha mãe, que me ensinou a importância do feminismo, e a meu pai, que me levou à Índia pela primeira vez.

Apêndice

A situação de uma princesa indiana. Uma história de pesar
(Por uma delas)*

Pode parecer estranho que uma pessoa de minha classe busque a ajuda do público — e isso por intermédio de um jornal de circulação diária; mas é que há limites para a paciência e o sofrimento humanos. É impossível suportar o peso de toda uma vida sendo negligenciada e maltratada. Até um verme se contorceria, e nós, mulheres dos príncipes reinantes do Hindustão, somos certamente mais sensíveis que um simples verme. Há gerações que sofremos caladas incontáveis e inacreditáveis injustiças; mas estamos agora em uma nova era. Até nós que vivemos em *purdah* podemos sentir o sopro da nova mentalidade. Nossas avós suportavam com mansidão insultos e humilhações sem uma palavra de protesto; aceitavam seu destino sem reclamação; permitiam-se ser tratadas como cães de estimação. Nossas mães mostraram um espírito ligeiramente diferente. Elas choravam e se matavam quando a agonia se tornava insuportável, mas a nova geração começou a protestar. Por que não protestaríamos? Também somos humanas. Recebemos pouca educação, mas tivemos governantas inglesas que instilaram ideias novas em nossas cabeças. Ousamos também sonhar com a autodeterminação.

---

*Cerca de 1926; reeditada de Chudgar, *Indian Princes Under British Protection*, pp. 22-26. "Supõe-se", diz a nota final, "que a autora foi a esposa de um príncipe da mais alta classe, considerado muito esclarecido e progressista, mas que nos últimos tempos passara a maior parte do tempo na Europa".

Pessoas de minha classe casam quando ainda são muito jovens. A casa de meu pai é de importância mediana. Fui criada e educada com meus irmãos. Meus pais se orgulhavam de serem modernos. À época de meu casamento, uma quantidade considerável de dinheiro foi paga a meu senhor, presumivelmente para meu sustento, mas nem um *pie* jamais esteve à minha disposição. Eu não entendia o que era o casamento, exceto que teria de deixar a felicidade do meu lar e ir morar com estranhos. Entretanto, já era adulta o suficiente para compreender que o príncipe que me desposou pertencia a uma grande casa, e tive sonhos de esplendor. Quando fui para meu novo lar, quis que minha governanta me acompanhasse, mas isso não foi permitido. Eu era bem-cuidada, bem-vestida e tratada com bondade. Certo dia, recebi como um choque a notícia de que o príncipe tinha mais duas esposas e que havia outras mulheres também com quem ele passava semanas. Fiquei morta de vergonha e não ousava olhar no rosto de minhas criadas. Quando o príncipe veio me ver, conversei com ele sobre isso muito cautelosamente, mas ele reagiu com extrema brutalidade. Disse-me coisas que me recusei a acreditar. Nunca pensei que um homem pudesse ser tão desumano.

Encontrei um pretexto para voltar à casa dos meus pais. Lá, fiz uma cena, mas minha tia me contou histórias horríveis e, no final, retornei para meu senhor. Todo orgulho pela grandeza familiar e pela pureza da vida matrimonial foi arrancado de mim. A pureza não existe para esses senhores príncipes. Eles estão acima dessas considerações humanas de virtude. Durante toda a vida, fizeram-me sentir que minha posição no mundo dependia do favor do príncipe. Se sou uma grande personagem hoje, posso me tornar mendiga amanhã. O *jhaverkhana* (tesouro) do estado se encontra à minha disposição, mas nada pertence a mim. O mesmo se aplica a roupas, carros, cavalos e criados. Uma soma de dinheiro considerável é colocada a meu dispor no orçamento familiar, mas não posso gastar praticamente nada, sem a sanção prévia de meu marido. Esta dependência total é imposta de propósito. Tenho ouvido insultos, e eles dizem que respeito próprio é uma mercadoria desconhecida no palácio. Submeti-me a toda sorte de humilhações, mas nunca sem protestar.

Sou mantida em uma gaiola. Não posso ver homens, a não ser alguns parentes próximos. Não tenho ninguém para me queixar ou consultar.

Contudo, não pude suportar ver meus filhos tratados com parcialidade e injustiça. Por causa deles, briguei com meu marido e estamos agora afastados um do outro.

Só Deus sabe o que aconteceu com nossos príncipes indianos. Por que existem tantos deles correndo atrás de meninas? Por que se tornaram tão descuidados com o nome e a reputação? Quando todo o país se encontra influenciado por belos ideais e se esforçando por melhorar, vários príncipes estão indo pelo caminho da baixeza. Por que estão alguns deles imbuídos de paixões animais em um grau tão repulsivo? É óbvio que alguns deles vão à Europa com a intenção apenas de desfrutar da liberdade pessoal, de forma a poder se entregar à licenciosidade sem nenhum constrangimento. Eles estão negligenciando seus negócios de Estado. As pessoas estão zangadas, mas o que importa a eles? O governo vem seguindo uma política de não interferência; talvez esteja lhes dando corda para se enforcarem.

Os súditos desses príncipes começam a se manifestar e estão elevando a voz ao se queixarem. Talvez o vice-rei os ouça, mas como nosso descontentamento será aliviado? Tenho consultado funcionários do governo, eles não me dão qualquer esperança. Seremos tratados como bens pessoais. Não há muita diferença no tratamento que uma princesa casada e uma cortesã recebem. Não temos direitos. Não podemos nos reunir da forma que vocês homens fazem. Consultei um político importante que é também advogado. Ele não conseguiu me dar nenhuma esperança. Intrigas com funcionários do governo e com o Departamento Político não se adequam a minha natureza. Quero meus direitos e que minha posição seja definida de maneira regular. Quero lutar pelas muitas mulheres sem voz que estão sendo maltratadas. Elas estão reduzidas a uma condição que é pior do que aquela dos mendigos nas ruas. Somos ensinadas a ser escravas. Nosso dever é meramente satisfazer os caprichos de nossos donos. Vemo-nos privadas de nosso respeito próprio. Se reivindicarmos o direito de ser humanas, nosso senhor pode nos negligenciar e punir. Somos ameaçadas de punição a cada momento de nossas vidas. O príncipe não tem qualquer obrigação em relação a nós; não temos qualquer direito exceto aquele que algum funcionário generoso do governo possa conseguir para nós.

Nossa existência é um simples número. Não nos ensinaram a sentir interesse por nada. Somos os brinquedos de nossos donos. Ele pode nos vestir ou rasgar nossas roupas. Estamos em situação pior que os servos russos do passado.

Vocês, homens de espírito político, ficam felizes quando o governo do Nepal liberta milhares de escravos e, no entanto, vocês não veem que a seu lado estão suas próprias irmãs, cuja existência é pior que um pesadelo. Todos vão dizer que há um exagero mórbido em meu relato. Assim disseram as pessoas acerca da Rússia, do Congo e de vários lugares. Vocês estão aflitos e rezando pelo destino dos indianos na África do Sul, mas não vão ouvir o apelo trágico de suas irmãs?

Glossário

Palavras do hindi, bengalês, marata e inglês indiano usadas neste livro:

Achkan — casaco masculino até a altura do joelho
Apsara — dançarina da corte do deus Indra ou, em sentido figurado, uma mulher bonita
Arati — orações da noite
Ashram — eremitério
Attar — essência de flores, tradicionalmente de rosas, usada (entre outros propósitos) em cerimônias de durbar
Ayurveda — o sistema medicinal indiano tradicional

Bagh — jardim
Bahadur — herói
Barra — grande, mais velho
Begume — mulher muçulmana de alta posição
Bhai — irmão
Bhrust — profano aos olhos dos hindus
Bindi — marca usada na testa por uma mulher casada (ou pronta para se casar)
Brahmin — a casta dos sacerdotes hindus
Brahmo Samaj — forma monoteísta moderna de hinduísmo

Cantonment — a área britânica, em geral militar, de uma cidade indiana
Caste — divisão social tradicional do hinduísmo

Chamar — espanta-mosca feito da cauda de iaques

Chaprassi — mensageiro

Charkha — roca

Chatri — guarda-sol grande

Chik — bambu fino, usado em geral para fazer biombos

Choli — pequeno corpete usado sob o sári, até fins do século XIX, em geral sem a parte de trás

Choto — pequeno, mais novo

Cítara — instrumento musical de cordas, que se toca como um violão

Crore — 10 milhões

Dada — avô; irmão mais velho

Dalit — pessoas que estão fora do sistema de castas hindu; Gandhi as chamava de *harijans*, filhos de deus

Deodhi — pórtico na entrada de uma *zenana*

Devi — sufixo honorífico feminino bengalês, usado para mulheres de família nobre ou real; também significa deusa

Dewan — ministro da corte de um príncipe

Dharma — observância religiosa

Dhurri — tapete fino

Didi — avó

Divali — a festa das luzes hindu, celebrada no inverno, em homenagem à deusa Laxmi

Durbar — corte ou recepção real; também pode ser usada para significar o próprio rei

Dussera — a festa de outono hindu, em homenagem à deusa Durga

Gaddi (ou *gadi*) — trono

Ghagra — saia comprida do Rajastão, em geral usada com corpete

Ghat — tanque de água grande

Ghee — manteiga clarificada, em geral usada em lâmpadas acesas como oferenda religiosa

Haveli — casa de comerciante, tradicionalmente dividida em dois lados, o dos homens e o das mulheres

Holi — a festa da primavera hindu

Howdah — sela para elefante, em geral com pálio

Jai — vitória

Jamedar — lacaio

Jati — subdivisão de castas

Jauhur — *sati* em massa

Ji — sufixo que denota afeição e respeito

Jungly — provinciano, atrasado, quase selvagem

Kalgi — joia para turbante, usada apenas pela realeza; também, *sarpech*

Kavad — porta

Khadi — algodão artesanal, usado com frequência como afirmação da autossuficiência da Índia

Kharita — acordo

Kshatriya — casta guerreira

Kumar/kumari — príncipe/princesa

Lakh — 100.000

Lathi — cassetete encapado com ferro

Lingam — falo, e sua representação simbólica, usada como objeto de adoração

Mahal — palácio

Marajá — grande rei

Marani — grande rainha

Maharishi — grande místico

Mahout — cavalariço de elefante ou condutor

Mahseer — peixe indiano de água doce

Maidan — parque grande

Mama — tio, especificamente o irmão da mãe

Mandap — pavilhão temporário para casamentos

Manjil — rede

Marata — grupo indiano original do centro do país

Mashima — tia, especificamente a irmã da mãe

Masjid — mesquita

Mitti — tipo de erva

Mujira — saudação tradicional para a realeza indiana, com uma curvatura inclinada até tocar seus pés

Namaskar, namaste — saudação indiana, com as mãos unidas em oração na frente do coração

garotas nautch — dançarinas

Nababo — nobre muçulmano

Paan — fruto do betel, usado como digestivo

Pagli — louco

Palqui — palanquim

Panchayat — conselho em vilarejos

Pandal — tenda

pândita — sacerdote, astrólogo

Pie, paise — 1/100 de rupia

Pilkhana — estábulo para elefante

Prahara — doce de leite bengalês

Pugree — cobertura marata tradicional masculina para cabeça. Assemelha-se muito a um turbante, com a diferença de que é guardado e usado permanentemente enrolado, enquanto o turbante é enrolado na cabeça de novo a cada uso.

Puja — culto, oração

Purdah — literalmente, cortina; sistema social no qual as mulheres, especialmente as de classes mais altas, são segregadas dos homens.

Raj — domínio; usado para descrever especialmente o período de domínio britânico na Índia

Raja — rei

Raje — sufixo honorífico feminino marata; princesa

Rajkumar/rajkumari — príncipe/princesa

Rajmata — rainha-mãe

Rajput — grupo de nobres do noroeste da Índia

Rangoli — desenhos em areia colorida e pó de ouro e prata

Rani — rainha

Rao — sufixo honorífico masculino marata

Raoraja — filho ilegítimo de marajá, mas reconhecido

Rupia — moeda indiana (aproximadamente Rs 13 para uma libra em 1930-1940)

Sardar — nobre, senhor

Sári — roupa feminina indiana tradicional

Sati — prática *rajput* de autoimolação em que uma viúva se junta voluntariamente ao marido em sua pira funerária; ou a própria mulher que a executa

Satyagraha — resistência sem violência, sem cooperação (literalmente, "a força da verdade"); iniciada como movimento político em 1920-21

Shalwar kameez — túnica longa que se veste sobre calças largas amarradas no tornozelo; veste feminina tradicional da região do Punjab

Shamiana — uma tenda com os lados abertos; também, *pandal*

Shatush — lã suave feita dos pelos do bode

Shikar — caçada

Shudra — a classe dos agricultores indianos

Sindur — pó vermelho utilizado para *bindis* e na risca de cabelo das mulheres casadas

Sri, srimati — honorífico; equivalente a senhor ou senhora

Swadeshi — boicote a artigos estrangeiros; iniciado como movimento político em 1905

Swaraj — autogoverno

Swatantra — liberdade

Syce — cavalariço

Tabla — tambor de mão

Thakur — homem nobre

Thali — prato circular com compartimentos separados para arroz, caril e conservas

Tiffin — uma refeição, almoço ou chá, servido em geral em uma marmita

Tikka — marca do polegar de um sacerdote em sândalo (ou sangue), impressa na testa dos devotos; a "marca do deus"

Tilgul — doce feito à base de canela e melado

Tonga — carroça para um cavalo

Tulsi — manjericão usado nas cerimônias hindus

Vaisya — a casta dos comerciantes hindus

Varan — cerimônia tradicional de boas-vindas de uma sogra para a nora

vina — instrumento musical de cordas, que se tira o som tangendo

Vilas — casa

Yoni — vagina e sua representação simbólica, usada como objeto de adoração

Yuvraj — príncipe coroado

Zamindar — proprietário de terras

Zenana — ala das mulheres em uma casa ou palácio

Notas

Capítulo 1

1. Hardinge, p. 42.
2. Reed, p. 68.
3. Fico imensamente agradecida a Charles Allen pelas valiosas informações que me enviou sobre os três durbars britânicos em Délhi. Ver seu artigo em Allen, org., *India Through the Lens*.
4. Allen, *Indian Princes*, p. 171.
5. FPG, p. 326.
6. Lord, p. 62.
7. GD, p. 42.
8. Entrevista, Garbo Garnham, 14/08/2001.
9. Entrevista, Habi Deb Burman, 1º/11/2001.
10. Hardinge, p. 51.
11. As origens desses clãs são complicadas e variam muito de acordo com a fonte. Com grande ajuda de Charles Allen, neste capítulo e no próximo, tentei apresentar o relato mais aceito sobre os primeiros Gaekwad e o clã marata ao qual pertenciam.
12. Forster, p. 130.
13. Fitzroy, pp. 86-7.
14. OIOC. MSS EUR F166/31.
15. Scindia, p. 108.
16. Ibid., p. 81.
17. Ibid.
18. ontagu, p. 168.
19. Entrevista, Habi Deb Burman, 1º/11/2001.
20. Webb, p. 89.
21. Weeden, p. 165.
22. Tottenham, p. 47.
23. "A Knut, a Knight, a Kwery", citado em Tottenham, p. 128.
24. Tottenham, p. 74.
25. GD, p. 24.
26. Tottenham, p. 75.
27. Aga Khan, p. 84.
28. Tottenham, p. 123.
29. SD, p. 142.
30. GD, 28-9.
31. Tottenham, p. 104.
32. Ibid., p. 116.
33. OIOC, L/OS/10/264.
34. Tottenham, p. 124.
35. Ibid.
36. Tottenham, p. 126.
37. Ibid., p. 127.

Capítulo 2

1. Citado em Ali, p. 17.
2. Ibid.
3. Mayo, p. 82.

4. Lawrence, p. 141.
5. Weeden, p. 19
6. Parks, I, p. 59.
7. Ibid.
8. Parks, I, pp. 230-31.
9. Kipling, p. 24.
10. GD, p. 209.
11. Tottenham, p. 213.
12. Aga Khan, p. 301.
13. FPG, pp. 29-30, diz que Khanderao encomendou os dois pares de canhão e o tapete de pérolas, mas eu segui Sergeant, p. 52.
14. Ambos citam Canning, mencionado em Copland, *The British Raj*, p. 16.
15. Chudgar, p. 107.
16. Citado em Said, p. 33.
17. Citado em Morris, *Pax Britannica*, p. 124.
18. Allen, *Indian Princes*, p. 67.
19. Ver Copland, *India*, p. 5.
20. FGP, p. x, Sergeant, p. 24n.
21. FGP, p. 47.
22. Chavda, p. 153.
23. Weintraub, p. 221.
24. Russell, p. 137.
25. Sergeant, p. 77.
26. Russell, p. 193.
27. Griffiths, p. 148.
28. Lee, I, p. 384.
29. Russell, p. 137.
30. Ibid.
31. Russell, p. 190.
32. Ibid.
33. Gay, p. 90.
34. Citado em Weintraub, p. 223.
35. Lee, I, p. 384.
36. Citado em FGP, p. 86.
37. Gaekwad, "My Ways", p. 218.
38. Patnaik, p. 35.
39. Weeden, p. 22.
40. Ibid.
41. Sayajirao, citado em FGP, p. 105.

42. "My Ways", p. 223.
43. FGP, p. 118.
44. Sergeant, p. 63.
45. Vadgama, p. 31.
46. Tottenham, p. 275.
47. *Indian Princes*, p. 132.
48. "My Ways", p. 224.
49. Citado em FGP, p. 147.
50. FPG, p. 156.
51. "My Ways", p. 220.
52. Diver, p. 114.
53. Citado em Gaekwad, *Palaces of India*, p. 130.
54. *Palaces of India*, p. 130.
55. Tottenham, p. 319.
56. Weeden, p. 100.
57. Weeden, p. 7.

Capítulo 3

1. SD, p. 43.
2. Entrevista, Garbo Garnham, 14/08/2001.
3. Chaudhuri, p. 418.
4. Ibid., p. 421.
5. NN, p. 3.
6. Ibid., p. 33.
7. SD, p. 47.
8. Entrevista, Garbo Garnham, 14/08/2001.
9. Besant, p. 21.
10. Masani, p. 77.
11. Besant, p. 21.
12. James, p. 280.
13. James, p. 347.
14. SD, p. 8.
15. Ibid. p. 3.
16. Ibid., p. 4.
17. Collect, p. 27.
18. Ibid., p. 481.
19. Ibid., p. 199.
20. Ibid., p. 471.

21. Ibid., p. 219.
22. Citado em Beveridge, p. 83.
23. Collect, p. 473.
24. SD, p. 21.
25. SD, p. 16.
26. Ramabai, p. 26.
27. SD, p. 17.
28. Harlan, p. 8.
29. SD, p. 1.
30. Ibid., p. 24.
31. Ibid., p. 48.
32. Ibid., p. 49.
33. NN, p. 38.
34. Karlekar, p. 141.
35. SD, p. 65.
36. Ibid., p. 67.
37. Citação do obituário de Nripendra Narayan no Pioneer, NN, p. 94.
38. NN, p. 60.
39. SD, p. 116.
40. Ibid., p. 82.
41. Ibid., p. 78.
42. Ibid., p. 69.
43. Ibid., p. 67.
44. Ibid., p. 78.
45. Ibid., p. 79.
46. Ibid.
47. SD, p. 81.
48. Ibid., p. 97.
49. Ibid., p. 98.
50. GD, p. 33.
51. Gaekwad, *Palaces of India*, p. 213.
52. NN, p. 55.
53. SD, p. 93.
54. Hamilton, p. 17.
55. SD, p. 89.
56. Blackwood, p. 42.
57. Ibid., p. 267.
58. Ibid.
59. Blackwood, p. 62.
60. Ibid.
61. Sou grata a Charles Allen por revisar esta parte.

62. SD, p. 217.
63. Ibid., p. 218.

Capítulo 4

1. Allen, *Indian Princes*, p. 23.
2. Chudgar, p. 7.
3. *Indian Princes*, p. 32.
4. Ibid.
5. Ramabai, p. 14.
6. De Tharu, p. 270.
7. Ramabai, p. 14.
8. Ibid.
9. Ibid.
10. O'Dwyer, p. 102.
11. Gaekwad, "My Ways", p. 223.
12. Sorajabi, p. 58.
13. Ibid., p. 57.
14. Weeden, p. 17.
15. Lawrence, p. 73.
16. Sergeant, p. 94.
17. Copland, Raj, p. 189.
18. James, p. 339.
19. "My Ways", p. 218.
20. Rice I, p. 44.
21. Weeden, p. 31.
22. Sergeant, p. 102.
23. Ibid., p. 77.
24. Tottenham, p. 266.
25. Citado em Morris, p. 143.
26. OIOC, MS EUR F111/256.
27. Citado em Robinson, p. 7.
28. Gilmour, p. 184.
29. Lord, p. 64n.
30. Mankekar, p. 10 e Gilmour, p. 188.
31. Citado em Gilmour, p. 184.
32. Lee II, pp. 389-90.
33. Sergeant, p. 107.
34. RA/VIC/QVJ: 03/12/1900.
35. GD, p. 18.
36. OIOC, MS EUR F111/256.
37. Sergeant, p. 282.

38. FGP, p. 195.
39. OIOC, EUR MS F111/206.
40. FPG, p. 196.
41. Obrigada a Charles Allen por esta citação. Dilks, *Curzon in India*, Vol. I, p. 75.
42. Tinker, p. 26.
43. FGP, p. 197.
44. Kaye, p. 50.
45. Besant, p. 54.
46. Weeden, p. 146.
47. Entrevista, AS a rajmata de Jaipur, 26/01/2001.
48. Webb, p. 176.
49. FPG, p. 226.
50. Aga Khan, p. 301.
51. Sergeant, p. 113.
52. OIOC, L/OS/10/375.
53. Ibid.
54. L/OS/10/375.
55. Sergeant, p. 118.
56. Livro da Galeria Lafayette de cartões-postais de príncipes indianos, 2002.
57. Powell, p. 277.
58. Barton, p. 179.
59. Rice I, p. 136.
60. Sergeant, p. 196.
61. Weeden, p. 9.
62. Ibid., p. 2.
63. Ibid., pp. 15-16.
64. GD, p. 10.
65. Weeden, p. 17.
66. FPG, p. 231.
67. Tottenham, p. 45.
68. Lord, p. 147.
69. Diver, p. 115.
70. Tottenham, pp. 26-7.
71. Weeden, p. 130.
72. Ibid., p. 129.
73. Discurso proferido em Udaipur, 1909, citado em Jeffrey, p. 374.

74. OIOC, MSS EUR F122/36.
75. Ibid., MSS EUR F122/36.
76. Gaekwad, *Speeches*, p. 248.
77. Lee II, p. 386.
78. Tinker, p. 50.
79. OIOC, MSS EUR D1227/43, p. 101.
80. Minto, p. 359.
81. Weeden, p. 59.
82. Diário não publicado de lady Minto, novembro de 1909.
83. Sergeant, p. 127.
84. *Speeches*, p. 242.
85. Sergeant, p. 128.
86. OIOC, L/OS/10/375.
87. Ibid.
88. Ibid.
89. Lord, p. 144.
90. Gaekwad, *The Position*, p. viii.
91. Mill, p. 177.
92. *The Position*, p. xiii.
93. Ibid., p. 15.
94. Margaret Cousins citada em Chattopadhyaya, p. 53.
95. *The Position*, p. 28.

Capítulo 5

1. SD, p. 107.
2. Ibid., p. 107.
3. Ibid., p. 108.
4. Vadgama, p. 35.
5. SD, p. 118.
6. Hamilton, p. 17.
7. SD, p. 109.
8. Ibid., p. 110.
9. Ibid.
10. SD, p. 111.
11. Ibid., p. 134.
12. RA/VIC/N44/101, carta de SD para Vitória, 19/11/1887.
13. SD, p. 125.
14. Ibid.

15. SD, p. 137.
16. Ibid., p. 138.
17. NN, p. 95, tirado de um obituário no *Pioneer*.
18. Allen, *Indian Princes*, p. 204.
19. *Plain Tales*, p. 139.
20. SD, p. 161.
21. Ibid., p. 158.
22. Ibid., p. 162.
23. OIOC, L/OS/10/136, Arquivo 760/1908/3.
24. NN, p. 146.
25. SD, p. 162.
26. Ibid., p. 161.
27. Ibid., p. 160.
28. Ibid., p. 217.
29. OIOC, MS EUR, F111/252, 30/06/1901.
30. Ibid.
31. SD, p. 168-9.
32. OIOC, MS EUR F111/204, 30/06/1901.
33. Ibid.
34. OIOC, MS EUR F111/252.
35. SD, p. 167.
36. Sunity Devi diz que recebeu esta distinção em 1901, mas outra fonte data-a em 1887.
37. Ibid., p. 171.
38. Younger, *Wicked Women*, p. 98, diz que Rajey se apaixonou e quis se casar com uma atriz australiana, Elsie Thomas, em Calcutá, em 1904-5. Os fatos apresentados por Younger são algo nebulosos, e ela não apresenta referências de fontes.
39. Ibid., p. 175.
40. Hardinge, p. 41.
41. Kopf, p. 17.
42. Gauba, p. 13.
43. NN, p. 42.
44. Gerhardi, p. 370.

45. Lord, p. 147.
46. SD, p. 161.
47. Minto, p. 23-4.
48. Minto, p. 24.
49. Ibid., p. 275.
50. OIOC, MS EUR F166/31, 15/03/1907.
51. Ibid., MS EUR F166/32, 24/03/1908.
52. NN, pp. 48-9.
53. OIOC, MS EUR F166/31, 12/04/1907.
54. Ibid., L/OS/10/136, Arquivo 760/1908.
55. Ibid.
56. Entrevista, Garbo Garnham, 14/08/2001.
57. Segundo Younger, *Wicked Women*, p. 32, Sayajirao não só tinha uma amante europeia na década de 1890, como também um filho com ela. Infelizmente, Younger não cita a fonte desta informação, de forma que não pude verificá-la. Ela afirma que uma das principais razões de atrito entre Sayajirao e Chimnabai eram suas conquistas amorosas, mas nenhuma das pessoas com quem conversei na Índia corroborou esta informação, e não encontrei qualquer outra informação que confirmasse sua teoria. Isso não quer dizer, é claro, que não fosse verdade.
58. OIOC, L/OS/10/258, Arquivo 1076/1912.
59. FPG, p. 235.
60. OIOC, L/OS/10, Arquivo 760/1908, p. 1.
61. Ibid.
62. Ibid.
63. Carta da coleção de Garbo Garnham.
64. SD, p. 188.
65. Casserly, p. 220.

66. Ibid., p. 223.
67. Ibid., p. 216.
68. Ibid.
69. Casserly, p. 217.
70. Ibid., 218.
71. Ibid., p. 219.
72. Ibid., p. 216.

Capítulo 6

1. Tottenham, p. 50.
2. Ibid., p. 53.
3. Hardinge, p. 46.
4. Tottenham, p. 53.
5. OIOC, L/OS/10/264, 29/09/1911.
6. Tottenham, p. 36.
7. Sergeant, p. 131.
8. Aga Khan, p. 81.
9. FPG, p. x.
10. Aga Khan, p. 81.
11. OIOC, L/OS/10/264.
12. BL, ADD MSS 50839f72.
13. OIOC, L/PS/10/264, 28/02/1912.
14. Ibid.
15. OIOC, MSS EUR F122/36.
16. Tottenham, p. 91.
17. OIOC, L/OS/10/264.
18. SD, p. 194.
19. Todos os detalhes do funeral foram retirados de "Bexhill's Maharaja", citando o *Bexill Observer*, 23/09/1911.
20. SD, p. 195.
21. "Bexhill's Maharaja 18", *Bexhill Chronicle*, 13/09/1913.
22. SD, p. 229.
23. Ibid., p. 202.
24. Tottenham, pp. 130-31.
25. Ibid., p. 132.
26. Ibid.
27. Baig, p. 8.
28. Tottenham, p. 135.
29. Ibid.
30. Citado em Tottenham, p. 137.

31. Tottenham, p. 136.
32. Ibid., p. 138.
33. Ibid., p. 139.
34. "A Knut, a Knight, a Kwery", citado em Tottenham, p. 129.
35. Poemas de Jit, coleção particular, Baroda.
36. SD, p. 206.
37. Ibid., p. 207.
38. Tottenham, p. 142.
39. Entrevista, Devika Devi, 28/11/2001.

Capítulo 7

1. Tottenham, p. 144.
2. Citado em Tottenham, p. 144.
3. Rice I, p. 72.
4. Gaekwad, *The Position*, p. xiv.
5. SD, p. 176.
6. Mayo, p. 111.
7. Allen, *Indian Princes*, p. 169.
8. Tottenham, p. 228.
9. Tuchman, p. 78.
10. Tottenham, p. 183.
11. Ibid.
12. Tuchman, p. 123.
13. Tottenham, p. 187.
14. Ibid.
15. Tottenham, p. 190.
16. Ibid., p. 196.
17. Vadgama, p. 94.
18. *Indian Princes*, p. 77.
19. OIOC, L/OS/10/264, Arquivo 1294/ 1912.
20. Tottenham, p. 322.
21. Citado em Tottenham, p. 318.
22. OIOC, L/OS/10/264, 20/09/1919.
23. FPG, p. 298.
24. OIOC, L/OS/10/264.
25. OIOC, L/OS/10/264, 20/09/1919.
26. Tottenham, p. 214.
27. Ibid., p. 264.
28. In *Kerala*, p. 98.

29. Entrevista, Devika Devi, 28/01/2003.
30. Poemas de Jit, coleção particular, Baroda.
31. Tottenham, p. 281.
32. Gerhardi, p. 367.
33. Haggard, *She*, p. 219.
34. SD, p. 204.
35. Ibid., p. 242.
36. Ibid., p. 209.
37. Ibid., p. 181.
38. Devi, *Nine Ideal Indian Women*, p. 20.
39. OIOC, L/OS/10/896.
40. *The Times*, 19/09/1911.
41. SD, p. 204.
42. Ibid., p. 147.
43. Ibid., p. 230.
44. GD, p. 43.
45. Robinson, p. 45.
46. Ramabai, p. 7.
47. SD, p. 80.
48. Muito obrigada a Charles Allen por estes detalhes.
49. Pataudi, p. 207.

Capítulo 8

1. Tottenham, p. 229.
2. Esta citação e todas as outras da conferência foram retiradas do panfleto de Puna.
3. Reproduzido em Chudgar, pp. 23-6.
4. Pataudi, p. 229.
5. OIOC, L/PS/10/864.
6. FGP, p. 341.
7. *The Times*, 27/08/1923.
8. Mayo, p. 284.
9. Gauba, p. 190.
10. Citado em Robinson, p. 7.
11. Citado em Allen, *Indian Princes*, p. 15.
12. Nababo Mehdi Nawaz Jung, citado em FGP, p. 353.

13. Powell, p. 252; também citado (sem crédito) em Gauba e Ann Morrow, *Maharaja*.
14. Menon, p. 29.
15. Tottenham, p. 233.
16. Harlan, p. 13.
17. FPG, p. 376.
18. Powell, p. 248.
19. Bromfield, p. 22.
20. Sergeant, p. 181.
21. Bence-Jones, p. 265.
22. *Indian Princes*, p. 205.
23. Ibid. e GD, p. 97.
24. *Indian Princes*, p. 82. A anedota diz que as pérolas apodreceram, mas como elas não apodrecem, suponho que foram os engastes que apodreceram, que na Índia são feitos de barbante duro.
25. *Indian Princes*, p. 207.
26. Tottenham, p. 67.
27. Bromfield, p. 23.
28. GD, p. 16.
29. *Indian Princes*, p. 82.
30. Entrevista, Anandrao Gaekwad, 06/11/2001.
31. OIOC, L/OS/11/222, p. 4.985.
32. Pataudi, p. 202.
33. GD, p. 70.
34. OIOC/L/OS/11/222, p. 4.985.
35. Ibid.
36. Citado em Clayton, p. 126.
37. Blow, p. 122.
38. Entrevista, Ann Wright, 23/11/2001.
39. Entrevista, Habi Deb Burman, 1º/11/2001. Não encontrei qualquer prova que confirmasse este rumor, possivelmente uma lenda familiar.
40. OIOC, L/OS/11/222, p. 4.985.
41. Ibid.
42. Citado em Patnaik, p. 175.
43. Gerhardi, p. 372.
44. GD, p. 60.

45. Entrevista, SA a rajmata de Jaipur, 15/09/2001.
46. Entrevista, Habi Deb Burman, 1º/11/2001.
47. Ferragamo, pp. 230, 232.
48. Kumar, p. 68.
49. *Mrs.* Evelyn Walsh, citada em GD, p. 87.
50. Ettie Plesch, memórias não publicadas.
51. Entrevista, Devika Devi e Sangeeta Kumari, 28/01/2003.
52. Gerhardi, p. 365.
53. GD, p. 19.
54. Infelizmente, a fotografia não existe mais, embora Lee Miller tenha dito em uma entrevista que fotografou Indira em Paris, em fins da década de 1920. Ver A. Penrose, *The Lives of Lee Miller.*
55. GD, p. 19.
56. Cargoe, p. 76.
57. SD, p. 197.
58. OIOC, L/OS/10/280.
59. Arquivos CB.
60. Apêndice indiano à autobiografia de SD, p. 216.
61. Ibid., p. 215.
62. Ibid., p. 217.
63. Ibid., p. 218.
64. Nanda, p. xii.
65. Citado em *Indian Princes*, p. 168.
66. Citado em Visram, p. 23.
67. Citado em Nanda, p. 57.
68. Nehru, p. 154.
69. Visram, p. 41.
70. Nehru, p. 157.
71. Citado em Chattopadhyaya, p. 52.
72. Citado em Hutheesing, p. 97.
73. Ibid., p. 81.
74. Frank, p. 56.
75. Citado em Copland, p. 76.

Capítulo 9

1. GD, p. 53.
2. Gerhardi, p. 368.
3. GD, p. 67.
4. Ibid., p. 68.
5. Ibid., p. 80.
6. Butler, p. 101.
7. GD, p. 103.
8. Ibid., p. 104.
9. QC, p. 62.
10. GD, p. 100.
11. Ibid.
12. GD, p. 109.
13. Ibid., p. 115.
14. Kipling, p. 15.
15. Citado em Ivory, p. 62.
16. GD, p. 115.
17. Frank, p. 89.
18. GD, p. 117.
19. Carta sem data de Habi Deb Burman à autora, dezembro de 2003.
20. GD, p. 118.
21. Ibid., p. 122.
22. Ibid., p. 126.
23. Ibid., p. 143.
24. Ibid.
25. GD, p. 143.
26. Pataudi, pp. 233-4.
27. Major Parbat Singh, citado em QC, p. 139.
28. Édito do vice-rei, citado em QC, p. 140.
29. Citado em QC, p. 139.
30. *Baroda's Calcutta Trip*, p. 1.
31. Ibid.
32. *Baroda's Calcutta Trip*, p. 12.
33. Entrevista, Ambikar Rai, 16/01/2003.
34. *Baroda's Calcutta Trip*, p. 16.
35. Entrevista, Ajit Sinh, 08/11/2001.
36. Arquivos CB.
37. Weeden, p. 276-9.
38. Citado em QC, p. 136.

39. GD, p. 140.
40. Pataudi, p. 214.
41. Ibid., p. 221.
42. Ibid., p. 223.
43. Arquivos CB.
44. GD, p. 146.
45. Pataudi, p. 231.
46. Entrevista, SA a rajmata de Jaipur, 27/01/2003.
47. GD, p. 148.
48. MB, K154, elogio de Mountbatten a Jai.
49. Allen, *Indian Princes*, p. 152.
50. GD, p. 156.
51. Ibid., p. 159.
52. Ibid., p. 160.
53. Ibid., p. 162.
54. Ibid., p. 170.
55. Ibid., p. 181.
56. Citado em QC, p. 107.
57. Ismael, citado em GD, p. 214.
58. GD, p. 401.
59. Ibid., p. 185.

Capítulo 10

1. Arquivos CB.
2. GD, p. 196.
3. Citado em QC, p. 143.
4. Ibid., p. 147.
5. GD, p. 201.
6. Citado em QC, p. 148.
7. Ibid.
8. French, p. 154.
9. Allen, *Indian Tales*, p. 119.
10. QC, p. 145.
11. GD, p. 206.
12. Ibid.
13. GD, p. 207.
14. Citado em GD, pp. 207-8.
15. GD, p. 214.
16. Citado em QC, p. 154.
17. QC, p. 160.

18. GD, p. 216.
19. GD, pp. 216-17.
20. MB1/C148/2.
21. *Indian Tales*, p. 109.
22. RA/GV/CC47/1989, 26/05/1942.
23. GD, p. 200.
24. Goutiere, p. 87.
25. RA/GV/CC47/2224, 21/05/1941.
26. Pataudi, p. 237.
27. RA/GV/CC47/2224, 21/05/1945.
28. Ibid.
29. General Stilwell, citado em French, p. 180.
30. French, p. 44.
31. Ibid., p. 29.
32. Roberts, p. 118.
33. Citado em QC, p. 173.

Capítulo 11

1. Chattopadhyaya, p. 38.
2. Ambos citados in Copland, p. 204.
3. Ibid., p. 280.
4. Collins, p. 254.
5. Citado em Raj, p. 626.
6. Patnaik, p. 177.
7. Robinson, p. 21.
8. Corfield, p. 168.
9. GD, p. 224.
10. Allen, *Indian Princes*, p. 270.
11. Citado em GD, p. 234.
12. GD, p. 235.
13. Ibid.
14. GD, p. 224.
15. Citado em Zeigler, *Mountbatten*, p. 406.
16. Citado em QC, p. 169.
17. QC, p. 178.
18. Citado em QC, p. 182.
19. GD, p. 237.
20. Scindia, p. 161.
21. GD, p. 239.
22. Ibid., p. 248.

23. Shirley Lord para a *Vogue* americana, setembro de 2002.
24. Citado em QC, p. 176.
25. QC, p. 207.
26. Ibid.
27. GD, p. 144.
28. Citado em QC, p. 136.
29. Citado em Ibid., p. 137.
30. Citado em Ibid., p. 88.
31. RA/GV/CC47/2302, 08/12/1943.
32. Carta de Indira Devi, sem data, maio de 1962. Com a gentil permissão de Devika Devi.
33. Carta de Habi Deb Burman à autora, 20/12/2003.
34. Citado em QC, pp. 198-9.
35. Carta de Habi Deb Burman à autora, 20/12/2003.
36. Entrevista, Swarupa Das, 06/04/2002.
37. RA/GV/CC47/2580, 27/12/1951.
38. RA/GV/CC47/2580, 27/12/1951.
39. RA/GV/CC47/2482, 25/07/1950.
40. Entrevista, Swarupa Das, 06/04/2002.
41. Entrevista, Habi Deb Burman, 1º/11/2001.
42. Carta de Habi Deb Burman à autora, 20/12/2003.
43. Entrevistas, Habi Deb Burman e Bunny Lakshman Singh, novembro de 2001.
44. Carta de Habi Deb Burman à autora, 20/12/2003.
45. Carta, ID, 02/11/1964. Com a gentil permissão de Devika Devi.
46. Carta, ID, 18/08/1962. Com a gentil permissão de Devika Devi.
47. Entrevista, Ann Wright, 04/04/2002.
48. Entrevista, Devika Devi, 28/11/2001.
49. Entrevista, Ann Wright, 04/04/2002.
50. Entrevista, Devika Devi, 28/01/2003.
51. Ibid.

52. RA/GV/CC47/2224, 21/05/1945.
53. Entrevista, coronel Shamsher Singh, 08/11/2001.
54. Entrevista, Habi Deb Burman, 1º/11/2001.
55. Ibid.

Capítulo 12

1. GD, p. 253.
2. Ibid., p. 252.
3. Ibid.
4. GD, p. 303.
5. Scindia, p. 164.
6. Kumar, p. 68; estas eram as ervas usadas nas roupas da família Jodhpur.
7. GD, p. 266.
8. Pataudi, pp. 208-9.
9. bid., p. 231.
10. Entrevista, SA a rajmata de Jaipur, 27/01/2003.
11. Citado em QC, p. 217.
12. Ibid., p. 218.
13. QC, p. xi.
14. Entrevista, SA a rajmata de Jaipur, 14/11/2001.
15. Ibid.
16. Carta, ID, 13/06/1963, com a gentil permissão de Devika Devi.
17. GD, p. 291.
18. Ibid., p. 298.
19. Citado em Allen, *Indian Princes*, p. 273.
20. GD, p. 299.
21. Ibid., p. 303.
22. Entrevista, SA a rajmata de Jaipur, 10/09/2003.
23. Jeffrey, p. 342.
24. ibid., p. 336.
25. Galbraith, p. 327.
26. GD, p. 306.
27. Ibid., p. 307.
28. Ibid.

29. Galbraith, p. 329.
30. Bradford, p. 217.
31. GD, p. 314.
32. Bradford, p. 240.
33. Citado em GD, p. 315.
34. Entrevista, SA a rajmata de Jaipur, 09/09/2002.
35. GD, p. 316.
36. Ibid.
37. Entrevista, SA a rajmata de Jaipur, 14/11/2001.
38. GD, p. 323.
39. James Cameron, citado em Thakur, p. 8.
40. GD, p. 325.
41. Citado em Crewe, p. 221.
42. GD, p. 328.
43. Vogue americana, 15/09/1965.
44. GD, p. 328.
45. Ibid.
46. Citado em Frank, p. 302.
47. Frank, p. 303.
48. Citado em Dharmendar Kanwar em um manuscrito não publicado.
49. QC, p. 228.
50. Pandit, p. 233.

Capítulo 13

1. Carta, Indira Devi, 10/05/1966. Com a gentil permissão de Devika Devi.
2. Carta, ID, 26/08/1966. Com a gentil permissão de Devika Devi.
3. Entrevista, Ann Wright, 04/04/2002.
4. Pataudi, p. 236.
5. Carta, ID, 13/04/1967. Com a gentil permissão de Devika Devi.
6. GD, p. 340.
7. Ibid., p. 341.
8. Entrevista, Habi Deb Burman, 1º/11/2001.
9. Entrevista, Bunny Lakshman Singh, 04/04/2002.

10. GD, p. 345.
11. Ibid., p. 349.
12. Ibid., p. 351.
13. Ibid.
14. QC, p. 231.
15. Pataudi, p. 319.
16. MB, K154, Gayatri Devi a Mountbatten, 26/07/1970.
17. Citado em GD, p. 354.
18. Ibid.
19. Citado em GD, p. 355.
20. Citado em QC, p. 232.
21. Frank, p. 325.
22. Carta, GD, 27/01/1971. Com a gentil permissão de Devika Devi.
23. GD, p. 361.
24. Frank, p. 327.
25. Citado em GD, p. 362.
26. Ibid., p. 363.
27. Scindia, p. 215.
28. Frank, p. 347.
29. GD, p. 368.
30. Scindia, p. 235.
31. Ibid., p. 239.
32. Citado em Frank, p. 432.
33. Sangal, p. 199.
34. Pandit, p. 14.
35. Entrevista, SA a rajmata de Jaipur, 27/01/2003.
36. GD, p. 371.
37. Scindia, p. 245.
38. Ibid., p. 242.
39. Ibid, p. 376.
40. Ibid. p. 376.
41. Scindia, p. 244.
42. GD, citada in Ann Morrow, *Maharaja*, p. 35.
43. MB, K154, GD a Mountbatten, 05/03/1977.
44. MB, K154, Mountbatten a GD, 07/02/1977.
45. MB, K154, GD a Mountbatten, 05/03/1977.

46. GD, p. 381.
47. Ibid.
48. QC, p. 240.

Conclusão

1. GD, p. 388.
2. Ibid., p. 391.
3. Ibid., p. 402.
4. Ibid.
5. Carta, GD, 06/07/1982. Com a gentil permissão de Devika Devi.
6. Carta, GD,15/08/1984. Com a gentil permissão de Devika Devi.
7. Carta, GD, 03/06/1990. Com a gentil permissão de Devika Devi.
8. discurso não publicado, com a gentil permissão de Mark Shand.
9. Citado por Dharmendar Kanwar em um manuscrito não publicado.
10. Entrevista, Mark Shand, 24/01/2003.
11. GD, p. 69.
12. Ver também GD, p. 73: "Havia um templo de Durga [outra forma para Kali], entretanto, na velha capital em ruínas, chamada Gosanimare, onde nenhum de nós podia prestar culto ou mesmo entrar. A lenda diz que um de meus ancestrais ofendeu mortalmente a deusa Durga. Ele soubera que, à noite, ela tomava a forma humana e dançava secretamente no templo. Ele se escondeu lá, certa noite, para espiá-la e ver aquele espetáculo mágico, mas, é claro, ela o descobriu e ficou enfurecida. Como punição para sua temeridade, ela o amaldiçoou e a todos os seus descendentes, proibindo-os de pôr os pés novamente em seu templo, e deixou com ele uma tornozeleira prateada como lembrete e advertência."
13. Entrevista, Mukul Narayan, 16/01/2003.

Bibliografia

Fontes não publicadas
(com as abreviaturas das notas finais entre parênteses)

Arquivos da Coleção do Departamento Oriental e da Índia, British Library, mencionadas individualmente nas notas de pé de página (OIOC).
Arquivos da coleção de manuscritos da British Library (BL).
Coleção Real, Castelo de Windsor, com a generosa permissão de Sua Majestade, a rainha (RA).
Arquivos do Palácio de Cooch Behar, com a gentil permissão do governo de Bengala Ocidental (CB).
Arquivos Mountbatten, Hartley Library, Universidade de Southampton (MB).
Relato sobre Nripendra Narayan, por seu servidor D. D. Choudhuri, de 1915; cópia daquela guardada no Bexhill Museum, Bexhill-on-Sea (NN).

Fontes publicadas
(com as abreviaturas das notas finais entre parênteses)

(publicadas em Londres, exceto onde mencionado)

Por ou diretamente sobre membros das famílias Baroda e Cooch Behar.

All India Women's Conference on Educational Reform, Puna, 5-8 de janeiro de 1927.
Clarke, A. B. *In Kerala. A Record of a Tour in the South of India with Their Highnesses the Maharaja and Maharani Gaekwar, June-July 1915.* Bombaim: 1916.
Devi, G. *A Princess Remembers. The Memoirs of the Maharani of Jaipur.* Nova York: 1976, (GD).
Devi, S. *The Life of Princess Yashodara, Wife & Disciple of the Lord Buddha,* 1929.

———, *Indian Fairy Tales*, 1923.

———, *The Autobiography of an Indian Princess*, 1921 (SD).

———, *The Beautiful Mogul Princesses*, 1918.

———, *Bengal Dacoits and Tigers*, Calcutá, 1916.

———, *Nine Ideal Indian Women*, Calcutá, s/d.

Gaekwad, C. e Mitra, S. M. *The Position of Women in Indian Life*, 1911.

Gaekwad, F. P. G. *Sayajirao of Baroda. The Prince and the Man*. Bombaim: 1989 (FGP).

Gaekwad, S. *Speeches and Addresses of His Highness Sayaji Rao III Maharaja of Baroda 1877-1927*, 1928.

———, "My Ways and Days in Europe and in India". *Nineteenth Century & After*, vol. XLIX, janeiro-junho de 1901.

Narayan, N. *Shooting in Cooch Behar. 37 years of Big Game Shooting*. Bombaim: 1908.

Report of His Highness the Maharaja Saheb's Trip to Calcutta. Baroda: 1938.

Rice, S. *Sayaji Rao of Baroda*. Oxford: 1931.

Sergeant, P. *The Ruler of Baroda*, 1928.

Tottenham, E. L. *Highnesses of Hindostan*, 1934.

Weeden, E. *A Year with the Gaekwad of Baroda*, 1912.

Widgery, A. G. *Goods and Bads. Outlines of a Philosophy of Life, Being the Substance of a Series of Talks and Discussions with His Highness the Maharaja Gaekwar of Baroda*. Baroda: 1920.

Memórias, cartas, relatos originais e pessoais

(publicados em Londres, exceto onde mencionado)

Anon. *More Uncensored Recollections*, 1924.

Baig, M. R. A. *In Different Saddles*, 1967.

Barton, W. *The Princes of India*, 1934.

Besant, A. *India: A Nation*, 1915.

Bhopal, J. *An Account of My Life*, 1912.

Blackwood, H. G. (marquesa de Dufferin e Ava). *Our Viceregal Life in India*, 1889.

Butler, I. *The Viceroy's Wife. Letters of Alice, Countess of Reading, from India 1921-25*, 1969.

Cartier-Bresson, H. *Henri Cartier-Bresson in India*, 1987.

Casserly, G. *Life in an Indian Outpost*, s/d.

Chudgar, P. L. *The Indian Princes under British Protection*, 1929.

Collet, S. D. (org.). *Keshub Chunder Sen's English Visit*, 1871.

Coward, N. *Autobiography*, 1986.

Cromer, R. *Letters and Second Indian Journal*. York: 1995.

Dekobra, M. *The Perfumed Tigers. Adventures in the Land of the Maharajas*, 1930.
De Wolfe, E. *After All*, 1935.
Diver, M. *Royal India*, 1942.
Elwin, E. F. *India and the Indians*, 1913
Fairbankas, Jr, D. *The Salad Days*, 1988.
Ferragamo, S. *Shoemaker of Dreams*, 1985.
Fitzroy, Y. *Courts and Camps in India*, 1926.
Forbes, R. *India of the Princes*, 1939.
Forster, E. M. *The Hill of Devi*, 1921.
Fortescue, J. W. *Narrative of the Visit of Their Majesties King George V and Queen Mary to India*, 1912.
Galbraith, J. K. *An Ambassador's Journal*, 1969.
Gauba, K. *His Highness, or the Pathology of Princes*. Lahore: 1930.
Gay, J. D. *From Pall-Mall to the Punjab; Or, with the Prince in India*, 1976.
Gerhardi, W. *Memoirs of a Polyglot*, 1931.
Goutiere, P. *Himalayan Rogue*. Paduka, KY:1998.
Hamilton, F. *Here, There & Everywhere*, 1921.
Hardinge, Lord. *My Indian Years 1910-1916*, 1948.
Hutheesing, K. N. *We Nehrus*, 1967.
Ismael, M. M. *My Public Life. Recollections and Reflections*, 1954.
James, R. R. (org.). *Chips. The Diaries of Sir Henry Channon*, 1967.
Kaye, M. M. *The Sun in the Morning*, 1990.
Kipling, R. *Letters of Marque*. Allahabad:1891.
Kissinger, H. *White House Years*, 1979.
Lawrence, W. *The India We Served*, 1928.
Lothian, A. *Kingdoms of Yesteryear*, 1951.
Loti, P. *India*, 1928 (publicado originalmente como *L'Inde, Sans les Anglais* em 1903).
Mayo, K. *Mother India*, 1927.
Mazzini, G. *The Duties of Man*, 1955.
Menon, V. P. *The Integration of the Indian States*, 1956.
Minto, M. *India Minto and Morley 1905-1910*, 1934.
Montagu, E. S. *An Indian Diary*, 1930.
Murray Smith, U. *Magic of the Quorn*, 1980.
Nehru, J. *An Autobiography*. Délhi: 1991.
———, *The Discovery of India*. Nova York: 1959.
O'Dwyer, M. *India as I Knew It 1885-1925*, 1925.
Pandit, V. L. *The Scope of Happiness: A Personal Memoir*, 1979.
Parks, F. *Wanderings of a Pilgrim in Search of the Picturesque*, 1850.
Pataudi, S. A. *The Elite Minority Princes of India*. Lahore:1989.
Powell, E. A. *Last Home of MysteryI*, 1929.
Programme of the Cerimonies to be Observed on the Occasion of the Coronation Durbar, 12 December 1912.
Ramabai, P. *The High-Caste Hindu Woman*, 1888.
Raymond, J. (org.). *Queen Victoria's Early Letters*, 1963.

Reed, S. *The King and Queen in India*. Bombaim: 1912.
Russell, W. H. *The Prince of Wales's Tour: A Diary in India*, 1877.
Sassoon, P. *The Third Route*, 1929.
Scindia, V. *Princess*, 1985.
Shah, M. *The Memoirs of Aga Khan*, 1954.
Shand, M. *River Dog: A Journey Down the Brahmaputra*, 2002.
——, *Queen of the Elephants*, 1995.
Sorajabi, C. *India Calling. The Memories of Cornelia Sorabji*, 1934.
Webb, S. e B. *Indian Diary*. Délhi: 1988 (edição original, 1912).

Fontes secundárias

(publicadas em Londres, exceto onde mencionado)

Ali, A. A. *The Ressurgence of Indian Women*. Délhi: 1991.
Allen, C. *Plain Tales from the Raj*, 1975.
Allen, C. e Dwivedi, S. *Lives of the Indian Princes*, 1984.
Allen C., Dehejia, V. e Falconer, J. (orgs.). *India Through the Lens*. Washington, 2000.
Bala Krishnan, U. R. e Kumar, M. S. *Indian Jewellery. The Dance of the Peacock*. Bombaim, 1999.
Ballhatchet, K. *Race, Sex and Class Under the Raj*, 1980.
Bence-Jones, M. *The Viceroys of India*, 1982.
Blow, S. *Fields Elysian. A Portrait of Hunting Society*, 1983.
Brown, J. M. *Gandhi. Prisoner of Hope*. Yale, CT: 1989.
Bumiller, E. *May You Be the Mother of a Hundred Sons*, 1990.
Cannadine, D. *Ornamentalism. How The British Saw Their Empire*, 2001.
Chattopadhyayya, K. *The Awakening of the Indian Women*, 1939.
Chaudhuri, N. e Strobel, M. (orgs.). *Western Women and Imperialism, Complicity and Resistance*. Bloomington, IN: 1992.
Chavda, V. K. *Gaekwads and the British. A Study of Their Problems 1875-1920*. Delhi: s/d.
Clayton, M. *Foxhunting in Paradise*, 1993.
Collins, L. e Lapierre, D. *Freedom at Midnight*. Nova York: 1975.
Copland, I. *India 1885-1947: The Unmaking of an Empire*, 2002.
——, *The Princes of India in the Endgame of Empire 1917-1947*. Cambridge: 1997.
——, *The British Raj and the Indian Princes. Paramountcy in Western India 1857-1930*. Délhi: 1982.
Cormack, M. *The Hindu Woman*. Nova York: 1953.
Crewe, Q. *The Last Maharaja*, 1985 (QC).
Dalrymple, W. *The Age of Kali*, 1998.
Dass, D. J. *Maharaja*. Bombaim: 1972.

De Courcy, A. *The Viceroy's Daughters*, 2000.

Donaldson, F. *Edward VIII. The Road to Abdication*, 1974.

Drew, J. *India and the Romantic Imagination*. Oxford: 1997.

Fitze, K. *Twilight of the Maharajas*, 1956.

Forbes, G. *Women in Modern India*. Cambridge: 1996.

Frank, K. *Indira. The Life of Indira Nehru Gandhi*, 2001.

French, P. *Liberty or Death*, 1998.

———, *Younghusband*, 1994.

Gaekwad, F. P. G. *The Palaces of India*, 1981.

Gedge, E. C. e Choski, M. (orgs.). *Women in Modern India*. Bombaim: 1929.

Gilmour, D. *Curzon*, 1994.

Grewal, R. *In Rajasthan*. Délhi, 1998.

Griffith, M. *India's Princes. Short Life Sketches of the Native Rajas of India*, 1894.

Handa, R. L. *History of Freedom Struggle in Pricely States*. Délhi: 1968.

Harlan, L. e Courtright, P. B. (orgs.). *From the Margins of Hindu Marriage. Essays on Gender, Religion and Culture*. Nova York: 1995.

Ivory, J. *Autobiography of a Princess*, 1975.

James, L. *Raj. The Making and Unmaking of British India*, 1997.

Jeffrey, R. (org.). *People, Princes and Paramount Power: Society and Politics in Indian Princely States*. Oxford: 1978.

Karlekar, M. *Voices from Within. Early Personal narratives of Bengali Women*. Délhi: 1991.

Kelkar, G. *Violence against Women. Perspectives and Strategies in India*. Délhi: 1992.

Kopf, D. *The Brahmo Samaj and the Shaping of the Modern Indian Mind*. Princeton, NJ: 1979.

Lal, M. *The Law of the Threshold. Women Writers in Indian English*. Simla: 1995.

Lee, S. *King Edward VII*, 1925.

Liddle, J. e Joshi, R. *Daughters of Independence. Gender, Caste and Class in India*, 1986.

Lord, J. *The Maharajas*, 1972.

Lottman, H. R. *The Fall of Paris. June 1940*, 1992.

Mankekar, D. R. *Accession to Extinction. The Story of the Indian Princes*. Délhi: 1974.

Masani, Z. *Indian Tales of the Raj*. Berkely, CA: 1987.

Michell, G. *The Royal Palaces of India*, 1994.

Mitter, S. S. *Dharma's Daughters. Contemporary Indian Women and Hindu Culture*. New Brunswick, NJ: 1991.

Mookerji, R. *Asoka*, 1928.

Morris, J. *Farewell the Trumpets*, 1978.

———, *Heaven's Command*, 1973.

———, *Paz Britannica*, 1968.

Nadelhoffer, H. *Cartier. Jewellers Extraordinary*, 1984.

Nanda, B. R. (org.). *Indian Women. From Purdah to Modernity*. Délhi: 1990.

Parashar, A. *Women and Family Law in India*. Délhi: 1992.

Patnaik, N. *A Second Paradise: Indian Courtly Life 1590-1947*, 1984.

Peissel, M. *Tiger for Breakfast. The Story of Boris of Kathmandu*. Nova York: 1966.

Popplewell, R. J. *Intelligence and Imperial Defence. British Intelligence and the Defence of the Indian Empire 1904-1924*, 1995.

Ramusack, B. N. *The Princes of India in the Twilight of Empire*. Cincinnati, OH: 1978.

Roberts, A. *Eminent Churchillians*, 1994.

Robinson, A. *Maharaja. The Spectacular Heritage of Princely India*, 1988.

Rose, K. *Curzon: A Most Superior Person*, 1969.

Roy, A. *Sri Aurobindo and the New Age*, 1940.

Saghal, N. *Indira Gandhi's Emergency and Style*. Délhi: 1978.

Said, E. *Orientalism*, 1978.

Schwab, R. *The Oriental Renaissance*. Nova York: 1984 (publicado originalmente em Paris, em 1950).

Sengupta, P. *Sarojini Naidu. A Biography*, 1966.

Silvers, R. B. e Epstein, B. *India: A Mosaic*. Nova York: 2000.

Tarlo, E. *Clothing Matters. Dress and Identity in India*, 1996.

Thakur, J. *All the Prime Minister's Men*. Délhi: 1977.

Tharu, S. e Lalita, K. (orgs.). *Women Writing in India*, 1991.

Tinker, H. *Viceroy. Curzon to Mountbatten*. Oxford: 1997.

Tuchman, B. *August 1914*, 1962.

Uberoi, P. *Family, Kinship and Marriage in India*, Délhi, 1993.

Vadgama, K. *India in Britain*, 1984.

Vasudev, U. *The Two Faces of Indira Gandhi*. Délhi: 1977.

Visram, R. *Women in India and Pakistan. The Struggle for Independence from British Rule*. Cambridge: 1992.

Younger, C. *Wicked Women of the Raj*. Délhi: 2003.

Warner, L. *The Native States of India*, 1910.

Warwick, C. *George and Marina, Duke and Duchess of KentI*, 1988.

Weintraub, S. *The Importance of Being Edward*, 2000.

Zeigler, P. *Edward VIII*, 1990.

——, *Mountbatten*, 1985.

Ficção

(todos publicados em Londres)

Bromfield, L. *The rains came*, 1938.

Cargoe, R. *Maharaja*, 1953.

Dekobra, M. *Princess Brinda*, 1934.

Haggard, R. *Ayesha. A History of Adventure*, 1905.

——, *Ela*, 1887.

Mehta, G. *Raj*, 1989.

Mehta, R. *Inside the Haveli*, 1977.

Tagore, R. *A casa e o mundo*, 1919.

Índice

Adamkhan, 190
Afeganistão, Grã-Bretanha e, 250
Aga Khan, 44, 106, 154
Agnelli, Gianni, 301
Ahmadabad, bombardeio (1909), 116, 153
Akbar Shah, diamante, 52
Alcoolismo, famílias de príncipes, 109, 118, 137-138, 184, 194
Aldsworth, Surrey, 198
Alexandra, rainha, 123, 146, 184
Ali, Aruna Asaf, 256
Ali, Asaf, 252
Ali, Choudry Rahmat, 262
Alwar, marajá de, 131, 201
Alwar, *yuvraj* de, 317
Ambedkar, Bhimrao Ramji, 105, 202
Ambergaokar (secretário), 170
Ammanullah Khan, 250
amor e casamento, 38-39
Amrita Bazar Patrika (jornal), 117, 179
Amritsar, massacre (1919), 176
aparência pessoal, 110, 205
Arya, Samaj, 117
Associação das Mulheres Indianas, 195, 220, 284
Ato de Casamento Brahmo (1872), 75
Ato de Manutenção da Segurança Interna, 313
Attlee, Clement, 259
Auchinlek, *sir* Claude, marechal de campo, 257

Aulich, *Herr*, 171, 172
Aurangzeb, 191
Azad, Abul Kalam, 252

Bacon, Francis, 167
Balfour, Arthur, 48
Bangalore, 244-245
Bangladesh, 314-315
Baria, marajá Kumar, 268
Baroda College, 56, 94, 117, 202
Baroda, Chimnabai I Gaekwad, marani, 54, 56
Baroda, Chimnabai II Gaekwad, marani
    caráter, 102, 186, 205, 282
    casamento, 38, 41, 44, 56-57, 95-96
    como atiradora, 113, 178-179
    como mãe, 89, 109, 110, 176-177
    conselho a Ayesha, 244-245
    debate, prazer pelo, 111
    Durbar da Coroação (1911), 151
    e a questão da mulher, 119-121, 143, 165, 195-196
    e a união com a Índia, 271
    e Congresso, 199, 267
    e Jai, 251
    e o casamento de Indira, 31, 160-162, 163, 164-165, 182
    e Pratapsinhrao, 282
    e *purdah*, 92, 102, 116, 165, 166-169, 196
    educação, 57, 105
    fuga da Áustria (1914), 170-173

jogo, paixão pelo, 111, 206, 214
joias, 152
morte, 282
nacionalismo, 62, 102, 106, 154, 205
papel oficial, 32
passatempos, 111, 112, 168, 178
roupas, 60, 67, 86, 108, 110, 160
saúde, 95, 99, 182
viagens ao estrangeiro, 58-61, 98,
117-118, 197-198
vida diária, 65-67, 92-93
visitas a Cooch Behar (1937), 234,
235-237
viuvez, 282
Baroda, Dhairyashilrao Gaekwad, 164,
182, 237
afastamento, 89, 176-177
morte, 242
no *Durbar* da Coroação (1911), 20,
154
Baroda, estado, 19
administração, 116
e a Grã-Bretanha, 25, 93
educação, 19, 56
estipêndio pessoal, 270
exército, 46
extinção do *purdah*, 165-169
fertilidade, 46
finanças, 54
lutas de elefante, 53-54
na ausência do marajá, 62, 93, 107
na Grande Guerra, 173
políticas de Sayajirao, 104
receita, 46
Baroda, Fatesinhrao Gaekwad, marajá,
314
Baroda, Indira Raje. *Ver* Cooch Behar
Baroda, Jamnabai Gaekwad, marani, 45,
100, 190
adota Sayajirao, 46, 49-51
Baroda, Jayasinhrao Gaekwad, 61, 89
alcoolismo, 109, 137, 177
casamento, 34

educação, 98, 109
morte, 109, 197
Baroda, Khanderao Gaekwad, marajá,
44-47, 54
Baroda, Malharrao Gaekwad, marajá,
45, 54
Baroda, Pratapsinhrao Gaekwad, marajá,
109, 282
Baroda, Sayajirao Gaekwad, marajá, 19
abstinência alcoólica, 94
adotado por Jamnabai, 49-51
aparência pessoal, 19
caráter, 44, 282
casamento, 38, 41, 43-44, 95
coleção de arte, 198
como pai, 94, 95, 108-109, 176-177,
197
Durbar da Coroação (1911), 16, 19-
20, 100, 102, 151, 152, 154
e a educação, 19, 92, 93-94, 104-105
e a Grã-Bretanha, 19, 84, 93, 107-
108, 175-176, 203-204
e a riqueza, 94-95
e a união com a Índia, 271
e as máquinas de raios X, 236
e Chimnabai, 206
e Curzon, 19, 97-98, 100, 108
e o casamento de Indira, 24-26, 160-
162
e o Congresso, 199-200
e os intocáveis, 105-106
educação, 50-51
empossado como marajá, 50-51, 55
fé, 94, 202-203
finanças, 210
homenageado, 175, 234-235
lealdade, 19, 34, 116-117, 154-158
morte, 237
nacionalismo, 19, 20, 26, 37, 62-63,
103, 106, 117, 154, 199, 203-204
obituário prematuro, 198
padrões morais, 44, 145
passatempos, 92, 178, 198

políticas, 19, 84-85, 104-105, 116, 120, 165, 166, 202
posição, 139
primeiro casamento, 54, 56
processo contra, 145, 154
roupas, 20, 93, 107-108
saúde, 34, 35, 58, 60, 61, 107, 182, 197
segundo casamento, 56-57
sucessão, 89, 282
viagens ao estrangeiro, 35, 36, 37, 58-62, 97, 107-109, 117-118, 198
vida diária, 63-67
visitas a Cooch Behar (1937), 234-237
visitas de Eduardo VII (1875), 51-54
Baroda, Shivajirao Gaekwad, 89
alcoolismo, 177
educação, 106, 108
nacionalismo, 155
Barr, coronel (residente britânico), 45
Baz Bahadur, 190
Beaton, Cecil, 215, 255
Begume Laila, 318
Bengala, 84, 103, 262
Berlim, Olimpíada de (1936), 198
Besant, Annie, 98, 103
Bexhill-on-Sea, Sussex, 136, 157-158
Bharatiya, mrs., 254
Bharatiya Janata Party (BJP), 302, 319
Bhopal, begumes de, 191
Bhopal, Hamidullah, nababo de, 222
Biddulph, coronel (residente britânico), 62
Bikaner, marajá de, 174, 200, 249
Birkenhead, F. E. Smith, 1° conde de, 207
Birley, Oswald, 215
Blavatsky, Helena Petrovna, 98
Blondin, Charles, 55
Bose, Subhas Chandra, 221, 256
Bradford, Sarah, 297
Brahmo Samaj, 24, 71, 72, 79, 80, 81, 139, 158, 217
Briggs, general Yeatman, 133

Brillantmont, Lausanne, 231, 238
Brodrick (secretário de estado), 107
Bromfield, Louis, 205
Burdwan, marani viúva, 192
Burma, Segunda Guerra Mundial, 250, 256, 257, 258
Burrows, mrs. (governanta), 170
Buxa Duar, Cooch Behar, 147

caça ao leopardo, 113
caçadas, 127-130
Calcutá, época de Natal, 227, 234
Cama, madame, 106, 154
Câmara dos Príncipes, 200, 265-266
Carlsbad, Chimnabai foge de (1914), 169-172
Carmichael, lorde (governador de Bengala), 180
Cartier, Jacques, 211
Cartier-Bresson, Henri, 269
casamento entre crianças, 71, 74-75, 95
casamentos combinados, 24
como organização dinástica, 38
entre casas reais, 39-42
Casserly, major Gordon, 147, 149
casta, 40, 72, 105
Castlerosse, Valentine, 183
Cavalaria Indiana, 176
Caxemira, 267n
Channon, Chips, 276
Charcot, J-M, 61
Chattopadhyaya, Kamaladevi, 252
Chelmsford, Frederick John Thesiger, 1° barão, vice-rei, 174, 175
China, guerra com a Índia (1962), 298
Chisholm, Robert Fellowes, 64
Chittor, Padmini, 193
Choudhouri, D. D., 142
Churchill, Winston, 221, 251
chuvas vieram, As (Bromfield), 205
Cipaios, revolta dos, 191
Clarke, sir George, 21

363

Clarke, *sir* Henry (governador-geral de Bombaim), 155
Cobb, Henry (residente britânico), 155
Cobra, Grande Protetor das Mulheres, 31
Código de Leis Hindu (1954-5), 285
Comando do Sudeste da Ásia, 255, 256, 259
Combi, Raymond Charles, 186, 187, 188
Companhia das Índias Orientais, 41, 47
Conferência das Mulheres Indianas, 106, 143, 220, 234, 284
Conferência Social Nacional, 105, 106
Congresso Nacional Indiano, 21, 62, 103, 104, 105, 221, 229, 261
Connaught, Arthur, duque de, 131
Conselho Legislativo Central, 261
Conselho Nacional da Mulher na Índia, 195
Cooch Behar, estado, 22, 68, 78, 79, 83-85, 223-224, 328-329
   administração de Bengala, 270
   após a Independência, 276, 325
   caça ao elefante, 224-225
   caçadas, 127-130
   e a Grã-Bretanha, 68, 78
   escassez de alimentos (1943-4), 258
   muçulmanos, 264
   tradicionalismo, 85
   visita dos Baroda (1937), 234, 235-236
Cooch Behar, Gayatri Devi (Ayesha). Ver Jaipur
Cooch Behar, Gina Narayan, 307, 309
Cooch Behar, Hitendra Narayan (Hitty), 83, 136, 148
Cooch Behar, Ila Devi. *Ver* Deb Burman
Cooch Behar, Indira Raje, marani ("Ma"), 89
   aparência pessoal, 110, 111-112, 215-216, 280
   caráter, 279-282, 307, 309
   casamento combinado, 22, 23-24, 25, 27, 28, 29-31

casamento, 160-163, 165, 193
   como anfitriã, 223, 235
   como mãe, 230, 231, 232, 240, 241, 280
   como marani, 163
   como regente, 190, 191, 206, 207, 208, 218
   como viúva, 189-194
   e a Independência, 106, 276-277, 279
   e a política, 291
   e Jai, 228
   educação, 22, 27, 108, 111, 136
   fé, 162, 217, 230
   finanças, 161, 179, 208-210, 282
   jogo, 214-215
   morte (1968), 308
   noivado com Jit, 23, 24, 30, 33-34, 35-36, 37
   riqueza, 33
   roupas, 213-214
   saúde, 206, 280, 308
   Segunda Guerra Mundial, 257, 258
   título, 236-237, 279
   velhice, 279-282
   viagem, 278-279
   viagens ao estrangeiro, 27, 36, 206, 207
   vida diária, 281
   vida social, 210-212, 215-216, 278
Cooch Behar, Indrajit Narayan, 237, 238, 244, 246
   alcoolismo, 278, 279, 301
   educação, 209
   infância, 224, 233
   noivado (1942), 250
Cooch Behar, Jagaddipendra (Bhaiya)
   acidente no polo, 307, 329
   casamento, 307-309
   e a escassez de alimentos (1943-4), 258
   e a Independência, 277-279
   infância, 223-225
   namoradas, 277

Narayan, marajá, 238
saúde, 308, 309
Segunda Guerra Mundial, 256, 257-258
sobre Jai, 232, 275
torna-se marajá, 189, 190, 236, 276
Cooch Behar, Jitendra Narayan (Jit), marajá, 83, 144
ações judiciais, 144
alcoolismo, 182, 194
casamento, 160-163, 165
como marajá, 163
educação, 136
finanças, 33, 179, 188, 216
infância, 122, 127
morte do pai, 159
morte, 189
noivado com Indira, 23, 24, 30, 32-34, 35-36, 37
poesia, 181
reconciliação com Chimnabai, 182-183
Cooch Behar, Menaka Devi, 204, 224, 231, 238, 242, 308, 320
Cooch Behar, Narendra Narayan, marajá, 68-69
Cooch Behar, Nripendra Narayan, marajá
anglicização, 81
caráter, 81
casamento, 70-71, 77-83
como ajudante de campo, 22, 136
como pai, 130-131, 134
durbar, 147-149
e a Grã-Bretanha, 84-86
e Curzon, 135
e Eduardo VII, 98
e Jorge V, 140
e o *purdah*, 167
educação, 69, 70, 83, 85, 102
esportes, 127
finanças, 132
homenagens (1888), 126

infidelidade, 123, 141, 142-143, 184, 275
lealdade ao Império, 133-135, 147, 158
monogamia, 78, 141
morte (1911), 156-159
no Jubileu da rainha (1887), 122-126
passatempos, 126-129
separação de Sunity, 141-143, 146
torna-se marajá, 68, 69, 70, 83, 84
Cooch Behar, palácio, 87, 209, 210, 214
Cooch Behar, Prativa Devi (Pretty), 22, 83
casamento, 188-189, 190
educação, 22
morte, 190
Cooch Behar, Raj Rajendra Narayan, 139-140, 148
alcoolismo, 137, 162, 163
casamento, 139
como marajá, 158, 159,183
e Edna May, 136, 140, 184
educação, 131-132
em Londres, 122
finanças, 179
infância, 83, 87
morte, 160, 163-164
saúde, 136-137
vida militar, 134, 135
Cooch Behar, Sudhira Devy (Baby), 22, 83, 140, 226, 242
casamento, 188, 189
Cooch Behar, Sukriti Devi (Girlie), 83
casamento, 135, 186
comportamento excessivo, 186-188
Cooch Behar, Sunity Devi, marani
Bramoísmo, 22, 81, 217
caráter, 186
casamento, 71, 76-83
charme, 218
como mãe, 130-131, 132-133, 139, 164, 188, 189
dívidas, 216

e a educação, 132-133, 143-144
e a família real, 122-126
e a morte de Rajey, 164
e Indira, 162, 216-217
e o Governo Britânico da Índia, 132-133
educação, 105
escritos, 183-186
homenagens (1901), 136
modernidade, 224
morte, 217-218
purdah, 82, 84, 167
roupas, 86, 123-124
separação de Nripendra, 141-143, 146
sobre a intolerância britânica, 134, 135
sobre casta, 72, 88
vida diária, 82-83, 84, 86-87, 107126
viuvez, 158, 159, 183-184
Cooch Behar, Victor Narayan, 148, 237
casamento, 217
e a indústria do tabaco, 145-146
educação, 136, 145
nascimento, 22, 83, 126
Cooch Behar, Viraj Narayan, marajá, 309, 329
Cooch Behar, Visvasimha Narayan, marajá, 68
Coolootola, complexo, vida em, 75-76
Corfield, Conrad, 268
Corpo de Cadetes Imperiais, 135, 148, 158
corrupção, 288, 303-305, 314-315
cortesãs, educação, 57
costumes matrimoniais, 30, 34, 41, 75-76, 79-80, 82
Cousins, Margaret, 220
Coward, Noël, 211
Cowdray, clube de polo, 325
Crewe, lorde, 153
Crewe, Quentin, 274
crianças

da realeza, 89-92
gênero, 90-91
crinolinas, 74
Curzon, George Nathaniel, marquês, vice-rei
arrogância, 114, 115
Bengala, divisão, 103
durbar (1903), 14-15, 100-101
e as viagens ao estrangeiro, 19, 132
e Gwalior, 25
e os Cooch Behar, 133, 135
e os marajás, 94, 96-97, 98102
e Sayajirao, 19, 96, 98, 100-101, 107

Dalai Lama, 298
Dalton, *mr.*, 77
Das, Bina, 220
Das, Chittaranjan, 218n
Das, Swarupa, 278-279, 290
Das, Tarkanath, 154
de Wolfe, Elsie, 211
Deb Burman, Bharat (Habi), 230, 279, 283, 309
Deb Burman, Bhim, 238, 256
Deb Burman, Devika Devi, 238, 256, 279, 280, 289, 319
Deb Burman, Ila Devi, 189, 232
casamento, 230-231
educação, 207, 229
infância, 223, 224
morte, 255, 302
nascimento, 180, 182
Deb Burman, Romendra Kishore, 230
Deixem a Índia, Movimento, 252, 259, 262
Delgrada, Anita, 139
Délhi
Conferência dos Príncipes
durbar (1877), 69-70
rebelião (1857), 14
Reinantes (1916), 200
Deshpande, K. G., 153, 155
Dhaka, nababo de, 261

Dhrangadhara, marajá de, 268
Ditton Park, Berks, 136
Divali, 112, 273, 320
dotes, 28, 40, 90
Dufferin, Frederick Temple Blackwood, 1º marquês, vice-rei, 59, 72, 88
Dufferin, Hariot *lady*, 87-88, 218
Dunlop-Smith, tenente-coronel, *sir* James, 25, 141, 142
durbar (1903), 14, 100-101
Durbar da Coroação (1911), 13-17, 18, 20-21, 23, 150-152, 191
durbars, 13-14, 18-19, 69-70. *Ver também Durbar* da Coroação
    das mulheres, 31-33
Dutt, Calica Das, 126
Dutt, Romesh Chandra, 102-103, 104
Dyer, general, 176

Eastbourne, Sussex, 22, 27, 108, 111, 136, 207
Eastern Voice, 326
Eduardo VII, rei-imperador, 22
    coroação, 136
    durbar (1903), 14, 100-101
    e Sunity Devi, 124-125
    infidelidade, 123
    morte (1910), 146
    racismo, 115
    sobre os marajás, 97
    visita à Índia (1875), 51-54
Eduardo, príncipe de Gales (mais tarde Eduardo VIII), 208, 212
educação, 22, 229
Egan, Gina. Ver Cooch Behar
Egito, a Grã-Bretanha no, 48
Ela (*Haggard*), 183
Eldridge, *mrs.* (babá em Cooch Behar), 85
elefantes, caça aos, 127-130, 224
elefantes, lutas de, 53-54
Elgin, Victor Alexander Bruce, 9º conde, 134
Elizabeth II, rainha, 273
    visitas a Jaipur, 272, 289-290, 301

Ellenborough, Edward Law, 1º conde, governador-geral, 72
Elliot, *mr.* (conselheiro de Sayajirao), 51, 55, 61, 93, 109
Elliot, *mrs.* (acompanhante de Chimnabai), 58
Esta noite a liberdade, (Collins/Lapierre), 271
estado de emergência (1975), 317, 318
    família, 228-229
    impopularidade, 315
    nomeada primeira-ministra, 299, 300
    políticas, 314, 316-317
estados nativos. *Ver* principados.
Estrela do Sul, diamante, 44, 52
Eton College, 131, 136
Exército Britânico, oficiais indianos, 133-134
Exército Indiano, oficiais indianos, 133, 135
Exército Nacional Indiano, 251, 256, 258

Fairbanks, Douglas Senior, 211, 215
Farnborough, Surrey, 131, 136
Ferragamo, Salvatore, 213
Forster, E. M., 25
Francisco Ferdinando, arquiduque da Áustria, 169
Frere, *sir* Bartle, 54

Gaekwad, família, 40, 49. *Ver também* Baroda
    apresentados à rainha Vitória, 99
    modernidade, 91, 92
    na política, 295
    nacionalismo, 106
    origem do nome, 46
    riqueza, 94
    tragédias, 329-330
    vagão ferroviário particular, 114
    viagens ao exterior, 122
Gaekwad, Kashirao (pai de Sayajirao), 49
Gaekwar. Ver Baroda, Sayajirao Gaekwad, marajá

Galbraith, J. K., 296
Gandhi, Indira. *Ver também* Partido do
Congresso
anulação (1975), 317
assassinato, 322
batidas fiscais, 316-317
e Ayesha, 306, 321, 322
e Bangladesh, 314
e os estipêndios pessoais, 306
e os príncipes, 284, 305-306, 314
educação, 229, 284
eleição (1967), 302
eleição (1971), 313-314
Gandhi, Mohandas
assassinato, 264
campanha de desobediência civil,
218, 229
e as mulheres, 219
e Churchill, 221
e Iai, 251
e o massacre de Amritsar, 176
e os marajás, 199
e Sayajirao, 203
Grande Guerra, 173
mentor, 21, 62
movimento Deixem a Índia, 252,
259, 262
preso (1930), 201, 203
Gandhi, Sanjay, 322
Garabi. *Ver* Baroda, Chimnabai I, marani
garotas, nascimento, 90-91
garotos, nascimento, 90
George, Thomas, 144
Gerhardi, William, 139, 183, 215, 224
Ghatge, Baji Rao, 57
Ghosal, Archie, 162Ghosal, Jyotsnanath,
135, 186
Ghose, Aurobindo, 63, 103, 104, 120,
154
Ghosh, Lal Mohun, 101
Glamis, castelo de, Pertshire, 123
Gokhale, G. K., 21, 62, 103, 104, 153
Goldring (horticultor), 64

Goutiere, Peter, 257
Government College, Patna, 69
Governo Britânico da Índia. *Ver também*
Grã-Bretanha
e Cooch Behar, 68, 78
e os marajás, 47, 84, 93, 107, 115
e Sunity Devi, 144
oposição ao, 103
resistência violenta ao, 153
Governo de Bengala, 84
Govind Devji, 247
Grã-Bretanha
diferenças culturais, 40, 152
domínio na Índia, 16, 17, 27n
e a independência, 259-263
e os marajás, 47-48, 49, 95-102,
106-107, 265-269
e os maratas, 41
iconografia nativa, manipulação, 17,
40
racismo na Índia, 49, 115
reivindica a Índia (1858), 47-49
intocáveis, seguridade social, 104-105
Grande Guerra, 200
Grande Rajastão, União do, 272
Graziani, Breno, 297, 298
Graziani, Nicole, 297, 298
Grosvenor Square, Londres, 274
Guwahati, templo de, 329
Gwalior, Chinku Raje, marani, 28
Gwalior, estado de, 25, 26, 41, 316
Gwalior, Madhavrao Scindia, marajá,
136
a Grã-Bretanha e, 25-26
noivado com Indira, 22, 23-24, 25,
27-28, 29-31
primeira esposa, 28
riqueza, 26
segundo casamento, 31
Gwalior, Vijayaraje Scindia, marani, 271,
285-286, 306
prisão (1975), 319, 320

Haggard, H. Rider, 183
Hamilton, lorde Frederic, 128-130
Hamilton, lorde George, 133
Hardie, Keir, 157
Hardinge, Charles, 1° barão, vice-rei, 203
  Durbar da Coroação, 14, 21, 151
  e Sayajirao, 21, 155, 157, 175
  sobre os marajás, 137
Harrow School, 98, 108, 208, 209, 222,
  229, 273
Hatfield House, Herts, 123
Haughton, coronel (residente britânico),
  69
hindus, 260, 285
Hobart, *miss*, 223
Holi, festa, 83, 198, 273, 290
homens, fidelidade, 29
Household Cavalry, 251
Hyderabad, 267n

Ibsen, Henrik, 119
ICS. Ver Serviço Público Indiano
Impey, coronel (residente britânico), 34
Inde, Sans Les Anglais, L' (Loti), 106
Independência, 152-155
  e os estados dos príncipes, 265-272
  movimento, 199, 218-222
Índia, Departamento da, 19, 108, 115,
  132, 141
  e Indira, 207, 208, 209
Índia. *Ver também* Governo Britânico da
  China, guerra com (1962), 298
  diferenças culturais, 152-153
  escassez de alimentos (1899-1900),
    96, 101, 103
  escassez de alimentos (1943-4), 258
  Grande Guerra, 173-174
  Independência, 259-260
  Índia
  nacionalismo, 103-105, 152-154, 260
  Partição, 260-264
  racismo na, 115

renascimento (década de 1900),
  103-105
Segunda Guerra Mundial, 239,
  249-259
viagens na, 78, 110
Indian Sociologist, 104, 120, 154
Indiano, Motim (1857), 14, 85
Indore, estado de, 41
Infanticídio feminino, 91
Irwin, lorde, vice-rei, 209, 210, 221
Ismael, *sir* Mirza, 254, 255, 264

Jackson, *sir* Francis, 208
Jahan, Shah, 191
Jai Vilas, Gwalior, 26
Jaigarh, Forte, 316
Jaipur, Bahadur Singh, 312
Jaipur, Bhawani Singh (Bubbles), 255,
  294, 311
  carta de Jai para, 271
  casamento, 307
  educação, 274
  nascimento, 128
  prisão (1975), 318-320
  sucessão, 325
Jaipur, estado
  absorvido pela Índia, 270, 272
  Clube Feminino, 253, 254
  democracia no, 255, 256
  demolição dos muros da cidade, 288
  estipêndio pessoal, 270, 297
  glamour, 328
  Jai e, 248
  muçulmanos, 264
  posição, 225
  purdah, 243, 246, 253, 254
  Segunda Guerra Mundial, 255
Jaipur, família,
  divisão na, 325
  tragédias, 329-330
Jaipur, Gayatri Devi, marani (Ayesha),
  67n, 182

369

aparência pessoal, 229, 233, 241, 301, 326
batida fiscal, 315
caráter, 224, 325, 327
casamento, 227, 229, 230-234, 238-239, 240-248, 275-276, 285, 300-301, 311
como mãe, 255, 272, 326
como política, 297, 298-299, 300, 301-302, 313-314, 317, 321-322
e a educação, 255, 324, 328
e a Independência, 269
e a união com a Índia, 271, 272
e Indira Gandhi, 306, 321, 322
e Nehru, 298-299
e o esporte, 325-328
educação, 229, 230, 231-232, 237
eleição (1961), 291-295
eleição (1967), 302, 303-304
EUA, visitas aos, 269
filiação ao Swatantra, 289-295, 297, 299, 302
hinduísmo, 248
infância, 204, 224, 227, 327-328
politização, 288
popularidade, 320-321
prisão (1975), 317-320
purdah, 243, 246
Rajmahal, mudança para, 287-288
saúde, 309, 320
Segunda Guerra Mundial, 249, 250-251, 252, 253, 254
serviço público, 284-285, 321, 323-324
sobre Indira Baroda, 189, 211
vida social, 326
viuvez, 310-313
Washington, visita a (1962), 297-298
Jaipur, Jagat Singh, 273, 318, 321
alcoolismo, 324-326
casamento, 326
educação, 274
infância, 275
morte, 326, 328

Jaipur, Jai Singh (Joey), 244, 156, 316, 319-320, 325
educação, 273
eleição (1961), 291, 294
Jaipur, Kishore Kanwar, marani (Jo Didi), 227, 232, 240, 253
e Ayesha, 244, 246
morte, 287
Jaipur, Maji Sahiba, marani viúva, 246
Jaipur, Man Singh, marajá (Jai), 215
acidentes, 240, 271, 310
casamento com Ayesha, 228-234, 238-248, 275, 285, 301
casamentos combinados, 227
como embaixador, 285, 300, 306
como governante, 248, 255
como pai, 274
como *rajpramukh*, 272, 285
e a Independência, 286
e a política, 291-292
e a união com a Índia, 271
e os muçulmanos, 263-264, 312
educação, 227
eleição como Rajya Sabha, 294
EUA, visitas aos, 269, 297-298
Fundo Beneficente, 270, 297, 323
homenagens a, 311
infidelidade, 275
investidura como marajá, 226
morte, 311
mudança para Rajmahal, 287
polo, 228, 235, 246, 274, 309
religião e rituais, 247
Segunda Guerra Mundial, 249-253
Jaipur, Marudhar Kanwar, marani, 226-227, 287
Jaipur, Prem Kumari (Mickey), 227, 268
Jaipur, Prithvi Raj Singh (Pat), 245, 290-291, 294, 313, 315, 318, 325
educação, 273
Jaipur, Sawai Madho Singh, marajá, 225-226
Jaipur, Vidya Devi, 331

Jana Sangh, 302
Japão, 117-118, 259
jatis, 40
Jaya Mahal, Bombaim, 174
Jhansi, Laxmibai, rani de, 191
Jinnah, Mohammed Ali, 62, 261-262
Jodhpur, Jaswant Singh, marajá de, 191
Jodhpur, marajá de, 267
Jonniaux, Alfred, 215
Jorge V, rei-imperador, 26, 208
  Durbar da Coroação (1911), 13-17, 18, 19, 150-151
  e Nripendra, 158
  giro pela Índia (1905), 19, 107, 140
  mesura de Sayajirao a, 21, 153, 154
Jorge VI, rei-imperador, 251
judeus, 260
Junagadh, 267n
Jung, Kamala (Baby), 207
Jung, nababo Khusru, 207

Kajumama, 308, 324
Kapurthala, marajá de, 89, 100, 118, 139
Kapurthala, *yuvraj* de, 189
Kareem, Abdul (Munshi), 59
  karma, 330
Kaye, M. M., 102
Kennedy, Caroline, 298
Kennedy, Jack, 298
Kennedy, Jackie, 273, 295, 298
  visitas a Jaipur, 295-297
Khan, Liaquat Ali. *Ver* Liaquat Ali Khan
King's Beeches, Sunninghill, 274, 301
Kneller, St. John, 69
Kripalani, Acharya, 262, 297
Krishnamachary, *sir* V. T., 155
Kruchev, Nikita, 273
kshatriya (casta guerreira), 24, 40-41, 49, 70
Kumari, Surat, 91
Kutch, marajá de, 169

Lalitya Bal Niketan, 324
Lansdowne, Henry Charles Petty-Fitz-maurice, 5° marquês, vice-rei, 133
Lansdowne, *lady*, 88
Laszlo, Philip de, 215
Laxmi Vilas, 55, 63-64, 105, 113, 166, 169, 174, 237
Laxmi, 112
Laxmibai (mais tarde Chimnabai I), 55
Liaquat Ali Khan, 262
Life Guards, Jai ingressa no, 251
Liga Muçulmana, 260-262
Liga para o Autogoverno da Índia, 98
Lily Cottage, 81, 87, 217
Lily Pool, palácio de Rambagh, 323, 327
Lind, Letty, 122-123
Linlithgow, lorde, vice-rei, 233, 239, 249
Livro Guinness de Recordes Mundiais, 268
Llewellyn, general-brigadeiro, 186
Lok Sabha, 294-295, 303
  famílias de príncipes no, 305
Loti, Pierre, 106
Lutyen, *sir* Edwin, 204
Lytton, Edward Robert Bulwer, 1° conde, governador-geral de Bengala, 206

MacDonald, Flora, 74n
MacDonald, Ramsay, 119
Madhavrao, *sir* Tanjore, 54-56
Madri, os Jaipur em (1966-67), 300, 302
Mahabaleshwar, estação de montanha, 251
Maharaja (Cargoe), 216
Majumdar, *mr.*, 146
Malásia, Segunda Guerra Mundial, 250
Mander, Alan, 144-145, 188, 189
Mander, Garbo, 189, 329
Mander, Lionel, 184, 188, 189, 190
Mant, major Charles, 64
marajás. *Ver também* principados
  a Grã-Bretanha e, 47-48, 49, 93, 96-98

alcoolismo, 137-138
carros, 201
como *rajpramukh*, 272-273, 285-286
criação, 138, 149
desreconhecimento, 305-306, 313
e os *durbars*, 18
infidelidade, 142
munificência, 132
na Grande Guerra, 173-174
politização, 291, 293, 294-295
posição, 138-139
privilégios, retenção de, 271
processos legais, 144
uso de joias, 20, 44, 52, 108, 212
viagens ao estrangeiro, 97, 98-99, 106-107, 132
Marani Gayatri Devi, Escola, Jaipur, 254, 328
maranis, posição196-197
maratas, 41, 47
Maria, rainha consorte *Durbar* da Coroação (1911), 16, 150-152
e Chimnabai, 151
e Sunity Devi, 123
giro pela Índia (1905), 19, 107, 140
Indira e, 276, 277, 278
Matheran, estação de montanha, 113
May, Edna, 136, 140, 184
Mayo College, 131, 135, 226
Mayo, Katherine, 39, 199
Mayo, Richard Bourke, conde de, vice-rei, 47
Mazzini, Giuseppe, 120
Meade, coronel M. J. (residente britânico), 107
Meade, *sir* Richard (residente britânico), 46, 50
Melton Mowbray, Leics, 208
Menon, V. P., 202, 267, 270, 272
Mesa-Redonda, Conferência, Londres, 201-202
Mill, John Stuart, 119

Minto, Gilbert John Elliot-Murray-e Sayajirao, 116, 156
Kynynmound, 4° conde, vice-rei, 140, 150-152, 261
popularidade, 114-115
tentativa de assassinato (1909), 116, 153, 154
Minto, *lady* Mary, 116, 140, 143
tentativa de assassinato (1909), 116, 153
Mirabai, princesa, 57
Moira, lorde, 207
Monkey Club, Londres, 231
monogamia, 141
Mookerjee, *sir* M. N., 234
Moon House, Srinagar, 238
Moore, Alfred, 144
Morley, John, secretário de estado, 114, 141, 176
Morning Post, 176, 186
Mother India (Mayo), 39, 167
Moti Doongri, forte, 315, 317, 323
Mountbatten, Louis, 1° conde, vice-rei
amizade com os Jaipur, 256, 273, 311, 318
e a Partição, 260, 263
e os principados, 265-267
sobre os Jaipur, 270
supervisão da Independência, 260, 306
muçulmanos, 260, 312
e o Congresso, 261-262
mulheres. *Ver também purdah*
castidade, 29
direitos, 118-121, 196, 220, 285, 333-336
educação, 143-144
emancipação, 105
estágios na vida, 203
festas *purdah*, 140
finanças, 333-334
hindus, 31, 285
movimento pela Independência, 218-222

no governo, 190
posição, 141
roupas, 86, 212
vida diária, 67, 75-77, 81-84, 86-87
Mysore, marajá de, 168

Nag Panchmi, festa, 31, 168
Naidu, Chattopadhyaya, 104
Naidu, Sarojini, 104, 193, 202, 219, 271
    amizade com os Baroda, 104, 195, 199
    prisão (1942), 253
Naoroji, Dadabhai, 63, 106, 261
    Narayan, família, 68. *Ver também* Cooch Behar
    anglicização, 22, 24
    bramoísmo, 24, 32
    durbar, 147-149
    e a família real, 137
    finanças, 132
    infância, 223-225
    nacionalismo, 221
    reputação, 22, 33
    tragédias, 329
Narayan, Mukul, 330
Nayar Kuldip, 315
Nazar Bagh, palácio, 42, 51, 55
Nehru, Jawaharlal, 289
    amizade com os Jaipur, 271
    e a China, 298
    e a Partição, 262
    e os principados, 266, 270-271
    educação, 221, 229
    morte, 299
    políticas socialistas, 289
    prisão (1942), 252, 259
    sobre as mulheres, 220
    sobre Curzon, 97n
Nehru, Krishna, 204
Nehru, Motilal, 218n, 221, 229, 261
Nehru, Swarup Rani, 219
Niarchos, Stavros, 301

Nine Ideal Indian Women (Cooch Behar), 184
Nishtar, Rab, 262
Nur Jahan, imperatriz, 57
Nuzzar Mohammed Khan, 191

O'Dwyer, Michael, 91
Oakley (treinador australiano), 128
Oliphant, *miss*, 223
Ootacamund (Ooty), 178, 225, 227, 244-245
Ormsby-Gore, David, 297
Oudh, *zenana*, 43
Oxford, Universidade de, 131

paan, 66
Padmapurana, 38
Palácio da Cidade, Jaipur, 287, 290, 294, 296, 310, 313
Pall Mall Gazette, 156
Pandit, Nan, 220, 305, 317
Paquistão Oriental, 264, 314
Paquistão Ocidental, 262, 314
Paquistão
    conflito interno, 314
    criação, 262
    guerra com a Índia, 314
Parks, Fanny, 42
Parlamento Mundial das Religiões, Chicago, 202
parlamento, 294n
Parque da Coroação, Délhi, 14-16, 151
parses, 260
Partido do Congresso
    Ayesha e, 288
    campanha de desobediência civil, 265
    e a Mesa-Redonda, 201
    e a Partição, 260
    e a Segunda Guerra Mundial, 239
    e o movimento Deixem a Índia, 252
    e os Baroda, 199
    e os estipêndios pessoais, 305-306

e os muçulmanos, 261-262
e os príncipes, 200, 265-267, 270-272, 289
eleição (1967), 302
eleição (1971), 313
filiação de príncipes, 291, 293-294
improbidade eleitoral, 313, 317
liderança presa (1942), 252, 259
origens, 21, 62, 104
políticas socialistas, 289, 313
Resolução dos Direitos Fundamentais, 220
Pataudi, Sher Ali, 233, 239, 311
Patel, Vallabhbhai "Sardar", 252, 262, 266
Patiala, marajá, 199n, 200
pativrata, 38
Patnaik, Naveen, 267
Phayre, coronel (residente britânico), 45
Philip, príncipe, amizade com os Jaipur, 289-290, 301, 311
Pilsna, SS, 186
Pioneer, 157
Pluck (mordomo), 66
poligamia, 28, 44, 69
polo, 228, 273
Position of Women in Indian Life, The (Gaekwad), 119-121, 165
Princess Remembers, A, 321
principados, 15
autonomia, 47, 267
campanha de desobediência civil, 265
democratização, 266-267, 270
e a Independência, 265-273
e a Grã-Bretanha, 47-49, 115
e o partido do Congresso, 265-267, 270-273
estipêndios pessoais, 270, 291, 295, 305-306
fusão, 269
Pudukotta, marajá de, 100

Puna, 41, 195
purdah, 29, 82, 92, 102, 116, 197, 243, 246

Radziwill, Lee, 295-297, 301
Rajagopalachari, Chakravarty, 289, 291
Rajastão
Agência para o Desenvolvimento do Turismo, 322
Assembleia Legislativa, 292, 322
eleição (1967), 304
formação, 270
funeral de Jai, 310
governo do presidente, 305
rajpramukh, 272-273
Rajasthan Plus, jornal, 327
Rajmahal, Jaipur, 287-289, 296, 310, 312-313, 315
rajpramukhs, 272, 285
rajput, costumes, 41, 90-91, 131, 193, 233, 249, 292, 317
Rajya Sabha, 294-295
Ramabai, Pandita, 75
Rambagh, palácio de, Jaipur, 228, 246, 249, 253, 272, 284, 286, 323
zenana, 246, 287
Ranade, Mahadev Govind, 105
Rani de Jhansi, Regimento, 256
Ravenscroft, escola, Eastbourne, 22, 108, 111, 136, 207
Reading, Rufus Daniel Isaacs, 1º marquês, vice-rei, 203-204
Reay, lorde, governador de Bombaim, 93
residentes britânicos, em Baroda, 61-62, 93, 107
Reynolds, coronel (residente britânico), 62
Rhodes, Cecil, 48
Ripon, George Frederick Robinson, marquês de, vice-rei, 55
Risalpur, os Jaipur em (1939), 249
Roberts, Andrew, 263
Roosevelt, Eleanor, 273, 290

Roosevelt, F. D., 198
roupas, 152, 212
Roy, Raja Rammohun, 71
Rupamati, rainha, 191

safiras, 52
Sagar, universidade, reitoria, 306
Saint Hill, Sussex, 274
sal, imposto do, 203
salvas de tiro, hierarquia, 17, 70
Sandhurst, candidatos indianos, 133
Santiniketan, 229, 230, 284
sári, uso, 212
sati, 193, 196
Scharlieb, Mary, 98
Schiaparelli, Elsa, 214
Sefton, Hugh Molyneux, conde de, 208
Segunda Guerra Mundial, 239, 249-259
Sen, família, 87
Sen, Keshub Chunder, 70, 73-75, 77, 83
  visita à rainha Vitória, 73
Sen, Profulla, 158
Sen, Sharadasundari Devi, 76, 80
Sen, Sunity Devi. *Ver* Cooch Behar
Serviço Público Indiano (ICS em inglês),
  49, 63, 102
  discriminação no, 63
Shand, Mark, 326-327
Shastri, Lal Bahadur, 299-300
Shivaji, líder marata, 41, 283
Sinclair, cônsul-geral, Gênova, 186-187
Singh, Amer, 233
Singh, Baldar, 262
Singh, *sir* Pratap, 136, 174
Sinha, Brahmo, 115
siques, 260
Sirmur, Padmini, 307
*situação de uma princesa indiana, A.
  Uma história de pesar*, 197, 333-336
Sociedade Mundial de Crenças, 202
Sorajabi, Cornelia, 92, 105, 121
Sparham, reverendo, 217
Spelman, N. H., 198

Statham, divórcio, 145, 154
Stewart, James, 211
sufrágio feminino, 220
Sukhadia, Mohanlal, 288
Supremo Tribunal, 306
Swaminathan, Srilata, 318
Swatantra, partido, 289
  aliança com o Jana Sangh, 302
  eleição (1961), 291-295
  eleição (1971), 314

Tagore, Debendranath, 72, 135
Tagore, Dwarkanath, 72-73
Tagore, família, 71, 86
Tagore, Rabindranath, 72, 103, 176, 229-
  230, 234
Tagore, Satyendranath, 63, 72
Tagore, Swarnakumari, 72
Taj Mahal, 97n
Tampi, *mrs.* Raman, 179
Taylor, *mrs.* (acompanhante de Chim-
  nabai), 58
Tennyson, Alfred, 1° barão, 198
terra, propriedade cooperativa da, 289
Tevere, SS, 188
Tibete, anexação pela China, 298
Tihar, cadeia, Délhi, 318-320
Times of India, 203
Times, The, 188, 198
Tipu, sultão, 205
Tiran, Expedição (1897-98), 133
Tottenham, Edith, 34, 150, 154, 168, 178
  e Indira, 35-36, 112, 160-163
  fuga da Áustria (1914), 169-173
  sobre Sayajirao, 202
Tripura, marajá de, 230, 235, 238

Udaipur, marajá de, 101, 174

Valentine, Nancy, 277
Venganad, montanhas, 178
viagens na Índia, riscos, 77-78
Victoria College, Cooch Behar, 225, 237

Vitória, rainha-imperatriz, 54n, 97
   e os Baroda, 41, 59-60, 99
   e Sunity Devi, 124-127
   Jubileu (1887), 122-126
   proclamada imperatriz (1877), 14, 70
   visita de Sen, 73
Vogue, revista, 301

Waddedar, Pritilata, 220
Ward, Instituição, Benares, 69
Wavell, Archibald Percival, 1° conde,
   vice-rei, 256, 258-259
   e os principados, 266, 282
Webb, Beatrice, 106
Webb, Sidney, 106
Weeden, reverendo Edward St Clair, 67n,
   109-114
West, Frances, 150
Westminster, Dragões de, 135, 148
Wilkinson (residente britânico), 175

Willingdon, Freeman-Thomas, 1° mar-
   quês, vice-rei, 203-204
Windsor, castelo de, visita dos Cooch
   Behar, 123
Women's Wear daily, 326
Woodburn, *sir* John, tenente-governador
   de Bengala, 134
Woodlands, Calcutá, 82, 87, 126-127,
   186, 188-190, 210, 227, 234, 244
Woodstock, Ootacamund, 178
Wright, Ann, 281
Wyllie, *sir* William Curzon, 153

Yashodara, 183
Year with the Gaekwar, A (Weeden), 109
Younghusband, *sir* Francis, 202, 234
Yumna (criada), 170

zenanas, 42-43, 88

Este livro foi composto na tipologia Sabon
LT Std, em corpo 11/16, e impresso em papel
off-white 80g/m² no Sistema Cameron da
Divisão Gráfica da Distribuidora Record.